2차
기본서

조장형
행정사실무법

박문각 행정사연구소 편_조장형

박문각 행정사

머리말

이 책은 일반행정사 자격시험을 준비하는 수험생을 위한 기본서입니다. 종전 편저자의 기본서는 내용과 분량 면에서 다소 과하다는 수험생 및 학원관계자 등의 조언에 따라 실전에서 필요한 내용만을 담고 있는 핵심노트를 보다 정밀하게 보완하여 이를 기본서로 재편집하여 이번에 정식으로 신간으로 출판하게 되었습니다.

편저자는 학원 강의 통해 수험생의 수요를 이해하고 있기에 실전 시험에 부합하는 교재를 만들고자 노력하였습니다. 행정사 자격시험에서 요구하는 행정사실무법은 행정심판법, 비송사건절차법, 행정사법으로 구성되어 있습니다.

모든 자격시험이 그러하듯이 주관식 논술형으로 치러지는 2차 시험의 특성상 해당 과목의 방대한 내용을 전부 이해하고 암기하여 시험에 임하는 것은 결코 쉬운 작업은 아닙니다. 특히 법학 관련 전공자가 아닌 수험생이 행정사실무법의 내용을 단기간에 제대로 파악하는 것은 사실상 불가능에 가깝습니다.

시험의 횟수가 거듭될수록 시험의 난이도는 높아지고 공부해야 할 내용도 점점 많아지고 있습니다. 이와 같은 이유로 시험을 준비하려는 수험생에게는 체계적으로 잘 정리된 기본서는 선택이 아닌 필수입니다.

이 책은 이러한 점을 충분히 고려하여 다음과 같은 사항에 역점을 두었습니다.

1. 시험에 출제될 수 있는 모든 사항을 짜임새 있게 구성하려고 노력하였습니다.

2. 출제가능성이 지극히 낮거나 중요도가 떨어지는 영역은 수험의 효율성을 위해 과감히 생략하거나 약술하였습니다.

3. 논술시험의 적합도에 부합하도록 서술형의 문체를 유지하되 가능한 암기 및 답안 작성을 쉽게 하기 위하여 핵심적인 내용만을 담아내고자 하였습니다.

4. 도표를 이용하여 빠른 내용정리 및 암기의 편의성을 도모하였습니다.

5. 각 주제에 해당하는 항목의 문제마다 중요도를 표시하고 기출 여부를 표시하여 학습의 강약에 도움이 될 수 있도록 하였습니다.

6. 끝으로 수험생 여러분께 당부 드립니다. 본서를 내용을 각자 자신에게 맞는 문구와 분량으로 줄이는 작업을 병행해 주시기 바랍니다.

이번에 신간으로 선보이는 본서가 행정사실무법을 이해하고 행정사 자격시험을 준비하는 모든 수험생 여러분들에게 조금이라도 도움이 되기를 기대합니다.

끝으로 원고의 교정과 편집에 크나큰 수고를 하여주신 박문각 출판·편집부 직원 여러분께 감사의 말씀을 드립니다.

2024년 10월

지은이 조장형

행정사 2차 시험 정보

1. 시험 일정: 매년 1회 실시

원서 접수	시험 일정	합격자 발표
2025년 8월경	2025년 10월경	2025년 12월경

2. 시험 과목 및 시간

교시	입실	시험 시간	시험 과목		문항 수	시험 방법
1교시	09:00	09:30~11:10 (100분)	**[공통]** ① 민법(계약) ② 행정절차론(행정절차법 포함)		과목당 4문항 (논술 1, 약술 3) ※ 논술 40점, 약술 20점	논술형 및 약술형 혼합
2교시	11:30	•일반/해사 행정사 11:40~13:20 (100분) •외국어번역 행정사 11:40~12:30 (50분)	**[공통]** ③ 사무관리론 　(민원 처리에 관한 법률, 행정업무의 운영 및 혁신에 관한 규정 포함) **[일반행정사]** ④ 행정사실무법(행정심판사례, 비송사건절차법) **[해사행정사]** ④ 해사실무법(선박안전법, 해운법, 해사안전기본법, 해사교통안전법, 해양사고의 조사 및 심판에 관한 법률) **[외국어번역행정사]** 해당 외국어(외국어능력시험으로 대체 가능한 영어, 중국어, 일본어, 프랑스어, 독일어, 스페인어, 러시아어 등 7개 언어에 한함)			

외국어능력검정시험 성적표 제출

2차 시험 원서 접수 마감일 전 5년 이내에 실시된 것으로 기준 점수 이상이어야 함

● 영어

시험명	TOEIC	TEPS	TOEFL	G-TELP	FLEX	IELTS
기준 점수	쓰기시험 150점 이상	쓰기시험 71점 이상	쓰기시험 25점 이상	GWT 작문시험에서 3등급 이상(1, 2, 3등급)	쓰기시험 200점 이상	쓰기시험 6.5점 이상

● 일본어, 중국어, 스페인어, 프랑스어, 독일어, 러시아어

시험명	FLEX (공통)	신HSK (중국어)	DELE (스페인어)	DELF/DALF (프랑스어)	괴테어학 (독일어)	TORFL (러시아어)
기준 점수	쓰기 시험 200점이상	6급 또는 5급 쓰기 60점 이상	C1 또는 B2 작문 15점 이상	C2 독해/작문 25점 이상 및 C1 또는 B2 작문 12.5점 이상	C2 또는 B2 쓰기 60점 이상 및 C1 쓰기 15점 이상	1~4단계 쓰기 66% 이상

시험의 면제

1. **면제 대상:** 공무원으로 재직한 사람과 외국어 번역 업무에 종사한 경력이 있는 사람 등은 행정사 자격시험의 전부 또는 일부가 면제된다(제2차 시험 일부 과목 면제).

2. **2차 시험 면제 과목**

일반/해사행정사	행정절차론, 사무관리론
외국어번역행정사	민법(계약), 해당 외국어

합격자 결정 방법

1. **합격기준:** 1차 시험 및 2차 시험 합격자는 과목당 100점을 만점으로 하여 모든 과목의 점수가 40점 이상이고, 전 과목의 평균 점수가 60점 이상인 사람으로 한다(단, 2차 시험에서 외국어시험을 외국어능력검정시험으로 대체하는 경우에는 해당 외국어시험은 제외).

2. **최소합격인원:** 2차 시험 합격자가 최소선발인원보다 적은 경우에는 최소선발인원이 될 때까지 모든 과목의 점수가 40점 이상인 사람 중에서 전 과목 평균점수가 높은 순으로 합격자를 추가로 결정한다. 이 경우 동점자가 있어 최소선발인원을 초과하는 경우에는 그 동점자 모두를 합격자로 한다.

출제경향 분석

2024년도 제12회 행정사실무법의 문제의 수준은 전반적으로 평이하다고 할 수 있습니다. 소위 예상하지 못한 문제의 출제는 없었고 출제 가능성이 있다고 예상되었던 문제가 출제되었습니다. 따라서 꾸준히 성실하게 학습한 수험생들은 수월하게 시험을 보았을 것입니다. 그러나 역대 행정사실무법의 실전 난이도는 다른 2차 과목에 비해 높고 과락율도 최고라는 점은 주지의 사실입니다. 따라서 수험생 여러분은 준비과정에서 단순암기가 아닌 이해를 통한 정확한 암기에 수고를 아끼지 말아야 할 것입니다.

2024년도 출제 문제를 살펴보면, 아래 [기출문제 분석표] 내용과 같이 논술형 문제로 출제되었던 행정심판 부분의 사례 문제는 행정쟁송(행정심판, 행정소송)에서 다루었던 실제 재결과 판례를 응용한 문제로 「행정심판법」의 중요 쟁점을 다룬 전형적인 문제입니다. 그리고 약술형으로 출제된 「행정사법」과 「비송사건절차법」 문제 역시 해당 법률의 기본적인 문제가 출제되었습니다. 전체적으로 이번 행정사실무법 시험문제는 수험가에서 일반적으로 예상한 바와 같이 「행정심판법」 부분에서는 특별행정심판제도가 배제되었고, 「비송사건절차법」에서는 총칙 부분만이 출제되어 그동안의 출제경향과 범위를 그대로 유지하는 수준에 머물렀습니다. 다만, 내년을 준비하는 수험생은 그동안 시험 범위에서 사실상 배제되었던 특별행정심판과 「비송사건절차법」의 각칙 부분인 민사비송사건, 상사비송사건 등은 언제든지 출제 가능하므로 이에 대한 준비는 여전히 필요합니다.

통상의 자격시험에서 요구되는 논술형의 자격시험은 대체로 해를 거듭할수록 시험의 난이도가 지속적으로 상승하는 경향을 보이면서도, 일정한 경우에는 기출문제 수준의 평이한 문제로 시험의 난이도를 조정하려는 경향을 보이고 있습니다. 따라서 내년을 준비하는 수험생은 그동안의 기출문제를 완벽히 분석하고 기출문제에서 중요 부분으로 다루지 아니하였던 부분과 특별행정심판제도 부분도 심도 있게 준비를 하여야 할 것입니다.

끝으로 행정사실무법의 사례형 논술 문제의 답안은 출제자의 의도(질문의 요지)를 정확히 파악하는 것에서부터 출발해야 함을 거듭하여 강조해 드립니다. 출제자의 의도된 질문과 무관한 내용으로 답안지를 채우는 것은 득점에 도움이 되지 않으므로, 해당 질문에 맞추어 답안지를 구성하는 습관을 평소에 꾸준히 연습하고 연마해야 빠른 합격이 보장된다는 사실을 수험생 여러분들은 반드시 숙지하여야 합니다.

| 역대 행정사실무법 기출문제 분석표 |

구분	행정사법	행정심판법	비송사건절차법
제1회		• 청구의 인용여부—사정재결(40점) • 행정심판위원회의 위원 등의 제척, 기피, 회피(20점)	• 비송사건의 심리방법(20점) • 재판상의 대위(20점)
제2회	• 업무정지사유와 업무정지처분효과의 승계(40점)	• 청구의 인용여부—신뢰보호(40점)	• 비송사건절차의 종료 사유(20점) • 과태료 재판에 대한 불복방법(20점)
제3회	• 장부검사와 자격취소(20점)	• 청구요건의 적법 여부 및 거부처분의 적법 여부(40점)	• 토지관할, 우선관할 및 이송(15점) • 관할법원의 지정(5점) • 항고의 의의 및 종류(20점)
제4회	• 과태료 부과대상자의 유형 및 내용(20점)	• 임시처분(40점)	• 재판의 방식과 고지(20점) • 비송사건의 대리(20점)
제5회	• 업무신고와 그 수리 거부(20점)	• 청구요건의 충족 여부(20점) • 처분사유의 추가(20점)	• 재판의 취소·변경(20점) • 과태료재판의 적법 여부(20점)
제6회	• 행정사와 그 사무직원의 금지행위와 벌칙(20점)	• 의무이행심판의 대상적격과 청구인적격의 적법 여부(20점) • 인용재결의 기속력(20점)	• 재판의 효력(20점) • 절차비용의 부담자 및 비용액의 재판(20점)
제7회	• 행정사의 의무와 책임(20점)	• 관할행정심판위원회 및 참가인(20점) • 시정명령과 직접처분 및 간접강제(20점)	• 비송사건절차의 특징(20점) • 비송사건에서의 증거조사(20점)
제8회	• 업무신고의 기준과 행정사업무신고확인증(20점)	• 행정심판의 청구기간(20점) • 비례원칙(20점)	• 비송사건의 대리(20점) • 항고기간과 항고제기의 효과(20점)
제9회	• 행정사법인의 설립과 설립인가의 취소(20점)	• 행정심판의 피청구인과 근로복지공단의 심사청구 및 산업재해보상보험재심사위원회의 재심사청구의 법적성질(20점) • 처분사유의 추가(20점)	• 비송사건절차의 개시 유형(20점) • 비송사건과 민사소송사건의 구별기준 및 차이점(20점)
제10회	• 행정사법인의 업무신고 및 그 수리의 거부와 행정사법인의 업무수행방법(20점)	• 거부처분의 대상적격 여부와 거부처분에 대한 집행정지 허용 여부(20점) • 인용재결의 기속력(20점)	• 「비송사건절차법」상 기일(20점) • 비송사건의 재량이송과 그 이송재판의 효력(20점)
제11회	• 행정사의 자격취소와 업무정지(20점)	• 거부처분에 대한 집행정지 인용 여부(20점) • 간접강제(20점)	• 비송사건의 토지관할과 이송(20점) • 비송사건 재판에 대한 항고와 효과(20점)
제12회	• 행정사법령상 일반행정사의 업무범위(20점)	• 거부행위의 행정심판 대상적격(요건)과 불복방법으로의 적합한 행정심판의 유형(20점) • 인용재결의 기속력(20점)	• 비송사건절차에서의 사실인정의 원칙과 방법(20점) • 비송사건절차의 종료원인(20점)

1

체계적인 교재 구성

출제영역에 따라 주요 내용을 체계적으로 구성하였다. Chapter별로 시험에 나올 수 있는 내용들을 수록하면서 표, 그림, 판례, 각주 등을 함께 실었다. 또한, 시험에 출제되었던 내용에는 출제연도를 표시하고 중요 내용에도 별표 표시를 하여, 효율적으로 학습할 수 있도록 하였다.

Chapter

02 행정심판 일반론

제1절 행정심판

01 행정심판의 개념

1. 행정심판의 의의

행정심판은 행정청의 위법 또는 부당한 처분, 그밖에 공권력의 행사·불행사에 대해서 행정기관이 심리·판정하는 절차를 말한다.

2. 행정심판의 법적 성격

행정심판은 행정상의 법적분쟁에 대하여 판단하는 사법적 작용의 성격과 행정기관이 행정목적 실현을 위하여 행하는 행정적 작용의 성격을 함께 가지고 있다.

3. 일반법으로서 행정심판법

행정심판에 관하여 다른 특별법이 있으면 특별법이 우선 적용되며, 그 법이 규정하지 않은 사항에 대해서는 「행정심판법」이 적용된다.

02 행정심판의 종류

1. 일반 행정심판과 특별행정심판

(1) 일반행정심판

① 현행 「행정심판법」은 행정심판의 종류로 취소심판, 무효등확인심판, 의무이행심판 등 세 가지를 규정하고 있는데 이들은 모두 항고심판의 성질을 갖는다.
② 행정심판에 관하여 다른 특별법이 있으면 특별법이 우선 적용되며, 그 법이 규정하지 않은 사항에 대해서는 「행정심판법」이 적용된다.

2

독자의 이해를 돕는 상세한 설명

이론 및 법조문, 판례의 중요 부분에 밑줄로 표시하였고 참고적으로 알아둘 필요가 있거나 부가설명이 필요한 내용에는 각주를 달아 내용을 상세하게 기술하였다. 빠른 학습을 원할 때는 중요 부분을 위주로 공부하고, 깊이 있는 학습을 원할 때는 각주 내용을 참고하면서 공부할 수 있다.

행정사 최강절 행정사실무법

판례

행정심판에 있어서 재결청의 재결내용이 처분청의 처분을 취소를 명하는 것이 아니라 처분청의 처분을 스스로 취소하는 것인 때에는 그 재결에 행정청이 발생하여 당해 취소처분은 별도의 행정처분을 기다릴 것 없이 당연히 취소되어 소멸되는 것이어서 그 후 동일한 사안에 대하여 처분청이 또 다른 처분을 하였다면 이는 위 소멸된 처분과는 완전히 독립된 별개의 처분이라 할 것이며, 따라서 새로운 처분에 대한 제소기간의 준수 여부도 그 새로운 처분을 기준으로 판단하여야 한다(대법원 1994.4.12.선고 93누1879 판결).

(2) 심판청구일로 보는 날

「행정심판법」은 피청구인이나 행정심판위원회에 심판청구서가 제출된 때에 행정심판이 청구된 것으로 보도록 하여 도달주의를 채택하고 있다(법 제23조 제4항). 48

그러나 피청구인(행정청)이 고지를 아니하거나 잘못 알려 청구인이 심판청구서를 다른 행정기관에 제출한 경우에는 그 행정기관에 심판청구서가 제출된 때를 심판청구일로 보고(법 제23조 제4항), 피청구인경정을 한 경우에는 처음에 심판청구를 한 때를 심판청구일로 보도록 하고 있다(법 제17조 제4항).

한편, 전자정보처리조직을 통하여 접수된 심판청구의 경우 심판청구 기간을 계산할 때에는 전자문서를 제출한 사람이 정보통신망을 통하여 전자정보처리조직에서 제공하는 접수번호를 확인하였을 때 행정심판이 청구된 것으로 본다(법 제52조 제3항·제4항).

4. 원칙적 심판청구기간

(1) 청구기간

① 심판청구는 처분이 있음을 알게 된 날부터 90일 이내, 처분이 있었던 날부터 180일 이내에 청구하여야 한다(법 제27조 제1항·제3항 본문).
② 전자는 불변기간이고 후자는 불변기간이 아니다.
③ 이 두 기간 중 어느 하나라도 도과하면 그 심판청구는 부적법하게 된다. 46

---

43 행정심판청구서를 우편으로 제출한 경우에는 도달주의원칙에 따라 심판청구 기간 내에 우편이 행정청에 도달해야 할 것이다. 그러나 우송되는데 사회통념상 도달될 수 있는 기간보다 현저히 지연돼므로서 심판청구 기간을 도과한 때에는 이를 참작하여야 할 것이다.

44 심판청구 기간의 준수 여부는 행정심판위원회가 직권으로 조사한다.

3

2013~2024 기출문제 모범답안

2013~2024년 기출문제와 모범답안을 함께 수록하여 보다 완벽한 시험 대비를 할 수 있도록 하였다. 기출문제에 대한 답안을 직접 작성해 보면서 실전 감각을 키우고 학습의 진행 정도를 파악할 수 있을 것이다.

4

학습에 도움이 되는 관련 법령

책의 뒷부분에 행정사실무법 관련 법령을 수록해, 학습하는 데 있어 정확성과 효율성을 기할 수 있도록 하였다.

차 례

PART 02 비송사건절차법

부록 　기출문제 모범답안 · 관련 법령

행정사
조장형 행정사실무법

행정심판법

01 행정구제제도 개관

01 행정구제제도

1. 서설

행정구제란 행정주체의 행정작용으로 권리나 이익이 침해되었다고 주장하는 자가 국가기관에 그 침해에 대한 원상회복, 손해전보 또는 당해 행정작용의 취소·변경 등을 청구하고, 이에 대하여 행정기관 또는 법원이 심리·판정하는 일련의 절차를 말한다.

2. 행정구제의 종류

(1) 사전적 권리구제

행정주체의 위법·부당한 행위로 국민의 권리 또는 이익의 침해가 발생하기 전에 이를 예방하는 제도로 행정절차, 청원, 고충민원, 옴부즈만 등이 있다.

(2) 사후적 권리구제

① 개념

행정작용 등으로 인하여 국민의 권리 또는 이익의 침해가 발생한 경우에 당해 행정작용을 시정하거나 그로 인한 손해를 전보하여 주는 제도이다. 행정구제라고 할 때 사후적 권리구제가 일반적 의미로 사용된다.

② 행정상 손해전보(損害塡補)

행정상 손해전보는 국가의 적법 또는 위법한 행정행위에 의하여 국민의 권익이 침해 당할 경우 그 손해를 금전 등으로 전보하는 것으로, 위법한 행정행위로 발생한 손해를 전보하는 국가배상과 적법한 행정행위에 의해 발생한 특별한 손실을 전보하는 손실보상이 있다.

(3) 행정쟁송

행정상 법률관계에 관한 다툼을 행정기관이 심판하는 행정심판절차와 당사자의 청구에 의하여 법원이 심판하는 행정소송절차가 있다.

✦ 행정구제제도 개관

사전적 구제제도	행정절차
	직권시정
	청원, 고충민원(국민권익위원회)
	옴부즈만제도, 감사원 심사청구

<table>
<tr><td rowspan="9">사후적
구제제도</td><td colspan="4">(1) 손해전보제도 (실체법상 구제)</td></tr>
<tr><td>① 손해배상
(국가배상법)</td><td colspan="3">• 공무원의 위법한 직무행위로 인한 손해배상
• 영조물의 설치
• 관리의 하자로 인한 손해배상</td></tr>
<tr><td>② 손실보상
(토지보상법
등)</td><td colspan="3">적법한 공권력 행사로 인한 손해전보</td></tr>
<tr><td colspan="4">(2) 행정쟁송제도 (절차법상 구제)</td></tr>
<tr><td rowspan="2">① 행정심판</td><td>항고심판</td><td colspan="2">• 취소심판
• 무효등확인심판
• 의무이행심판(거부처분, 부작위)</td></tr>
<tr><td colspan="3">당사자심판(=재결의 신청)[1] −행정심판법 인정×, 단 개별법에서 인정
(예 토지수용위원회 수용재결, 수산조정위원회 재결, 광업조정
위원회 재결)</td></tr>
<tr><td rowspan="3">② 행정소송
(항고소송에만
행정심판전치
주의 적용됨)</td><td rowspan="2">주관적 소송
(개인적 권리구제)</td><td>항고소송 [2]</td><td>• 취소소송
• 무효등확인소송
• 부작위법확인소송</td></tr>
<tr><td>당사자 소송 [3]</td><td>• 실질적 당사자소송
• 형식적 당사자소송 [4]</td></tr>
<tr><td>객관적소송
(객관적 법질서
유지)</td><td colspan="2">• 민중소송(예 선거소송)
• 기관소송(헌재법 제61조)</td></tr>
</table>

---

1 당사자심판 : 공권력 행사를 전제로 하지 않고 공법상 법률관계의 형성 또는 존부에 관해 다툼이 있는 경우 <u>당사자의 신청</u>에 의해 권한 있는 기관이 판정하는 심판이다. 즉, 행정처분에 불복하여 청구하는 것이 아니라 처음부터 쟁송절차에 의해서 법률관계의 형성 또는 존부에 관해 행정청의 판단을 구하는 것으로 원처분이 없는 시심적 쟁송이다.

2 항고소송 : 행정청의 처분 등이나 부작위에 대해 제기하는 소송을 말한다. 즉 처분 등 자체를 대상으로 하는 소송이다.

3 당사자소송 : 행정청의 처분등을 원인으로 하는 법률관계에 관한 소송, 그 밖의 공법상 법률관계에 관한 소송으로서 그 법률관계의 한쪽 당사자를 피고로 하는 소송(행소법 제3조 제2호). 처분 자체를 대상으로 하는 것이 아니라 (처분의 무효·취소를 전제로) 공권력의 행사· 불행사의 결과로서 생긴 <u>법률관계를</u> 대상으로 한다는 점에서 항고소송과 구별된다.

4 형식적 당사자소송 : 해당 처분 또는 재결의 효력을 다투지 않고 <u>직접 그 처분이나 재결에 따라 형성된 법률관계에 대하여 그 일방당사 자를 피고로 하여 청구하는 소송</u>(실질적으로는 처분·재결에 불복하는 항고소송의 성질을 가지나 소송경제 등의 필요성으로 인정 예 보상 금증감소송, 지식재산권소송) 예를 들어 보상금증감청구소송에서는 재결청이 피고에서 제외되었기 때문에 당사자가 직접 다투는 것은 보상금에 관한 법률관계의 내용이고, 그 전제로서 재결의 효력이 심판의 대상이 되는 것이므로 보상금증감청구소송을 형식적 당사자소송 으로 봄이 타당하다.

02 행정쟁송제도

1. 서설

행정쟁송은 <u>행정상 법률관계의 형성 또는 존부에 관한 다툼</u>을 권한 있는 국가기관(행정청 또는 법원)이 유권적으로 심리·판정하는 절차를 말한다.

2. 행정쟁송의 종류

(1) 행정심판

행정심판이란 행정기관이 행정상의 법률관계의 분쟁에 대해 심리·판정하는 절차로, 국민은 행정청의 위법 또는 부당한 처분이나 부작위로 권리 또는 이익을 침해당한 경우 행정심판을 통해 구제받을 수 있다(법 제1조).

(2) 행정소송

법원에서 행정상의 법률관계에 관한 분쟁에 대해 심리·판정하는 절차로, 국민은 행정청의 위법한 처분 그 밖의 공권력의 행사·불행사 등으로 권익을 침해당한 경우 행정소송을 통해서도 구제받을 수 있다(행소법 제1조).

(3) 행정심판과 행정소송의 구별

양자의 다른 점은 ① 행정심판은 권익구제기능과 자율적 행정통제기능을 함께 하지만 행정소송은 권익구제기능을 주된 목적으로 하는 점, ② 행정심판은 행정기관이 하며 형식적 의미의 행정작용인 데 반하여 행정소송은 법원이 행하며 사법작용이라는 점, ③ 행정심판은 행정의 적법성에 대한 판단뿐만 아니라 합목적성(당·부당)의 판단도 하는 반면에 행정소송은 행정의 적법성에 대한 판단만을 하는 점, ④ 행정심판은 서면심리와 구술심리를 할 수 있지만 주로 서면심리를 하는 데 반하여 행정소송은 구술심리를 원칙으로 하는 점, ⑤ 행정심판에서는 의무이행심판이 인정되는 반면에 행정소송에서는 의무이행소송이 없다는 점, ⑥ 행정심판은 원처분을 다른 처분으로 변경하는 변경재결이 가능하나 행정소송에서는 원처분을 소극적으로 변경하는 판결만 가능한 점, ⑦ 행정심판에서는 임시처분제도가 있으나 행정소송에는 없다는 점 등이다.

구분	행정심판	행정소송
적용법률	행정심판법(일반법)	행정소송법
존재이유	자율적 통제, 전문성 확보	타율적 통제, 독립성 확보
심판기관	행정청(행정심판위원회)	법원

01

성질	• 행정작용＋준사법적 작용 • 약식쟁송 • 행정통제적 성격이 강함	• 사법작용 • 정식쟁송 • 행정구제적 성격이 강함
심리/공개 여부	• 구술 또는 서면심리 • 비공개원칙	• 구술심리원칙 • 공개원칙
쟁송대상	• 위법·부당한 처분＋부작위 • 재결	• 위법한 처분＋부작위 • 위법한 재결 • 대통령의 처분 또는 부작위
종류	취소심판, 무효등확인심판, 의무이행심판 (거부처분, 부작위)	취소소송, 무효등확인소송, 부작위위법 확인소송
심판청구(제소) 기간	• 취소심판(거부처분에 대한 의무이행 심판 포함): 처분이 있음을 알게 된 날로부터 90일, 처분이 있었던 날로 부터 180일 • 무효등확인심판 및 부작위에 대한 의무 이행심판: 기간 제한×	• 취소소송: 처분등이 있음을 안 날로터 90일, 처분등이 있는 날로부터 1년[5] • 무효등확인소송: 기간 제한×[6] • 부작위위법확인소송: 기간 제한× (단, 행정심판 등 전심절차를 거친 경 우는 재결서 정본을 송달받은 날부터 90일)
재결/판결	• 위법과 부당을 모두 판단 • 취소심판: 취소재결, 변경재결, 변경 명령재결 • 의무이행심판: 처분재결, 처분명령재결 • 사정재결: 취소심판과 의무이행심판 에서 인정(재결주문에 위법 또는 부당 함을 명시)	• 위법사유만 판단(부당은 기각사유) • 취소판결, 무효등확인판결, 부작위위 법확인판결 • 사정판결: 취소판결에만 인정(판결주 문에 위법함을 명시)
제3자의 참가 여부 통지	통지규정 있음	통지규정 없음
의무이행쟁송의 인정 여부	의무이행심판 인정	의무이행소송 불채택
거부처분에 대한 쟁송형태	취소심판＋무효등확인심판＋의무이행 심판	취소소송
부작위에 대한 쟁송형태	의무이행심판	부작위위법확인소송
적극적변경 여부	가능	불가능
재결(판결)의 기속력 확보수단	시정명령, 직접처분, 간접강제	간접강제(단, 무효등확인소송은 명문 규 정이 없음)
가구제	집행정지, 임시처분	집행정지

[5] 행정심판청구를 한 경우: 재결서정본을 송달받은 날로부터 90일, 재결이 있는 날로부터 1년

[6] 부작위상태가 계속되는 한 언제라도 소제기 가능

03 행정심판전치주의

1. 의의

행정심판전치주의란 행정소송의 제기에 앞서 필요적으로 행정심판을 거치도록 하는 것을 말한다. 행정심판과 같은 전심절차는 임의적 절차인 것이 원칙이나, 예외적으로 개별 법령에서 전심절차을 거쳐야만 취소소송의 제기를 허용하는 경우에는 전심절차의 경유가 소송요건이 된다.

2. 입법례

행정심판과 행정소송의 관계를 어떻게 조정할 것인지에 대해 「행정소송법」은 종래 행정심판전치주의를 택하고 있었으나, 현재는 행정심판임의주의(원칙)로 개정되었다.

3. 행정심판전치주의가 적용되는 사건

(1) 행정소송의 제소에 앞서 필요적으로 행정심판을 거치도록 하기 위해서는 처분의 근거가 되는 형식적 의미의 법률에 필요적 행정심판 전치를 요하는 명시적 규정이 있어야 한다.

(2) 현행법상 필요적 행정심판 전치가 강제되는 대표적인 예로 국가**공**무원법·지방공무원법·교육공무원법(소청심사), **국**세기본법(심사청구 또는 심판청구), **지**방세기본법(이의신청 또는 심판청구), **도**로교통법(행정심판) 등이 있다. **노**동조합 및 노동관계조정법(재심신청)이나, **특**허법(심판청구), 공익사업을위한토지등의취득및**보**상에관한법률(재결신청) 등과 같은 재결주의의 경우에도 당연히 전심절차가 강제된다.

4. 행정심판전치주의의 적용범위

(1) 행정심판전치주의가 적용되는 행정소송

행정심판전치주의는 취소소송과 부작위위법확인소송에서 인정되며(행소법 제38조 제2항), 무효등확인소송에는 적용되지 않는다(행소법 제38조 제1항).

(2) 무효선언을 구하는 의미의 취소소송

행정심판전치주의의 적용 여부에 대하여 견해대립이 있다. 판례는 소송의 방식이 취소소송의 형식을 취하고 있다면 전치절차와 제소기간의 준수 등 취소소송의 제소요건을 갖추어야 한다고 판시하여 긍정설(적극설) 입장이다.

(3) 제3자의 취소소송

복효적 행정행위(＝제3자효 행정행위)에 있어서 처분의 직접 상대방이 아닌 이해관계 있는 제3자가 행정소송(경업자소송, 인인소송 등)을 제기하는 경우에 행정심판전치주의를 적용할 것인지에 관해 적극설이 통설 및 판례이다.

5. 필요적 행정심판전치주의 완화(행소법 제18조 제2항 · 제3항)

(1) 행정심판 제기는 하되 재결 없이 제소할 수 있는 경우

① 행정심판을 청구한 후 60일이 **지**나도 재결이 없는 때
② 처분의 집행 등으로 생길 **중**대한 손해를 예방해야 할 긴급한 필요가 있을 때
③ 법령의 **규**정에 의한 행정심판기관이 의결 또는 재결을 하지 못할 사유가 있는 때
④ 그 밖의 **정**당한 사유가 있는 때

(2) 행정심판 제기 없이 바로 제소할 수 있는 경우

① 동종사건에 관하여 이미 행정심판의 **기**각재결이 있는 때
② 서로 내용상 관련되는 처분 또는 같은 목적을 위하여 단계적으로 진행되는 처분 중 어느 하나가 **이**미 행정심판의 재결을 거친 때
③ 행정청이 사실심변론종결 후 소송의 대상인 처분을 **변**경하여 당해 변경된 처분에 관하여 소를 제기한 때
④ 처분을 행한 행정청이 행정심판을 거칠 필요가 없다고 **잘**못 알린 때

6. 행정심판전치주의 충족 여부의 판단기준시

행정심판전치요건의 충족은 행정소송 제기 당시에 요구된다. 그러나, 판례는 행정소송의 제기 이후에도 원고의 권익구제 차원에서 사실심변론종결시까지 행정심판을 거친 경우에는 이 요건의 흠결은 치유된 것으로 보고 있다.

02 행정심판 일반론

제1절 행정심판

01 행정심판의 개념

1. 행정심판의 의의

행정심판은 행정청의 위법 또는 부당한 처분, 그밖에 공권력의 행사·불행사에 대해서 행정기관이 심리·판정하는 절차를 말한다.

2. 행정심판의 법적 성격

행정심판은 행정상의 법적분쟁에 대하여 판단하는 사법적 작용의 성격과 행정기관이 행정목적 실현을 위하여 행하는 행정적 작용의 성격을 함께 가지고 있다.

3. 일반법으로서 행정심판법

행정심판에 관하여 다른 특별법이 있으면 특별법이 우선 적용되며, 그 법이 규정하지 않은 사항에 대해서는 「행정심판법」이 적용된다.

02 행정심판의 종류

1. 일반 행정심판과 특별행정심판

(1) 일반행정심판

① 현행 「행정심판법」은 행정심판의 종류로 취소심판, 무효등확인심판, 의무이행심판 등 세 가지를 규정하고 있는데 이들은 모두 항고심판의 성질을 갖는다.

② 행정심판에 관하여 다른 특별법이 있으면 특별법이 우선 적용되며, 그 법이 규정하지 않은 사항에 대해서는 「행정심판법」이 적용된다.

(2) 특별행정심판

특별행정심판이란 사안의 전문성과 특수성을 살리기 위해 일반행정심판에 갈음하여 「행정심판법」이 아닌 개별법에서 정한 다른 기관에서 심리·재결하는 행정심판을 말한다. 특별행정심판도 행정기관이 심판기관이 된다는 점에서는 동일하지만 「행정심판법」의 적용이 제한되는 점에서 구별된다. 그 예로 특허심판, 조세심판 등이 있다.

2. 행정심판의 종류

(1) 취소심판

행정청의 위법·부당한 처분이나 그 거부 또는 그 밖에 이에 준하는 행정작용으로 인하여 권익을 침해받은 자가 그 <u>취소 또는 변경을 구하는 심판</u>을 말한다(법 제5조 제1호).

(2) 무효등확인심판

무효등확인심판이란 행정청의 처분의 **효**력 유무 또는 **존**재 여부에 대해 확인을 구하는 심판을 말한다(법 제5조 제2호).

(3) 의무이행심판

의무이행심판은 당사자의 **신**청에 대한 행정청의 위법 또는 부당한 거**부**처분이나 부작위에 대하여 일정한 **처**분을 하도록 하는 행정심판을 말한다(법 제5조 제3호).

---

03 취소심판 ★★

1. 의의

행정청의 위법·부당한 처분이나 그 거부 또는 그 밖에 이에 준하는 행정작용으로 인하여 권익을 침해받은 자가 그 <u>취소 또는 변경을 구하는 심판</u>을 말한다(법 제5조 제1호).[7]

예 건축허가신청거부처분 취소청구, 운전면허취소처분 취소청구

---

7 취소는 전부취소 및 일부취소를 포함하며, 적극적 처분(예 영업허가 또는 정지처분, 자격정지처분)의 취소뿐만 아니라 소극적 처분인 거부처분(예 건축허가 신청에 대한 거부)의 취소를 포함한다. 취소심판에서 변경이란 허가취소처분을 영업정지처분으로 적극적으로 변경하는 경우를 말한다(법 제43조 제3항).

2. 취소심판의 특징

(1) 심판청구 기간

심판청구 기간(처분이 있음을 알게 된 날부터 90일 이내, 처분이 있었던 날부터 180일 이내)이 제한되어 있어 그 기간이 지나면 해당 처분의 취소·변경을 청구할 수 없다.

(2) 집행부정지(執行不停止)원칙

① 행정심판이 제기되어도 그것은 원칙적으로 해당 처분의 효력이나 그 집행 또는 절차의 속행에는 영향을 주지 아니한다(법 제30조 제1항). 즉, 집행부정지원칙이 적용된다.

② 다만, 청구인은 집행정지 결정을 신청할 수 있으나, 집행정지 요건에 해당되는 경우에 한하여 집행정지 결정을 받을 수 있다.

(3) 사정재결(事情裁決)

① 행정심판위원회는 심판청구가 이유 있다고 인정하는 경우에도 이를 인용하는 것이 공공복리에 크게 위배된다고 인정하면 그 심판청구를 기각하는 사정재결을 할 수 있다.

② 행정심판위원회는 재결의 주문(主文)에서 그 처분 또는 부작위가 위법하거나 부당하다는 것을 구체적으로 밝혀야 한다.

③ 사정재결은 취소심판 및 의무이행심판에서만 인정되고 무효등확인심판에는 인정되지 않는다.

(4) 거부처분에 대한 취소심판청구 가능 여부

① 종래 거부처분에 대하여 취소심판이 허용되는지에 관해 학설의 대립이 있다.

② 현행 「행정심판법」은 거부처분에 대한 취소심판의 재결의 기속력을 부여하고, 간접강제를 도입하여 거부처분에 대한 취소심판을 명문으로 인정하여 논란을 입법적으로 해결하였다.

3. 취소심판의 재결

(1) 각하재결

행정심판위원회는 취소심판의 청구가 심판청구 요건을 갖추지 못하였다고 인정되면 각하재결을 한다.

(2) 기각재결

취소심판 청구가 본안심리결과 이유 없다고 인정되면 기각재결을 한다.

(3) 인용재결

취소심판 청구가 본안심리결과 이유가 있다고 인정되면 인용재결로서 행정심판위원회는 처분의 취소(취소재결) 또는 다른 처분으로 변경(변경재결)하거나 다른 처분으로 변경할 것을 피청구인에게 명하는 재결(변경명령재결)을 한다.[8]

04 무효등확인심판 ★

1. 의의

무효등확인심판이란 행정청의 처분의 **효**력 유무 또는 **존**재 여부에 대해 확인을 구하는 심판을 말한다(법 제5조 제2호).
⑩ 개발행위허가 반려처분 무효확인청구, 관리처분계획 무효확인청구

2. 무효등확인심판의 특징

행정심판청구 기간에 관한 제한 규정이 없어 언제든지 청구할 수 있다. 한편, 집행정지는 가능하나, 사정재결에 관한 규정은 적용되지 않는다.

3. 무효등확인심판의 재결

(1) 각하재결

행정심판위원회는 무효등확인심판의 청구가 심판청구 요건을 갖추지 못하였다고 인정되면 각하재결을 한다.

(2) 기각재결

무효확인심판 청구가 본안심리결과 이유 없다고 인정되면 기각재결을 한다.

(3) 인용재결

① 무효확인심판 청구가 본안심리 결과 이유가 있다고 인정되면 위원회는 인용재결로서 처분의 효력 유무 또는 존재 여부를 확인한다.
② 인용재결에는 그 확인의 대상에 따라 <u>유효확인재결</u>, <u>무효확인재결</u>, <u>실효확인재결</u>, <u>존재확인재결</u>, <u>부존재확인재결</u> 등이 있다.

---

[8] 취소심판청구를 인용하는 재결인 취소재결 및 변경재결은 형성재결이고 변경명령재결은 이행재결이다.

05 의무이행심판 ★★

1. 의의

의무이행심판은 당사자의 <u>신</u>청에 대한 행정청의 위법 또는 부당한 거<u>부</u>처분이나 부작위에 대하여 일정한 <u>처</u>분을 하도록 하는 행정심판을 말한다(법 제5조 제3호).

　예 행정정보공개 의무이행청구, 건축물용도변경 신고수리 의무이행청구 등

2. 법적 성질

의무이행심판은 행정청에 대하여 일정한 처분을 할 것을 명하는 재결을 구하는 행정심판이므로 이행쟁송의 성질을 가진다(통설).

3. 의무이행심판의 특징

거부처분에 대한 의무이행심판은 청구기간의 제한이 있으나, 부작위에 대한 의무이행심판은 청구기간의 제한이 없다. 한편, 집행정지에 관한 규정은 적용되지 않으나 사정재결은 가능하다.

4. 심판청구요건

(1) 대상적격

① **거부처분**

(i) 소극적 행정행위로서 상대방의 신청을 <u>명시적으로 거부하거나</u> 또는 <u>일정한 부작위가 거부처분으로 간주되는 경우</u>에 의무이행심판을 청구할 수 있다.[9]

(ii) 거부처분에 대하여는 취소심판, 무효확인심판 또는 의무이행심판을 모두 청구할 수 있다. 재결의 모순·저촉을 방지하기 위해 함께 청구될 경우 필요적으로 병합하여 심리·재결하여야 한다.[10]

---

[9] 판례에 따르면 행정청의 거부행위가 행정처분이 되기 위해서는 ① 행정청의 거부행위(=신청한 행위)가 공권력의 행사 또는 이에 준하는 행정작용이어야 하고 ② 그 거부행위가 신청인의 법률관계에 어떤 변동을 일으키는 것이어야 하며 ③ 그 국민에게 그 행위 발동을 요구할 법규상 또는 조리상 신청권이 있어야만 한다.

[10] 청구인이 거부처분에 대한 취소심판만을 청구하여 인용재결을 받았다 하더라도 처분청이 이를 이행하지 아니하면 청구인은 그 목적을 달성할 수 없다. 이 경우 청구인은 의무이행심판을 별도로 청구하여 처분청에 직접청구를 요구하는 인용재결을 받아야 하는 번거로운 절차를 밟아야 한다. 이에 거부처분에 대하여 취소심판과 의무이행심판을 선택적 또는 병합하여 청구할 필요성을 긍정하는 견해가 다수설이고 심판실무에서도 취소심판과 의무이행심판의 병합청구를 인정하고 있다.

② **부작위**

행정청이 당사자의 **신청**에 대하여 **상당한 기간** 내에 일정한 처분을 하여야 할 **법률상 의무**가 있음에도 불구하고 하지 않는 경우(=처분의 부존재)에 의무이행심판을 청구할 수 있다.

(2) 청구인 적격

의무이행심판은 행정청의 거부처분이나 부작위에 대하여 일정한 처분을 구할 법률상 이익이 있는 자가 청구인 적격을 갖는다.

(3) 피청구인 적격

① 원칙적으로 처분이나 부작위를 한 행정청(처분청·부작위청)이 피청구인이 된다. 다만, 그 권한이 승계된 경우에는 권한을 승계한 행정청(=승계받은 행정청을 의미함)이 피청구인이 된다.

② 청구인이 행정심판을 제기함에 있어 피청구인을 잘못 지정한 때에는 위원회는 당사자의 신청 또는 직권에 의하여 결정으로써 피청구인을 경정할 수 있다.

(4) 심판청구기간

① 거부처분의 경우는 거부처분이 있음을 알게 된 날로부터 90일, 처분이 있는 날로부터 180일이다.

② 부작위의 경우는 청구기간의 제한이 없다(법 제27조 제7항).

5. 의무이행심판의 재결

(1) 각하재결

심판청구 요건을 갖추지 못하였다고 인정되면 각하재결을 한다.

(2) 기각재결

심판청구가 본안심리 결과 이유 없다고 인정되면 기각재결을 한다.

(3) 인용재결

① **처분재결**

처분재결은 행정심판위원회가 직접 신청에 따른 처분을 하는 것을 말한다. 처분재결은 형성재결로서 피청구인에 의한 불이행의 문제가 발생하지 않는다는 점에서 국민의 권익구제 구제수단으로는 가장 효과적이다.

② 처분명령재결

처분명령재결은 행정심판위원회가 처분청에게 신청에 따른 처분을 하도록 명령하는 것을 말한다. 처분재결은 이행재결로서 처분명령재결이 있으면 해당 행정청은 지체 없이 재결의 취지에 따라 이전의 신청에 대하여 처분할 의무를 지게 된다(법 제49조 제3항).[11]

③ 처분재결과 처분명령재결의 선택

처분재결과 처분명령재결 중 어느 것을 선택할 것인지는 재량에 속하나 처분청의 처분권을 존중하여 원칙적으로 처분명령재결을 한다.

6. 재결에 대한 불복

(1) 거부처분에 대한 재결

거부처분에 대한 재결에 대해서는 거부처분취소송을 제기하여야 한다.

(2) 부작위에 대한 재결

현행법상 의무이행소송이 인정되지 않고 있으므로 부작위위법확인소송을 제기하여야 한다.

7. 가구제 ★

(1) 집행정지

의무이행심판은 거부처분이나 부작위에 대하여 행하는 것이므로 성질상 집행정지에 관한 규정이 적용되지 않는다.[12]

(2) 임시처분

행정청의 거부처분이나 부작위로 당사자가 받을 우려가 있는 중대한 불이익이나 당사자에게 발생할 급박한 위험을 막기 위하여 당사자에게 임시지위를 부여할 수 있다.

---

11 처분의무의 내용이 기속행위에 대한 것일 경우에는 청구인의 내용대로 처분을 할 것을 명하는 재결을 하여야 하나, 재량행위의 경우에는 재량의 하자가 없는 일정한 처분을 하도록 명하는 재결을 하여야 한다.

12 집행정지는 침익적 처분의 집행정지라는 소극적 형성을 내용으로 하며, 적극적으로 수익적 처분이 행하여진 것과 같은 상태를 창출하는 것은 아니기 때문이다.

8. 의무이행재결의 실효성 확보수단 ★

(1) 직접처분

행정청이 <u>처분명령재결</u>(이행재결)을 받고도 해당 행정청이 재결의 취지에 따라 이전의 신청에 대한 처분을 이행하지 않는 경우[13]에는 당사자의 신청에 따라 일정한 기간을 정하여 서면으로 시정을 명하고 그 기간 내에 행정청이 이행하지 않는 경우에는 행정심판위원회가 직접 해당 처분을 할 수 있다(법 제50조 제1항).

(2) 간접강제

행정심판의 인용재결에 따른 행정청의 **재처분** 의무[14]에도 불구하고 행정청이 인용재결에 따른 처분을 하지 아니하면 행정심판위원회는 <u>청구인(당사자)의 **신청**</u>에 의하여 결정으로 **상당한 기간**을 정하고, 행정청이 그 **기간** 내에 이행하지 아니하는 경우에는 지연기간에 따라 <u>일정한 배상</u>을 하도록 명하거나 <u>즉시 배상</u>을 할 것을 명할 수 있다(법 제50조의2 제1항).

✦ 행정심판 종류별 주요특징 비교

구분		취소심판	무효등확인심판	의무이행심판 (거부처분, 부작위)
청구기간 제한		○	×	• 거부처분에 대한 의무 이행심판 : ○ • 부작위에 대한 의무이 행심판 : ×
재결의 형태		• 취소재결(형성재결) • 변경재결(형성재결) • 변경명령재결(이행재결)	무효등 확인재결	• 처분재결(형성재결) • 처분명령재결(이행재결)
사정재결		○	×	○
가구제	집행정지	○	○	×
	임시처분	×	×	○

---

13 의무이행심판에서의 처분명령재결에 따른 재처분의무(제49조 제3항)를 행정청이 하지 아니한 경우를 의미한다.

14 ① 제49조 제2항[거부처분(에 대한) 취소재결 및 무효등 확인재결에 따른 재처분의무], ② 제49조 제3항(의무이행심판에서의 처분명령재결에 따른 재처분의무), ③ 제49조 제4항(절차상 위법·부당을 이유로 하는 취소재결에 따른 재처분의무)에 해당하는 재처분의무를 의미한다.

	직접처분	×	×	처분명령재결에 적용○
이행재결의 기속력 (실효성) 확보수단	간접강제	○ • 거부처분에 대한 취소재결에 적용(제49조 제2항) • 절차의 위법 or 부당을 이유로 한 취소재결에 적용(제49조 제4항)	○ 무효등 확인재결에 적용(제49조 제2항)	처분명령재결에 적용○ (제49조 제3항)

제2절 행정심판의 대상

01 행정심판의 대상적격 ★★★

1. 개괄주의 원칙

(1) 대상적격이란 행정심판의 대상으로 삼을 수 있는 사항을 말한다.

(2) 현행 「행정심판법」은 심판청구대상(대상적격)을 특별히 제한하지 않고 행정청의 모든 처분이나 부작위에 대하여 행정심판을 청구할 수 있게 하여 개괄주의를 취하고 있다(법 제3조 제1항).

2. 처분과 부작위

(1) **처분**

처분을 「행정심판법」은 행정청이 행하는 구체적 사실에 관한 법집행으로서 공권력행사 또는 그 거부와 이에 준하는 행정작용이라고 정의하고 있다(법 제2조 제1호).

(2) **부작위**

행정심판의 대상이 되는 "부작위"란 행정청이 당사자의 신청에 대하여 상당한 기간 내에 일정한 처분을 하여야 할 법률상 의무가 있는데도 처분을 하지 아니하는 것(=처분의 부존재)을 말한다(법 제2조 제2호).

3. 행정심판청구 대상에서 제외되는 사항

(1) **대통령의 처분 또는 부작위**

대통령의 처분[15] 또는 부작위에 대하여는 다른 법률에서 행정심판을 청구할 수 있도록 정한 경우[16] 외에는 행정심판을 청구할 수 없다(법 제3조 제2항).

(2) **행정심판의 재결(=재심판청구의 금지)**

행정심판의 재결은 다시 행정심판의 대상으로 삼을 수 없으며(재심판청구의 금지) 불복이 있는 경우에는 행정소송을 제기할 수 있을 뿐이다(법 제51조).

(3) **다른 법률에 특별한 규정이 있는 경우의 구제절차(=특별불복절차)**

다른 법률에서 정하고 있는 특별한 구제절차에는 특별행정심판 절차와 개별 법률상 규정된 특별불복절차가 있다. 다른 법률에 특별한 규정이 있음에도 불구하고 「행정심판법」에 따른 행정심판을 청구하는 경우에는 「행정심판법」 소관이 아니므로 각하대상이 된다.

---

15 「상훈법」상의 서훈결정 등

16 「국가공무원법」상의 소청 등

02 행정심판의 대상으로서의 처분 ★★★ 제2회·제5회·제6회 기출

1. 처분의 의의

처분을 「행정심판법」은 행정청이 행하는 구체적 사실에 관한 법집행으로서 <u>공권력 행사 또는</u> <u>그 거부와 이에 준하는 행정작용</u>이라고 정의하고 있다(법 제2조 제1호).

2. 「행정심판법」상 처분의 개념요소

(1) 행정청

행정청이란 (행정주체를 위해) <u>국가 또는 공공단체의 행정에 관한 의사를 결정하고 외부에</u> <u>표시할 수 있는 권한을 가지는 행정기관</u>을 말한다. 권한의 위임 또는 위탁이 있을 시에는 수임청 또는 수탁청이 행정청이 되며 권한이 다른 행정청에 승계된 때에는 그 권한을 승계한 행정청이 처분청 또는 부작위청이 된다.[17]

(2) 구체적 사실에 관한 법집행으로서의 공권력의 행사

① 구체적 사실

처분의 상대방이 <u>개별적</u>이고 규율의 대상이 <u>구체적</u>인 것을 의미한다.

② 법집행행위

처분은 법집행 행위이어야 하므로 입법행위는 처분에 해당하지 않는다.[18]

③ 공권력의 행사

공권력의 행사란 행정청이 우월한 지위에서 일방적으로 행하는 권력적 단독행위를 말한다.[19]

(ⅰ) 행정계획

일반적으로 행정계획은 대외적으로 구속력이 없어 처분성이 인정되지 않는다. 다만, 판례는 특정인의 권리 내지 법률상 이익을 <u>개별적·구체적으로 규율하는 효과를 가</u> <u>지는 구속적 행정계획의 경우에는 그 처분성이 인정된다</u>고 보고 있다.[20]

---

17 예컨대 서울특별시는 행정주체이지 행정청이 아니며 서울특별시장이 행정청에 해당한다. 여기서 말하는 행정청은 행정기관 외 국가 또는 지방자치단체로부터 특정사무를 위임 또는 위탁받아 행정작용을 행하는 공공단체 및 그 기관, 사인(공무수탁사인)까지도 위임·위탁받은 사무를 행하는 범위에서는 행정청에 포함된다.

18 따라서 행정입법의 경우 상대방이 특정되지 않고 규율의 대상도 일반적·추상적이기 때문에 원칙적으로 처분이 아니다. 다만, 법령 또는 조례가 <u>구체적 집행행위의 개입 없이 그 자체로서 직접 국민에 대하여 구체적 효과를 발생하여 특정한 권리의무를 형성하게 하는 경우</u> 에는 행정심판의 대상이 된다.

19 따라서 행정청의 행위라도 사법작용이나 사인과의 대등한 관계에서 이루어지는 공법상의 계약, 공법상의 합동행위 등은 공권력의 행사가 아니므로 처분성이 인정되지 아니한다.

20 구 「도시계획법」 제12조 소정의 고시된 도시계획결정(현행 도시관리계획)은 특정 개인의 권리 내지 법률상의 이익을 개별적이고 구체적으로 규제하는 효과를 가져오게 하는 행정청의 <u>처분</u>이라 할 것이고, 이는 행정소송의 대상이 된다[**대법원 1982.3.9. 선고 80누105 판결 (도시계획변경처분취소)**].

（ii）일반처분과 고시·공고

일반처분은 불특정·다수인을 대상으로(일반적) 구체적인 사실에 대하여(구체적) 하는 행정행위로서 「행정심판법」·「행정소송법」상 처분에 해당한다(예 특정도로의 통행금지, 집회금지, 입산금지, 도로의 공공개시 및 공용폐지 등). 한편, 고시·공고는 행정청이 그가 결정한 사항 등을 일반에게 알리는 것으로서 원칙적으로 일반 국민을 구속하는 것은 아니므로 행정심판의 대상이 되지 않는다. 다만, <u>고시의 형식으로 일반처분의 성질을 가진 행위가 있을 경우에는 행정심판의 대상이 된다.</u>

> 예 구 「청소년보호법」에 따른 청소년유해매체물 결정 및 고시, [21] 「도로법」의 규정에 의한 도로구역결정의 고시, 「지가공시및토지등의평가에관한법률」의 규정에 의한 개별토지가액의 결정, [22] 보건복지부 '약제급여목록 및 급여상한금액표' 고시 [23]

（iii）내부지침에 근거한 행정행위

처분의 근거가 행정규칙에 규정되어 있다고 하더라도, 그 처분의 상대방에게 권리의 설정 또는 의무의 부담을 명하거나 기타 법적인 효과를 발생하게 하는 등으로 그 상대방의 권리·의무에 <u>직접 영향을 미치는 경우라면 항고소송의 대상이 되는 행정처분에 해당된다.</u> [24]

(3) 공권력 행사의 거부(거부처분) ★★★ 제3회·제10회·제12회 기출

1) 거부처분의 개념

거부처분은 행정청이 사인의 신청행위에 대한 처분을 하지 않겠다는 행정청의 소극적인 의사표시를 말한다. [25]

2) 거부행위가 처분성을 갖기 위한 요건(판례)

① <u>신청한 행위(=행정청의 거부행위)가 공권력의 행사 또는 이에 준하는 작용일 것</u> [26]

---

21 대법원 2007.6.14. 선고 2004두619 판결 [청소년유해매체물결정및고시처분무효확인]

22 대법원 1993.1.15. 선고 92누12407 판결 [개별토지가격결정처분취소등]

23 대법원 2006.9.22. 선고 2005두2056 판결 [보험약가인하처분취소] 어떠한 고시가 일반적·추상적 성격을 가질 때에는 법규명령 또는 행정규칙에 해당할 것이지만, 다른 집행행위의 매개 없이 그 자체로서 직접 국민의 구체적인 권리의무나 법률관계를 규율하는 성격을 가질 때에는 행정처분에 해당한다. 보건복지부 고시인 약제급여·비급여목록 및 급여상한금액표(보건복지부 고시 제2002-46호로 개정된 것)는 다른 집행행위의 매개 없이 그 자체로서 국민건강보험가입자, 국민건강보험공단, 요양기관 등의 법률관계를 직접 규율하는 성격을 가지므로 항고소송의 대상이 되는 행정처분에 해당한다고 한 사례

24 대법원 2004.11.26. 선고 2003두10251,10268 판결 [노선배분취소처분취소·국제선정기항공운송사업노선면허거부처분취소] - 정부 간 항공노선의 개설에 관한 잠정협정 및 비밀양해각서와 건설교통부 내부지침에 의한 항공노선에 대한 운수권배분처분이 항고소송의 대상이 되는 행정처분에 해당한다고 한 사례

25 거부처분은 소극적 공권력 행사이지만 부작위와 달리 외관상 일정한 행정행위가 있다는 점에서 처분적 행정행위와 같다.

26 거부처분이 성립하기 위해서는 행정청의 거부행위(=신청한 행위)가 공권력 행사에 관한 것이어야 한다. 공권력 행사의 신청이 아닌 단순한 사실행위 등의 요구에 대한 거부행위는 거부처분에 해당하지 않는다. 판례는 국유 잡종재산의 대부 신청에 대한 소관 행정청의 거부행위는 항고소송의 대상이 되는 거부처분이 아니라고 하고 있다.

② 거부행위로 인하여 신청인의 **법률관계**에 어떤 변동을 일으키는 것일 것 [27]

③ 행정행위를 요구할 수 있는 법규상·조리상의 **신**청권이 있을 것 [28]

(4) 공권력 행사 또는 그 거부에 준하는 행정작용

심판청구대상(대상적격)의 개괄주의에 따라 행정심판의 대상을 넓히기 위한 일종의 포괄적 개념이다. [29]

03 행정심판의 대상으로서의 부작위 ★★★ 제6회 기출

1. 개념

행정심판의 대상이 되는 "부작위"란 행정청이 당사자의 신청에 대하여 상당한 기간 내에 일정한 처분을 하여야 할 법률상 의무가 있는데도 처분을 하지 아니하는 것(＝처분의 부존재)을 말한다.

2. 부작위가 처분성을 갖기 위한 요건

(1) 당사자에게 **신청권**이 있을 것

부작위가 성립하기 위해서는 당사자에게 처분을 구할 수 있는 법규상 또는 조리상의 신청권은 있어야 한다는 것이 다수설과 판례의 입장이다. [30]

(2) **상당한 기간**이 경과할 것

① 상당기간이라 함은 사회통념상 당해 신청에 대한 처분을 하는 필요하다고 인정되는 기간을 말한다.

② 상당기간은 일반적으로 정할 수 없고 법령의 취지나 처분의 성질을 고려하여 개별적·구체적으로 판단해야 한다.

---

27 신청인의 실체법상 권리관계에 직접 변동을 일으키는 경우뿐만 아니라 신청인의 권리관계에 중대한 지장을 초래하는 것도 포함된다(판례). 행정청의 거부행위로 개인의 권익에 간접적으로 침해를 끼친 경우는 거부행위에 처분성이 성립되지 않는다.

28 행정청의 거부행위의 처분성이 인정되기 위해서는 신청인에게 법률상 또는 조리상의 신청권이 있어야 한다. 신청권의 존부는 구체적 사건에서 신청인이 누구인가를 고려하지 않고 관계 법규의 해석에 의하여 일반 국민에게 그러한 신청권을 인정하고 있는가를 살펴 추상적으로 결정되는 것으로 보는 것이 판례의 입장이다.

29 오늘날 행정형식의 다양화에 따라 현실적으로 행정구제의 필요성이 있는 행정작용을 행정심판 대상으로 포함시키기 위하여 인정된 개념이다.

30 판례는 신청권의 존부의 문제를 대상적격의 문제로 보는 동시에 청구인 적격의 문제로 보기도 한다. 따라서 신청권이 없는 자의 신청에 대해 행정청이 아무런 처분을 하지 않아도 의무이행심판의 대상이 되는 부작위로 보지 아니한다.

⑶ 행정청의 처분을 할 법률상 의무

행정심판의 대상인 부작위가 성립하기 위해서는 당사자의 신청에 대하여 일정한 처분을 해야 할 법률상 의무가 있어야 한다. [31]

⑷ 행정청이 아무런 처분을 하지 않을 것(=처분의 부존재)

처분의 부존재란 인용처분 또는 거부처분이 있었다고 볼 만한 외관이 존재하지 않아야 한다.

---

[31] 처분을 해야 할 법률상 의무란 법령이 일정한 요건을 갖춘 때에는 일정한 처분을 명하는 뜻의 명문의 규정이 있는 경우는 물론 법령의 취지나 해당 처분의 성질로 보아 기속행위에 해당하는 경우를 포함한다.

제3절 행정심판의 당사자 및 관계인

01 행정심판의 당사자 ★

1. 당사자의 개념

행정심판의 당사자는 청구인, 피청구인이다. 청구인은 행정심판의 대상인 처분 또는 부작위에 불복하여 그의 취소 또는 변경을 구하기 위하여 행정심판을 청구한 사람이다. 피청구인은 심판청구의 상대방(해당 심판청구의 대상인 처분을 한 행정청 또는 부작위를 한 부작위청)을 말한다.

2. 당사자 능력

행정심판의 청구인 또는 피청구인이 될 수 있는 일반적인 능력을 말한다. 당사자 능력은 소송법에서 사용되는 용어이고 「행정심판법」에서는 청구인 능력이라 한다.

3. 청구인 능력

(1) 청구인 능력이란 행정심판절차에서 청구인이 될 수 있는 능력을 말한다. 「민법」, 「민사소송법」 그 밖의 다른 법률에 따라 권리능력을 가진 자연인과 법인은 모두 「행정심판법」상의 청구인 능력이 있다.

(2) 「행정심판법」에서는 법인이 아닌 사단 또는 재단으로서 대표자나 관리인이 있을 때에는 그 사단이나 재단의 이름으로 심판청구를 할 수 있다는 특례규정으로 법인이 아닌 사단과 재단에 대해 청구인 능력을 인정하고 있다(법 제14조).

4. 피청구인 능력

(1) 피청구인 능력이란 행정심판절차에서 피청구인이 될 수 있는 능력을 말한다.

(2) 행정심판은 처분을 한 행정청(의무이행심판의 경우에는 청구인의 신청을 받은 행정청)을 피청구인으로 하여 청구해야 한다(법 제17조 제1항).

02 청구인 적격 ★★★ 제2회·제3회·제6회 기출

1. 개념

(1) 청구인 적격이란 행정청의 특정한 처분 또는 부작위와 관련하여 행정심판을 청구할 <u>법률상 이익이 있는 자</u>로서 본안재결을 구할 수 있는 자격을 말한다.

(2) 「행정심판법」은 행정심판의 종류에 관계없이 동일하게 <u>법률상 이익</u>이라는 개념을 사용하고 있지만 그 구체적인 의미는 행정심판의 종류에 따라 다르다.

2. 종류에 따른 청구인 적격

(1) **취소심판의 청구인 적격**

처분의 **취소** 또는 **변경**을 구할 법률상 이익이 있는 자이다(법 제13조 제1항).

(2) **무효등확인심판의 청구인 적격**

처분의 **효력** 유무 또는 **존재** 여부의 확인을 구할 법률상 이익이 있는 자이다(법 제13조 제2항).

(3) **의무이행심판의 청구인 적격**

처분을 **신청**한 자로서 행정청의 거부처분 또는 **부**작위에 대하여 일정한 **처분**을 구할 법률상 이익이 있는 자이다(법 제13조 제3항).

3. 법률상 이익의 개념에 관한 학설 및 판례

(1) **법률의 의미**

대법원은 법률상의 이익은 당해 처분의 근거 법규 및 관련 법규에서 보호되는 개별적·직접적·구체적인 이익이 있는 경우를 말한다고 판시하여 법률의 범위를 형식적 의미의 법률로 한정하고 있다.

(2) **법률상 이익의 의미**

취소심판의 청구는 처분의 취소 또는 변경을 구할 법률상 이익이 있는 자가 제기할 수 있다. 여기에서 말하는 법률상 이익에 대한 학설대립이 있다.

① **권리구제설**

위법한 처분 등으로 인하여 실체적 권리를 침해당한 자만이 법률상 이익이 있는 것으로 보는 견해이다.

② **법률상 보호이익설**

청구인이 주장하는 이익이 처분의 근거가 되는 해당 법규에 의해 보호되고 있는 것으로 인정되는 것이면 법률상 이익이 있는 것으로 보는 견해이다(통설, 판례).

③ **보호가치이익구제설**

청구인이 주장하는 이익이 법률에 의해 보호되는 이익이 아니하더라도 그 실질적 · 구체적 내용이 쟁송과정에서 보호할 만한 가치가 있으면 법률상 이익이 있다고 보는 견해이다.

④ **적법성 보장설**

행정쟁송의 목적을 청구인 또는 원고의 권익구제를 위한 주관적 쟁송으로 보기보다는 행정행위의 적법성 보장에 있는 것으로 보자는 견해이다.

⑤ **판례**

판례도 법률상 보호되는 이익을 "당해 처분의 근거 법규 및 관련 법규에 의하여 보호되는 개별적 · 직접적 · 구체적 이익이 있는 경우를 말한다."라고 판시하여 법률상 보호이익설의 입장을 취하고 있다.

4. 제3자의 청구인 적격(청구인 적격의 유형별 사례)

(1) 문제점

처분의 직접 상대방이 아닌 제3자에 대해 청구인 적격이 있는지의 문제이다.

(2) 경업자 또는 기존업자

① **개념**

경업자(競業者)란 행정청이 신규 인 · 허가를 함으로써 새로운 사업자가 시장에 출현하여 그와 경쟁관계의 상태에 놓이게 된 기존의 사업자를 말한다. 이때 기존사업자가 새로운 사업자에게 내려진 인 · 허가의 취소를 구하는 심판에서 법률상 이익이 인정될 수 있는지의 여부가 문제된다.

② **인정 여부**

기존 사업자가 특허업자인 경우에는 그 업자의 이익은 법률상 이익으로 보나, 허가영업일 경우에는 그 허가로 인한 경제적 이익은 반사적 이익에 불과하다고 보아 청구인 적격을 인정하지 않는 것이 일반적 경향이다.

③ **판례**

수익적 처분(면허, 인허가)의 근거가 되는 법률이 해당업자들 사이의 과당경쟁으로 인한 경영의 불합리를 방지하는 목적이 있는 경우, 기존사업자는 경업자에 대해 이루어진 면허나 인 · 허가 등의 처분의 직접 상대방이 아니더라도 해당 처분의 취소를 구할 원고적격이 있다(대법원 2008.3.27. 선고 2007두23811 판결). [32]

---

[32] 그 외 ① 기존노선 또는 사업구역과 중복되는 자동차운수사업면허처분 등에 대한 기존의 버스운송사업자, ② 분뇨 등 관련 영업허가를 받아 영업을 하고 있는 기존업자. ③ 신규 담배 일반소매인지정처분에 대한 기존 담배 일반소매업자 등의 판례에서 제3자의 원고적격이 인정되었다.

(3) 경원자

① 개념

경원자(競願者)란 동일한 내용의 인·허가 등을 신청한 수인의 신청자를 말한다. 경원관계란 인·허가의 수익적 처분을 신청한 여러 사람 중 일방에 대한 허가가 **타**방에 대한 불허가로 귀결될 수밖에 없는 양립 불가능한 관계를 말한다.

② 인정 여부

학설과 판례는 경쟁업자들의 청구인 적격을 일반적으로 인정한다. 경원관계에 있는 자는 이해관계 있는 제3자로서 허가를 받지 못한 자신에 대한 허가거부취소심판을 제기할 수도 있고, 다른 경원자에 대한 허가의 취소를 구하는 취소심판을 제기할 수도 있고, 양자를 병합하여 제기할 수도 있다.

③ 판례

판례는 액화석유가스충전사업의 신규허가가 군내에서 1개소만 가능한 경우 허가요건을 갖춘 경원자가 허가를 받지 못하여 제기한 소송에서 경원자에게 제3자에게 행한 허가처분의 취소를 구할 원고적격을 인정하였다(대법원 1992.5.8. 선고 91누13274 판결).[33]

(4) 인근주민

① 개념

특정인에 대한 수익적 처분에 대하여 인근주민이 생활환경 침해 등을 이유로 그 처분을 다툴 법률상 이익이 인정되는지(청구인 적격)의 인정 여부가 문제된다.

② 판례

처분의 직접 상대방이 아닌 인근주민 등 제3자라도 당해 처분의 취소를 구할 법률상의 이익이 있는 경우에는 원고적격을 인정하고 있다(대법원 2007.6.15. 선고 2005두9736 판결).[34]

---

[33] 재결례로서 중앙행정심판위원회는 1개의 기업(또는 컨소시엄)에 자유무역지역 내에서 공장을 건립·운영할 수 있도록 하기 위한 우선입주계약대상자 선정과정에서 경원자에게 제3자에게 행한 우선입주계약대상자 선정처분의 취소를 구할 청구인 적격이 있다고 판단하였다(중앙행정심판위원회 2020.3.3.자 2019-16539 재결).

[34] 그 외 인근주민의 환경권을 인정하여 청구인 적격(원고적격)을 인정한 주요판례로는 ① 연탄공장 건축허가처분 취소청구사건(대법원 1975. 5.13. 선고 73누96·97 판결), ② 환경영향평가지역 내에 거주하는 주민들에게 원고적격을 인정한 국립공원 용화집단시설지구 공원사업지구 공원사업시행허가처분 취소청구사건(대법원 1998.4.24. 선고 97누3286 판결), ③ 새만금간척종합개발사업을 위한 공유수면매립면허 및 사업시행인가처분 취소신청사건(대법원 2006.3.16. 선고 2006두330 전원합의체판결), ④ 처분의 근거법규 또는 관련 법규에 환경상 침해가 예상되는 영향권의 범위가 구체적으로 규정되어 있는 경우, 그 영향권 밖의 주민들에게도 원고적격을 인정한 낙동강 취수장 부근 공장설립승인처분 취소사건(대법원 2010.4.15. 선고 2007두16127 판결) 등이 있다.

판례 및 재결례

[판례 1]

납골당설치허가처분의 허가조건을 성취하거나 그 처분의 목적을 달성하기 위한 산림형질변경허가와 환경영향평가의 근거 법규는 납골당설치허가처분에 대한 처분들의 근거 법규이고, 그 환경영향평가대상지역 안에 거주하는 주민들은 위 처분의 무효확인이나 취소를 구할 원고적격이 있다(대법원 2004.12.9.선고 2003두12073 판결).

[판례 2]

「구 국토의 계획 및 이용에 관한 법률」(2009.2.6. 법률 제9442호로 개정되기 전의 것) 제139조 제2항 및 이에 근거하여 제정된 지방자치단체 조례에 따라 광역시장으로부터 납골시설 등에 대한 도시관리계획 입안권을 위임받은 군수는 관할구역 도시관리계획의 입안권자이므로, 도시관리계획 구역 내 토지 등을 소유하고 있는 주민의 납골시설에 관한 도시관리계획의 입안제안을 반려한 군수의 처분은 항고소송의 대상이 되는 행정처분에 해당한다(대법원 2010.7.22.선고 2010두5745 판결).

[판례 및 재결례] 외국인에게 사증발급거부처분취소청구의 청구인 적격을 부정한 사례

① 사증발급의 법적 성질, 출입국관리법의 입법 목적, 사증발급 신청인의 대한민국과의 실질적 관련성, 상호주의원칙 등을 고려하면, 우리 출입국관리법의 해석상 외국인에게는 사증발급 거부처분의 취소를 구할 법률상 이익이 인정되지 않는다(대법원 2018.5.15. 선고 2014두42506 판결).

② 외국인에게는 입국의 자유를 인정하지 않는 것이 세계 각국의 일반적인 입법 태도이고, 우리 「출입국관리법」의 입법 목적은 '대한민국에 입국하거나 대한민국에서 출국하는 모든 국민 및 외국인의 출입국관리를 통한 안전한 국경관리, 대한민국에 체류하는 외국인의 체류관리와 사회통합 등에 관한 사항을 규정'하는 것인 바, 사증발급기준과 절차에 관한 「출입국관리법」과 그 하위법령의 규정들은 대한민국의 출입국질서와 국경관리라는 공익을 보호하려는 취지일 뿐, 외국인에게 대한민국에 입국할 권리를 보장하거나 대한민국에 입국하고자 하는 외국인의 사익까지 보호하려는 취지로 해석하기는 어렵다. 이와 같은 사증발급의 법적 성질, 「출입국관리법」의 입법 목적 등을 고려하면, 우리 「출입국관리법」의 해석상 외국인에게는 사증발급 거부의 취소를 구할 법률상 이익이 인정되지 않는다고 봄이 타당하다. 따라서 이 사건 심판청구는 이 사건 거부의 취소를 구할 법률상 이익이 없는 자가 제기한 부적법한 청구이다(중앙행정심판위원회 2020.11.17.자 2020-13680 재결).

5. 청구인 적격의 흠결의 효과

(1) 청구인 적격이 없는 심판청구는 부적법한 청구로 각하된다.

(2) 행정심판 절차진행 중 청구인 적격을 상실한 경우에는 청구인의 지위승계문제가 생길 수 있다. 지위가 승계되지 않는 경우에는 부적법한 청구로 각하된다.

(3) 행정심판위원회는 청구인 적격 여부를 직권으로 조사해야 하며 이를 간과하고 행한 재결은 재결에 고유한 하자가 있는 것으로 재결취소소송의 대상이 된다.

03 협의의 청구의 이익 ★ 제5회 기출

1. 개념

(1) 협의의 청구의 이익이란 구체적 사안에 있어 심판을 통해 해결할 만한 **구체적·현**실적 **필요**성이 있는 것을 말한다.[35] 청구인의 청구가 인용되더라도 청구인에게 회복되는 이익이 없다면 해당 처분의 취소를 구할 법률상 이익이 없으므로 해당 행정심판청구는 각하대상이 된다.

(2) 다만, 처분의 취소에 따라 회복될 가능성이 있는 법률상 이익이 있다면 행정심판을 청구할 실익은 있게 된다. 또한, 회복될 가능성이 있는 법률상 이익이 기본적인 권리 또는 법적 지위일 때는 물론 부수적 이익인 경우에도 청구의 이익은 있다.

2. 「행정심판법」 제13조 제1항 단서

처분의 효과가 기간의 경과, 처분의 집행, 그 밖의 사유로 소멸된 뒤에도 그 처분의 취소로 인하여 회복되는 법률상 이익이 있는 경우라면 청구이익이 인정된다(법 제13조 제1항 단서).

3. 협의의 청구이익이 부정되는 경우

처분의 효력이 소멸한 경우, 원상회복이 불가능한 경우, 처분 후의 사정변경이 있는 경우는 원칙적으로 청구이익이 부정된다.

4. 청구의 이익 인정에 대한 개별적 검토

(1) **처분의 효력이 소멸한 경우**

1) 원칙

처분의 효력이 소멸한 후에는 협의의 청구이익은 인정되지 않는다.[36]

2) 예외

① 당해 처분의 존재가 장래의 가중적 처분의 요건으로 규정되어 있는 경우,[37]

② 당해 처분이 소급적으로 취소됨으로써 청구인의 이익이 구제될 수 있는 경우,

③ 동일한 사유로 위법한 처분이 반복될 위험성이 있어 행정처분의 위법성 확인 내지 불분명한 법률문제에 대한 해명이 필요하다고 판단되는 경우에는 청구이익이 인정된다.

---

[35] 청구인 적격에서 말하는 법률상 이익을 실제적으로 보호할 필요성을 말한다.

[36] 예컨대, 행정처분에 그 효력기간이 정하여져 있는 경우(1개월의 영업정지), 그 처분의 효력 또는 집행이 정지된 바 없다면 위 기간의 경과로 위 행정처분의 효력은 상실되므로 그 기간 경과 후에는 그 처분이 외형상 잔존함으로 인하여 어떠한 법률상 이익이 침해되고 있다고 볼 만한 별다른 사정이 없는 한 처분의 취소를 구할 법률상의 이익이 없다(대법원 2004.7.8. 선고 2002두1946 판결).

[37] 판례도 제재적 행정처분이 처분에서 정한 제재기간의 경과로 인하여 효과가 소멸되었으나 처분기준이 제재적 행정처분을 받은 것을 가중사유나 전제요건으로 삼아 장래의 제재적 행정처분을 하도록 정하고 있다면 그러한 불이익을 제거할 권리보호의 필요성을 인정하고 있다.

(2) 원상회복이 가능한 경우

판례는 처분의 집행완료, 권리존속 기간 또는 허가기간의 만료, 다툼의 전제가 된 지위의 상실 등의 경우일지라도 원상회복이 가능한 경우라면 처분의 취소를 법률상 이익이 있다고 판시 하고 있다. [38]

(3) 원상회복이 불가능해도 회복되는 부수적 이익이 있는 경우

처분이 취소되어도 원상회복이 불가능한 경우에는 취소를 구할 청구이익이 없다. [39] 다만, 판 결이나 재결의 소급효에 따라 해당 처분이 소급적으로 취소되어 회복되는 부수적인 이익이 있는 경우에는 청구의 이익이 있다. [40]

04 청구인의 지위승계 · 변경

1. 청구인의 지위승계 ★

(1) 당연승계

① 청구인이 사망한 경우에는 상속인이나 그 밖에 법령에 따라 심판청구의 대상에 관계되는 권리나 이익을 승계한 자가 청구인의 지위를 승계한다(법 제16조 제1항).
② 법인인 청구인이 합병에 따라 소멸하였을 때는 합병 후 존속하는 법인이나 합병에 따라 설립된 법인이 청구인의 지위를 승계한다(법 제16조 제2항).

(2) 허가승계

① 심판청구의 대상과 관계되는 권리나 이익을 양수한 자는 행정심판위원회의 허가를 받아 청구인의 지위를 승계할 수 있다(법 제16조 제5항).
② 행정심판위원회는 청구인 지위승계 신청을 받으면 기간을 정하여 당사자와 참가인에게 의견을 제출하도록 할 수 있으며, 당사자와 참가인이 그 기간에 의견을 제출하지 아니하면 의견이 없는 것으로 본다(법 제16조 제6항).

---

38 예컨대 ① 현역병입영 대상자가 입영 후 현역병입영 통지처분이 취소되면 원상회복이 가능하므로 처분의 취소를 구할 소의 이익이 있고 (대법원 2003.12.26. 선고 2003두1875 판결), ② 도시계획시설사업시행자가 토지수용재결신청을 기각하는 내용의 이의재결의 취소를 구하던 중 그 사업시행기간이 경과하더라도 이의재결이 취소되면 사업시행자의 신청에 따른 수용재결이 이루어질 수 있어 원상회복이 가능하므로 이의재결의 취소를 구할 소의 이익이 있다(대법원 2007.1.11. 선고 2004두8538 판결).

39 예컨대, 특정 일자에 개최해야 하는 집회 시위에 대한 불허처분에 대하여 그 행사일자가 지난 후에는 처분의 취소를 구할 소의 이익이 없는 것이다.

40 예컨대 ① 지방의회 의원의 제명의결 취소소송 제기 중 의원의 임기가 만료된 사안에서, 제명의결의 취소로 의원의 지위를 회복할 수는 없다 하더라도 제명의결시부터 임기만료일까지의 기간에 해당하는 월정수당의 지급을 제명의결의 취소를 통해 청구할 법률상 이익이 있고(대법원 2009.1.30. 선고 2007두13487 판결), ② 근로자가 부당해고 구제신청으로 해고의 효력을 다투던 중 정년에 이르거나 근로 계약기간만료 등의 사유로 원직복직이 불가능하게 되었다 하더라도 해고기간 중의 임금상당액을 지급받을 수 있는 경우에는 구제신청을 기각한 중앙노동위원회의 재심판정을 다툴 소의 이익이 있다(대법원 2020.2.20. 선고 2019두52386 전원합의체 판결).

2. 청구인의 변경

행정심판을 청구한 후 청구인의 변경은 청구인의 사망 등 일정한 경우에만 허용되고 임의적인 청구인의 변경은 원칙적으로 허용되지 않는다. 청구인 적격이 없는 자가 제기한 심판청구는 부적법한 것으로 흠결이 보정될 수 없다고 한다.

05 피청구인 적격 ★ 제7회·제9회 기출

1. 개념

(1) 피청구인 적격은 청구인으로부터 행정심판 청구를 제기 받을 피청구인이 될 수 있는 자격을 말한다.

(2) 심판청구는 행정청(처분청 또는 부작위청)을 피청구인으로 하여 제기하여야 한다(법 제17조 제1항 본문). 다만, 처분이나 부작위와 관계되는 권한이 다른 행정청에 승계된 때에는 이를 승계한 행정청을 피청구인으로 하여야 한다(법 제17조 제1항 단서). 여기서 행정청이란 국가, 지방자치단체 등 행정주체의 의사를 결정하여 외부에 표시할 수 있는 권한을 가진 행정기관을 말하며, 법령에 따라 행정권한이 다른 행정기관, 공공단체 및 그 기관에게 위임·위탁된 경우에는 그 위임·위탁을 받은 자가 행정청이 된다.

(3) 이론상으로는 피청구인 적격은 처분이나 재결의 효과가 귀속되는 국가나 지방자치단체, 그 밖의 공공단체 등 권리·의무의 주체인 행정주체가 되어야 하는 것이 원칙이다. 그러나 「행정심판법」과 「행정소송법」은 쟁송수행의 편의를 위해 처분을 행한 행정청(처분청)이 피청구인 또는 피고가 되도록 하고 있다.[41]

2. 피청구인 적격에 관한 구체적인 사례

(1) 권한위임 또는 위탁에 따른 행정청

① 권한의 위임이란 행정청이 그 권한의 일부를 하급행정청 또는 보조기관[42]이나 지방자치단체의 장에게 이전하여 수임자의 권한으로 행사하도록 하는 것을 말한다. 수임기관은 그 수임권한에 관해서는 행정청이 되므로 권한을 위임받은 수임관청이 행한 처분이나 부작위에 대하여는 해당 수임관청이 피청구인이 된다.

---

[41] 행정심판이나 행정소송은 행정청의 권한행사의 적부를 다투는 쟁송절차라는 점에서 반드시 행정주체(국가나 지방자치단체 등)가 피청구인 또는 피고가 될 필요가 없고, 행정주체의 의사를 대외적으로 표시할 수 있는 법령상의 권한을 부여받아 처분을 행한 행정청이 피청구인 또는 피고가 되는 것이 공격·방어방법의 용이성, 그 밖에 쟁송절차 진행상 기술적 편의를 위해 행정쟁송상 효율적이고 편리하다는 점에서 행정청에 피청구인 적격 또는 피고적격을 입법정책상으로 부여한 것이다.

[42] 보조기관이란 스스로 행정부서의 의사를 결정·표시할 권한은 없고 행정청을 보조함을 목적으로 하는 행정기관을 말한다(예 차관, 실장, 국장, 과장 등). 한편, 보좌기관은 정책기획, 계획입안 및 연구조사 등을 통해 간접적으로 행정목적수행을 돕는 행정기관을 말한다(예 차관보, 담당관 등).

② 권한의 위탁이란 행정청이 그 권한의 일부를 <u>다른 행정기관의 장</u>에게 이전하여 수탁자의 권한으로 행사하도록 하는 것을 말한다. 민간위탁이란 행정사무의 수탁자가 행정기관이 아닌 공공법인·단체 또는 기관이나 사인(공무수탁사인)이 되는 것을 말한다. 따라서 권한을 수탁받은 행정기관·공공단체 및 사인이 행한 처분이나 부작위에 대하여는 해당 수탁 행정기관 등이 피청구인이 된다.

⑵ 권한을 승계한 행정청

심판청구의 대상과 관계되는 권한이 다른 행정청에 승계된 경우에는 권한을 승계한(=승계받은 행정청의 의미) 행정청이 행정심판의 피청구인이 된다(법 제17조 제1항 단서).

⑶ 합의제 행정청

① 합의제 행정청(감사원, 국민권익위원회, 공정거래위원회, 금융위원회[43] 등)이 처분청인 경우에는 합의제 행정청 자체가 피청구인이 된다.

② 다만, 개별 법률에서 합의제 행정청을 대표하는 자를 피청구인이나 피고로 하는 규정을 두고 있으면 그 자가 피청구인 또는 피고가 된다.[44]

⑷ 공공단체 및 그 기관

「행정심판법」은 공공단체(지방자치단체, 공법상 법인) 및 그 기관도 행정권한을 위임·위탁받은 경우에는 행정청이 된다고 명시하고 있다(법 제2조 제4호).[45]

> **판례**
>
> **[판례 1]**
> 대한주택공사가 시행한 택지개발사업 및 이에 따른 이주대책에 관한 처분은 공사가 법률상 부여받은 행정작용권한을 행사하는 것으로 보아야 할 것이므로 항고송의 대상이 된다(대법원 1992.11.27.선고 92누3618 판결).
>
> **[판례 2]**
> 근로복지공단이 사업주에 대하여 하는 '개별사업장의 사업종류 변경결정'은 행정청이 행하는 구체적 사실에 관한 법 집행으로써 공권력의 행사인 '처분'에 해당한다(대법원 2020.4.9.선고 2019두61137 판결).

---

[43] 그 외 행정심판위원회, 토지수용위원회, 소청심사위원회, 중앙노동위원회, 중앙선거관리위원회, 방송통신위원회, 국가배상심의위원회 등이 있다.

[44] 예를 들어 중앙노동위원회의 처분에 대한 소는 중앙노동위원회 위원장을 피고로 하고 있고(노동위원회법 제27조), 중앙해양안전심판원의 재결에 관한 소는 중앙해양안전심판원장을 피고로 하는 규정을 두고 있다(해양사고의 조사 및 심판에 관한 법률 제75조).

[45] 공법상 법인(⑩ 한국토지주택공사, 근로복지공단, 국민건강보험공단)도 그 권한의 범위 안에서는 행정에 관한 국가의사를 결정·표시할 수 있는 행정청의 지위를 가지므로 그 한도 안에서 피청구인 능력이 있다.

3. 피청구인 적격의 흠결의 효과

피청구인 적격이 없는 행정청을 상대로 하는 심판청구는 부적법한 청구로 각하된다. 청구인이 피청구인을 잘못 지정한 경우에는 위원회는 직권으로 또는 당사자의 신청에 의하여 결정으로써 <u>피청구인을 경정</u>(更正)할 수 있다(법 제17조 제2항).

4. 피청구인의 경정

(1) 필요성

행정심판의 피청구인은 권리·의무의 주체가 아닌 처분행정청인 관계로 피청구인을 잘못 지정하는 경우가 빈번하여 민사소송과는 다른 심판승계제도가 필요하다.

(2) 절차

① 청구인이 피청구인을 잘못 지정한 경우 행정심판위원회는 직권 또는 당사자의 신청에 의하여 결정으로써 피청구인을 경정할 수 있고(법 제17조 제2항), 행정심판이 청구된 후에 당해 처분이나 부작위에 대한 권한이 다른 행정청에 승계된 경우에는 행정심판위원회는 직권 또는 당사자의 신청에 의하여 결정으로써 피청구인을 경정한다(법 제17조 제5항).

② 당사자가 피청구인의 경정을 신청할 때에는 그 뜻을 기재한 서면을 행정심판위원회에 제출해야 한다(영 제15조 제1항). 당사자가 신청할 수 있으므로 청구인뿐만 아니라 피청구인도 피청구인경정을 신청할 수 있다.

③ 행정심판위원회가 피청구인의 경정결정을 하면 결정서 정본을 당사자에게 송달해야 한다(법 제17조 제3항). 당사자는 위원회의 결정에 대하여 결정서 정본을 받은 날부터 7일 이내에 행정심판위원회에 이의신청을 할 수 있다(법 제17조 제6항).

(3) 피청구인 경정의 효과

경정결정이 있으면 종전의 피청구인에 대한 심판청구는 취하되고 종전의 피청구인에 대한 행정심판이 청구된 때에 새로운 피청구인에 대한 행정심판이 청구된 것으로 본다(법 제17조 제4항).

06 선정대표자

1. 의의

선정대표자는 청구인이 다수인 경우에 청구인들 스스로 또는 행정심판위원회의 권고에 따라 청구인을 대표하여 <u>심판을 수행할 자로 선정된 자</u>를 말한다.

2. 선정방법

청구인 전원의 동의로 청구인들 중에서 <u>3명 이하의 선정대표자를 선정</u>하되, 청구인들이 선정대표자를 선정하지 아니한 경우에 행정심판위원회는 필요하다고 인정하면 청구인들에게 선정대표자를 선정할 것을 권고할 수 있다(법 제15조 제1항·2항).

3. 선정대표자의 권한

선정대표자는 다른 청구인들을 위하여 그 사건에 관한 모든 행위를 할 수 있다. 다만, 심판청구를 취하하려면 다른 청구인들의 동의를 받아야 하며, 이 경우 동의받은 사실을 서면으로 소명하여야 한다(법 제15조 제3항).

4. 선정대표자의 지위

선정대표자가 선정되면 다른 청구인들은 그 선정대표자를 통해서만 그 사건에 관한 행위를 할 수 있다(법 제15조 제4항).

5. 선정대표자의 변동

청구인들은 필요하다고 인정하면 선정대표자를 해임하거나 변경할 수 있다. 이 경우 청구인들은 그 사실을 지체 없이 행정심판위원회에 서면으로 알려야 한다(법 제15조 제5항).

07 대리인

1. 서설

(1) 「행정심판법」상 대리인에는 임의대리인, 법정대리인, 특별대리인, 국선대리인이 있다. 「행정심판법」은 대리인 선임 및 권한관계를 분명히 규정하여 심리절차의 신속을 도모하고 있다.

(2) 「민사소송법」은 소송대리를 할 수 있는 자를 법률에 따른 대리인 외에는 변호사만 할 수 있도록 규정하고 있다.[46] 그러나 「행정심판법」은 심판절차가 정식 소송절차가 아니라는 점과 청구인의 경제적 부담 등을 고려해 심판대리를 할 수 있는 자의 범위를 민사소송보다 확대하여 규정하고 있다.

---

[46] 「민사소송법」 제87조

2. 대리인의 선임

(1) 청구인의 경우

청구인은 ① 청구인의 **배**우자, 청구인 또는 배우자의 사촌 이내의 혈족, ② 청구인이 법인이 거나 청구인 능력이 있는 법인이 아닌 사단 또는 재단의 경우에 그 **소**속 임직원, ③ **변**호사, ④ **다**른 법률에 따라 심판청구를 대리할 수 있는 자, ⑤ 그 밖에 행정심판위원회의 **허**가를 받은 자를 대리인으로 선임할 수 있다(법 제18조 제1항).

(2) 피청구인의 경우

피청구인은 그 **소**속 직원, **변**호사 또는 **다**른 법률에 따라 심판청구를 대리할 수 있는 자를 선임할 수 있고, 그 밖에 자를 행정심판위원회의 **허**가를 받아 대리인으로 선임할 수 있다(법 제18조 제2항).

(3) 다른 법률에 따라 심판청구를 대리할 수 있는 자

세무사, 공인노무사, 변리사, 공인회계사, 관세사가 있다. 그러나 다른 법률에 따라 심판청구를 대리할 수 있다고 하더라도 모든 사건에 대하여 대리할 수 있는 것은 아니고, 개별법률에서 그 업무로 허용된 범위 내에서만 대리할 수 있다.[47]

3. 특별대리인의 선임허가

(1) 특별대리인의 개념

행정심판위원회의 **허가를 받아 선임**한 대리인을 특별대리인이라고 한다(법 제18조 제1항 제5호). 특별대리인으로 선임허가를 받은 경우에 한하여 대리인이 될 수 있다.[48]

(2) 특별대리인의 선임절차

① 청구인 또는 피청구인이 행정심판위원회의 허가를 받아 특별대리인을 선임하고자 하는 경우에는 법정사항[49]을 기재한 서면으로 행정심판위원회에 허가신청을 해야 한다.

② 행정심판위원회가 특별대리인 선임허가신청을 받은 때에는 지체 없이 이를 심사하여 허가 여부를 결정하고 그 결과를 신청인에게 알려야 한다.

③ 특별대리인 선임허가의 권한은 행정심판위원회 위원장에게 위임되어 있다.

---

[47] 예를 들면, 공인노무사는 노동관계법령에 따라 행하는 심판청구에 관한 사항에 한해서 대리할 수 있다.

[48] 특별대리인의 자격과 관련하여 특별대리인은 보수를 목적으로 하는 것이 아니어야 할 것이다. 행정사나 법무사 등 다른 법률에 근거한 대리인 자격이 없는 자격사를 특별대리인으로 선임 허가를 받을 수 있는가에 대해서는 논란이 있다. 중앙행정심판위원회의 심판 실무에서는 행정사와 법무사는 서류의 작성 및 제출 대행 등의 업무를 수행하고 있어 다른 법률에서 제한하고 있는 업무는 할 수 없는 점, 다른 법률에서 심판청구를 대리할 수 있는 자에 해당하지 않는 점, 「변호사법」과의 관계 등을 고려하여 심판 실무에서는 특별대리인 선임허가 신청을 하더라도 허가를 하지 않고 있다(국민권익위원회 · 중앙행정심판위원회, 행정심판의 이론과 실무, 296면).

[49] ① 특별대리인이 될 자의 인적사항, ② 대리인을 선임하고자 하는 이유, ③ 청구인 또는 피청구인과 특별대리인과의 관계

4. 대리인 자격의 소명과 대리인의 해임 등

(1) 대리인 자격의 소명

① 대리인의 자격은 서면으로 소명하여야 한다(법 제19조 제1항).

② 대리권에 관한 소명자료가 제출될 때까지는 대리권을 인정할 수 없으므로 당사자 본인을 상대로 절차를 진행한다.

(2) 대리인의 해임·변경 및 자격상실

① 대리인을 선임한 당사자는 필요한 경우 대리인을 해임하거나 변경할 수 있고, 이 경우 그 사실을 지체 없이 행정심판위원회에 서면으로 알려야 한다.

② 청구인이나 피청구인은 대리인이 그 자격을 잃으면 그 사실을 서면으로 행정심판위원회에 신고하여야 한다. 이 경우 소명자료를 함께 제출하여야 한다(법 제19조 제2항).

5. 대리행위의 효과

(1) 대리인은 선임한 당사자를 위해 심판청구의 취하를 제외하고는 해당 사건에 관한 모든 행위를 할 수 있다.

(2) 대리인은 청구인 또는 피청구인을 위하여 대리권의 범위 안에서 자기의 의사결정과 명의로 심판청구에 관한 행위를 하는 자이지만, 그 행위의 효과는 직접 당사자 본인(청구인·피청구인)에게 귀속된다.

08 국선대리인

1. 도입배경

(1) 행정심판위원회에서 선정한 대리인을 국선대리인이라고 한다.

(2) 경제적 사유로 대리인 선임이 곤란한 청구인 등 사회적 약자에게 행정심판위원회가 대리인을 선정하여 행정심판 활동을 보완하게 함으로써 행정심판을 통한 국민권익 구제역량을 확대하려는 것이다.

2. 국선대리인의 자격

행정심판위원회가 국선대리인을 선정하는 경우에는 변호사, 공인노무사에 해당하는 사람 중에서 선정된다(영 제16조의3).

3. 국선대리인 선임 신청 요건 및 절차

(1) 선임 신청 청구인(국선대리인 선임 대상)

① 「국민기초생활 보장법」에 따른 수급자
② 「한부모가족지원법」에 따른 지원대상자
③ 「기초연금법」에 따른 기초연금 수급자
④ 「장애인연금법」에 따른 수급자
⑤ 「북한이탈주민의 보호 및 정착지원에 관한 법률」에 따른 보호대상자
⑥ 그 밖에 위원장이 경제적 능력으로 인하여 대리인을 선임할 수 없다고 인정하는 사람이다.

(2) 선임신청

청구인은 위원회가 지정하는 심리기일 전까지 위원회에 국선대리인 선임을 신청하여야 하고, 국선대리인 선임 신청 대상자에 해당하는 사람이라는 것을 소명하는 서류를 함께 제출하여야 한다(영 제16조의2 제2항).

(3) 위원회의 결정 및 통지

위원회는 국선대리인 선임 신청이 있는 경우 선정 여부에 대한 결정을 하고, 지체 없이 청구인에게 그 결과를 통지하여야 한다.

4. 국선대리인 선정 취소 및 사임

(1) 필요적 선정 취소

청구인에게 변호사 등의 대리인이 선임된 경우, 국선대리인이 선정 자격을 상실한 경우, 국선대리인이 해당 사건과 이해관계가 있는 경우

(2) 임의적 선정 취소

국선대리인이 그 업무를 성실하게 수행하지 아니하는 경우, 국선대리인의 선정을 취소할 만한 상당한 이유가 있다고 인정되는 경우

(3) 사임사유

① 질병 또는 장기 여행으로 인하여 국선대리인의 직무를 수행하기 어려운 경우
② 청구인, 그 밖의 관계인으로부터 부당한 대우나 요구를 받아 국선대리인으로서 공정한 업무를 수행하기 어려운 경우
③ 그 밖에 국선대리인으로서 직무를 수행할 수 없다고 인정할 만한 상당한 사유가 있는 경우

(4) **위원회의 선정 취소, 사임 허가, 재선정**

행정심판위원회는 청구인에게 대리인이 선임된 경우를 제외하고 국선대리인의 선정이 취소되거나 국선대리인이 사임한 경우 다른 국선대리인을 재선정할 수 있다.

09 행정심판의 참가 ★ 제7회 기출

1. 서설

(1) 행정심판의 참가는 행정심판의 결과에 법률상 이해관계 있는 제3자나 행정청에게 심판절차에 참가하여 공격·방어방법을 제출할 수 있는 기회를 주어 이해관계인을 보호하고 심리절차의 적정을 도모하는 제도이다.

(2) 참가인은 타인 간의 행정심판 결과에 따라 직접 자신의 권리관계에 영향을 받게 되는 자로서 그 심판절차에 참가한 자를 말한다.

2. 참가신청을 할 수 있는 자

(1) **이해관계 있는 제3자**

이해관계 있는 제3자란 당해 심판의 결과에 따라 직접 자기의 권익이 침해당할 자를 말한다.[50]

(2) **이해관계 있는 행정청**

이해관계 있는 행정청이란 계쟁처분이나 재결에 관계있는 행정청을 말한다.[51]

3. 심판참가의 종류

(1) **신청에 의한 참가**

① 심판절차에 참가하고자 하는 자는 <u>행정심판위원회나 소위원회의 의결이 있기 전까지</u> 참가의 취지와 이유를 적은 참가신청서에 당사자의 수만큼 부본을 첨부하여 행정심판위원회에 제출하여야 한다(법 제20조 제1항·제2항).

---

[50] 예컨대 행정개입청구하는 경우에 있어 공장주, 복효적 행정행위에 있어서 처분의 직접 상대방이 여기에 속한다.

[51] 예컨대 처분청의 감독청, 계쟁처분에 대하여 협의했거나 동의한 행정청 등으로 법령상 당해 처분에 대해 협의권 또는 동의권이 부여되어 있는 행정청을 말한다. 관계 행정청이 협의·동의 등을 통해 처분청의 처분에 관여한 경우에 해당 처분에 관한 심판에 당사자로서 참여하지 못한 채 후일 재결의 기속력을 받게 되는 것을 대비해 관계 행정청에게 미리 심판과정에 참여하게 하여 공격방어방법을 제출할 수 있는 기회를 주려는 데 그 취지가 있다.

② 행정심판위원회는 참가신청서를 받으면 참가신청서 부본을 당사자에게 송달하여야 하며, 이때 기간을 정하여 당사자와 다른 참가인에게 제3자의 참가신청에 대한 의견을 제출하도록 할 수 있으며, 당사자와 다른 참가인이 그 기간에 의견을 제출하지 아니하면 의견이 없는 것으로 본다(법 제20조 제3항·제4항).

③ 행정심판위원회는 참가신청을 받으면 <u>허가 여부를 결정</u>하고, 지체 없이 신청인에게는 결정서 정본을, 당사자와 다른 참가인에게는 결정서 등본을 송달하여야 한다(법 제20조 제5항).

④ 참가신청에 대하여 행정심판위원회가 불허가를 한 경우 신청인은 결정서 정본을 송달을 받은 날부터 7일 이내에 행정심판위원회에 그 사유를 소명하는 서면으로 이의신청을 할 수 있다(법 제20조 제6항, 영 제14조 제1항).

(2) 요구에 의한 참가

① 행정심판위원회는 <u>필요한 경우</u> 그 행정심판 결과에 이해관계가 있는 제3자 또는 행정청에 그 사건 심판에 참가할 것을 요구할 수 있다(법 제21조 제1항).

② 위원회의 참가요구를 받은 제3자나 행정청은 지체 없이 참가 여부를 위원회에 통지하여야 한다(법 제21조 제2항).

4. 참가인의 지위

참가인은 행정심판 절차에서 당사자가 할 수 있는 심판절차상의 행위를 할 수 있다(법 제22조 제1항). 따라서 참가인은 재결서 등본을 송부받을 수 있으며, 심판청구의 재결이 있을 때까지 피청구인 또는 행정심판위원회에 참가취하서 제출로 참가신청을 취하할 수 있다(법 제42조 제2항·제4항).

제4절 행정심판위원회

01 행정심판위원회 ★ 제7회 기출

1. 의의

행정심판위원회란 행정심판청구사건을 심리·재결을 할 권한을 가진 합의제 행정기관(행정청)을 말한다.

2. 행정심판위원회의 법적 성격

(1) 심리·재결기관

행정심판위원회는 심판청구사건에 관하여 각종 증거조사와 관련법령의 검토를 통하여 분쟁당사자의 주장에 대하여 제3자의 입장에서 판단하고 결정하는 심리·재결기관이다.

(2) 합의제 행정기관

행정심판위원회는 위원장을 포함한 재적위원 과반수의 출석으로 개회하고, 출석위원 과반수의 찬성으로 재결하는 합의제기관이다. 또한 재결한 내용을 행정심판위원회의 명의로 대외적으로 표시하는 합의제 행정청이다.

(3) 준사법적 행정기관

행정심판위원회는 심판청구사건의 심리·재결에 있어서 여러 가지 사법적 절차, 즉 이해관계인의 심판참가제도, 위원의 제척·기피·회피제도, 대리인 선임제도, 집행정지, 증거조사, 구술심리 등 쟁송절차를 채택하고 있다.[52]

(4) 비상설기관

행정심판위원회는 심판청구사건이 회부된 경우에 그 심판청구사건을 심리·재결을 위하여 필요한 범위 안에서 회의를 개최하는 비상설기관이다.

3. 행정심판위원회의 설치

「행정심판법」상 행정심판위원회는 행정기관별로 설치된다.

---

[52] 준사법적 기능을 보장하기 위해 행정심판위원회는 직무수행에 있어서 독립적으로 재결할 수 있는 권한을 가진다. 행정심판위원회의 인용재결은 피청구인과 그 밖의 행정청을 구속(羈束)하는 효과를 가지므로, 행정심판위원회의 재결은 당해사건에 관하여 행정부의 최종적 판단이 된다.

4. 행정심판위원회의 종류

(1) 해당 행정청 소속 행정심판위원회(법 제6조 제1항)

① 해당 행정청 [53]

감사원, 국가정보원장, 국회사무총장·법원행정처장, 국가인권위원회 등의 처분 또는 부작위에 대한 행정심판은 해당 행정청 소속 행정심판위원회에서 심리·재결한다.

예 법원행정처장의 처분이나 부작위에 대한 행정심판은 법원행정처행정심판위원회가 심리·재결한다.

② 소속 행정청

소속 행정청이란 행정기관의 계층구조와 상관없이 그 감독을 받거나 위탁을 받은 모든 행정청을 말하되, 위탁을 받은 행정청은 그 위탁받은 사무에 관하여는 위탁한 행정청의 소속 행정청으로 본다.

(2) 중앙행정심판위원회(법 제6조 제2항)

① 국가행정기관의 장 또는 그 소속 행정청(해당 행정청 소속 행정심판위원회가 있는 경우는 제외),

② 특별시장·광역시장·특별자치시장·도지사·특별자치도지사(특별시·광역시·특별자치시·도 또는 특별자치도의 교육감을 포함) 또는 의회(의회 소속 모든 행정청을 포함),

③ 「지방자치법」에 따른 지방자치단체조합 등 관계 법률에 따라 국가·지방자치단체·공공법인 등이 공동으로 설립한 행정청의 처분 또는 부작위에 대한 행정심판은 중앙행정심판위원회에서 심리·재결한다.

예 보건복지부 장관의 처분 또는 부작위에 대해 중앙행정심판위원회가 심리·재결한다.

(3) 시·도지사 소속 행정심판위원회(법 제6조 제3항) 제7회 기출

① 시·도 소속 행정청,

② 시·도의 관할구역에 있는 시·군·자치구의 장, 소속 행정청 또는 시·군·자치구의 의회(의회 소속 모든 행정청을 포함),

③ 시·도의 관할구역에 있는 둘 이상의 지방자치단체(시·군·자치구를 말한다)·공공법인 등이 공동으로 설립한 행정청의 처분 또는 부작위에 대한 행정심판은 시·도지사 소속 행정심판위원회에서 심리·재결한다.

예 서초구청장의 처분이나 부작위에 대해 서울특별시행정심판위원회가 심판한다. [54]

---

53 예 감사원행정심판위원회, 국가정보원행정심판위원회, 대통령비서실행정심판위원회, 방송통신위원회행정심판위원회, 국회사무처행정심판위원회, 법원행정처행정심판위원회, 헌법재판소사무처행정심판위원회, 중앙선거관리위원회사무처행정심판위원회, 국가인권위원회행정심판위원회, 고위공직자범죄수사처행정심판위원회

54 그 외 ① 경기도교육청 소속 행정청(교육지원청, 각급 학교 등)에서 행한 처분 또는 부작위에 대해 제기하는 심판청구사건은 경기도교육청행정심판위원회가 심판한다. ② 서울특별시 교육청 소속기관인 교육지원청, 공립학교(유·초·중·고교) 등의 처분 또는 부작위에 대해 제기하는 심판청구사건은 서울특별시교육청행정심판위원회에서 심리·의결한다.

(4) 직근 상급행정기관 소속 행정심판위원회(법 제6조 제4항)

대통령령으로 정하는 국가행정기관 소속 특별지방행정기관(법무부 및 대검찰청 소속 특별행정기관)의 장의 처분 또는 부작위에 대한 심판청구에 대하여는 해당 행정청의 직근 상급행정기관에 두는 행정심판위원회에서 심리 · 재결한다.

 지방검찰청 검사장 · 지청장의 처분은 대검찰청 소속 특별지방행정기관인 지방고등검찰청 행정심판위원회에서 심리 · 재결하며, 교도소장 · 구치소장의 처분은 법무부 소속 특별지방행정기관인 지방교정청에 두는 지방교정청 행정심판위원회에서 심판한다.

(5) 제3기관

개별법률에서 특별한 제3의 기관을 설치하여 심리 · 재결하도록 하는 경우가 있다. 개별법으로 설치된 특별행정심판기관으로는 조세심판원, 특허심판원, 소청심사위원회, 중앙토지수용위원회, 중앙노동위원회, 건강보험분쟁조정위원회 등이 있다.

참고

「행정심판법」상 행정심판위원회

1. 해당 행정청 소속 행정심판위원회(법 제6조 제1항)
- 감사원행정심판위원회 : 감사원장의 처분 또는 부작위에 대한 심판청구사건
- 국가정보원행정심판위원회 : 국가정보원장의 처분 또는 부작위에 대한 심판청구사건
- 대통령비서실행정심판위원회, 국가안보실행정심판위원회, 대통령경호처행정심판위원회
- 방송통신위원회행정심판위원회 : 방송통신위원회의 처분 또는 부작위에 대한 심판청구사건
- 국회사무처행정심판위원회 : 국회 사무총장의 처분 또는 부작위에 대한 심판청구사건
- 법원행정처행정심판위원회 : 대법원 및 각급법원의 장, 법원행정처장 등의 처분 또는 부작위에 대한 심판청구사건
- 헌법재판소사무처행정심판위원회 : 헌법재판소 사무처장의 처분 또는 부작위에 대한 심판청구사건
- 중앙선거관리위원회사무처행정심판위원회 : 중앙선거관리위원장 등의 처분 또는 부작위에 대한 심판청구사건
- 국가인권위원회행정심판위원회 : 국가인권위원회 사무처장의 처분 또는 부작위에 대한 심판청구사건
- 고위공직자범죄수사처행정심판위원회

2. 중앙행정심판위원회(법 제6조 제2항)
중앙행정기관(각 부 · 처 · 청 등), 특별시, 광역시 · 도, 중앙행정기관 소속 특별지방행정기관(지방경찰청, 지방병무청, 지방식품의약품안전청, 지방환경청, 지방고용노동청 등)의 처분 또는 부작위에 대한 심판청구사건

3. 시 · 도지사 소속 행정심판위원회(법 제6조 제3항)
- 17개 시 · 도행정심판위원회 : 시장 · 군수 · 구청장(자치구)의 처분 또는 부작위에 대한 심판청구사건
- 17개 시 · 도교육청행정심판위원회 : 소속 교육장 등의 처분 또는 부작위에 대한 심판청구사건

4. 특별지방행정청의 상급행정기관 소속 행정심판위원회(법 제6조 제4항)
- 6개 고등검찰청 행정심판위원회(서울고등검찰청행정심판위원회, 수원고등검찰청행정심판위원회, 부산고등검찰청행정심판위원회, 광주고등검찰청행정심판위원회, 대전고등검찰청행정심판위원회, 대구고등검찰청행정심판위원회) : 소속 지방검찰청검사장, 지청장의 처분 또는 부작위에 대한 심판청구사건
- 4개 지방교정청 행정심판위원회(서울지방교정청행정심판위원회, 대전지방교정청행정심판위원회, 대구지방교정청행정심판위원회, 광주지방교정청행정심판위원회) : 소속 교도소장, 구치소장의 처분 또는 부작위에 대한 심판청구사건

---

02 행정심판위원회의 구성 및 회의

1. 각급 행정심판위원회

(1) 구성

① 위원장 1명을 포함하여 50명 이내의 위원으로 구성한다(법 제7조 제1항).

② 위원장은 그 행정심판위원회가 소속된 행정청이 된다. [55]

③ 위원은 해당 행정심판위원회가 소속된 행정청이 성별을 고려하여 위촉하거나 그 소속 공무원 중에서 지명한다.

(2) 회의

행정심판위원회의 회의는 위원장과 위원장이 회의마다 지정하는 8명의 위원으로 구성할 수 있다. 행정심판위원회는 구성원 과반수의 출석과 출석위원 과반수의 찬성으로 의결한다(법 제7조 제6항).

2. 중앙행정심판위원회

(1) 구성

① 중앙행정심판위원회는 위원장 1명을 포함하여 70명 이내의 위원으로 구성하되, 위원 중 상임위원은 4명 이내로 한다(법 제8조 제1항).

② 위원장은 국민권익위원회의 부위원장 중 1명이 되며, 위원장이 없거나 부득이한 사유로 직무를 수행할 수 없거나 위원장이 필요하다고 인정하는 경우에는 상임위원이 위원장의 직무를 대행한다(법 제8조 제2항).

③ 상임위원은 일반직공무원으로서 임기제 공무원으로 임명하되, 3급 이상 공무원 또는 고위공무원단에 속하는 일반직공무원으로 3년 이상 근무한 사람이나 그 밖에 행정심판에 관한 지식과 경험이 풍부한 사람 중에서 중앙행정심판위원회 위원장의 제청으로 국무총리를 거쳐 대통령이 임명한다(법 제8조 제3항).

④ 비상임위원은 각급 행정심판위원회 위촉위원의 자격을 갖춘 사람 중에서 중앙행정심판위원회 위원장의 제청으로 국무총리가 성별을 고려하여 위촉한다(법 제8조 제4항).

---

[55] 시·도지사 소속으로 두는 행정심판위원회의 경우에는 해당 지방자치단체의 조례로 정하는 바에 따라 공무원이 아닌 위원을 위원장으로 정할 수 있다.

(2) 회의

① 중앙행정심판위원회의 회의(소위원회는 제외)는 <u>위원장, 상임위원 및 위원장이 회의마다 지정하는 비상임위원을 포함하여 총 9명</u>으로 구성한다.

② 중앙행정심판위원회는 심판청구사건 중 「도로교통법」에 따른 자동차운전면허 행정처분에 관한 사건을 심리·의결하기 위해 <u>4명의 위원으로 구성하는 소위원회</u>를 둘 수 있다.

③ 중앙행정심판위원회 및 소위원회는 <u>구성원 과반수의 출석과 출석위원 과반수의 찬성으로 의결</u>한다(법 제8조 제7항).

④ 중앙행정심판위원회는 위원장이 지정하는 사건을 미리 검토하도록 필요한 경우에는 <u>전문위원회</u>를 둘 수 있다(법 제8조 제8항).

03 위원 등의 제척·기피·회피 ★ 제1회 기출

1. 제도의 취지

제척·기피·회피란 심판의 공정성을 유지하기 위하여 심판관이 자기가 담당하는 구체적 사건과 특수한 관계가 있는 경우에 그 사건의 직무집행에서 배제되는 제도를 말한다.

2. 제척

(1) 의의

제척이란 <u>법정사유</u>가 있으면 법률상 당연히 그 사건에 대한 직무집행에서 배제되는 것을 말한다.

(2) 제척사유(법 제10조 제1항)

① 위원 또는 그 배우자나 배우자이었던 사람이 사건의 **당**사자이거나 사건에 관하여 공동권리자 또는 의무자인 경우

② 위원이 사건의 당사자와 **친**족이거나 친족이었던 경우

③ 위원이 사건에 관하여 **증**언이나 감정(鑑定)을 한 경우

④ 위원이 당사자의 **대**리인으로서 사건에 관여하거나 관여하였던 경우

⑤ 위원이 사건의 대상이 된 처분 또는 부작위에 **관**여한 경우

(3) 절차

① 위원에 대한 제척신청은 그 사유를 소명한 문서로 하여야 한다.

② 제척결정은 위원회의 직권 또는 당사자의 <u>신청</u>으로 <u>위원장이 결정</u>하고, 지체 없이 신청인에게 결정서 정본을 송달하여야 한다.

(4) 효과

① 제척결정이 있을 때까지 해당 심판청구사건의 심판절차는 정지되고, 제척결정이 있으면 그 위원은 해당 심판청구사건의 심리·의결에 참여하지 못한다.
② 제척에 대한 결정에 대해서는 불복신청을 하지 못한다.

3. 기피

(1) 의의

기피란 제척사유 이외에 심리·의결의 공정성을 <u>의심할 만한 사유</u>가 있는 경우에 당사자의 기피신청이 있는 경우 <u>위원장의 결정</u>으로 심리·의결에서 배제되는 것을 말한다.

(2) 사유(법 제10조 제2항)

당사자는 위원에게 공정한 심리·의결을 <u>기대하기 어려운 사정</u>이 있는 경우에 위원장에게 기피신청을 할 수 있다.

(3) 절차

① 위원에 대한 기피신청은 그 사유를 소명한 문서로 한다.
② 기피결정은 당사자의 <u>신청</u>으로 <u>위원장이 결정</u>하고, 지체 없이 신청인에게 결정서 정본을 송달하여야 한다.

(4) 효과

① 기피결정이 있을 때까지 해당 심판청구사건의 심판절차는 정지되고, 기피결정이 있으면 그 위원은 해당 심판청구사건의 심리·의결에 참여하지 못한다.
② 기피에 대한 결정에 대해서는 불복신청을 하지 못한다.

4. 회피

(1) 의의

회피란 위원이 <u>스스로 제척 또는 기피사유가 있다고 인정하여 자발적으로 심리·의결을 피하는 것</u>을 말한다.

(2) 절차

① 위원회의 회의에 참석하는 위원이 제척사유 또는 기피사유에 해당되는 것을 알게 되었을 때에는 스스로 그 사건의 심리·의결에서 회피할 수 있다. 이 경우 회피하고자 하는 위원은 위원장에게 <u>그 사유를 소명</u>하여야 한다(법 제10조 제7항).
② 회피는 제척·기피신청과 달리 위원장의 별도의 결정을 요하는 것은 아니다.

5. 위원 아닌 직원에의 준용

심판청구사건의 심리·의결에 관한 사무에 관여하는 <u>위원 아닌 직원에게도</u> 제척·기피·회피 규정을 준용한다(법 제10조 제8항).

6. 벌칙 적용 시의 공무원의제

위원 중 공무원이 아닌 위원은 「형법」과 그 밖의 법률에 따른 벌칙을 적용할 때에는 공무원으로 본다(법 제11조).

04 행정심판위원회의 권한 및 승계

1. 권한

(1) 심리권

행정심판위원회는 심판청구사건에 대한 심리권을 가진다. 심리권이란 재결을 하기 위하여 당사자 및 관계인의 주장을 듣고, 이를 뒷받침하는 증거 및 그 밖의 자료 등을 수집·조사할 수 있는 권한을 말한다.

(2) 심리에 부수된 권한

① 행정심판위원회는 심리권을 효율적으로 행사하기 위하여 심리에 부수된 여러 권한이 있다.
② 증거조사권, 선정대표자 선정권고권, 청구인의 지위승계허가권, 피청구인 경정권, 대리인 선임 허가권, 국선대리인 선정권, 심판참가허가 및 요구권, 청구변경 허가권, 보정요구권 및 직권보정권, 자료제출요구권, 조정권한 등이 그 예이다.

(3) 재결권

행정심판위원회는 심판청구사건의 심리를 마치면 그 심판청구에 대하여 재결할 권한을 가진다.

(4) 집행정지결정권 및 취소결정권

① 행정심판위원회는 해당 심판청구의 대상인 <u>처분이나 그 처분의 집행 또는 절차의 속행</u> 때문에 중대한 손해가 생기는 것을 예방할 필요성이 긴급하다고 인정할 때에는 직권으로 또는 당사자의 신청에 의하여 처분의 효력, 처분의 집행 또는 절차의 속행의 전부 또는 일부의 정지를 결정할 수 있다(법 제30조 제2항).
② 행정심판위원회는 집행정지를 결정한 후에 집행정지가 공공복리에 중대한 영향을 미치거나 그 정지사유가 없어진 경우에는 직권으로 또는 당사자의 신청에 의하여 집행정지 결정을 취소할 수 있다(법 제30조 제3항).

(5) 임시처분결정권

행정심판위원회는 <u>처분 또는 부작위가 위법·부당하다고 상당히 의심되는 경우로서 처분 또는</u> <u>부작위 때문에 당사자가 받을 우려가 있는 중대한 불이익이나 당사자에게 생길 급박한 위험을</u> <u>막기 위하여 임시지위를 정하여야 할 필요가 있는 경우에는 직권으로 또는 당사자의 신청에</u> 의하여 임시처분을 결정할 수 있다(법 제31조).

(6) 증거조사권

행정심판위원회는 심판청구사건에 대한 심리를 위하여 필요한 증거조사를 할 수 있는 권한을 가진다(법 제36조 제1항). 행정심판위원회는 심판청구사건을 심리하기 위하여 필요하면 직권으로 또는 당사자의 신청으로 ① 당사자나 관계인의 신문(訊問), ② 당사자나 관계인이 가지고 있는 증거자료의 제출요구 및 영치(領置), ③ 전문가 등의 감정 요구, ④ 현장 등의 조사·검증을 할 수 있다.

(7) 선정대표자 선정권고권

행정심판위원회는 여러 명의 청구인이 공동으로 심판청구를 한 경우에 공동청구인의 대표선정이 필요하다고 인정하면 청구인들에게 선정대표자를 선정할 것을 권고할 수 있는 권한을 가진다(법 제15조 제2항).

(8) 청구인의 지위 승계 허가권

심판청구가 있은 후에 해당 심판청구의 대상인 처분에 관계되는 권리나 이익을 양수한 자는 청구인의 지위를 승계할 수 있다. 이 경우 청구인의 지위 승계는 상속인이나 합병한 법인 등이 청구인의 지위를 승계하는 경우와는 달리 행정심판위원회의 허가를 받아야 한다(법 제16조 제5항).[56]
신청인은 행정심판위원회가 지위 승계를 허가하지 아니하면 결정서 정본을 받은 날부터 7일 이내에 행정심판위원회에 이의신청을 할 수 있다(법 제16조 제8항).

(9) 피청구인 경정권

청구인이 심판청구를 함에 있어서 피청구인을 잘못 지정한 경우 행정심판위원회는 <u>직권 또는</u> <u>당사자의 신청</u>에 의하여 피청구인의 경정을 결정할 수 있는 권한을 가진다(법 제17조 제2항).

---

[56] 심판청구의 대상인 처분에 관계되는 권리나 이익을 양수한 자는 결국 해당 심판청구에 관한 법률상 이익을 갖게 되는 자이므로 그 승계 허가는 기속적 행위라 할 것이다.

⑽ 대리인선임 허가권 및 국선대리인 선정권

「행정심판법」은 대리인이 될 수 있는 자를 한정하고, 그 밖의 자에 대해서는 행정심판위원회로부터 허가를 받은 자를 대리인으로 선임할 수 있도록 하였다(법 제18조 제1항 제5호, 제2항). 행정심판위원회가 하는 대리인 선임허가는 개별적 심판청구사건에 대하여 구체적으로 이루어진다.

한편, 청구인이 경제적 능력으로 인해 대리인을 선임할 수 없는 경우에는 행정심판위원회에 국선대리인을 선임하여 줄 것을 신청할 수 있고, 행정심판위원회는 청구인의 신청에 따른 국선대리인을 선정할 것인지 여부를 결정할 수 있다(법 제18조의2).

⑾ 심판참가 허가권 및 참가요구권

행정심판위원회는 행정심판의 결과에 이해관계가 있는 제3자나 행정청은 해당 사건에 심판참가 신청을 한 경우 이를 허가하거나(법 제20조 제1항·제5항), 참가가 필요하다고 인정할 때에는 참가를 신청하지 아니한 이해관계가 있는 제3자나 행정청에 대하여 그 사건 심판에 참가할 것을 요구(법 제21조 제1항)할 수 있는 권한을 가진다.

⑿ 청구변경 허가권

청구인은 청구의 기초에 변경이 없는 범위에서 청구의 취지나 이유를 변경할 수 있고, 심판이 청구된 후에도 피청구인이 새로운 처분을 하거나 심판청구의 대상인 처분을 변경한 경우에는 새로운 처분이나 변경된 처분에 맞추어 청구변경을 신청할 수 있으며, 행정심판위원회는 청구변경 신청에 대해 허가 여부를 결정할 수 있다(법 제29조).[57] 행정심판위원회의 청구변경허가권은 민사소송에서의 청구변경허가제도(민사소송법 제262조)에 준하여 인정된 제도이다.

⒀ 보정(補正)요구권 및 직권보정권

부적법한 심판청구는 각하의 대상이 되는 것이 원칙이나 사소한 하자의 경우에도 일률적으로 각하를 하게 되면 청구인에게 행정구제의 기회를 잃게 할 우려가 있다. 행정심판위원회는 부적법한 심판청구에 보정요구권이 있다. 행정심판위원회는 하자의 내용이 보정할 수 있는 것이라면 기간을 정하여 청구인에게 보정할 것을 요구하고 그 기간 내에 보정되면 해당 심판청구는 처음 접수된 시점에 적법한 심판청구가 있는 것으로 보도록 한 것이다(법 제32조 제1항 본문, 제4항). 행정심판위원회는 보정할 사항이 경미한 경우에는 보정요구를 하지 않고 직권으로 보정할 수 있다(법 제32조 제1항 단서).

---

57 행정심판위원회의 청구변경허가권은 민사소송에서의 청구변경허가제도(민사소송법 제262조)에 준하여 인정된 제도이다.

(14) 자료제출요구권

행정심판위원회는 사건 심리에 필요하면 관계 행정기관이 보관 중인 관련 문서, 장부, 그 밖에 필요한 자료를 제출할 것을 요구할 수 있다(법 제35조 제1항). 관계 행정기관의 장은 특별한 사정이 없으면 행정심판위원회의 요구에 따라야 한다(법 제32조 제3항).

(15) 조정권한

행정심판위원회는 당사자의 권리 및 권한의 범위에서 당사자의 동의를 받아 심판청구의 신속하고 공정한 해결을 위하여 조정을 할 수 있다. 다만, 그 조정이 공공복리에 적합하지 아니하거나 해당 처분의 성질에 반하는 경우에는 그러하지 아니하다(법 제43조의2 제1항). 양 당사자 간의 합의가 가능한 사건의 경우 행정심판위원회가 개입조정하는 절차를 통해 갈등을 조기에 해결하도록 신설된 제도이다. 조정에 대하여도 재결의 기속력 등은 준용된다(법 제43조의2 제4항).

(16) 직접처분권

① 당사자의 신청을 거부하거나 부작위로 방치한 처분의 이행을 명하는 재결이 있으면 행정청은 지체 없이 이전의 신청에 대하여 재결의 취지에 따라 처분을 하여야 한다.
② 이때 위원회는 피청구인이 처분을 하지 아니하는 경우(=재결을 이행하지 아니한 경우)에는 당사자가 <u>신청</u>하면 일정한 기간을 정하여 <u>서면으로 시정</u>을 명하고 그 기간에 이행하지 아니하면 직접처분을 할 수 있다. 다만, 그 처분의 성질이나 그 밖의 불가피한 사유로 위원회가 직접처분을 할 수 없는 경우에는 그러하지 아니하다.

(17) 불합리한 법령 등의 시정조치 요구권

중앙행정심판위원회는 심판청구를 심리·재결할 때에 처분 또는 부작위의 근거가 되는 명령 등[58]이 법령에 근거가 없거나 상위 법령에 위배되거나 국민에게 과도한 부담을 주는 등 크게 불합리하면 관계 행정기관에 그 명령 등의 개정·폐지 등 적절한 시정조치를 요청할 수 있다. 이와 같은 요청을 받은 관계 행정기관은 정당한 사유가 없으면 이에 따라야 한다(법 제59조 제1항·제2항).

(18) 고유식별정보 처리 권한

행정심판위원회는 청구인의 지위 승계, 대리인의 선임, 국선대리인 선정, 심판참가, 심판청구서 등의 접수·처리, 집행문 부여에 관한 사무 등을 수행하기 위하여 불가피한 경우 「개인정보 보호법 시행령」 제19조에 따른 주민등록번호, 여권번호, 운전면허의 면허번호 또는 외국인등록번호가 포함된 자료를 처리할 수 있다(영 제44조 제1항).

---

[58] 대통령령·총리령·부령·훈령·예규·고시·조례·규칙 등을 말한다.

2. 행정심판위원회의 권한 승계

(1) 승계

당사자의 심판청구 후 위원회가 <u>법령의 개정·폐지</u> 또는 <u>피청구인의 경정 결정</u>에 따라 그 심판청구에 대하여 재결할 권한을 잃게 된 경우에는 해당 위원회는 심판청구서와 관계 서류, 그 밖의 자료를 새로 재결할 권한을 갖게 된 위원회에 보내야 한다(법 제12조 제1항).

(2) 승계 후 조치

송부받은 행정심판위원회는 지체 없이 그 사실을 행정심판 청구인, 피청구인, 참가인에게 알려야 한다(법 제12조 제2항).

Chapter 03 행정심판절차 등

제1절 행정심판청구

01 행정심판청구 ★

1. 행정심판청구의 방식

(1) 서면주의

행정심판의 청구는 <u>일정한 사항을 기재하여 서면으로</u> 하여야 한다.

(2) 기재사항

① 처분에 대한 심판청구서
  (i) 청구인의 이름과 주소 또는 사무소(송달장소를 추가 기재가능)[59]
  (ii) 피청구인과 위원회
  (iii) 심판청구의 대상이 되는 처분의 내용
  (iv) 처분이 있음을 알게 된 날
  (v) 심판청구의 취지와 이유
  (vi) 피청구인의 행정심판 고지 유무와 그 내용
  (vii) 청구인 등의 서명 또는 날인

② 부작위에 대한 심판청구서
  (i) 청구인의 이름과 주소 또는 사무소(송달장소를 추가 기재가능)
  (ii) 피청구인과 위원회
  (iii) 심판청구의 취지와 이유
  (iv) 부작위의 전제가 되는 신청의 내용과 날짜
  (v) 청구인 등의 서명 또는 날인

(3) 심판청구서의 첨부서류

심판청구서 외 피청구인의 수만큼 심판청구서 부본을 함께 제출해야 하며, 심판청구서에는 대표자·관리인·선정대표자 또는 대리인의 자격을 소명하는 서면과 그 주장을 뒷받침하는 증거서류 또는 증거물을 첨부할 수 있다(법 제34조 제2항, 영 제20조).

---

[59] 그 외 청구인이 법인이거나 청구인 능력이 있는 법인이 아닌 사단 또는 재단이거나 행정심판이 선정대표자나 대리인에 의하여 청구되는 것일 때에는 <u>그 대표자·관리인·선정대표자 또는 대리인의 이름과 주소를</u> 적어야 한다(법 제28조 제4항).

2. 행정심판청구의 절차

(1) 선택주의

심판청구서는 피청구인인 행정청 또는 행정심판위원회에 제출하여야 한다(법 제23조 제1항).

(2) 피청구인(처분청)의 심판청구서 접수

① 피청구인은 심판청구서를 접수하거나 위원회로부터 심판청구서 부본을 송부받으면 10일 이내에 심판청구서와 답변서를 행정심판위원회에 보내야 한다(법 제24조 제1항).

② 심판청구의 내용이 특정되지 아니하는 등 명백히 부적법하다고 판단되는 경우에 피청구인은 답변서를 위원회에 보내지 아니할 수 있다. 이 경우 심판청구서를 접수하거나 송부받은 날부터 10일 이내에 그 사유를 위원회에 문서로 통보하여야 한다(법 제24조 제2항). 그러나, 위원장이 심판청구에 대하여 답변서 제출을 요구하면 피청구인은 위원장으로부터 답변서 제출을 요구받은 날부터 10일 이내에 위원회에 답변서를 제출하여야 한다(법 제24조 제3항).

③ 피청구인은 처분의 상대방이 아닌 제3자가 심판청구를 한 경우에는 지체 없이 처분의 상대방에게 서면으로 그 사실을 알려야 하고, 이 경우 심판청구서 사본을 함께 송달하여야 한다(법 제24조 제4항).

④ 피청구인은 답변서를 보낼 때에는 청구인의 수만큼 답변서 부본을 함께 보내야 한다.

⑤ 답변서에는 (i) 처분이나 부작위의 근거와 이유, (ii) 심판청구의 취지와 이유에 대응하는 답변, (iii) 처분의 상대방이 아닌 제3자가 심판청구를 한 경우에는 처분의 상대방의 이름·주소·연락처와 제3자가 심판청구를 한 경우에 처분의 상대방에게 행정심판청구 사실을 알렸는지 여부를 명확하게 적어야 한다(법 제24조 제6항).

(3) 행정심판위원회의 심판청구서 등의 접수·처리

① 위원회는 심판청구서를 받으면 지체 없이 피청구인에게 심판청구서 부본을 보내야 한다(법 제26조 제1항).

② 위원회는 피청구인으로부터 답변서가 제출되면 답변서 부본을 청구인에게 송달하여야 한다(법 제26조 제2항).

3. 직권취소 및 이송

(1) 직권취소

① 심판청구서를 받은 피청구인은 그 심판청구가 이유 있다고 인정하면 심판청구의 취지에 따라 직권으로 처분을 (i) 취소·변경하거나 (ii) 확인을 하거나 (iii) 신청에 따른 처분을 할 수 있다(법 제25조 제1항).

② 이 경우 서면으로 청구인에게 알려야 한다.

(2) 이송 여부의 결정

① 불고지나 오고지로 인하여 심판청구서가 다른 행정청에 제출된 경우

행정청이 처분을 할 때 처분의 상대방에게 행정심판을 청구할 수 있음을 불고지 또는 오고지하여 청구인이 심판청구서를 다른 행정기관에 제출한 때에는 그 행정기관은 지체 없이 정당한 권한이 있는 피청구인에게 심판청구서를 송부하고 이 사실을 청구인에게 통지하여야 한다.

② 다른 법률에 의한 절차에 의하여야 할 사항인 경우

다른 법률에 특별한 규정이 있는 경우에는 「행정심판법」에 따른 행정심판을 청구할 수 없다. 따라서 이에 해당하는 심판청구는 부적법한 심판청구로서 각하된다.

③ 피청구인(행정청)을 잘못 지정한 경우

청구인이 피청구인(행정청)을 잘못 지정한 경우에는 행정심판위원회는 직권으로 또는 당사자의 신청으로 피청구인을 경정 결정할 수 있다(법 제17조 제2항).

> **재결례**
>
> **잘못 지정된 피청구인 경정사례**
> - 공무원임용 필기시험 불합격처분 취소청구사건에서 피청구인을 '세종특별자치시장'에서 '세종특별자치시인사위원회위원장'으로 경정(중앙행심위 2019.9.9.자 2019-16504 결정)
> - 지방공무원임용 임용시험 불합격처분 취소청구사건에서 피청구인을 '경상북도교육감'에서 '경상북도교육청인사위원회위원장'으로 경정(중앙행심위 2020.12.18.자 2020-19078 결정)

④ 피청구인의 권한이 승계된 경우

심판청구의 대상과 관계되는 권한이 다른 행정청에 승계된 경우에는 권한을 승계한 행정청(＝승계받은 행정청의 의미)을 피청구인으로 하여야 한다(법 제17조 제1항). 그러나 행정심판이 청구된 후에 피청구인의 권한이 다른 행정청에 승계된 경우에는 행정심판위원회는 당사자의 신청 또는 직권에 의하여 결정으로써 피청구인을 경정한다(법 제17조 제5항).

> **재결례**
>
> **권한승계에 따른 피청구인 경정사례**
> - 과징금부과처분 취소청구사건에서 피청구인을 '행정안전부장관'에서 '개인정보보호위원장'으로 경정(중앙행심위 2021.1.21.자 2020-16139 결정)
> - 배출권추가할당거부처분 취소청구사건에서 피청구인을 '산업통상자원부장관'에서 '환경부장관'으로 경정(중앙행심위 2018.6.14.자 2017-16259 결정)

⑤ **행정심판위원회를 잘못 기재한 경우**

심판청구서에 피청구인은 바르게 표시되어 있지만 행정심판위원회가 표시되지 아니하였 거나 잘못 표시된 경우에도 정당한 권한 있는 행정심판위원회에 보내야 한다(법 제24조 제5항). 심판청구 후 행정심판위원회가 법령의 개정·폐지 또는 피청구인의 경정 결정에 따라 그 심판청구에 대하여 재결할 권한을 잃게 된 경우에는 해당 행정심판위원회는 심판청구서와 서류, 그 밖의 자료를 새로 재결할 권한을 갖게 된 행정심판위원회에 보내야 한다(법 제12조 제1항). 이 경우 송부를 받은 행정심판위원회는 청구인, 피청구인, 참가인에게 지체 없이 그 사실을 알려야 한다(법 제12조 제2항).

4. 답변서 작성

(1) 의의 및 절차

① 답변서는 심판청구서에 나타난 청구인의 주장에 대한 피청구인인 행정청의 주장을 기재한 서면이다.

② 피청구인은 심판청구서를 접수하거나 행정심판위원회로부터 송부받으면 <u>10일 이내에 이에 대한 답변서를 작성하여 심판청구서와 함께 행정심판위원회에 보내야 한다.</u> 다만, 청구인이 심판청구를 취하한 경우에는 그렇지 않다(법 제24조 제1항). 청구인이 행정심판위원회에 직접 심판청구를 한 경우에는 피청구인은 심판청구서를 보낼 필요 없이 답변서만 작성해서 보내면 된다.[60]

③ 심판청구의 내용이 특정되지 아니하는 등 명백히 부적법하다고 판단되는 경우에 피청구 인은 답변서를 위원회에 보내지 아니할 수 있다. 이 경우 심판청구서를 접수하거나 송부 받은 날부터 10일 이내에 그 사유를 위원회에 문서로 통보하여야 한다(법 제24조 제2항). 그 러나, 위원장이 심판청구에 대하여 답변서 제출을 요구하면 피청구인은 위원장으로부터 답변서 제출을 요구받은 날부터 10일 이내에 위원회에 답변서를 제출하여야 한다(법 제24조 제3항).

(2) 답변서 기재사항

피청구인은 답변서를 보낼 때에는 청구인의 수만큼 답변서 부본을 함께 보내되, 답변서에는 ① 처분이나 부작위의 근거와 이유, ② 심판청구의 취지와 이유에 대응하는 답변, ③ 처분의 상대방이 아닌 제3자가 심판청구를 한 경우에는 처분의 상대방의 이름·주소·연락처와 제3 자가 심판청구를 한 경우에 처분의 상대방에게 행정심판청구 사실을 알렸는지 여부를 명확 하게 적어야 한다(법 제24조 제6항).

---

[60] 피청구인에게 답변서를 제출하도록 한 것은 계쟁 처분이나 부작위가 정당하다는 것을 변명할 기회를 부여하고, 양 당사자의 주장과 사 건의 쟁점을 분명히 하기 위한 것이다. 청구인이 보충서면을 제출하는 경우에는 이에 대한 답변서를 추가로 제출할 수 있다. 답변서는 1회에 한하지 않고 필요 시 제출할 수 있다. <u>답변서 제출기간에 관한 규정은 **훈시규정**에 해당한다.</u>

5. 심판청구서 및 답변서의 행정심판위원회에의 송부

피청구인(처분청)은 청구인이 심판청구를 취하한 경우를 제외하고 심판청구서를 접수하거나 행정심판위원회로부터 송부받으면 10일 이내에 그 심판청구서를 행정심판위원회에 보내야 한다. 이 경우 피청구인은 심판청구서에 답변서 및 청구인의 수에 해당하는 만큼의 답변서 부본을 첨부하여야 한다(법 제24조 제1항·제6항).

심판청구서에 행정심판위원회가 표시되지 아니하였거나 잘못 표시된 경우에도 피청구인은 정당한 권한이 있는 행정심판위원회에 심판청구서를 보내야 한다. 이 경우 피청구인은 지체 없이 송부사실을 청구인에게 알려야 한다(법 제24조 제5항·제7항).

특히, 중앙행정심판위원회에서 심리·재결하는 사건인 경우 피청구인은 행정심판위원회에 심판청구서 또는 답변서를 보낼 때에는 소관 중앙행정기관의 장에게도 그 심판청구·답변의 내용을 알려야 한다(법 제24조 제8항).

6. 제3자의 심판청구 사실의 처분의 상대방에의 통지

처분의 상대방이 아닌 제3자도 해당 처분의 취소 변경이나 효력 유무 또는 존재 여부에 대한 확인을 구할 법률상 이익이 있으면 행정심판을 청구할 수 있다(법 제13조). 이와 같이 제3자가 행정심판을 청구할 경우 처분의 상대방은 자신도 모르는 사이에 자신이 받은 처분이 취소 변경되거나 무효 또는 부존재 확인을 받게 되는 불이익을 받을 염려가 있다.

피청구인은 처분의 상대방이 아닌 제3자가 심판청구를 한 경우에는 지체 없이 처분의 상대방에게 청구인의 이름, 주소 및 심판청구일, 심판청구의 대상이 되는 처분의 내용, 심판청구의 취지와 이유를 적은 서면으로 그 사실을 알려야 하고, 이 경우 심판청구서 사본을 함께 송달하여야 한다(법 제24조 제4항, 영 제19조).

피청구인으로부터 제3자 심판청구 사실을 통지받은 처분의 상대방은 필요한 경우 행정심판위원회의 허가를 받아 심판에 참가함으로써 자신의 이익을 방어할 수 있다. 또한 행정심판위원회는 직권으로 처분의 상대방에게 심판참가를 요구할 수 있다(법 제20조 제1항, 제21조 제1항).

7. 심판청구서가 행정심판위원회에 직접 제출된 경우의 처리절차

청구인은 심판청구서를 피청구인에게 제출해도 되고 행정심판위원회에 직접 제출할 수도 있다(법 제23조 제1항). 행정심판위원회가 심판청구서를 받은 때에는 지체 없이 그 부분을 피청구인에게 송부하고, 피청구인은 그 부본을 송부받으면 10일 이내에 답변서를 행정심판위원회에 보내야 한다(법 제26조 제1항, 제24조 제1항).[61]

---

61 청구인이 심판청구서를 행정심판위원회에 바로 제출한 경우에는 행정심판위원회는 지체 없이 피청구인에게 심판청구서 부본을 보내어 피청구인인 행정청으로 하여금 답변서를 작성하도록 하여야 한다. 이 경우에는 청구인이 피청구인에게 심판청구서를 직접 제출한 때보다 행정심판위원회에 회부되는 기간이 더 지연될 가능성이 높다.

02 심판청구기간 ★★★ 제2회·제3회·제5회·제8회 기출

1. 서설

(1) **의의**

① 행정심판의 청구기간이란 청구인이 심판청구할 수 있는 소정의 법정기간을 말한다. 행정심판의 청구는 처분이 있음을 <u>알게 된 날부터 90일</u> 이내에, 처분이 <u>있었던 날부터 180일</u> 이내에 하여야 한다(법 제27조 제1항·제3항).

② 두 기간 중 어느 하나라도 도과하면 불가쟁력이 발생하여 심판청구를 제기할 수 없다(법 제27조 제4항).

(2) **취지**

심판청구기간에 제한을 두는 것은 행정행위의 효력을 신속히 확정하여 행정법관계의 안정성을 확보하기 위한 것이다.

2. 적용범위

(1) 심판청구 기간에 대한 제한은 **취**소심판과 **거**부처분에 대한 의무**이**행심판에만 적용된다. 무효등확인심판과 부작위에 대한 의무이행심판에는 적용되지 않으므로 기한 제한이 없다(법 제27조 제7항).

(2) 개별법률에서 「행정심판법」과는 심판청구 기간을 달리 정하고 있는 경우 그 심판청구 기간을 개별 법률의 규정에 따라야 한다.

3. 심판청구 기간의 계산

(1) **기간계산의 원칙**

「행정심판법」은 심판청구 기간의 계산에 관해서는 「민법」에 규정된 기간계산 원칙에 의한다. 따라서 「민법」의 기간계산에 관한 규정에 따라 **초일을 산입하지 않는다**. 행정심판청구 기간은 <u>청구인에게 유리하도록 계산하는 것이 타당하기 때문이다.</u> [62]

한편. 행정심판의 재결에 따라 처분이 취소된 후에 처분청이 동일한 사안에 대하여 또 다른 처분을 하였다면 후에 한 처분은 <u>재결로써 취소된 처분과는 별개의 새로운 처분이므로 심판청구 기간의 계산도 새로운 처분을 기준</u>으로 한다(판례).

---

[62] 그러므로 처분서를 받은 날은 심판청구 기간에서 빼고 그 다음 날부터 심판청구 기간을 기산되며, 만료일은 심판청구 기간의 마지막 날이 토요일 또는 공휴일인 경우 그날로 만료되는 것이 아니라 「민법」에 따라 그 다음 날이 만료일이 된다. 기간의 만료점은 그 기간의 말일의 밤 12시까지이다. 말일의 근무시간이 지났더라도 밤 12시 이내에 당직실 등에 접수가 되면 기간 내에 청구된 것으로 본다.

행정심판에 있어서 재결청의 재결내용이 처분청에 취소를 명하는 것이 아니라 처분청의 처분을 스스로 취소하는 것인 때에는 그 재결에 형성력이 발생하여 당해 취소처분은 별도의 행정처분을 기다릴 것 없이 당연히 취소되어 소멸되는 것이어서 그 후 동일한 사안에 대하여 처분청이 또 다른 처분을 하였다면 이는 위 <u>소멸된 처분과는 완전히 독립된 별개의 처분이라 할 것</u>이고, 따라서 새로운 처분에 대한 제소기간의 준수 여부도 그 새로운 처분을 기준으로 판단하여야 한다(대법원 1994.4.12.선고 93누1879 판결).

(2) 심판청구일로 보는 날

「행정심판법」은 피청구인이나 행정심판위원회에 심판청구서가 제출된 때에 행정심판이 청구된 것으로 보도록 하여 <u>도달주의를 채택</u>하고 있다(법 제23조 제4항).[63]

그러나 피청구인(행정청)이 고지를 아니하거나 잘못 알려서 청구인이 심판청구서를 다른 행정기관에 제출한 경우에는 그 행정기관에 심판청구서가 제출된 때를 심판청구일로 보고(법 제23조 제4항), 피청구인경정을 한 경우에는 처음에 심판청구를 한 때를 심판청구일로 보도록 하고 있다(법 제17조 제4항).

한편, 전자정보처리조직을 통하여 접수된 심판청구의 경우 심판청구 기간을 계산할 때에는 <u>전자문서를 제출한 사람이 정보통신망을 통하여 전자정보처리조직에서 제공하는 접수번호를 확인하였을 때</u> 행정심판이 청구된 것으로 본다(법 제52조 제3항·제4항).

4. 원칙적 심판청구기간

(1) 청구기간

① 심판청구는 <u>처분이 있음을 알게 된 날로부터 90일 이내</u>, <u>처분이 있었던 날로부터 180일</u> 이내에 청구하여야 한다(법 제27조 제1항·제3항 본문).

② 전자는 불변기간이고 후자는 불변기간이 아니다.

③ <u>이 두 기간 중 어느 하나라도 도과하면 그 심판청구는 부적법하게 된다.</u>[64]

---

[63] 행정심판청구서를 우편으로 제출한 경우에는 도달주의원칙에 따라 심판청구 기간 내에 우편이 행정청에 도달해야 할 것이다. 그러나 우송일수가 사회통념상 도달할 수 있는 기간보다 현저히 지연됨으로 해서 심판청구 기간을 도과한 때에는 이를 참작하여야 할 것이다.

[64] 심판청구 기간의 준수 여부는 행정심판위원회가 직권으로 조사한다.

(2) 처분이 있음을 알게 된 날의 의미(주관적 청구기간)

행정심판은 원칙적으로 처분이 있음을 알게 된 날부터 90일 이내에 청구하여야 한다. 이를 주관적 청구기간이라 한다. 처분이 있음을 알게 된 날이란 통지·공고 기타의 방법으로 유효한 행정처분이 있음을 <u>현실적으로 알게 된 날</u>을 의미한다. [65] 판례는 <u>특정인</u>에 대한 행정처분을 주소불명 등의 이유로 송달할 수 없어 관보·공보·게시판·일간신문 등에 공고한 경우에는, 공고의 효력이 발생한 날에 상대방이 그 행정처분을 알았다고 볼 수는 없고, 상대방이 당해 처분이 있었다는 사실을 <u>현실적으로 안 날</u>에 그 처분이 있음을 알았다고 보고 있다. [66]

한편, 처분이 상대방에게 도달하기 전에 청구된 심판청구는 부적법한 청구가 되나, 심판계속 중에 처분서가 상대방에게 도달되어 효력이 발생한 경우에는 하자가 치유되어 청구는 적법한 것으로 된다.

> **재결례**
>
> 「행정심판법」 제3조, 제27조 제1항에 따르면 행정청의 '처분'에 대하여 행정심판을 청구할 수 있으며, 행정심판은 처분이 있음을 알게 된 날부터 90일 이내에 청구하여야 한다고 되어 있는 바, <u>이 사건에서 청구인은 피청구인이 이 사건 처분을 하기 전에 미리 이 사건 행정심판을 청구하여 심판청구 당시에는 행정심판의 대상인 '처분'이 존재하지 않는 하자있는 심판청구에 해당하였다.</u> 그러나 행정심판제도는 준사법절차라는 점, 국민의 권리구제를 도모하고자 마련된 행정심판제도의 목적과 취지, 분쟁의 일회적이고 효율적인 해결의 필요성 등을 고려할 때 행정심판청구요건의 구비 여부는 재결시를 기준으로 판단함이 타당하다 할 것이고, <u>이 사건에서 심판청구 이후 피청구인이 이 사건 처분을 하였으므로 위 하자는 치유되었다 할 것이어서 이 사건 심판청구는 청구요건을 갖춘 적법한 청구에 해당한다</u>(중앙행정심판위원회 2020.9.8.자 2019-25486 재결).

(3) 처분이 있었던 날의 의미(객관적 청구기간)

행정심판은 처분이 있었던 날부터 180일이 지나면 청구할 수 없다. 이를 객관적 청구기간이라 한다. 처분이 있었던 것을 알지 못한 경우에도 해당 처분이 있었던 날부터 180일이 지나면 행정심판을 청구할 수 없도록 한 것은 처분을 신속히 확정시킴으로써 행정법관계의 안정성을 도모하려는 취지이다. 다만, 제3자의 경우와 같이 **정당한 사유**가 있는 경우에는 예외가 인정된다. 처분이 있었던 날이란 처분이 외부에 표시되어 <u>처분의 효력이 발생한 날(처분일)</u>을 의미한다.

---

[65] 통지를 요하는 서면처분의 경우는 서면이 상대방에게 도달한 날을 의미한다. 판례는 처분을 기재한 서류가 당사자의 주소에 송달되는 등으로 <u>사회통념상 처분이 있음을 당사자가 알 수 있는 상태에 놓여진 때에는 반증이 없는 한 그 처분이 있음을 알았다고 추정할 수 있다고 보고 있다.

[66] 대법원 2006.4.28.선고 2005두14851 판결

5. 예외적 심판청구기간

(1) 90일에 대한 예외

① 청구인이 천재지변, 전쟁, 사변, 그 밖의 불가항력으로 인하여 처분이 있음을 알게 된 날부터 90일 이내에 심판청구를 할 수 없었을 때에는 그 사유가 소멸한 날부터 14일(국외에서는 30일) 이내에 행정심판을 청구할 수 있다(법 제27조 제2항).

② 이 기간은 불변기간(不變期間)이다(법 제27조 제4항).

(2) 180일에 대한 예외

처분이 있었던 날부터 180일이 경과하더라도 그 기간 내에 심판청구를 제기하지 못한 정당한 사유가 있는 경우에는 예외적으로 심판청구를 할 수 있다(법 제27조 제3항 단서). [67]

6. 제3자효 행정행위와 심판청구기간

(1) 제3자가 처분이 있음을 모르고 있는 경우

① 복효적 행정행위[68]에 있어서 처분의 직접 상대방이 아닌 이해관계 있는 제3자는 특별한 사정이 없는 한 처분의 존재를 알 수 없다.

② 판례는 제3자의 행정심판 청구기간은 정당한 사유가 있는 경우에 해당하여 처분이 있었던 날부터 180일이 지나서도 심판청구가 가능하다고 보고 있다. [69]

(2) 제3자가 처분이 있음을 알게 경우

제3자가 어떤 경위로든 처분이 있음을 알았거나 쉽게 알 수 있는 경우에는 처분이 있었던 날로부터 180일의 도과 여부를 불문하고 그 안 날로부터 90일 이내에 행정심판을 청구해야 한다는 것이 판례의 취지다.

7. 심판청구기간의 오고지 · 불고지 제5회 · 제8회 기출

(1) 고지의무

① 행정청이 처분을 하는 경우에는 상대방에게 심판청구기간 등 일정한 사항을 알려야 한다.

② 행정청이 이러한 고지의무에도 불구하고 심판청구기간을 고지하지 않거나, 착오로 소정의 기간보다 긴 기간으로 잘못 고지한 경우가 있을 수 있는 바, 이러한 경우에 특별규정을 두고 있다.

---

[67] 구체적으로 어떤 사유가 정당한 사유에 해당하는지 여부는 행정심판위원회가 사회통념에 입각하여 직권으로 조사하여 구체적 · 개별적으로 판단한다.

[68] 복효적 행정행위란 어느 하나의 사람에게는 이익적 효과를 부여하면서 동시에 다른 사람에게는 불이익하게 작용하는 행정행위를 말한다. 제3자효 행정행위라고 하기도 한다.

[69] 대법원 2002.5.24. 선고 2000두3641 판결

(2) 오고지

행정청이 심판청구 기간을 규정된 기간보다 <u>긴 기간으로 잘못 알린 경우</u> 그 잘못 알린 기간에 심판청구가 있으면 그 행정심판은 법정의 기간에 청구된 것으로 본다(법 제27조 제5항).

(3) 불고지

행정청이 심판청구 기간을 <u>알리지 아니한 경우</u>에는 <u>심판청구기간은 처분이 있었던 날로부터 180일</u>이다(법 제27조 제6항).

8. 심판청구 기간 도과의 효과

(1) 심판청구 기간도과 후의 심판청구는 <u>부적법한 청구로 각하</u>된다.

(2) 그러나 기간의 도과로 처분의 위법성 자체가 없어지는 것은 아니므로 기간도과 경과 후라도 처분청이 직권으로 해당 처분을 취소·변경하는 것은 가능하다.

9. 고시 또는 공고의 행정심판청구기간

(1) 특정인 대상의 고시·공고

처분의 상대방인 <u>특정인</u>에 대한 고시·공고의 경우에는 당사자가 해당 고시 등을 본 날이 처분이 있음을 알게 된 날이다. 그러나 현실적으로 청구기간은 고시·공고가 있는 날로부터 180일 이내가 적용되며 특별한 사정이 없는 한 정당한 사유가 있는 경우에 해당하여 180일이 경과하더라도 심판청구가 가능하다. 판례는 행정처분을 주소불명 등의 이유로 송달할 수 없어 관보·공보·게시판·일간신문 등에 공고한 경우에는, 공고의 효력이 발생한 날에 상대방이 그 행정처분을 알았다고 볼 수는 없고, 상대방이 당해 처분이 있었다는 사실을 <u>현실적으로 안 날</u>에 그 처분이 있음을 알았다고 보고 있다.[70]

(2) 불특정인 대상의 고시·공고

판례는 원칙적으로 통상 고시 또는 공고에 의하여 행정처분을 하는 경우에는 그 처분의 상대방이 불특정 다수인이고, 그 처분의 효력이 불특정 다수인에게 일률적으로 적용되는 것이므로, 그에 대한 행정심판 청구기간도 그 행정처분에 이해관계를 갖는 자가 <u>고시 또는 공고가 있었다는 사실을 현실적으로 알았는지 여부에 관계없이 고시가 효력을 발생하는 날인 고시 또는 공고가 있은 후 5일이 경과한 날</u>에 행정처분이 있음을 알았다고 보고 있다.[71]

---

[70] 대법원 2006.4.28. 선고 2005두14851 판결 [주민등록직권말소처분무효확인]

[71] 대법원 1995.8.22. 선고 94누5694 전원합의체 판결 [관리처분계획인가처분취소], 대법원 2000.9.8. 선고 99두11257 판결 [도시계획시설(공공공지)결정처분취소]
「행정업무의운영및혁신에관한규정(약칭: 행정업무규정)」 제6조 【문서의 성립 및 효력 발생】 ③ 공고문서는 그 문서에서 효력발생 시기를 구체적으로 밝히고 있지 않으면 그 공시 또는 공고 등이 있는 날로부터 5일이 경과한 때에 효력이 발생한다.

03 심판청구의 변경 · 취하 및 심판서류의 송달

1. 심판청구의 변경 ★★

(1) 의의

청구인이 심판청구를 제기한 후 일정한 사유가 있는 경우에 새로운 심판청구를 제기할 필요 없이 기존의 청구를 변경하는 것이다.

(2) 심판청구 변경의 시기

「행정심판법」에는 청구의 변경시기에 대해서는 명문의 규정이 없으나, 청구변경은 심판청구의 계속을 전제로 하므로 <u>행정심판위원회의 의결이 있기 전까지는 가능하다.</u>[72]

(3) 종류

① **임의적 청구의 변경**

청구인은 <u>청구의 기초에 변경이 없는 범위</u>에서 청구의 취지[73]나 이유를 변경할 수 있다(법 제29조 제1항).

② **처분변경으로 인한 청구의 변경**

행정심판이 청구된 후에 <u>피청구인이 새로운 처분을 하거나 심판청구의 대상인 처분을 변경한 경우에는 청구인은 새로운 처분이나 변경된 처분에 맞추어 청구의 취지나 이유를 변경할 수 있다</u>(법 제29조 제2항).

(4) 심판청구 변경의 절차

① **신청**

청구의 변경은 <u>서면으로 신청</u>하여야 하고, 이 경우 피청구인과 참가인의 수만큼 청구변경 신청서 부본을 함께 제출하여야 한다. 그리고 위원회는 청구변경신청서 부본을 피청구인과 참가인에게 송달하여야 한다(법 제29조 제3항 · 제4항).

② **의견제출**

위원회는 기간을 정하여 피청구인과 참가인에게 청구변경 신청에 대한 의견을 제출하도록 할 수 있으며, 피청구인과 참가인이 그 기간에 의견을 제출하지 아니하면 의견이 없는 것으로 본다(법 제29조 제5항).

---

[72] 「행정소송법」에는 사실심 변론종결시까지 소의 변경이 가능하다는 신청기간규정이 있다(행정소송법 제21조 제1항).

[73] 심판종류의 변경(예 무효확인심판을 취소심판으로, 거부처분취소심판을 의무이행심판으로), 청구내용변경(처분의 전부취소를 일부취소, 원처분을 다른 처분으로 변경청구 - 예컨대 영업정지처분을 과징금부과처분으로 변경청구)

③ 결정

행정심판위원회는 청구변경 신청에 대하여 허가할 것인지 여부를 결정하고, 지체 없이 신청인에게는 결정서 정본을, 당사자 및 참가인에게는 결정서 등본을 송달하여야 한다. 신청인은 송달을 받은 날부터 7일 이내에 행정심판위원회에 이의신청을 할 수 있다(법 제29조 제6항·제7항).

(5) **효과**

청구의 변경결정이 있으면 처음 행정심판이 청구되었을 때부터 변경된 청구의 취지나 이유로 행정심판이 청구된 것으로 본다(법 제29조 제8항).

2. 심판청구의 취하

청구인과 참가인은 행정심판위원회의 의결이 있을 때까지 서면으로 심판청구를 취하할 수 있다(법 제42조 제1항·제2항). 심판청구의 취하로 심판청구는 소급적으로 소멸되어 처음부터 심판청구가 없었던 것으로 된다.

3. 심판서류의 송달

송달이란 행정심판위원회가 심판에 관한 서류를 법령에 정해진 방식에 따라 당사자, 그 밖의 이해관계인에게 교부하여 그 내용을 알리거나 알 수 있게 하는 행위를 말한다. 행정심판에 있어서 서류의 송달은「민사소송법」중 송달에 관한 규정을 준용하도록 규정하고 있다(법 제57조).[74]

04 행정심판청구의 효과

1. 행정심판위원회에 대한 효과

행정심판이 제기되면 심판청구서를 받은 행정청은 행정심판위원회에 송부하여야 하고, 위원회는 이를 심리·의결·재결할 의무가 발생하게 된다.

---

[74]「민사소송법」에서는 교부송달을 원칙으로 하고 예외적으로 우편송달·송달함송달·공시송달이 있다(민소법 제178조, 제187조, 제188조, 제195조). 당사자 등은 주소 등 이외의 장소를 송달받을 장소로 법원(행정심판의 경우에는 행정심판위원회)에 신고할 수 있고, 이 경우에는 송달영수인을 정해 신고할 수 있다(민소법 제184조).

2. 처분에 대한 효과 ★

(1) 집행부정지의 원칙

① 의의

행정심판이 제기되어도, 그것은 원칙적으로 처분의 효력이나 집행 또는 절차의 속행을 정지시키지 아니한다(법 제30조 제1항). 따라서 처분이 행해지면 행정심판을 제기하더라도 그 집행은 정지되지 않고 그대로 진행된다.

② 이론적 근거

집행부정지 원칙의 근거에 대해 행정처분의 공정력에서 구하는 견해가 있으나 다수설은 심판청구의 남용을 막고, 행정집행의 부당한 지체를 예방하기 위한 입법정책적 고려에서 인정된 것으로 본다.

(2) 예외적 집행정지

「행정심판법」은 집행부정지 원칙을 채택하면서도 예외적으로 일정한 요건을 갖춘 경우에 행정심판위원회는 집행의 정지를 결정할 수 있다는 규정을 두고 있다(법 제30조 제2항).

[05] **집행정지** ★★★ 제4회·제10회·제11회 기출

1. 의의

집행정지란 **처분**의 **집**행 또는 **절**차의 **속**행으로 **중**대한 **손**해가 생기는 것을 **예**방할 필요성이 긴급한 경우에 당사자의 권리·이익을 보전하기 위하여 위원회가 처분의 효력이나 그 집행 또는 절차의 속행을 일시적으로 정지시키는 제도를 말한다. 이는 집행부정지에 따른 청구인의 실질적인 권리구제를 위한 것이다.

2. 법적 성격

집행정지는 청구인의 청구가 인용되는 경우를 대비해 재결이 있을 때까지 청구인의 권리를 잠정적으로 보전하여 그 권리회복의 불능상태 발생을 방지하려는 소극적인 가구제의 성격을 갖는다. 따라서 적극적으로 임시의 지위를 정하는 임시처분과 구별된다.

3. 집행정지 결정의 내용 및 종류

(1) 내용

집행정지 결정의 내용은 처분효력이나 그 집행 또는 절차의 속행의 전부 또는 일부의 정지이다.

(2) 집행정지 결정의 종류

① 처분의 효력정지

처분의 효력인 구속력·공정력·집행력 등을 잠정적으로 정지시킴으로써 처분의 효력 자체가 장래에 향하여 존재하지 아니한 상태에 두는 것을 말한다. 예를 들어 영업정지허가 취소처분의 효력정지를 받은 때에는 그때부터 이러한 처분이 없는 것과 같은 상태에서 영업을 계속할 수 있다.

> **재결례**
>
> 피청구인이 2014.9.26. 신청인에 한 1년의 요양기관 업무정지처분의 효력을 동 처분에 대한 심판청구사건의 재결이 있을 때까지 정지한다(중앙행정심판위원회 2014.10.21.자 2014-1578 결정).

다만, 집행정지제도는 신청인의 권리이익의 보전을 위한 최소한에 그쳐야 하므로 처분의 효력정지는 처분의 집행 또는 절차의 속행을 정지함으로써 그 목적을 달성할 수 있을 때에는 허용되지 아니한다(법 제30조 제2항 단서).[75] 예컨대, 영업정지처분이나 운전면허취소처분 등은 그 자체로서 효력이 발생하고 이를 집행하거나 그에 따른 절차의 속행이 없으므로 그 처분 자체에 대한 효력정지가 되어야 집행정지의 목적이 달성된다. 그러나 토지수용절차에 있어서와 같이 그 절차의 속행이 정지되면 집행정지의 목적을 달성할 수 있는 경우에는 사업인정 등 개별적인 처분의 효력을 정지시켜서는 안 된다는 것이다.

② 처분의 집행정지

처분내용의 강제적 실현을 위한 집행력의 행사를 정지시킴으로써 처분의 내용이 실현되지 아니한 상태로 두는 것을 말한다. 예컨대, 과세처분에 따른 징수행위의 정지, 외국인 강제출국명령에 따른 강제퇴거조치의 정지 등이 이에 해당한다.

> **재결례**
>
> 피청구인이 2017.5.29. 신청인에 한 강제퇴거명령의 집행을 동 처분에 대한 심판청구사건의 재결이 있을 때까지 정지한다(중앙행정심판위원회 2017.6.13.자 2017-813 결정).

③ 절차의 속행정지

절차의 속행정지란 여러 단계의 절차를 통해 행정이 이루어지는 경우에 심판대상인 처분에 따르는 후속절차를 정지하는 것을 말한다. 예컨대, 행정대집행 절차 중 대집행영장에 따른 통지를 다투는 심판청구사건에서 대집행을 정지시키는 것, 과세처분과 체납처분에 있어 체납처분의 속행을 정지시키는 것, 토지수용절차의 하나인 사업인정을 다투는 후속 수용절차를 정지시키는 것 등이 이에 속한다.

---

[75] 이는 집행정지제도의 목적이 중대한 손해를 방지하려는 것이므로 집행의 정지 또는 절차속행의 정지에 의해 그 목적이 달성할 수 있을 때에는 당해 처분의 효력까지 정지시킬 필요가 없기 때문이다.

재결례

피청구인이 2020.10.13. 신청인에 불합격 처분한 2020년 신입사원 공개채용 절차의 속행을 동 처분에 대한 심판청구사건의 재결이 있을 때까지 정지한다는 신청인의 신청을 기각한다(중앙행정심판위원회 2020.11.10.자 2020-1562 결정).

4. 적용범위

(1) 집행정지는 취소심판 및 무효등확인심판인 경우에만 인정되고, 행정청의 <u>부작위를 대상으로 하는 의무이행심판</u>의 경우에는 집행정지 신청이 허용되지 않는다.

(2) 또한, 수익적 처분의 신청에 대한 **거부처분(⑩ 건축허가신청 거부처분 등)**에 대한 집행정지는 행정청에게 처분을 명하는 결과가 되므로 부인하는 것이 통설과 판례의 입장이다.[76]

(3) 판례는 집행정지의 대상이 되는 처분은 침익적 처분(⑩ 영업허가취소, 영업정지 등)이고, 수익적 처분이 복효적 처분인 경우에 청구인인 제3자는 그 수익적 처분에 대하여 집행정지를 신청할 수 있다고 판시하고 있다.

⑩ 영업허가처분에 대해 경쟁업자는 그 허가처분에 대해 취소심판청구와 동시에 집행정지 신청이 가능하다.

5. 집행정지결정의 요건

(1) **적극적 요건**(법 제30조 제2항)

① **심판청구의 계속이 있을 것**

적법한 본안심판이 계속되어 있어야 한다. 집행정지 신청은 심판청구와 동시에 또는 심판청구에 대한 행정심판위원회나 소위원회의 의결이 있기 전까지 해야 한다(법 제30조 제5항).

② **집행정지대상인 처분이 존재할 것**

처분이 소멸되어 집행을 정지할 대상자체가 없게 된 경우, 처음부터 집행정지의 목적물이 없었던 부작위의 경우에는 집행정지의 실익이 없다.

③ **중**대한 손해가 생길 우려가 있을 것

④ 예방할 필요성이 긴급한 경우일 것

---

[76] 신청에 대한 거부처분의 효력을 정지하더라도 거부처분이 없었던 것과 같은 상태, 즉 <u>거부처분이 있기 전의 신청시의 상태로 되돌아가는 데에 불과하고</u> 행정청에게 신청에 따른 처분을 하여야 할 의무가 생기는 것이 아니므로, 거부처분의 효력정지는 그 거부처분으로 인하여 신청인에게 생길 손해를 방지하는 데 아무런 보탬이 되지 아니하여 그 효력정지를 구할 이익이 없다(대법원 1995.6.21.자 95두26 결정).

(2) **소극적 요건**(법 제30조 제3항)

① **공공복리에 중대한 영향을 미칠 우려가 없을 것**

② **본안청구의 인용가능성이 있을 것**

「행정심판법」은 집행정지의 요건으로 <u>본안 청구에 대한 인용가능성을 규정하고 있지는 않고 있다.</u> 그러나, 판례는 본안에서 인용가능성이 전혀 없음에도 불구하고 집행정지 신청을 인용하는 것은 제도의 취지에 어긋나므로 신청인의 본안청구가 이유 없음이 명백하지 않을 것을 집행정지의 소극적 요건으로 보고 있다.

6. 절차(집행정지 결정 및 결정의 취소)

(1) **신청 또는 직권**

① 당사자의 신청 또는 직권에 의해 행정심판위원회가 결정한다(법 제30조 제2항).

② 집행정지 신청은 심판청구와 <u>동시</u>에 또는 심판청구에 대한 행정심판위원회나 소위원회의 의결이 있기 전까지 해야 한다.

(2) **잠정적 결정**

행정심판위원회의 심리 · 결정을 기다릴 경우 중대한 손해가 생길 우려가 있다고 인정되면 위원장은 직권으로 행정심판위원회의 <u>심리 · 결정을 갈음하는 결정</u>을 할 수 있다(법 제30조 제6항).

(3) **집행정지 결정의 취소**

① 행정심판위원회는 집행정지를 결정한 후에 집행정지가 공공복리에 중대한 영향을 미치거나 그 정지사유가 없어진 경우에는 직권 또는 당사자의 신청에 의하여 집행정지 결정을 취소할 수 있다(법 제30조 제4항).

② 집행정지 결정이 취소되면 일단 발생된 집행정지 결정이 효력은 소멸되고, 그때부터 집행정지 결정이 없었던 것과 같은 상태로 돌아간다.

(4) **결정서 정본 송달**

행정심판위원회는 집행정지 또는 집행정지 취소에 관하여 심리 · 결정하면 지체 없이 당사자에게 결정서 정본을 송달하여야 한다(법 제30조 제7항).

7. 집행정지 결정의 효력

(1) 형성력

① 처분의 효력정지는 행정행위의 효력을 잠정적으로 정지시킴으로써 장래에 향하여 해당 처분이 없었던 것과 같은 상태를 실현시킨다. 다만, 처분의 효력정지는 처분의 집행 또는 절차의 속행을 정지함으로써 그 목적을 달성할 수 있을 때에는 허용되지 아니한다(법 제30조 제2항 단서).[77]

② 처분의 집행정지는 해당 행정행위의 집행력을 박탈한다.

③ 절차의 속행정지는 선행 행정행위의 효력을 박탈하여 후속절차의 속행을 저지한다.

(2) 대인적 효력(기속력)

집행정지 결정의 효력은 당사자(청구인·피청구인)뿐만 아니라 관계행정청과 제3자에게도 효력을 미친다.

(3) 시간적 효력

집행정지 결정의 효력은 해당 결정의 주문에 정해진 시기까지 존속한다. 그러나 주문에 특별한 정함이 없는 경우에는 당해 심판청구에 대한 재결이 확정될 때까지 정지의 효력이 존속하는 것으로 본다.

---

[06] **임시처분** ★★ ^{제4회 기출}

1. 의의

임시처분은 행정청의 **처분** 또는 **부**작위가 위법·부당하다고 **상**당히 **의심되는 경우**로서 처분 또는 부작위로 당사자가 받을 우려가 있는 **중**대한 **불**이익이나 당사자에게 생길 **급**박한 **위험**을 막기 위하여 **임시지위**를 정할 필요가 있는 경우 행정심판위원회의 결정으로 행하는 적극적인 가구제(假救濟) 수단을 말한다.

2. 취지

임시처분은 집행정지의 소극적 현상유지적 기능을 보완하고 집행정지의 대상이 되지 않았던 거부처분에 대한 취소심판과 부작위를 대상으로 하는 의무이행심판의 제도적 공백을 입법적으로 해소함으로써 당사자의 권익보호에 기여하는 데 그 취지가 있다.

---

[77] 이는 집행정지제도는 신청인의 권리이익의 보전을 위한 최소한에 그쳐야 하고 집행정지제도의 목적이 중대한 손해를 방지하려는 것이므로 집행의 정지 또는 절차속행의 정지에 의해 그 목적이 달성할 수 있을 때에는 당해 처분의 효력까지 정지시킬 필요가 없기 때문이다. 예컨대. 영업정지처분이나 운전면허취소처분 등은 그 자체로서 효력이 발생하고 이를 집행하거나 그에 따른 절차의 속행이 없으므로 그 처분 자체에 대한 효력정지가 되어야 집행정지의 목적이 달성된다. 그러나 토지수용절차에 있어서와 같이 그 절차의 속행이 정지되면 집행정지의 목적이 달성할 수 있는 경우에는 사업인정 등 개별적인 처분의 효력을 정지시켜서는 안 된다는 것이다.

3. 임시처분의 요건

(1) 심판청구의 계속이 있을 것

임시처분은 그 전제가 되는 적법한 심판청구가 계속되어 있어야 한다.

(2) 처분 또는 부작위가 위법·부당하다고 상당히 의심되는 경우일 것

① 처분에는 적극적인 처분뿐만 아니라 신청에 대한 거부처분도 포함된다.

② 임시처분은 집행정지와 달리 「행정심판법」은 명문으로 '처분 또는 부작위가 위법·부당하다고 상당히 의심되는 경우'를 적극적 요건으로 규정하여 본안청구의 인용에 대한 개연성을 요구하고 있다.

(3) 당사자에게 중대한 불이익 또는 급박한 위험이 생길 우려가 있을 것

(4) 공공복리에 중대한 영향을 미칠 우려가 없을 것

4. 절차(임시처분 결정 및 결정의 취소) (법 제31조 제1항·제2항 및 제30조 제3항~제7항)

(1) 신청 또는 직권

① 당사자의 신청 또는 직권에 의해 행정심판위원회가 결정한다.

② 임시처분 신청은 심판청구와 동시에 또는 심판청구에 대한 행정심판위원회나 소위원회의 의결이 있기 전까지 해야 한다.

(2) 잠정적 결정

행정심판위원회의 심리·결정을 기다릴 경우 중대한 불이익이나 급박한 위험이 생길 우려가 있다고 인정되면 위원장은 직권으로 행정심판위원회의 심리·결정을 갈음하는 결정을 할 수 있다.

(3) 임시처분 결정의 취소

행정심판위원회는 임시처분를 결정한 후에 임시처분이 공공복리에 중대한 영향을 미치거나 그 처분사유가 없어진 경우에는 직권 또는 당사자의 신청에 의하여 임시처분 결정을 취소할 수 있다.

(4) 결정서 정본 송달

행정심판위원회는 임시처분 또는 임시처분 취소에 관하여 심리·결정하면 지체 없이 당사자에게 결정서 정본을 송달하여야 한다.

5. 임시처분의 보충성

(1) 집행정지로 목적을 달성할 수 있을 때는 허용되지 않는다(법 제31조 제3항).

(2) 임시처분은 집행정지로 손해의 발생을 막을 수 없는 경우에만 보충적으로 허용되므로 집행 정지가 가능한 경우에는 허용되지 않는다. 따라서 집행정지로 구제될 수 없는 거부처분과 부 작위에 대해서만 임시처분이 허용된다.

6. 인용사례

실무상 임시처분결정이 가능한 분야는 시험 응시자격, 국공립학교 입학자격이나 외국인의 체류 자격연장 등과 같이, 임시지위를 결정한 후에 본안 청구가 기각되는 경우 원상회복이 용이하 거나 임시지위의 설정이 공공복리에 미치는 영향이 비교적 적을 것으로 예상되는 분야이다.[78]

재결례

[재결례 1]

신청인에게 2021.2.24.자 전문상담교사 1급 교원자격증을 발급받을 자의 지위를 임시로 정한다(중앙행정심 판위원회 2021.3.9.자 2021-15 결정).

[재결례 2]

신청인에게 2018.7.1.부터 중앙행정심판위원회 2018-12514 사건의 재결시까지 ○○도 ○○시 ○○동 ○○○ 번지선 공유수면 17,636m²에 대한 점용·사용허가 받은 자의 지위를 임시로 정한다(중앙행정심판위원회 2018.7.27.자 2018-20 결정).

[재결례 3]

신청인이 심판청구 한 도로점용허가 이행청구에 대한 재결이 있을 때까지 신청인이 2020.12.8. 피신청인에게 제출한 도로점용허가신청서에 기재된 대로 도로점용허가를 득한 지위를 부여한다는 신청을 기각한다(중앙 행정심판위원회 2021.1.5.자 2020-38 결정).

[재결례 4]

피신청인이 2019.6.4. 신청인에게 2019.6.30.까지 출국을 위한 체류기간 연장허가를 한 사실 외에 피신청인이 신청인에게 체류기간 연장허가 거부처분을 하였다는 점에 대한 입증이 없어 임시처분의 요건의 처분이 존재 하지 않으므로, 이 사건 신청은 임시처분신청의 요건을 갖추지 못한 부적법한 신청이다(중앙행정심판위원회 2019.7.16.자 2019-16결정).

---

[78] 국민연금 등의 사회보험에 따른 급여나 「국민기초생활 보장법」에 따른 생계급여의 지급 등은 금전적인 것으로서 원래는 가구제의 필요 성이 적은 분야이기는 하나, 그 급여가 본안재결이 있을 때까지의 신청인의 생활에 필요불가결한 경우는 중대한 불이익이나 급박한 위 험의 방지를 위해 임시지위를 정할 필요가 있는 경우에 해당한다.

✦ 집행정지와 임시처분의 비교

	집행정지	임시처분
의의	처분의 효력, 처분의 집행 및 절차의 속행을 일시적으로 정지시킴으로써 행정심판의 청구인이 받을 수 있는 중대한 손해를 예방하기 위한 것이다.	행정청의 처분 또는 부작위가 위법·부당하자고 상당히 의심되는 경우로서 처분 또는 부작위로 당사자가 받을 우려가 있는 중대한 불이익이나 당사자에게 생길 급박한 위험을 막기 위하여 임시지위를 정할 필요가 있는 경우 행정심판위원회의 결정으로 행하는 가구제(假救濟) 수단이다.
법적 성격	소극적 가구제	적극적 가구제
종류	① 처분의 효력정지, ② 처분의 집행정지, ③ 절차의 속행정지	
요건	적극적 요건+소극적 요건	적극적 요건+소극적 요건
본안청구의 인용가능성 규정 유무	명문규정×	명문규정○ ("처분 또는 부작위가 위법·부당하다고 상당히 의심되는 경우"라는 명문규정이 있음)
대상처분	취소심판, 무효등 확인심판	거부처분에 대한 취소심판, 의무이행심판 (거부처분, 부작위) ※ 임시처분의 보충성: 임시처분은 집행정지로 손해의 발생을 막을 수 없는 경우에만 보충적으로 허용됨. 따라서 집행정지로 구제될 수 없는 거부처분과 부작위에 대해서만 임시처분 허용

제2절 행정심판의 심리

01 심리의 내용과 범위

1. 서설

(1) 행정심판의 심리란 재결의 기초가 될 증거 기타의 자료를 수집·조사하고 당사자 및 관계인의 대립된 주장을 통하여 해당 사건의 사실관계 및 법률관계를 명백히 정리하는 일련의 절차를 말한다.

(2) 「행정심판법」은 행정심판에 있어 「헌법」 제107조 제3항에 따라 심리기관의 독립과 대심적 심리구조, 당사자의 절차적 권리보장 등 심리절차의 사법화를 도모하고 있다.

2. 심리의 내용

(1) 요건심리

1) 개념

요건심리란 행정심판을 청구하는 데 있어 필요한 <u>형식적 요건</u>을 충족하고 있는지 여부를 심사하는 것을 말한다. 요건심리 결과 부적법한 경우는 재결로 각하한다.

2) 법적 성질

행정심판요건은 행정심판위원회의 직권조사사항이므로 당사자의 주장 없어도 조사할 수 있다.

3) 판단시기

심판청구요건 여부는 <u>재결시를 기준</u>으로 판단한다. 따라서 심판청구의 요건은 행정심판위원회의 심리종결 전까지 갖추면 해당 심판청구는 적법한 청구가 된다.

4) 보정

① 행정심판위원회는 심판청구가 적법하지 아니하나 보정할 수 있다고 인정하면 기간을 정하여 청구인에게 보정할 것을 요구할 수 있다. 다만, 경미한 사항은 직권으로 보정할 수 있다(제32조 제1항).

② 청구인의 보정은 서면으로 당사자의 수만큼의 보정서 부본을 행정심판위원회에 제출하여야 하고, 행정심판위원회는 제출된 보정서 부본을 지체 없이 다른 당사자에게 송달하여야 한다(법 제32조 제2항·제3항).

③ 보정요구에 따라 지정기간 내에 보정된 심판청구는 처음부터 적법하게 행정심판이 청구된 것으로 보며, 보정기간은 재결 기간에 산입하지 아니한다(법 제32조 제4항·제5항).

④ 행정심판위원회는 청구인이 보정기간 내에 그 흠을 보정하지 아니한 경우에는 그 심판청
   구를 각하할 수 있다(법 제32조 제6항).

⑤ 한편, 행정심판위원회는 심판청구서에 타인을 비방하거나 모욕하는 내용 등이 기재되어
   청구내용을 특정할 수 없고 그 흠을 보정할 수 없다고 인정되는 경우에는 보정요구 없이
   그 심판청구를 각하할 수 있다(법 제32조의2).

(2) 본안심리

본안심리란 심판청구가 적법한 경우에 그 심판청구의 당부에 대한 실질적인 심사를 말한다.
본안심리 결과 해당 심판청구가 이유 있으면 인용재결을 하고, 청구가 이유 없으면 기각재결을
한다.

3. 심리의 범위

심리의 범위란 행정심판위원회가 구체적인 행정심판사건에서 어느 정도까지 내용의 심리를
할 수 있는가의 문제이다. 「행정심판법」은 심리의 범위에 대해 "위원회는 **필요하면** 당사자가
주장하지 아니한 사실에 대하여도 심리할 수 있다."라고 직권심리의 규정만을 규정하고 있고
(법 제39조), 재결의 범위에 대해서는 불고불리의 원칙과 불이익변경금지의 원칙을 규정하고
있다(법 제47조).

(1) 불고불리의 원칙

불고불리(不告不理)의 원칙이란 행정심판의 심리에 있어서는 심판이 청구된 처분이나 부작위
이외의 사항에 대해서는 심리하지 못하는 것을 말한다(법 제47조 제1항).

(2) 불이익변경금지의 원칙

불이익변경금지의 원칙이란 심판청구의 대상이 되는 처분보다 청구인에게 불이익하게 심리
하지 못하는 것을 말한다(법 제47조 제2항).

(3) 심리에의 적용

불고불리 및 불이익변경금지의 원칙들은 원래 행정심판의 재결의 범위 내용으로 인정되는
것이다. 그러나 재결이 심리의 결과로서 의결된 내용에 따른 기계적인 행위의 의미를 갖는
것이므로 심리에 있어서도 이들 원칙들은 그대로 적용된다.

4. 법률문제 · 재량문제 · 사실문제

행정심판의 심리에서는 심판청구의 대상인 처분이나 부작위의 <u>위법성 여부(법률문제)</u>는 물론
재량권 행사의 당 · 부당의 재량문제를 포함한 <u>사실문제</u>에 대해서도 심리할 수 있다. 재량의
당 · 부당에 대해서 심리할 수 없는 행정소송과 구별된다.

5. 위법성 판단 시기

(1) 적극적 처분의 경우에 원칙적으로 <u>처분시를 기준</u>으로 위법 또는 부당 여부를 판단한다.

(2) <u>거</u>부처분 또는 <u>부</u>작위의 경우에는 과거에 행하여진 거부처분이나 부작위를 계속 유지하는 것이 위법·부당한지 여부가 판단의 핵심이므로 <u>재결시를 기준</u>으로 위법 또는 부당 여부를 판단한다.

6. 재량행위에 대한 재결범위 및 판결범위의 비교

제재처분과 같은 재량행위의 일부취소(예 1년 영업정지 → 6월 영업정지, 운전면허취소 → 면허정지 110일)의 경우에는 행정심판의 재결과 행정소송의 판결의 범위에 차이가 있다. 행정소송에서는 재량권 남용으로 인정되는 경우에는 일부취소는 할 수 없으나 <u>행정심판에서는 재결로써 일부 취소를 할 수 있다.</u> [79]

✅ 위법성과 부당성의 구별

1. 처분의 위법성

처분의 위법성이란 <u>기속행위에 있어</u> 행정권 행사에 잘못이 있는 경우를 말한다. 기속행위란 행정행위 요건 및 법적효과가 일의적으로 명확하게 규정되어 법을 집행함에 있어 행정청에 어떠한 선택의 자유가 인정되지 않고 <u>법을 기계적으로 적용하는 행정행위</u>를 말한다. 처분의 위법성의 원인이 되는 하자가 중대·명백한 때에는 해당 처분은 무효사유가 되며, 단순위법에 그치는 경우는 취소사유가 된다. 다만, 재량행위도 재량권을 일탈·남용한 경우에는 위법성이 인정된다.

2. 처분의 부당성

처분의 부당성이란 <u>재량행위에 있어</u> 행정청의 재량권 행사가 그 한계 내에서 행사된 관계로 재량권의 일탈·남용으로서의 위법의 문제는 없으나, 해당 법규상의 구체적인 공익목적과의 관계에서 합당하거나 바람직한 것이라고 볼 수 없는 행위를 말한다.

3. 구별기준

현실적으로 위법과 부당의 구별은 쉽지 않다. 특히 재량행위에 있어 재량권의 일탈·남용 여부를 기준으로 위법 또는 부당으로 구분하는 데 어려움이 있다. <u>재량권의 일탈</u>이란 재량의 <u>외적 한계</u>(법적·객관적 한계)를 벗어난 것을 말하고, <u>재량권의 남용</u>이란 재량권의 <u>내적한계</u>(재량권에 부여된 내재적 목적)를 벗어난 것을 말한다.

판례는 재량권의 일탈·남용 여부에 대한 심사는 사실오인, 비례·평등원칙의 위배, 행위의 목적 위반이나 동기의 부정 유무 등을 그 판단대상으로 한다고 판시하고 있다. 중앙행정심판위원회 재결례도 부당을 이유로 하는 인용재결 사례가 늘어가는 추세이다.

---

[79] 자동차운수사업면허조건 등을 위반한 사업자에 대하여 행정청이 행정제재수단으로 사업 정지를 명할 것인지, 과징금을 부과할 것인지, 과징금을 부과키로 한다면 그 금액은 얼마로 할 것인지에 관하여 재량권이 부여되었다 할 것이므로 과징금부과처분이 법이 정한 한도액을 초과하여 위법할 경우 <u>법원으로서는 그 전부를 취소할 수밖에 없고, 그 한도액을 초과한 부분이나 법원이 적정하다고 인정되는 부분만을 취소할 수 없다</u>(대법원 2010.7.15. 선고 2010두7031판결 등).

✦ 기속행위와 재량행위의 구별

기속행위	행정작용의 근거가 되는 법규의 내용이 일의적·확정적으로 규정되어 있어 행정청이 기계적으로 법규를 집행하는 데 그치는 행정행위
재량행위	법규의 해석상 행정청에 행위 여부(결정재량)나 행위내용에 대한 선택의 가능성(선택재량)이 있어서, 여러 행위 중 하나를 선택할 수 있는 자유가 행정청에게 주어진 행정행위

	의의	구별기준	구별실익
기속행위	법에 엄격히 기속되는 행위	• 학설: 재량은 입법자의 의해 행정기관에게 부여되는 것으로 양자의 구별은 법령규정이 일차적인 기준이 된다. 다만, 법령규정이 명확하지 않는 경우는 당해 행위의 근거법규의 취지와 목적, 당해 행위의 성질 등을 고려하여 기속재량 여부를 결정한다.	허가등의 요건을 충족하면 반드시 허가 등을 해주어야 하고, 허가 등을 공익상의 이유로 거부할 수 없다.
재량행위	행정청에게 선택의 자유를 인정	• 판례: 당해행위의 근거법규의 문언, 당해행위의 성질, 당해 행위가 속하는 행정분야의 주된 목적과 특성을 등을 모두 고려하여 사안에 따라 개별적으로 판단한다(다만, 수익적 처분은 원칙적으로 재량행위로 본다).	이익형량 결과 허가등을 거부할 공익이 허가등으로 인한 이익보다 큰 경우에는 허가등의 거부가 가능하다(재량권의 일탈·남용을 원고가 입증).
기속 재량행위	기속행위와 재량행위의 중간영역 (판례-인정)	• 원칙: 기속재량행위를 요건을 충족하면 법적 효과를 부여한다. • 예외: 요건을 충족한 신청을 인용하는 처분이 중대한 공익에 배치되는 경우 거부 가능하다(예 석유판매업허가, 산림훼손허가, 건축허가, 납골당설치신고수리 등).	허가등의 요건을 갖추면 원칙상 허가등을 하여야 하나, 중대한 공익상 필요의 경우에 한해 예외적으로 허가등의 거부가 가능하다(공익상 필요는 행정청이 입증).

✦ **위법과 부당의 구별**

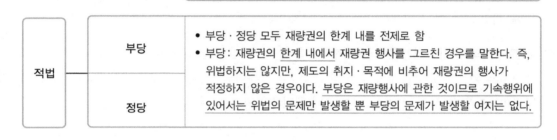

- 위법: 기속행위에 있어 행정권행사에 잘못이 있거나, 재량권의 <u>한계를</u> 넘어(재량권의 일탈 · 남용) 재량권을 그르친 경우
- 일탈: 재량권의 **외**적한계(법적 · 객관적 한계)를 벗어남
- 남용: 재량권의 **내**적한계(재량권에 부여된 내재적 목적)를 벗어남
  (예 법의 일반원칙, 평등원칙, 비례원칙, 신뢰보호 등이 심사기준이 된다.)

- 부당 · 정당 모두 재량권의 한계 내를 전제로 함
- 부당: 재량권의 한계 내에서 재량권 행사를 그르친 경우를 말한다. 즉, 위법하지는 않지만, 제도의 취지 · 목적에 비추어 재량권의 행사가 적정하지 않은 경우이다. 부당은 재량행사에 관한 것이므로 기속행위에 있어서는 위법의 문제만 발생할 뿐 부당의 문제가 발생할 여지는 없다.

02 처분사유의 추가 · 변경 ★★★ 제5회 · 제9회 기출

1. 의의

처분사유의 추가 · 변경이란 행정청(처분청)이 행정심판의 <u>심리 중</u>에 처분 당시에 밝힌 처분 사유 외의 다른 사유를 추가적으로 주장하거나 처분 근거 사유를 변경하는 것을 말한다.

2. 인정 여부

(1) 행정청이 심판청구 또는 소송의 계속 중 당해 <u>처분의 적법성을 유지</u>하기 위하여 처분 당시에 제시된 처분사유 이외의 다른 사유를 어느 범위까지 추가하거나 변경할 수 있는지가 문제가 된다.

(2) 학설은 ① 일회적 분쟁해결이라는 소송경제적 측면을 강조하는 <u>긍정설</u>, ② 실질적 법치주의와 상대방의 신뢰보호를 강조하는 <u>부정설</u>, ③ 당초의 처분사유와 기본적 사실관계의 동일성이 인정되는 범위 내에서 제한적으로 인정된다는 <u>제한적 긍정설</u>이 대립된다.

(3) 판례는 처분 당시에 존재하였던 사유이고, 당초에 처분의 근거로 삼은 것과 <u>기본적 사실관계의 동일성이 인정되는 범위</u> 내에서 처분사유의 추가변경을 제한적으로 인정하고 있다.

3. 인정요건(허용범위)

(1) 처분의 기본적 사실관계의 동일성이 있을 것

① 기본적 사실관계의 동일성 유무는 처분사유를 법률적으로 평가하기 이전의 구체적인 사실에 착안하여 그 기초가 되는 기본적 사실관계가 동일한지 여부에 따라 결정된다.

② 구체적 판단은 시간적·장소적 근접성, 행위의 태양, 결과 등의 제반사정을 종합적으로 고려해야 한다.[80]

(2) 처분 당시에 이미 존재하였던 사유일 것

추가·변경되는 사유는 처분 당시에 이미 객관적으로 존재하고 있었던 것이어야 하며, 처분 후에 새로 생긴 사실관계나 법률관계는 제외된다.[81]

(3) 처분사유의 추가·변경은 재결시까지 할 것

행정청은 기본적 사실관계의 동일성이 있다고 인정되는 한도 내에서만 다른 처분사유를 추가 변경할 수 있다고 할 것이며 이는 행정심판위원회의 재결까지만 허용된다.

처분사유의 추가·변경

처분 당시에 이미 존재하였으나 행정청이 처분시에 주장하지 않았던 사실적 근거를 추가·변경하는 것(행정청이 심판청구 또는 소송의 계속 중 당해 처분의 적법성을 유지하기 위하여 처분 당시에 제시된 처분사유 이외의 다른 사유를 어느 범위까지 추가하거나 변경할 수 있는지의 문제)

---

03 심리의 기본원칙 ★

1. 서설

(1) 행정심판의 심리란 재결의 기초가 될 증거 기타의 자료를 수집·조사하고 당사자 및 관계인의 대립된 주장을 통하여 해당 사건의 사실관계 및 법률관계를 명백히 정리하는 일련의 절차를 말한다.

---

[80] 판례는 당초 처분의 근거로 삼은 사유와 기본적 사실관계가 동일성이 있다고 인정되는 한도 내에서만 처분 사유의 추가·변경이 허용된다고 한다.

[81] 위법성의 판단은 처분시를 기준으로 판단해야 하기 때문이다.

(2) 「행정심판법」은 행정심판에 있어 「헌법」 제107조 제3항에 따라 심리기관의 독립과 대심적 심리구조, 당사자의 절차적 권리보장 등 심리절차의 사법화를 도모하고 있다.

2. 내용

(1) 대심주의

대심주의(對審主義)란 심리에 있어 서로 대립되는 당사자 쌍방에게 공격·방어방법을 제출할 수 있는 대등한 기회를 보장하는 제도이다. 「행정심판법」은 심판청구의 당사자인 청구인과 피청구인에게 각각 공격·방어방법을 제출할 수 있게 하고, 이를 기초로 하여 심리·재결하는 대심주의를 취하고 있다.

(2) 처분권주의[82]

처분권주의란 행정심판의 개시, 진행(대상과 범위), 종료에 대하여 당사자가 주도권을 가지고 이들에 대하여 자유로이 결정할 수 있는 원칙을 말한다. 다만, 공익적 견지에서 심판청구기간은 제한을 받으며, 청구인낙 등이 부인되는 등 처분권주의는 많은 제한을 받고 있다.

(3) 직권심리주의의 가미

「행정심판법」은 당사자주의(처분권주의 및 변론주의)를 원칙으로 하면서도, 심판청구의 심리를 위하여 **필요하면** 행정심판위원회로 하여금 당사자가 주장하지 않은 사실에 대하여도 심리하고 (법 제39조), 증거조사를 할 수 있도록 하여 직권심리주의를 가미하고 있다(법 제36조 제1항).

(4) 구술심리주의 또는 서면심리주의

행정심판의 심리는 구술심리 또는 서면심리로 한다. 다만 당사자가 구술심리를 신청한 경우에는 서면심리만으로 결정할 수 있는 경우 외에는 구술심리를 하여야 한다(법 제40조 제1항).

(5) 비공개주의

행정심판에 있어서 심리의 능률화를 도모하는 관점에서 심판청구의 심리·재결을 일반인에게 공개하지 않는 것을 말한다.

---

82 "처분권주의"라 함은 절차의 개시, 절차의 진행(심판의 대상과 범위), 그리고 절차의 종결에 대하여 당사자에게 주도권을 주어 그 처분에 맡기는 원칙을 말한다. 직권주의(절차의 개시·진행·종료를 법원이 주도)와 구별되는 개념이다. 흔히 처분권주의를 변론주의와 혼동하는 경우가 있지만, 처분권주의는 당사자의 '소송물'에 대한 처분자유를 뜻하는 것임에 대하여, 변론주의는 당사자의 '소송자료'에 대한 수집책임을 뜻하는 것이므로 양자는 구별되는 개념이다. 처분권주의와 변론주의를 포괄하여 "당사자주의"라는 개념도 쓰이며, 이 개념이 직권주의에 대응되는 것이다.

04 당사자의 절차적 권리 ★

1. 서설

(1) 행정심판의 심리란 재결의 기초가 될 증거 기타의 자료를 수집·조사하고 당사자 및 관계인의 대립된 주장을 통하여 해당 사건의 사실관계 및 법률관계를 명백히 정리하는 일련의 절차를 말한다.

(2) 「행정심판법」은 행정심판에 있어 「헌법」 제107조 제3항에 따라 심리기관의 독립과 대심적 심리구조, 당사자의 절차적 권리보장 등 심리절차의 사법화를 도모하고 있다.

2. 내용

(1) **위원 · 직원에 대한 제척 · 기피신청권**

심판청구의 당사자는 행정심판위원회의 위원·직원에게 법정 제척사유가 있거나 공정한 심리·의결을 기대하기 어려운 사정이 있으면 위원장에게 기피신청을 할 수 있다(법 제10조 제1항·제8항).

(2) **구술심리신청권**

행정심판의 심리는 구술심리나 서면심리로 한다. 구술심리의 신청은 <u>심리기일 3일 前까지 위원회에 서면 또는 구술로 신청</u>하여야 한다(영 제27조). 위원회(소위원회를 포함)는 위원회의 회의를 개최하였을 때에는 회의록을 작성하여야 하며, 회의록에는 회의에 출석한 당사자 등의 구술 내용 등을 적어야 한다(영 제28조).

(3) **보충서면신청권**

당사자는 심판청구서·보정서·답변서·참가신청서 등에서 주장한 사실을 보충하고 다른 당사자의 주장을 다시 반박하기 위하여 필요하면 위원회에 보충서면을 제출할 수 있다. 이 경우 다른 당사자의 수만큼 보충서면 부본을 함께 제출하여야 한다(법 제33조 제1항).

(4) **물적증거제출권**

당사자는 심판청구서·보정서·답변서·참가신청서·보충서면 등에 덧붙여 그 주장을 뒷받침하는 증거서류나 증거물을 제출할 수 있다(법 제34조 제1항).

(5) **증거조사신청권**

위원회는 사건을 심리하기 위하여 필요하면 직권으로 또는 당사자의 신청에 의하여 증거조사를 할 수 있다(법 제36조 제1항).

(6) 이의신청권

행정심판위원회 결정 중 당사자 또는 심판참가인의 절차적 권리에 중대한 영향을 미치는 지위승계의 불허가, 참가신청의 불허가, 또는 청구의 변경의 불허가 등에 대하여는 행정심판위원회에 이의신청할 수 있다(법 제16조 제8항 등).

(7) 심리의 병합 또는 분리

위원회는 필요하면 관련되는 심판청구를 병합하여 심리하거나 병합된 관련 청구를 분리하여 심리할 수 있다(법 제37조).

✅ 비례의 원칙(행정기본법 제10조) ★ 제8회 기출

1. 의의
행정목적과 이를 실현하는 수단 사이에는 합리적인 비례관계가 있어야 한다는 것으로 과잉금지의 원칙이라고도 한다.

2. 내용
비례원칙의 내용으로 검토되는 **적**합성 · **필**요성 · **상**당성의 원칙은 순차적 · 단계적으로 검토되어야 한다.
(1) **적**합성의 원칙
행정작용은 행정목적을 달성하는 데 유효하고 적절하여야 한다.
(2) **필**요성의 원칙
행정작용은 행정목적을 달성하는 데 필요한 최소한도에 그쳐야 한다. 즉 동일한 목적을 실현시킬 수 있는 적합한 수단이 여러 가지가 있는 경우에 행정의 상대방에게 가장 적은 침해를 주는 수단을 선택하여야 함을 의미한다. 최소침해의 원칙이라고도 불리운다.
(3) **상**당성의 원칙
행정작용으로 인한 국민의 이익 침해가 그 행정작용이 의도하는 공익보다 크지 아니하여야 한다. [83]

3. 위반의 효과와 권리구제
비례의 원칙에 위배된 행정작용은 행정쟁송의 대상이 되며, 아울러 상대방에게 손해가 발생한 경우에는 국가배상청구소송의 대상이 된다.

✅ 신뢰보호의 원칙(행정기본법 제12조) ★ 제2회 기출

1. 의의
행정청은 공익 또는 제3자의 이익을 현저히 해칠 우려가 있는 경우를 제외하고는 행정에 대한 국민의 정당하고 합리적인 신뢰를 보호하여야 한다.

2. 근거
헌법상 법치국가원리의 한 요소인 법적 안정성에 그 이론적 근거를 두고 있다.

---

[83] 협의의 비례원칙이라고도 하는 상당성의 원칙은 최소로 침해를 주는 수단을 선택하는 경우에도, 행정목적에 의하여 추구되는 이익이 행정의 상대방이 받는 손해보다 커야 함을 의미한다. 구체적인 경우에 행정조치를 취하지 않을 경우에 침해될 공익과 취할 경우에 침해되는 상대방의 이익을 비교 형량하여야 한다.

3. 신뢰보호의 요건
① 행정청이 개인에 대하여 신뢰의 대상이 되는 일정한 **선**행조치(공적인 견해표명)를 취했어야 한다.
② 행정청의 선행조치가 정당하다고 신뢰하는 것에 대해 그 개인에게 귀**책**사유가 없어야 한다.
③ 그 개인이 그 선행조치를 신뢰하고 이에 어떠한 **행**위를 하였어야 한다.
④ 행정청이 위 선행조치에 **반**하는 처분을 함으로써 그 선행조치를 신뢰한 개인의 이익이 침해되는 결과가 초래되어야 한다.

4. 위반의 효과와 권리구제
신뢰보호의 원칙에 반하는 행정작용은 위법한 것이 되어 행정쟁송의 대상이 되며, 아울러 상대방에게 손해가 발생한 경우에는 국가배상청구소송을 제기할 수 있다.

✅ 부당결부금지의 원칙(행정기본법 제13조) ★

1. 의의
행정청은 행정작용을 할 때 상대방에게 해당 행정작용과 실질적인 관련이 없는 의무를 부과해서는 아니 된다.

2. 근거
헌법상 법치국가 원리와 자의금지의 원칙에서 도출되는 헌법적 효력의 지위를 갖는 행정법의 일반원칙으로 보는 것이 일반적인 견해이다.

3. 적용요건
① 행정기관의 **행**정작용이 있을 것
② 행정작용은 상대방의 **반**대급부와 결부되어 있을 것
③ 행정작용은 상대방의 반대급부 사이에 **실**질적 관련성(**원**인적 관련성, **목**적적 관련성)이 있을 것

4. 위반의 효과
행정작용이 부당결부금지의 원칙에 위배되는 경우에는 위헌·위법이 되어 행정쟁송의 대상이 되며, 상대방에게 손해가 발생한 경우에는 국가배상청구소송의 대상이 된다.

✅ 자기구속의 원칙 ★

1. 의의
행정청이 상대방에 대하여 동종사안에서 제3자에게 행한 결정과 동일한 결정을 하도록 스스로 구속당하는 것으로 헌법상 평등원칙이 재량영역에서 구체화된 법리이다. 판례는 자기구속의 법리를 평등의 원칙과 신뢰보호의 원칙에 근거하여 인정하고 있다.

2. 요건
① 재량의 영역이어야 한다.
② 동종의 사안이어야 한다.
③ 동종사안에 비교의 대상이 되는 행정선례가 존재해야 한다.
④ 선례는 적법해야 한다.

제3절 재결

01 재결의 방식 · 범위 · 재결서의 송달

1. 서설

(1) 재결의 의의

① 재결이란 행정심판의 청구에 대하여 행정심판위원회가 행하는 판단을 말한다.
② 재결은 확인행위에 해당하고, 준사법적 행위의 성질을 가진다.
③ 재결은 서면으로 하는 요식행위이다.

(2) 재결기간

재결은 행정심판위원회 또는 피청구인인 행정청이 심판청구서를 받은 날로부터 60일 이내에 하여야 한다. 부득이 한 사정이 있는 경우에는 위원장이 직권으로 30일을 연장할 수 있다(법 제45조 제1항). 심판청구가 부적법하여 보정을 명하는 경우의 보정기간은 재결기간에 산입하지 않는다(법 제32조 제5항).

2. 재결의 방식과 범위

(1) 재결의 방식

① 재결은 서면으로 한다(법 제46조 제1항).[84]
② 재결서에는 행정심판위원회의 명의를 적은 관인을 찍는다. 관인이 없는 재결서는 위법한 재결이 된다.

(2) 재결의 범위

① 불고불리의 원칙

행정심판위원회는 심판청구의 대상이 되는 처분 또는 부작위 이외의 사항에 대해서는 재결하지 못한다(법 제47조 제1항).

② 불이익변경금지의 원칙

행정심판위원회는 심판청구의 대상이 되는 처분보다 청구인에게 불리한 재결을 할 수 없다(법 제47조 제2항).

---

[84] 재결서에는 ① 사건번호와 사건명. ② 당사자 · 대표자 또는 대리인의 이름과 주소. ③ 주문. ④ 청구의 취지. ⑤ 이유. ⑥ 재결한 날짜가 포함되어야 하며, 재결서에 적는 이유에는 주문 내용이 정당함을 인정할 수 있는 정도로 판단을 표시하여야 한다(법 제46조 제2항 · 제3항). 재결서 형식은 엄격한 요식행위의 문제로 이에 문제가 발생하면 그 자체만으로 재결에 대한 고유의 하자가 되어 행정소송의 대상이 된다.

③ 재량의 당·부당

행정심판은 행정소송의 경우와는 달리 위법한 처분이나 부작위뿐만 아니라 부당한 처분이나 부작위에 대해서도 제기할 수 있다. 따라서 행정심판위원회는 재량행위와 관련하여 재량의 일탈·남용 등과 같은 <u>재량권 행사의 위법 여부</u>뿐만 아니라 <u>재량권의 한계 내의 당·부당</u>에 대해서도 판단할 수 있다.

3. 재결서의 송달

(1) 송달의 대상 및 효력

「행정심판법」은 재결에 관하여도 송달제도를 채택하고 있는 바, 서류의 송달에 관해서는 「민사소송법」 중 송달에 관한 규정을 준용하고 있다(법 제57조). 재결의 송달과 효력은 <u>재결서의 정본이 청구인에게 송달되었을 때에 발생한다</u>(법 제48조 제1항·제2항).

(2) 복효적 행정행위에 있어서 처분의 상대방에 대한 송달

처분의 상대방이 아닌 <u>제3자가 심판청구를 한 경우 위원회는 재결서의 등본을 지체 없이 피청구인을 거쳐 처분의 (원)상대방에게 송달하여야 한다</u>(법 제48조 제4항).

(3) 공고된 처분 등이 재결로 취소·변경된 경우의 송달

법령의 규정에 따라 공고하거나 고시한 처분이 <u>재결로써 취소되거나 변경되면 처분을 한 행정청은 지체 없이 그 처분이 취소 또는 변경되었다는 것을 공고하거나 고시하여야 한다</u>(법 제49조 제5항). 이 경우 원처분(原處分)이 공고 또는 고시된 날짜와 내용, 취소 또는 변경된 경위와 내용, 공고 또는 고시의 날짜를 분명하게 밝혀야 한다.[85]

---

[02] **재결의 종류** ★ 제8회 기출

1. 종류

(1) 각하재결

1) 의의

심판청구의 요건심리의 결과 그 제기요건이 결여되어 부적법한 청구라는 이유로 본안심리를 거절하는 재결을 말한다(법 제43조 제1항).

---

[85] 법령의 규정에 따라 처분의 상대방 외의 이해관계인에게 통지된 처분이 재결로써 취소되거나 변경되면 처분을 한 행정청은 지체 없이 그 이해관계인에게 그 처분이 취소 또는 변경되었다는 것을 통지하여야 한다(법 제49조 제6항).

2) 각하사유

① 각하 사유가 무엇인지에 대한 구체적인 규정은 없어 각하사유 여부는 <u>구체적·개별적으로 판단</u>하여야 한다.

② **각하사유에 해당하는 경우**
  (i) 심판**청**구사항(행정청의 처분이나 부작위)이 아닌 행위에 대하여 심판청구를 한 경우[86]
  (ii) 청구인 능력 또는 청구인 **적**격이 없는 자의 심판청구
  (iii) 심판청구**기**간을 경과하여 심판청구를 한 경우
  (iv) 심판청구 대상이 <u>소</u>멸된 후 심판청구를 하거나 심판계속 중 소멸한 경우
  (v) 재결 이후에 **재**심판청구를 한 경우(법 제51조)
  (vi) 보정을 요구하였음에도 **보**정하지 아니한 경우(법 제32조 제6항)

(2) 기각재결

1) 의의

본안심리를 한 후 청구인이 신청한 내용이 이유 없음을 이유로 <u>행정청이 했던 원처분을 그대로 유지</u>하는 재결을 말한다(법 제43조 제2항).

2) 기속력

<u>기각재결은</u> 처분청이나 관계 행정청을 <u>기속하는 효력은 없으므로</u> 기각재결이 있은 후에도 처분청은 원처분을 직권으로 취소·변경할 수 있다.

3) 사정재결

① 본안심리 결과 그 심판청구가 이유 있다고 인정하는 경우에도 이를 인용하는 것이 공공복리에 크게 위배된다고 인정할 때에는 그 심판청구를 기각하는 재결이다.

② 사정재결은 기각재결의 일종이다.

(3) 인용재결

1) 의의

본안심리 결과 심판청구가 이유 있다고 판단하여 <u>청구인의 청구 취지를 받아들이는 내용의 재결</u>을 말한다.

2) 취소재결·변경재결 및 변경명령재결

① 취소심판(거부처분취소심판 포함)에서의 인용재결이다.

---

86 예 법령 제정·개정행위, 행정청 내부행위, 사경제적 행위, 단순한 사실행위 등

② 행정심판위원회는 취소심판의 청구가 이유 있다고 인정하면 그 처분을 취소하는 재결(취소재결-형성재결)[87]을 하거나, 다른 처분으로 변경하는 재결(변경재결-형성재결)[88]을 하거나, 처분청에 대하여 해당처분을 다른 처분으로 변경을 명하는 재결(변경명령재결-이행재결)[89]을 한다(법 제43조 제3항).

3) 무효등확인재결

① 무효등확인심판에서의 인용재결이다.

② 행정심판위원회는 무효등확인심판의 청구가 이유 있다고 인정하면 해당 처분의 효력 유무 또는 존재 여부를 확인하는 재결을 한다(법 제43조 제4항).

4) 의무이행재결

① 의무이행심판에서의 인용재결이다.

② 행정심판위원회는 의무이행심판의 청구가 이유 있다고 인정될 때 청구인의 신청에 따른 처분(처분재결-형성재결)을 직접 하거나 피청구인(처분청 또는 부작위 행정청)에게 신청에 따른 처분을 하도록 명하는 재결(처분명령재결-이행재결)을 한다(법 제43조 제5항).

2. 재결의 송달

재결의 송달과 효력은 재결서의 정본이 청구인에게 송달되었을 때에 발생한다.

---

03 사정재결 ★★ 제1회 기출

1. 서설

(1) 본안심리 결과 그 심판청구가 이유 있다고 인정하는 경우에도 이를 인용하는 것이 공공복리에 크게 위배된다고 인정할 때에는 그 심판청구를 기각하는 재결을 말한다(법 제44조 제1항).

(2) 사정재결은 기각재결의 일종이다.

---

[87] 취소재결은 처분이 위법 또는 부당하다고 인정되는 경우에 그 처분을 취소하는 재결이다. 취소재결이 행해지면 처분은 당초에 소급해서 그 효력이 소멸한다. 취소재결에는 해당 처분의 전부취소를 내용으로 하는 **전부취소재결**과 일부취소를 내용으로 하는 **일부취소재결**(영업정지 1년 → 영업정지 6월, 운전면허취소 → 운전면허정지 110일)이 있다. 행정심판에서도 일부취소재결의 요건을 구비하면 행정심판위원회는 일부취소재결을 할 수 있다. 일부취소의 기준은 일부취소의 대상이 되는 부분의 분리취소가능성 여부로 판단한다. 즉, 외형상 1개의 처분이더라도 가분성이 있거나 처분대상 일부가 특정가능하면 일부만의 취소가 가능하다. 일부취소는 당해 취소부분에만 효력이 있다.

[88] 변경재결은 처분의 내용을 적극적으로 변경하는 재결을 말한다. 예컨대 영업취소처분을 영업정지처분으로 변경하거나, 영업정지처분을 과징금부과처분으로 변경하는 것이다.

[89] 변경명령재결은 취소재결·변경재결과 같이 원처분을 직접 취소·변경하는 형성재결이 아니라 원처분청으로 하여금 원처분을 변경할 것을 명하는 데 그치는 이행재결이다.

2. 인정이유

(1) 사정재결은 청구를 인용해서 사익의 보호가 결과적으로 공익에 중대한 침해요소가 되는 일이 없도록 이를 시정하여 다수인 또는 국가 전체의 이익을 우선시켜 전체로서 공익보호를 확보하기 위한 것이다.

(2) 사정재결은 공익과 사익의 합리적인 조정을 도모하기 위하여 예외적으로 인정되는 제도이다.

3. 적용범위

사정재결은 취소심판 및 의무이행심판에만 인정되고 무효등확인심판에는 인정되지 아니한다 (법 제44조 제3항).

4. 요건

(1) 실질적 요건

심판청구를 인용하는 것이 오히려 공익에 크게 위배된다고 인정되는 때에 한한다.

(2) 형식적 요건

행정심판위원회는 사정재결을 함에 있어 그 재결의 주문(主文)에 그 처분 또는 부작위가 위법하거나 부당함을 구체적으로 밝혀야 한다.

5. 구제방법

행정심판위원회는 사정재결을 함에 있어서, 직접 청구인에 대하여 상당한 구제방법을 취하거나 피청구인에게 상당한 구제방법을 취할 것을 명할 수 있다(법 제44조 제2항).

6. 사정재결 및 사정판결 사례

행정심판에서 사정재결을 한 사례는 없으나, 행정소송에서는 ① 환지예정지 지정처분취소(대법원 1992.2.14. 선고, 90누9032), ② 주택개량재개발조합 설립 및 사업시행인가처분 무효확인(대법원 1995.7.28. 선고, 95누4629), ③ 개발제한구역내 행위허가처분 무효확인(대법원 2005.12.8. 선고, 2003두10046), ④ 법학전문대학원 예비인가처분취소(대법원 2009.12.10. 선고, 2009두8359) 등의 사례가 있다.

04 인용재결 ★★ 제8회 기출

1. 의의

본안심리 결과 심판청구가 이유 있다고 판단하여 <u>청구인의 청구 취지를 받아들이는 내용의</u> <u>재결</u>을 말한다.

2. 종류

(1) 취소재결 · 변경재결 및 변경명령재결

① 취소심판(거부처분취소심판 포함)에서의 인용재결이다.

② 행정심판위원회는 취소심판의 청구가 이유 있다고 인정하면 그 처분을 취소하는 재결(<u>취소</u> <u>재결</u>—형성재결)을 하거나, 다른 처분으로 변경하는 재결(<u>변경재결</u>—형성재결)을 하거나, 처분청에 대하여 해당처분을 다른 처분으로 변경을 명하는 재결(<u>변경명령재결</u>—이행재 결)을 한다.

(2) 무효등확인재결

① 무효등확인심판에서의 인용재결이다.

② 행정심판위원회는 무효등확인심판의 청구가 이유 있다고 인정하면 해당 처분의 효력 유무 또는 존재 여부를 확인하는 재결을 한다.

(3) 의무이행재결

1) 의의

① 의무이행심판에서의 인용재결이다.

② 행정심판위원회는 의무이행심판의 청구가 이유 있다고 인정될 때 청구인의 신청에 따른 처분(<u>처분재결</u>—형성재결)을 직접 하거나 피청구인(처분청 또는 부작위 행정청)에게 처 분을 하도록 명하는 재결(<u>처분명령재결</u>—이행재결)을 한다. 처분명령재결이 있는 경우 행 정청은 지체 없이 그 재결의 취지에 따라 이전의 신청에 대한 처분을 하여야 한다.

2) 처분재결과 처분명령재결의 선택

행정심판위원회는 처분재결과 처분명령재결 중에서 어느 하나를 선택해서 할 수 있으나 처분청의 처분권을 존중하여 실무에서는 원칙적으로 처분명령재결을 하고 있다. 또한 성 질상 위원회가 직접처분을 할 수 없는 경우에는 처분명령재결을 내려야 한다.

3) 내용

① 처분재결은 행정심판위원회가 청구인의 신청에 따른 처분을 직접 하는 것으로 이때 신청에 따른 처분에는 청구인의 신청내용대로 한 처분 외 신청에 대한 거부처분도 포함된다.

② 한편 처분명령재결에서는 행정청의 행위가 기속행위인 경우에는 처분청에게 청구인의 청구내용대로의 처분할 것을 명하는 재결을 하여야 하나, 행정청의 행위가 재량행위인 경우에는 처분청의 재량 처분권을 존중하여 처분청에 재량의 하자가 없는 일정한 처분을 할 것을 명하는 재결을 하여야 한다.

3. 위법·부당 판단의 기준

취소·변경재결의 경우에 원칙적으로 처분시가 되나, 의무이행재결의 경우에는 과거에 행하여진 거부처분이나 부작위를 계속 유지하는 것이 위법·부당한지 여부가 판단의 핵심이므로 재결시를 기준으로 위법·부당 여부를 판단하여야 할 것이다.

4. 인용재결의 효력 ★★

(1) 의의

재결은 처분으로서 행정행위의 일종이므로 행정행위가 일반적으로 가지는 기속력, 형성력, 공정력, 불가쟁력(＝형식적 확정력), 불가변력 등을 가진다.

(2) 기속력

① 기속력(羈束力)이란 피청구인인 행정청과 그 밖의 관계 행정청이 재결의 취지에 따르도록 구속하는 효력을 말한다.

② 재결의 기속력은 인용재결에만 인정되며, 기각·각하재결에는 인정되지 않는다.[90]

③ 기속력의 내용으로 반복금지의무, 재처분의무, 결과제거의무(원상회복의무)가 있다.

④ 재결의 기속력을 위반한 처분은 중대하고 명백한 흠이 있는 행위로 무효이다

(3) 형성력

① 형성력이란 재결의 내용에 따라 종래의 법률관계의 변동(발생·변경·소멸)을 가져오게 되는 효력을 말한다.

② 재결의 형성력은 인용재결 중 형성재결에만 인정된다.[91]

---

[90] 인용재결이 내려진 경우 재결의 기속력으로 인해 처분청은 이에 불복하여 항고소송을 제기할 수 없다는 것이 판례의 태도이다. 다만, 기각재결이나 각하재결의 경우에는 기속력은 인정되지 않고 심판청구를 배척하는 데 그치므로 처분청과 그 밖의 관계행정청은 원처분을 유지시킬 의무를 부담하지 않는다. 따라서 처분청은 기각재결이나 각하재결 후에도 정당한 사유가 있으면 직권으로 원처분을 취소·변경·철회할 수 있다.

[91] 취소재결 및 변경재결과 의무이행재결 중 행정심판위원회가 처분을 스스로 하는 처분재결에만 인정되는 효력이다.

(4) 공정력 · 불가쟁력(=형식적 확정력) · 불가변력

① 공정력이란 일단 행정행위가 행하여지면 비록 그 행정행위에 하자가 있다 하더라도 그 하자가 중대하고 명백하여 당연무효가 되지 않는 한 권한 있는 기관에 의하여 취소되기 전까지는 유효한 것으로 통용되는 효력을 말한다.

② 불가쟁력이란 인용재결에 대해 다시 심판청구를 할 수 없는 효력을 말한다(법 제51조). 형식적 확정력이라고도 한다(=당사자에 의한 취소 불가능성).

③ 불가변력이란 재결을 한 이상 행정심판위원회 스스로 재결을 취소 · 변경할 수 없는 효력을 말한다(=행정심판위원회 자신에 대한 자기구속력).[92]

5. 인용재결에 대한 불복

(1) 재심판 청구금지

재결은 피청구인인 행정청과 그 밖의 관계 행정청이 재결의 취지에 따르도록 구속하는 기속력을 가진다. 따라서 해당 행정청 및 그 청구인은 그 재결 및 같은 처분 또는 부작위에 대하여 다시 행정심판을 청구할 수 없다(법 제51조).

(2) 재결에 대한 행정소송

① 청구인은 인용재결의 불복으로 행정소송을 제기할 수 있고, 제3자도 권리 등의 침해를 이유로 행정소송을 제기할 수 있다. 다만, 처분청은 이에 불복하여 항고소송을 제기하지 못한다.

② 청구인은 재결 자체의 고유한 위법이 있을 때에는 재결 그 자체에 대한 취소소송(=재결취소소송) 및 무효확인소송을 제기할 수 있다.

③ 「행정소송법」은 원처분주의[93]를 취하고 있으나(=원처분취소소송) 개별 법률에서 예외적으로 재결주의 규정을 두고 있는 경우에는 해당 재결이 취소소송(=재결취소소송)의 대상이 된다.[94]

---

[92] 재결을 한 이상 비록 재결이 위법하다 하더라도 행정심판위원회 자신도 이에 구속되어 행정소송절차에 따라 취소 · 변경이 되는 경우를 제외하고는 스스로 재결을 취소 · 변경할 수 없다.

[93] 「행정소송법」은 원처분주의를 취하여 행정심판의 재결에 대하여 불복이 있는 경우에도 원칙적으로 행정심판의 대상이 된 원처분을 다투도록 하여 원처분중심주의를 채택하고 있다(행소법 제19조 본문). 다만, 예외적으로 재결 자체에 고유한 위법이 있음을 이유로 하는 경우에는 원처분의 위법은 주장할 수 없고(원처분의 위법은 원처분취소소송에서만 주장할 수 있음) 재결을 대상으로 재결취소소송을 제기할 수 있게 하고 있다(행소법 제19조 단서).

[94] 예컨대, 「노동조합 및 노동관계조정법」상의 중앙노동위원회의 재심판정에 대한 취소소송의 대상은 원처분에 해당하는 관할 노동위원회의 구제명령 또는 기각결정이 아니라 재결에 해당하는 중앙노동위원회의 재심판정에 대해 소송을 제기하여야 한다.

05 (재결의) 기속력 ★★★ 제6회·제10회·제12회 기출

1. 의의

기속력(羈束力)이란 <u>피청구인인 행정청과 그 밖의 관계 행정청이 재결의 취지에 따르도록 구속하는 효력</u>을 말한다.[95]

2. 기속력이 인정되는 재결

재결의 기속력은 인용재결에만 인정되며, 기각 또는 각하재결에는 인정되지 않는다.[96]

3. 기속력의 범위

(1) 주관적 범위

기속력은 피청구인인 행정청뿐만 아니라 그 밖의 모든 관계 행정청을 기속한다(법 제49조 제1항).[97]

(2) 객관적 범위

① 기속력은 재결 주문 및 그 전제가 된 요건사실의 인정과 판단에만 미치고, 이와 직접 관계가 없는 다른 처분에 대하여는 미치지 아니한다.

② **절차나 형식의 위법이 있는 경우**

재결의 기속력은 재결에 적시된 개개의 위법사유에 미치기 때문에 재결 후 행정청이 재결에 의해 적시된 절차나 형식의 위법사유를 보완한 경우에는 다시 동일한 내용의 처분을 하더라도 기속력에 반하지 않는다. 즉, <u>적법한 절차를 거쳐 다시 거부처분을 하면 재처분의무을 이행한 것이 된다.</u>

---

[95] 기속력의 본질에 대해 기판력이라는 견해도 있으나 기판력은 소송법상 효력이지만 기속력은 직접적으로 행정청을 구속하는 실체법적 효력이므로 기판력과 구별되는 특수한 효력이라는 견해가 타당하다.

[96] 인용재결이 내려진 경우 재결의 기속력으로 인해 처분청은 이에 불복하여 항고소송을 제기할 수 없다는 것이 판례의 태도이다. 다만, 기각재결이나 각하재결의 경우에는 기속력은 인정되지 않고 심판청구를 배척하는 데 그치므로 처분청과 그 밖의 관계행정청은 원처분을 유지시킬 의무를 부담하지 않는다. 따라서 처분청은 기각재결이나 각하재결 후에도 정당한 사유가 있으면 직권으로 원처분을 취소·변경·철회할 수 있다.

[97] 관계 행정청이란 피청구인 행정청과 일련의 상하관계에 있는 행정청 및 해당 처분에 관계가 있는 행정청으로, 취소된 처분을 전제로 하여 이와 관련되는 처분 또는 부수되는 행위를 행하는 행정청을 말한다. 재결의 기속력으로 인해 처분청은 위원회의 재결에 대하여 재의를 요구할 수 없고, 인용재결에 불복하여 행정소송도 제기하지 못한다.

③ 내용상 위법이 있는 경우

재결의 기속력은 재결의 주문 및 그 전제가 된 요건사실의 인정과 판단, 즉 처분 등의 구체적 위법사유에 관한 판단에만 미친다. 따라서 종전 처분이 재결에 의하여 취소되었다 하더라도 종전 처분시와 기본적인 사실관계와 동일하지 아니한 별개의 다른 사유를 들어 처분을 하는 것은 기속력에 저촉되지 않는다. 기본적 사실관계의 동일성 인정 여부는 구체적인 사실관계가 동일한지 여부로 결정된다(대법원 2017.2.9. 선고 2014두40029 판결). 또한, 기속력은 처분시를 기준으로 발생하므로 거부처분 이후에 사정변경이 있으면 그 사정을 이유로 다시 거부처분을 하더라도 기속력에 반하지 않는다.

(3) 시간적 범위

기속력은 처분 당시를 기준으로 그 당시까지 존재하였던 처분사유에만 미치고 그 이후에 생긴 사유에는 미치지 않는다. 다만 의무이행재결의 경우에는 재결시를 기준으로 한다. [98]

4. 기속력의 내용

(1) 반복금지의무

인용재결이 있게 되면 관계 행정청은 재결의 취지에 반하는 동일한 사정하에서 동일한 당사자에게 동일한 내용의 처분을 반복할 수 없다.

(2) 재처분의무

① 거부처분취소재결에 대한 재처분의무(= 거분처분이 취소되는 경우의 재처분의무)

재결에 의하여 취소되거나 무효 또는 부존재로 확인되는 처분이 당사자의 신청을 거부하는 것을 내용으로 하는 경우에는 그 처분을 한 행정청은 재결의 취지에 따라 다시 이전의 신청에 대한 처분을 하여야 한다(법 제49조 제2항). [99] 거부처분에 대한 취소재결의 경우 행정청이 확정재결을 무시하고 그에 따르는 행동을 하지 않을 우려가 있어 「행정심판법」은 재처분의무를 규정하고 있는 것이며 재처분의무의 불이행시 간접강제 제도에 의해서 이행을 강제하고 있다(법 제50조의2). 기속행위나 재량이 영으로 수축된 경우 행정청은 당사자의 신청에 따른 처분을 하여야 하고 재량행위인 경우에는 재량의 하자 없는 재처분을 하면 되며, 그 재처분은 신청에 따른 처분일 수도 있고 거부처분일 수도 있다.

---

[98] 한편, 시간적 범위와 관련하여 처분시 이후에 생긴 새로운 처분사유로 동일한 내용의 처분을 하는 것은 무방하다. 행정처분의 적법 여부는 처분이 행하여진 때의 법령과 사실을 기준으로 하여 판단하는 것이므로 거부처분 후에 법령이 개정·시행된 경우에는 개정된 법령 및 허가기준을 새로운 사유로 들어 다시 이전의 신청에 대한 거부처분을 할 수 있으며, 그러한 처분도 「행정심판법」 제49조 제2항에 규정된 재처분에 해당한다. 다만, 거부처분의 경우, 처분청이 거부처분취소재결이 내려진 후 정당한 이유 없이 재처분을 늦추고 그 사이에 법령이 변경된 경우에 새로운 사유에 의하여 거부처분을 하는 것은 재처분의무를 잠탈하는 결과가 되므로 허용되지 않는다.

[99] 「행정심판법」 제49조 제2항의 법문은 거부처분(에 대한) 취소재결 및 무효등 확인재결에 대한 기속력(재처분의무)를 표현한 것이다.

② 처분명령재결에 따른 재처분의무

당사자의 신청을 거부하거나 부작위로 방치한 처분의 이행을 명하는 재결이 있으면 행정청은 지체 없이 <u>이전의 신청</u>에 대하여 재결의 취지에 따라 처분을 하여야 한다(법 제49조 제3항).[100] 이는 이행재결의 경우 기속력의 효과를 규정한 것으로서, 재결의 취지에 따라 행정청에게 적극적으로 행동하여야 할 작위의무 또는 재처분의무가 있음을 밝히고 있다. 이러한 재처분의무 규정에 따라서 청구인의 신청이 위법 또는 부당하게 거부되거나 방치된 경우 의무이행심판을 제기하여 궁극적으로 당해 처분의 발급을 받을 수 있다.

③ 절차상 위법·부당을 이유로 하는 취소재결에 따른 재처분의무(= 인용처분이 절차상의 위법 또는 부당을 이유로 취소된 경우의 재처분의무)

<u>신청에 따른 (인용)처분</u>이[101] 절차의 위법 또는 부당을 이유로 재결로써 취소된 경우에는 재결의 취지에 따라 <u>이전의 신청</u>에 대하여 다시 처분을 하여야 한다(법 제49조 제4항). 다만, 행정청은 신청사항에 대하여 실체적 요건을 심사하여 신청된 대로 처분을 할 수도 있고 실체적 요건의 미비를 이유로 다시 거부처분을 할 수도 있다. <u>이때 기속행위의 경우에는 사실상 동일한 처분이 이루어지게 될 것이다.</u>[102]

(3) 결과제거의무(원상회복의무)

행정심판에서 처분의 취소 또는 무효등확인재결이 있게 되면, 결과적으로 당해 처분에 의해 초래된 상태(후속처분 또는 사실상의 조치)는 위법한 것이 되므로 처분청은 이를 제거하여 원상으로 회복해야 할 의무를 진다.[103]

5. 기속력 위반의 효과(= 기속력에 위반한 처분의 효력)

재결의 기속력을 위반하여 동일한 처분을 한 경우 그 처분은 <u>중대하고 명백한 흠이 있는 행위로 무효</u>이다.[104]

---

[100] 이때 행정청의 행위가 기속행위의 경우에는 신청된 대로 재처분을 하여야 한다. 반면 재량행위의 경우에는 신청에 대한 하자 없는 재처분을, 영으로서의 재량수축의 경우에는 기속행위와 동일한 처분, 즉 신청한 대로의 재처분을 하여야 한다. 「행정심판법」제49조 제3항은 의무이행심판에서의 처분명령재결에 따른 기속력(재처분의무)를 표현한 것이다.

[101] 여기서 <u>신청에 따른 처분이</u>란 신청에 대한 인용처분을 말하는 것이고, 신청에 따른 인용처분이 제3자의 심판청구에 의해 절차상의 위법 또는 부당을 이유로 취소되는 경우의 재처분의무를 규정한 것이다. 다만, 절차상 위법 또는 부당을 이유로 취소되는 경우에도 실체법 상으로는 처분이 적법한 경우 원래의 신청이 다시 인용될 여지가 있으므로 신청인(원처분의 상대방)은 재처분을 받아볼 법률상의 이익이 있는 것이다. 따라서 위 규정은 신청인(원처분의 상대방)의 권리보호 규정이라고 할 수 있다.

[102] <u>신청에 따른 처분이 제3자효 행정행위인 경우 제3자가 취소심판을 제기하여 절차상의 위법을 이유로 취소되면 적법한 절차에 따라 재처분을 하여야 하는데 신청인에게 또 다시 동일한 수익처분이 내려질 가능성이 있기 때문에, 신청인(=원처분의 상대방)에게는 재처분의 이익이</u> 있다. 여기서 절차의 위법은 좁은 의미의 절차 뿐만 아니라 권한·형식·절차상의 위법을 포함하여 널리 실체법상의 위법에 대응하는 넓은 의미이다.

[103] 결과제거의무가 기속력의 내용에 포함되는지에 견해 대립이 있으나, 긍정설이 타당하다.

[104] 대법원 1990.12.11. 선고 90누3560 판결

기속력 위반

재결에 의해 취소된 처분과 (기본적 사실관계의 동일성이 없는) 다른 사유를 들어 다시 처분(재처분) — 재결의 기속력에 저촉×(=적법)

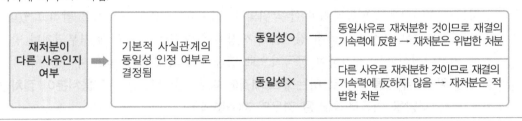

---

06 형성력

1. 의의

재결의 형성력이란 재결이 있으면 당해 처분청의 별도의 처분이 없더라도(=원처분의 취소절차를 거칠 필요 없이) 재결의 내용에 따라 종래의 법률관계의 변동(발생·변경·소멸)을 가져오게 되는 효력을 말한다. 이러한 재결의 형성력은 당사자뿐만 아니라 제3자에게도 미치므로 대세적 효력을 가진다.

2. 형성력이 인정되는 재결

재결의 형성력은 인용재결 중 형성재결에만 인정된다.[105] 기각재결이나 각하재결은 원처분을 그대로 유지하는 것이므로 형성력이 인정되지 않는다.

3. 형성력의 효과

(1) 취소재결이 있는 경우에는 재결로 취소된 원처분은 처분 당시로 소급하여 효력을 상실한다.

(2) 변경재결이 있는 경우에는 원처분은 효력을 상실하고, 변경재결로 인하여 생긴 변경된 새로운 처분은 새로이 변경된 내용에 따라 제3자의 권익을 침해하지 않는 한 소급하여 효력을 발생한다.

(3) 의무이행심판에서 처분재결이 있는 경우에는 해당 재결은 장래에 향하여 즉시 효력을 발생한다.

(4) 재결의 효력은 당사자 외 제3자에 대해서도 미친다[대세효(=제3자효)].

---

[105] 취소재결 및 변경재결과 의무이행재결 중 행정심판위원회가 처분을 스스로 하는 처분재결에만 인정되는 효력이다.

07 이행재결의 기속력(실효성) 확보수단(＝재처분의무 위반에 따른 조치) ★★★

1. 서설

(1) 재결의 기속력

기속력(羈束力)이란 피청구인인 행정청과 그 밖의 관계 행정청이 재결의 취지에 따르도록 구속하는 효력을 말한다. 재결의 기속력은 인용재결에만 인정되며, 기각 또는 각하재결에는 인정되지 않는다.[106]

(2) 재결의 확보수단 필요성의 배경

재결의 기속력은 행정청을 구속하고 행정청으로 하여금 재처분의 의무를 지우는 실체법상의 효과를 발생시키는 효력을 지니고 있으나 행정청이 재처분의 의무를 이행하지 않는다면 청구인의 권익구제는 어렵게 된다. 따라서 재결의 집행력을 확보함으로써 재결의 기속력 내지 실효성을 도모하는 수단이 필요하게 되었다. 직접처분제도와 간접강제제도는 이러한 배경하에 도입되었다.

2. 재처분의무

(1) 거부처분취소재결에 대한 재처분의무(＝거부처분이 취소되는 경우의 재처분의무)

재결에 의하여 취소되거나 무효 또는 부존재로 확인되는 처분이 당사자의 신청을 거부하는 것을 내용으로 하는 경우에는 그 처분을 한 행정청은 재결의 취지에 따라 다시 이전의 신청에 대한 처분을 하여야 한다(법 제49조 제2항).[107]

(2) 처분명령재결에 따른 재처분의무

당사자의 신청을 거부하거나 부작위로 방치한 처분의 이행을 명하는 재결이 있으면 행정청은 지체 없이 이전의 신청에 대하여 재결의 취지에 따라 처분을 하여야 한다(법 제49조 제3항).[108]

---

[106] 인용재결이 내려진 경우 재결의 기속력으로 인해 처분청은 이에 불복하여 항고소송을 제기할 수 없다는 것이 판례의 태도이다. 다만, 기각재결이나 각하재결의 경우에는 기속력은 인정되지 않고 심판청구를 배척하는 데 그치므로 처분청과 그 밖의 관계행정청은 원처분을 유지시킬 의무를 부담하지 않는다. 따라서 처분청은 기각재결이나 각하재결 후에도 정당한 사유가 있으면 직권으로 원처분을 취소·변경·철회할 수 있다.

[107] 「행정심판법」 제49조 제2항의 법문은 거부처분(에 대한) 취소재결 및 무효등 확인재결에 대한 기속력(재처분의무)를 표현한 것이다.

[108] 이때 행정청의 행위가 기속행위의 경우에는 신청된 대로 재처분을 하여야 한다. 반면 재량행위의 경우에는 신청에 대한 하자 없는 재처분을, 영으로서의 재량수축의 경우에는 기속행위와 동일한 처분, 즉 신청한 대로의 재처분을 하여야 한다. 「행정심판법」 제49조 제3항의 법문은 의무이행심판에서의 처분명령재결에 따른 기속력(재처분의무)를 표현한 것이다.

(3) **절차상 위법·부당을 이유로 하는 취소재결에 따른 재처분의무(=인용처분이 절차상의 위법 또는 부당을 이유로 취소된 경우의 재처분의무)**

신청에 따른 처분이 절차의 위법 또는 부당을 이유로 재결로써 취소된 경우에도 재결의 취지에 따라 다시 이전의 신청에 대한 처분을 하여야 한다(법 제49조 제4항).[109]

3. 재처분의무 위반에 따른 조치

(1) 시정명령과 직접처분

행정심판위원회는 피청구인이 처분명령재결(이행재결)에도 불구하고 이전의 신청에 대한 처분을 이행하지 아니하는 경우[110]에는 당사자가 신청하면 일정기간을 정하여 서면으로 시정을 명하고 그 기간에 이행하지 아니하면 직접 처분을 할 수 있다. 다만, 그 처분의 성질이나 그 밖의 불가피한 사유로 위원회가 직접처분을 할 수 없는 경우에는 그러하지 아니하다(법 제50조 제1항).

(2) 간접강제

행정심판의 인용재결에 따른 행정청의 재처분 의무[111]에도 불구하고 행정청이 인용재결에 따른 처분을 하지 아니하면 행정심판위원회는 청구인(당사자)의 신청에 의하여 결정으로 상당한 기간을 정하고, 행정청이 그 기간 내에 이행하지 아니하는 경우에는 지연기간에 따라 일정한 배상을 하도록 명하거나 즉시 배상을 할 것을 명할 수 있다(법 제50조의2 제1항).

08 직접처분

1. 개념

(1) 직접처분이란 행정청이 재결(처분명령재결)의 취지에 따라 이전의 신청에 대한 처분을 이행하지 아니하는 때에 행정심판위원회가 당사자의 직접처분 신청에 의하여 일정기간을 정한 시정명령 후, 행정청이 그 기간 내에 시정명령을 이행하지 아니하는 경우에 행정심판위원회가 당해 처분을 직접 행하는 것을 말한다(법 제50조 제1항).

(2) 직접처분은 처분명령재결의 기속력(실효성)을 확보하기 위한 행정심판 작용이면서 동시에 행정처분으로서의 성질을 갖는다. 직접처분은 의무이행심판의 처분명령재결에 따른 기속력의 실효성을 확보하기 위하여 인정된 의무이행재결의 이행강제제도이다.

---

109 이때 기속행위의 경우에는 사실상 동일한 처분이 이루어지게 된다.

110 의무이행심판에서의 처분명령재결에 따른 재처분의무(제49조 제3항)를 행정청이 하지 아니한 경우를 의미한다.

111 ① 제49조 제2항[거부처분(에 대한) 취소재결 및 무효등 확인재결에 따른 재처분의무], ② 제49조 제3항(의무이행심판에서의 처분명령재결에 따른 재처분의무), ③ 제49조 제4항(절차상 위법·부당을 이유로 하는 취소재결에 따른 재처분의무)에 해당하는 재처분의무를 의미한다.

2. 요건

(1) 의무이행심판의 **처**분명령재결이 있을 것 [112]

(2) 행정청이 재결을 **이**행하지 아니할 것(=행정청이 재처분의무를 불이행할 것)

(3) 당사자가 행정심판위원회에 직접처분을 **신**청할 것

(4) 행정심판위원회가 행정청에 대하여 **일**정기간을 정한 시정명령이 있을 것

(5) 행정청이 그 **기**간 내에 시정명령을 이행하지 아니할 것

3. 범위

(1) 행정심판위원회가 직접처분을 할 수 있는 범위는 <u>재결의 기속력이 미치는 범위</u> 내로서 재결의 주문 및 그 전제가 되는 요건사실의 내용에 한정된다.

(2) 재결의 취지에 따르지 않고 <u>동일한 사유로 다시 거부처분(재처분)</u> 등을 한 경우 그러한 처분은 <u>무효가 된다</u>. 이 경우에도 행정심판위원회는 시정명령 및 직접처분을 할 수 있다.

4. 형식과 절차

(1) 행정심판위원회가 직접처분을 하는 경우 그 처분서에는 <u>직접처분을 한다는 취지</u>와 해당 처분에 관하여 관계 법령에서 정하고 있는 허가증 등 처분증명서에 적혀 있는 사항이 포함되어야 한다.

(2) 행정심판위원회가 직접처분을 하였을 때에는 그 사실을 해당 행정청에 통보하여야 한다.

(3) 통보받은 행정청은 행정심판위원회가 행한 처분을 <u>자기처분으로 보아</u> 관계 법령에 따라 관리·감독 등 필요한 조치를 하여야 한다.

5. 한계

처분의 성질이나 그 밖의 불가피한 사유로 행정심판위원회가 직접 처분을 할 수 없는 경우에는 <u>직접처분의 대상에서 제외한다</u>(법 제50조 제1항 단서). [113] 직접 처분할 수 없는 경우에는 지체 없이 당사자에게 그 사실 및 사유를 알려야 한다. 이에 대한 보완책이 간접강제신청으로 간접적으로나마 재결의 효력을 강제할 수 있다.

---

[112] 직접처분규정은 취소심판이나 무효등확인심판에는 적용되지 않는다.

[113] ① 처분의 성질상 직접처분을 할 수 없는 경우로는 재량권 행사, 지방자치사무, 정보공개, 유족연금지급, 예산이 수반되는 경우 등을 들 수 있고, ② 그 밖의 불가피한 사유로 직접처분이 불가능한 경우로는 처분 당시 특수상황의 민원, 사업기간의 재설정 필요, 의무이행재결 이후에 사정변경(법적 또는 사실적 상황의 변경)이 생긴 경우 등을 들 수 있다.

09 간접강제 제7회·제11회 기출

1. 개념

(1) 행정심판의 인용재결에 따른 행정청의 **재**처분의무[114]에도 불구하고 행정청이 이에 따른 처분을 하지 아니하면 행정심판위원회가 <u>청구인(당사자)의 간접강제 **신청**</u>에 의하여 결정으로 **상**당한 기간을 정하고, 행정청이 그 **기**간 내에 이행하지 아니하는 경우에 그 지연기간에 따라 <u>일정한 배상을 하도록 명하거나 즉시 배상을 할 것을 명할 수 있는 제도를 말한다</u>(법 제50조의2 제1항).[115]

(2) 간접강제는 <u>인용재결의 실효성을 확보하기 위한</u> 행정심판 작용이며 동시에 직접처분의 한계를 보완한다.[116]

2. 요건

(1) 인용재결(거부처분에 대한 취소재결, 무효등 확인심판 인용재결, 의무이행심판의 처분명령재결, 절차상 위법 또는 부당을 이유로 한 취소재결)이 확정되어 있을 것

(2) 행정청이 **재**처분의무를 불이행할 것[117]

(3) 청구인이 행정심판위원회에 간접강제를 **신**청할 것

(4) 행정심판위원회가 결정으로 **상**당한 기간을 정할 것

(5) 행정청이 그 **기**간 내에 이행하지 아니할 것

---

114 ① 제49조 제2항[거부처분(에 대한) 취소재결 및 무효등 확인재결에 따른 재처분의무], ② 제49조 제3항(의무이행심판에서의 처분명령재결에 따른 재처분의무), ③ 제49조 제4항(절차상 위법·부당을 이유로 하는 취소재결에 따른 재처분의무)에 해당하는 재처분의무를 의미한다.

115 간접강제는 재결의 실효성을 위한 수단으로 의무이행을 확보하기 위해 「행정심판법」을 개정하면서 도입된 것으로 피청구인인 행정청의 <u>비대체적 작위의무의 이행을 간접적으로 강제하기 위한 것이다. 간접강제의 주된 도입취지가 <u>정보공개 거부처분에서와 같이</u> 성질상 직접처분을 행할 수 없는 경우에 실효성 있는 강제수단이 필요하다는 점에 있으므로 간접강제는 그 성질상 직접처분이 행해질 수 없는 비대체적 작위의무의 경우에 이용될 것이다.

116 참고로, 「행정소송법」에서는 거부처분에 대하여 의무이행소송을 인정하고 있지 않고 취소소송의 대상으로 하고 있어 취소판결이 확정되더라도 판결의 효력으로 집행력이 바로 발생하지는 않는다. 그러나 취소판결이 확정된 경우 「행정소송법」이 <u>재처분의무를 인정</u>(제30조 제2항)하여 행정청에게 적극적 의무를 부여하고 있어 행정청의 의무의 이행이 문제되게 된다. <u>행정청이 적극적 처분의무를 인정하지 않는 경우에 판결의 실효성을 확보하기 위한 수단으로서 강제집행이 문제되는데 민사소송의 경우처럼 간접강제제도(거부처분취소판결의 간접강제)를 인정하고 있다(제34조).

117 판례에 의하면 <u>재처분의무의 불이행은 아무런 재처분을 하지 않는 경우뿐만 아니라 재처분을 하였더라도 기속력에 반하는 거부처분에 해당하여 당연무효인 경우도 포함된다. 기속력에 반하는 처분은 하자가 중대·명백하여 당연무효라고 보아야 한다. 판례도 무효로 보고 있다.

3. 절차

(1) 청구인의 간접강제의 신청이 있어야 한다.

(2) 행정심판위원회는 간접강제결정을 하기 전에 신청 상대방의 의견을 들어야 한다.

(3) 행정심판위원회는 간접강제 신청에 대한 심리·결정을 하면 지체 없이 당사자에게 결정서 정본을 송달하여야 한다.

(4) 행정심판위원회는 사정의 변경이 있는 경우에는 당사자의 신청에 따라 간접강제 결정의 내용을 변경할 수 있다(법 제50조의2 제2항).

4. 효과

(1) 간접강제의 결정은 지연배상명령 또는 즉시배상[118]으로 한다.

(2) 간접강제 결정(변경결정 포함)의 효력은 피청구인인 행정청이 소속된 국가·지방자치단체 또는 공공단체에 미치며, 결정서 정본은 집행권원과 같은 효력을 가진다(법 제50조의2 제5항).[119]

(3) 간접강제결정에 기초한 강제집행에 관하여는 「행정심판법」의 규정이 없는 사항에 대하여는 「민사집행법」의 규정을 준용한다.

5. 불복

(1) 청구인은 간접강제 결정(변경결정 포함)에 대해 불복하는 경우에는 그 결정에 대해 행정소송을 제기할 수 있다(법 제50조의2 제4항).

(2) 관할 법원은 피청구인의 소재지를 관할하는 행정법원으로 한다.

---

118 간접강제결정에 근거한 배상금은 재결의 취지에 따른 재처분의 지연에 대한 제재나 손해배상이 아니라 재처분의 이행을 담보하기 위한 심리적 강제수단이다. 따라서 행정소송에서와 마찬가지로 행정청이 간접강제결정에서 정한 의무이행 기한이 경과한 후에라도 재결의 취지에 따른 재처분을 하면 배상금을 추심함으로써 심리적 강제를 꾀한다는 당초의 목적이 소멸하여 처분 상대방이 더 이상 배상금을 추심하는 것은 허용되지 않는다(대법원 2010.12.23. 선고 2009다377725 판결).

119 이 경우 집행문은 행정심판위원장의 명에 따라 행정심판위원회가 소속된 행정청 소속 공무원이 부여한다.

✦ 직접처분과 간접강제의 비교

	직접처분	간접강제
의의	행정청이 재결(처분명령재결)의 취지에 따라 이전의 신청에 대한 처분을 이행하지 아니하는 경우 당사자의 직접처분 신청에 의하여 일정기간을 정한 시정명령 후 그 기간 내 시정명령을 이행하지 아니하는 경우에 행정심판위원회가 당해 처분을 직접 행하는 제도	행정심판의 인용재결에 따른 행정청의 재처분 의무에도 불구하고 이에 따른 처분을 하지 아니하는 경우 행정심판위원회가 청구인의 간접강제 신청에 의하여 결정으로 상당한 기간을 정하고, 행정청이 그 기간 내에 이행하지 아니하는 경우에 그 지연기간에 따라 일정한 배상을 하도록 명하거나 즉시 배상을 할 것을 명할 수 있는 제도
법적 성격	처분명령재결의 기속력을 확보하기 위한 행정심판 작용이면서 동시에 행정처분으로서의 성질을 갖는다.	간접강제는 인용재결의 실효성을 확보하기 위한 행정심판 작용이며 동시에 직접강제의 한계를 보완한다.
요건	① 처분명령재결이 있을 것 ② 행정청이 재결을 이행하지 아니할 것 ③ 직접처분을 신청할 것 ④ 행정청에 대하여 일정기간을 정한 시정명령이 있을 것 ⑤ 그 기간 내에 시정명령을 이행하지 아니할 것	① 인용재결이 있을 것 ② 행정청이 재처분의무를 불이행할 것 ③ 간접강제를 신청할 것 ④ 행정심판위원회가 결정으로 상당한 기간을 정할 것 ⑤ 그 기간 내에 이행하지 아니할 것
범위(효과)	인용재결의 기속력이 미치는 범위 내로서 재결의 주문 및 그 전제가 되는 요건사실의 내용에 한정된다.	① 간접강제 결정의 효력은 피청구인인 행정청이 소속된 국가·지방자치단체 또는 공공단체에 미친다. ② 간접강제 결정서 정본은 집행권원과 같은 효력을 가진다.
대상처분	의무이행심판의 처분명령재결(제49조 제3항)	거부처분에 대한 취소재결(제49조 제2항), 무효등확인심판 인용재결(제49조 제2항), 의무이행심판의 처분명령재결(제49조 제3항), 절차상 위법·부당을 이유로 하는 취소재결(제49조 제4항)
보충성	양자의 관계에 관한 보충성의 명문규정은 없다. 따라서 행정심판위원회는 양 집행수단 중 처분의 성질을 고려하여 임의적으로 선택할 수 있다. 다만, 직접처분은 그 처분의 성질이나 그 밖의 불가피한 사유로 행정심판위원회가 직접처분을 할 수 없는 경우에는 직접처분이 불가하다는 단서 조항으로 직접처분만으로는 재결의 실효성을 확보하는 데 한계가 있다.	

10 조정 ★

1. 개념

행정심판위원회는 당사자의 **권**리 및 권한의 범위에서 당사자의 **동**의를 받아 심판청구의 신속하고 공정한 해결을 위하여 조정을 할 수 있다. 다만, 그 조정이 공공복리에 적합하지 아니하거나 해당 **처**분의 성질에 반하는 경우에는 그러하지 아니하다(법 제43조의2 제1항).

2. 조정의 성립요건

(1) 당사자의 **권**리 및 권한의 범위 내일 것

(2) 당자자의 **동**의가 있을 것

(3) 공공복리에 **부**적합한 경우가 아닐 것

(4) 해당 **처**분의 성질에 반하지 아니할 것

3. 절차

(1) **개시와 진행**

① 행정심판위원회는 결정으로써 조정을 개시한다.
② 위원장은 심판청구된 사건의 법적·사실적 상태와 당사자 및 이해관계자의 이익 등 모든 사정을 참작하고, 조정의 이유와 취지를 설명하여야 한다(법 제43조의2 제2항).

(2) **조정의 성립**

① 조정은 당사자가 합의한 사항을 조정서에 기재한 후 당사자가 서명 또는 날인하고 행정심판위원회가 이를 확인함으로써 성립한다(법 제43조의2 제3항).
② 행정심판위원회는 지체 없이 당사자에게 조정서의 정본을 송달하여야 한다. 조정은 청구인에게 조정서가 송달되었을 때에 그 효력이 생긴다.
③ 행정심판위원회는 참가인에게 조정서의 등본을 지체 없이 송달하여야 한다.
④ 처분의 상대방이 아닌 제3자가 심판청구를 한 경우에도 조정서의 등본을 지체 없이 피청구인을 거쳐 처분의 상대방에게 송달하여야 한다.

(3) **조정의 불성립**

조정이 성립하지 아니한 경우에는 행정심판위원회는 조정절차를 종료하고 행정심판 절차의 진행을 위해 심리기일을 직권으로 지정한다.

4. 조정의 효과

(1) 기속력

재결의 경우와 동일한 기속력 등이 발생한다. 따라서 위원회는 피청구인이 처분을 이행하지 아니하는 경우에는 당사자가 신청하면 일정한 기간을 정하여 서면으로 시정을 명하고 그 기간에 이행하지 아니하면 <u>직접처분</u>을 할 수 있으며, 청구인의 신청에 의하여 결정으로 <u>**상당한**</u> 기간을 정하고 피청구인이 그 기간 내에 이행하지 아니하는 경우에는 그 지연기간에 따라 일정한 배상을 하도록 명하거나 즉시 배상을 할 것을 명할 수 있다.

(2) 행정심판 재청구의 금지

심판청구에 대한 조정이 있으면 그 조정 및 같은 처분 또는 부작위에 대하여 다시 행정심판을 청구할 수 없다.

제4절 행정심판의 고지제도

01 행정심판의 고지 ★★★

1. 서설

(1) 행정심판의 청구는 처분이 있음을 <u>알게 된 날부터 90일</u> 이내에, 처분이 <u>있었던 날부터 180일</u> 이내에 하여야 한다. 이때 행정청은 처분의 상대방 등에게 행정심판 청구에 대한 고지를 하여야 한다.

(2) 행정심판의 고지란 행정청이 처분을 할 때 처분의 상대방 또는 이해관계인에게 당해 처분에 대한 행정심판 청구의 가능성 및 필요사항을 알려주는 제도를 말한다.

(3) 고지는 <u>비권력적 사실행위</u>이므로 그 자체로서는 아무런 법적 효과를 발생시키지 않는다.

2. 필요성

(1) 행정심판청구의 <u>기</u>회를 실질적으로 보장하기 위한 것이다.

(2) 행정쟁송의 가능성을 고려하여 신중한 처분을 하게 됨으로써 처분의 <u>적</u>법·타당성을 확보할 수 있다.

3. 고지의 종류

(1) 직권에 의한 고지

① 의의
직권에 의한 고지란 <u>법령에 의하여</u> 행정청이 당사자의 신청을 전제로 하지 않고 행정심판의 청구가능성 등에 대해 당사자에게 고지하는 것을 말한다.

② 고지대상
행정청이 행하는 모든 처분은 그 형식에 관계없이 모두 고지의 대상이 된다.[120]

③ 고지의 내용
해당 처분에 대하여 행정심판을 제기할 수 있는지의 여부, 행정심판을 청구하는 경우에 심판청구절차 및 심판청구기간을 알려야 한다.

---

[120] 「행정심판법」에 따라 심판청구의 대상이 되는 처분뿐만 아니라 특별법에 따라 심판청구의 대상이 되는 처분의 경우도 포함된다.

(2) 신청에 의한 고지

① 의의

신청에 의한 고지란 이해관계인의 요청에 따른 고지를 말한다.

② 고지대상

고지의 대상은 신청권자의 <u>법률상 이익을 침해한 모든 처분</u>이다.

③ 고지의 내용

해당 처분이 행정심판의 대상이 되는 처분인지의 여부, 행정심판의 대상이 되는 경우에 소관행정심판위원회, 심판청구기간을 알려주어야 한다.

02 고지의무위반의 효과(=불고지 및 오고지의 효과) ★★★ 제5회·제8회 기출

1. 서설

(1) 행정심판의 청구는 처분이 있음을 <u>알게 된 날부터 90일</u> 이내에, 처분이 <u>있었던 날부터 180일</u> 이내에 하여야 한다(법 제27조 제1항·제3항). 이때 행정청은 처분의 상대방 등에게 행정심판 청구에 대한 고지를 하여야 한다.

(2) 행정청이 고지의무가 있음에도 고지를 하지 않았거나(불고지), 잘못 고지(오고지)한 경우에 「행정심판법」은 행정청에 일정한 제재를 하는 규정을 두고 있다.[121]

2. 불고지의 효과

(1) 제출기관의 불고지

① 행정청이 고지하지 않아 청구인이 심판청구서를 다른 행정기관에 제출한 경우에는 당해 행정기관은 그 심판청구서를 정당한 권한이 있는 행정청에 송부하고 지체 없이 그 사실을 청구인에게 알려야 한다(법 제23조 제2항·제3항).

② 이 경우 심판청구기간을 계산할 때에는 심판청구서를 최초의 다른 행정기관에 제출한 때에 행정심판이 청구된 것으로 본다(법 제23조 제4항).

---

[121] 불고지·오고지 경우에도 그로 인하여 해당 처분 자체의 효력에 하자가 생기는 것은 아니므로 당해 처분 자체에는 직접 영향을 미치지 않는다.

(2) 청구기간의 불고지

① 행정청이 심판청구기간을 고지하지 아니한 경우에는 처분이 있었던 날로부터 180일 이내에 심판청구를 할 수 있다(법 제27조 제6항).

② 판례는 개별 법률에서 정한 심판청구기간이 「행정심판법」이 정한 심판청구기간보다 짧은 경우라도 행정청이 그 개별 법률상의 심판청구기간을 알려주지 아니하였다면 「행정심판법」이 정한 심판청구기간(처분이 있었던 날로부터 180일) 내에 심판청구가 가능하다고 보고 있다.

3. 오고지의 효과

(1) 제출기관의 오고지

① 행정청이 잘못 고지하여 청구인이 심판청구서를 다른 행정기관에 제출한 경우에는 당해 행정기관은 그 심판청구서를 지체 없이 정당한 권한이 있는 행정청에 송부하고 지체 없이 그 사실을 청구인에게 알려야 한다(법 제23조 제2항·제3항).

② 이 경우 심판청구기간을 계산할 때에는 심판청구서를 최초의 다른 행정기관에 제출한 때에 행정심판이 청구된 것으로 본다(법 제23조 제4항).

(2) 청구기간의 오고지

① 행정청이 심판청구 기간을 처분이 있음을 알게 된 날로부터 90일보다 긴 기간으로 잘못 알린 경우에는 그 잘못 알린 기간에 심판청구가 있으면 그 행정심판은 처분이 있음을 알게 된 날로부터 90일 내에 청구된 것으로 본다(법 제27조 제5항).

② 법정기간보다 짧은 기간으로 고지한 경우에는 명문의 규정이 없으나 원래의 법정기간(처분이 있음을 알게 된 날로부터 90일) 내에 제기하면 된다는 견해가 일반적이다.

01 특별행정심판

1. 서설

특별행정심판이란 사안의 전문성과 특수성을 살리기 위하여 특정분야의 행정청의 처분 또는 부작위에 대하여 「행정심판법」에 따른 일반적인 행정심판절차에 따르지 않고 일반행정심판을 갈음하여 개별 법률에서 따로 정한 특례절차에 따라 행하는 행정심판을 말한다(법 제4조 제1항).

2. 일반행정심판과 특별행정심판의 구별의 필요성

개별 법률에서 정하고 있는 불복절차가 특별행정심판에 해당하면 그 법률에 따른 불복절차가 「행정심판법」의 규정보다 우선 적용되며, 「행정심판법」에 따른 심판을 청구할 수 없다. 이 경우 그 법률에 따른 불복절차를 거치지 아니하고 바로 「행정심판법」에 따른 행정심판을 청구하는 때에는 부적법한 심판청구로서 각하대상이 된다(법 제3조 제1항). 또한, 그 법률에 따른 불복절차를 거친 후에는 다시 「행정심판법」에 따른 행정심판을 청구할 수 없다. 「행정심판법」에 따른 행정심판을 다시 청구하는 경우에는 행정심판 재청구로 보아 각하재결을 하게 된다(법 제51조).[122]

3. 종류

(1) 전문적 분야

① 세무서장(관세청장)의 과세처분에 대한 심사청구 및 심판청구
② 특허처분에 대한 특허심판 및 재심
③ 토지수용재결에 대한 이의신청
④ 공정거래 관련 처분에 대한 이의신청
⑤ 광업에 대한 이의신청
⑥ 지방해양안전심판원의 재결에 대한 제2심 청구

---

[122] 개별 법률에서 「행정심판법」에 대한 특례를 정하고 있는 경우를 보면, 조세심판·특허심판·토지수용심판·소청심사 등과 같이 「행정심판법」에 따른 심판절차를 갈음하는 특별행정심판 절차를 규정한 입법례가 있는가 하면, 개별 법률에서 「행정심판법」에 대한 특례를 규정하고 있기는 하나 그 처분의 특성상 필요한 심판청구 기간에 대한 특례 등 몇 가지 특례만 정하고 나머지는 「행정심판법」에 따르도록 하는 등의 비교적 단순한 절차적 특례를 정하고 있는 입법례도 있다.

(2) 엄정한 심사가 필요한 분야

① 감사원에 대한 심사청구(감사원)

② 국가·지방공무원의 징계처분에 대한 소청심사(소청심사위원회)

③ 「교육공무원법」상의 교원징계에 대한 소청심사(교원소청심사위원회)

(3) 대량·반복적인 분야

① 부당해고에 관한 구제명령에 대한 재심(중앙노동위원회)

② 국민건강보험금 급여결정에 대한 심판(건강보험분쟁조정위원회)

③ 산재보험급여결정에 대한 재심사(산업재해보상보험재심사위원회)

④ 고용보험급여결정에 대한 재심사(고용보험심사위원회)

⑤ 연금보험급여결정에 대한 재심사(국민연금재심사위원회)

02 조세심판

1. 서설

조세심판은 조세사건의 전문성 특수성을 고려하여 국세·관세·지방세의 부과·징수에 대한 불복절차에 대하여 「행정심판법」의 적용을 배제하고 각각 「국세기본법」, 「관세법」, 「지방세 기본법」에 따르도록 규정하고 있다.

2. 국세 및 관세심판

(1) 개념

국세의 부과·징수에 대한 불복절차는 <u>이의신청</u>, <u>심사청구</u> 또는 <u>심판청구</u>의 단계로 진행된다. 「관세법」상 규정되어 있는 관세처분에 대한 불복절차는 「국세기본법」과 동일하다. 다만, <u>이의 신청</u> 및 <u>심사청구</u>에 대한 재결청이 각각 세관장 및 관세청장인 점이 다를 뿐이다.

(2) 불복절차

1) 이의신청

① 이의신청은 해당 처분이 있음을 안 날(처분의 통지를 받은 때에는 그 받은 날)로부터 90일 이내에 하여야 한다.

② 이의신청은 해당 처분을 하였거나 하였어야 할 세무서장(세관장) 또는 지방국세청장에게 하거나 세무서장을 거쳐 관할 지방국세청장에게 하여야 한다.

③ 이의신청은 처분청인 세무서장 또는 지방국세청장에게 하는 임의절차이다.

④ 결정은 이의신청을 받은 날로부터 30일 이내에 하여야 한다.

2) 심사청구 또는 심판청구

① 심사청구 또는 심판청구는 해당 처분이 있음을 안날(처분의 통지를 받은 때에는 그 받은 날)로부터 90일 이내에 하여야 한다. 이의신청을 거친 후 심사청구 또는 심판청구를 하려면 이의신청에 대한 결정의 통지를 받은 날로부터 90일 이내에 제기하여야 한다.

② 국세(관세)처분에 대해 불복하기 위해서는 해당 처분을 하였거나 하였어야 할 세무서장 (세관장)을 거쳐 국세청장(관세청장)에게 **심사청구** 또는 조세심판원장에게 **심판청구**를 하여야 한다.

③ 심사청구와 심판청구 중 한 개의 절차는 필요적 전치절차이다.

④ 결정은 심사 또는 심판청구를 받은 날로부터 90일 이내에 하여야 한다.

3. 행정소송과의 관계

(1) 국세처분(관세처분 포함)에 대한 행정소송은 「행정소송법」의 규정에 불구하고 심사청구 또는 심판청구와 그에 대한 결정을 거치지 아니하면 제기할 수 없다. 즉 국세처분에 대한 불복의 행정소송에는 <u>행정심판전치주의가 적용</u>된다.

(2) 국세(관세 포함)의 전치절차는 필요적으로 1단계(심사청구 또는 심판청구), 임의적으로 2단계 (이의신청과 심사청구 또는 이의신청과 심판청구)이다.

(3) 행정소송은 심사청구 또는 심판청구의 결정서 정본 송달일로부터 90일 이내에 처분청 관할 행정법원에 소송을 제기함이 원칙이다.

4. 지방세심판

(1) 개념

지방세에 대한 불복절차는 국세(관세 포함)와 달리 이의신청, 심판청구의 단계로 진행된다 (지방세기본법 제89조~제100조).

(2) 지방세 불복절차

1) 이의신청

① 이의신청은 그 처분이 있은 것을 안 날(처분의 통지를 받았을 때에는 그 통지를 받은 날) 부터 90일 이내에 <u>시장·군수·구청장</u>(시·군·구세의 경우), <u>시·도지사</u>(특별시세·광 역시세·도세의 경우) 및 <u>특별자치시장·특별자치도지사</u>(특별자치시세·특별자치도세의 경우)에게 한다.[123]

---

② 결정은 이의신청을 받은 날로부터 90일 이내에 하여야 한다. [124]

③ 결정은 처분청을 기속하며, 해당 처분청은 결정의 취지에 따라 즉시 필요한 처분을 하여야 한다. [125]

④ 이의신청은 그 처분의 집행에 효력이 미치지 아니한다. [126]

2) 심판청구

① 이의신청을 <u>거친 후</u>에 심판청구를 할 때에는 이의신청에 대한 결정 통지를 받은 날부터 90일 이내에 조세심판원장에게 심판청구를 해야 한다. [127]

② 이의신청을 <u>거치지 아니하고</u> 바로 심판청구를 할 때에는 심판청구는 그 처분이 있은 것을 안 날(처분의 통지를 받았을 때에는 통지받은 날)부터 90일 이내에 조세심판원장에게 심판청구를 하여야 한다. [128]

③ 결정은 심판청구를 받은 날로부터 90일 이내에 하여야 한다.

④ 결정은 처분청을 기속하며, 해당 처분청은 결정의 취지에 따라 즉시 필요한 처분을 하여야 한다.

⑤ 심판청구는 그 처분의 집행에 효력이 미치지 아니한다.

(3) 행정소송과의 관계

① 지방세처분에 대한 행정소송은 「행정소송법」의 규정에 불구하고 심판청구와 그에 대한 결정을 거치지 아니하면 제기할 수 없다(지방세기본법 제98조 제3항). 즉 지방세처분에 대한 불복의 행정소송에는 <u>행정심판전치주의가 적용된다.</u> [129]

② 행정소송은 심판청구에 대한 결정의 통지를 받은 날부터 90일 이내에 처분청 관할 행정법원에 소송을 제기함이 원칙이다(지방세기본법 제98조 제4항).

---

124 「지방세기본법」 제96조 제1항

125 「지방세기본법」 제96조 제2항·제3항

126 「지방세기본법」 제99조 제1항

127 「지방세기본법」 제91조 제1항

128 「지방세기본법」 제91조 제3항

129 종전의 「지방세법」은 지방세처분 등의 행정소송은 심사청구와 그에 대한 결정을 거치지 않으면 이를 제기할 수 없도록 행정심판전치주의를 채택하고 있었으나, 2001년 동법을 개정하여 행정심판임의주의를 취하고 있다가 2019년 12월 31일 「지방세기본법」을 개정(시행일 : 2021.1.1.)하여 행정심판전치주의를 다시 도입하였다(지방세기본법 제98조 제3항).

✦ **조세 불복절차도**

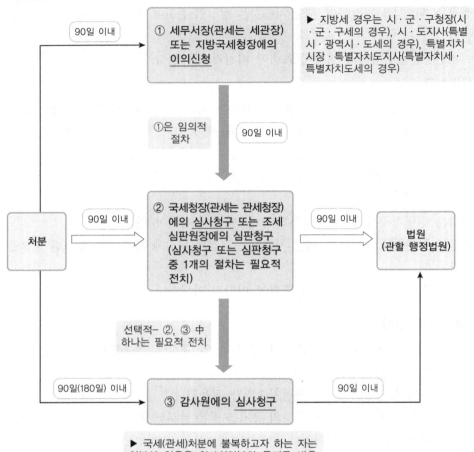

▶ 지방세 경우는 시 · 군 · 구청장(시 · 군 · 구세의 경우), 시 · 도지사(특별시 · 광역시 · 도세의 경우), 특별지치시장 · 특별자치도지사(특별자치세 · 특별자치도세의 경우)

90일 이내

① 세무서장(관세는 세관장) 또는 지방국세청장에의 이의신청

①은 임의적 절차

90일 이내

처분

90일 이내

② 국세청장(관세는 관세청장)에의 심사청구 또는 조세심판원장에의 심판청구 (심사청구 또는 심판청구 중 1개의 절차는 필요적 전치)

90일 이내

법원 (관할 행정법원)

선택적- ②, ③ 中 하나는 필요적 전치

90일(180일) 이내

③ 감사원에의 심사청구

90일 이내

▶ 국세(관세)처분에 불복하고자 하는 자는 처분이 있음을 안 날(처분의 통지를 받은 날)부터 90일 이내 또는 처분이 있는 날로부터 180일 이내에 감사원에 심사청구

참고

지방세의 경우 국세청장에 대한 심사청구는 없다. 즉, 지방세의 불복절차는 국세(관세포함)와 달리 ① 이의신청 → ② 심판청구의 2단계 구조

---

03 소청심사 ★

1. 의의

소청이란 공무원 또는 각급 학교 교원에 대한 징계처분 그밖에 의사에 반하는 불리한 처분이나 부작위에 불복하는 경우 소청심사위원회에 심사를 구하는 특별행정심판을 말한다. 공무원 또는 교육공무원에 대한 징계처분 등에 대한 행정소송은 <u>행정심판전치주의를 채택하여</u> 소청절차를 거치지 아니하면 제기할 수 없다. [130]

2. 소청사항

징계처분, 그 밖에 공무원 또는 각급 학교 교원의 의사에 반하는 불리한 처분이나 부작위가 소청의 대상이다.

3. 소청심사위원회

(1) 법적 지위

소청심사위원회는 「국가공무원법」 제9조에 의해 행정심판의 특례로 마련된 소청을 심사하며 소청결정을 행하는 특별행정심판기관에 해당한다. [131] 따라서 소청심사위원회의 소청결정은 <u>행정심판의 재결에 해당</u>된다. 행정청이란 행정주체의 의사를 내부적으로 결정하여 이를 외부적으로 표시할 권한이 있는 기관을 의미하는 바 [132], 소청심사위원회는 ① 공무원의 신분과 관련된 징계처분 등에 대하여 국가공무원의 경우 국가, 지방공무원의 경우 지방자치단체의 의사를 내부적으로 결정하여 ② 이를 소청결정을 통해 외부적으로 표시할 권한이 있는 행정기관으로서 <u>독립적인 합의제 행정청의 지위</u>를 가진다.

(2) 기능

소청심사위원회는 소청에 대한 심사 · 결정권을 갖는다. 소청심사위원회는 합의제 행정청으로 <u>상설기관</u>이다.

---

130 「국가공무원법」 제16조, 「지방공무원법」 제20조의2, 「교육공무원법」 제53조, 「교원의 지위 향상 및 교육활동 보호를 위한 특별법」 제10조

131 공무원의 인사와 관련한 처분을 대상으로 하는 행정심판에 있어서 인사에 관한 전문적 판단을 하도록 하여 공무의 신분을 보다 강하게 보장함과 동시에 공무원관계의 질서를 확립하기 위한 목적에서 설치되었다.

132 「행정소송법」 제2조 제2항

(3) 종류

① 국가공무원의 소청심사위원회는 인사혁신처에 둔다. [133]

② 국회, 법원, 헌법재판소 및 선거관리위원회 소속 공무원의 소청심사위원회는 국회사무처, 법원행정처, 헌법재판소사무처 및 중앙선거관리위원회사무처에 각각 둔다. [134]

③ 지방공무원의 지방소청심사위원회 및 교육소청심사위원회는 시·도에 임용권자(시·도의회의 의장 및 임용권을 위임받은 자는 제외)별로 둔다. [135]

④ 교원의 교원소청심사위원회는 교육부에 둔다. [136]

4. 소청심사 절차

(1) 처분사유 설명서 교부

공무원(교원 포함)에 대하여 징계처분 등을 할 때나 강임·휴직·직위해제 또는 면직처분을 할 때에는 그 처분권자 또는 처분제청권자는 처분사유를 적은 설명서를 교부하여야 한다. [137]

(2) 청구기간

① 징계처분이나 강임·휴직·직위해제 또는 면직처분 사유설명서를 받은 공무원이 그 처분에 불복할 때에는 그 설명서를 받은 날부터 30일 이내에 소청심사위원회에 심사청구서를 제출해야 한다.

② 그 밖의 본인의 의사에 반하는 불이익 처분을 받았을 때에는 그 처분이 있은 것을 안 날부터 30일 이내에 소청심사위원회에 심사청구서를 제출해야 한다.

(3) 후임자 보충발령의 제한

① 본인의 의사에 반하여 파면 또는 해임이나 면직처분을 하였을 때에는 그 처분을 한 날부터 40일 이내에는 후임자를 보충발령하지 못한다.

② 다만, 인력 관리상 후임자를 보충하여야 할 불가피한 사유가 있는 경우(임시결정을 한 경우는 제외)에 국가공무원인 경우는 국회사무총장, 법원행정처장, 헌법재판소사무처장, 중앙선거관리위원회사무총장 또는 인사혁신처장과 협의를 거쳐서, 지방공무원과 교원인 경우는 해당 인사위원회의 의결을 거쳐 후임자를 보충발령할 수 있다. [138]

---

[133] 「국가공무원법」 제9조 제1항

[134] 「국가공무원법」 제9조 제2항

[135] 「지방공무원법」 제13조 제1항

[136] 「교원의 지위 향상 및 교육활동 보호를 위한 특별법」 제7조 제1항

[137] 다만, 본인의 원(願)에 따른 강임·휴직 또는 면직처분은 그러하지 아니하다(국가공무원법 제75조, 지방공무원법 제67조 제1항).

[138] 「국가공무원법」 제76조 제2항, 「지방공무원법」 제67조 제4항, 「교원의 지위 향상 및 교육활동 보호를 위한 특별법」 제9조 제2항

(4) 심사

① 소청심사위원회는 소청을 접수하면 지체 없이 심사하여야 하며, 소청인에게는 진술권이 부여되고, 진술의 기회를 부여하지 아니한 결정은 무효가 된다.[139]

② 소청에 대한 심사·결정에서도 일정한 경우 위원의 제척·기피·회피제도가 인정되고 있다.[140]

5. 결정

(1) 임시결정

1) 보충발령유예

소청심사위원회는 소청심사청구가 파면 또는 해임이나 면직처분으로 인한 경우에는 그 청구를 접수한 날부터 5일 이내에 해당 사건의 최종결정이 있을 때까지 후임자의 보충발령을 유예하게 하는 임시결정을 할 수 있다.[141]

2) 최종결정기간 및 보충발령제한

소청심사위원회가 임시결정을 한 경우에는 임시결정을 한 날로부터 20일 이내에 최종결정을 하여야 하며 각 임용권자는 그 최종결정이 있을 때까지 후임자를 보충발령하지 못한다.[142]

(2) 종국결정

1) 결정정족수

소청 사건의 결정은 재적 위원 3분의 2 이상의 출석과 출석 위원 과반수의 합의에 따르되, 의견이 나뉘어 출석 위원 과반수의 합의에 이르지 못하였을 때에는 과반수에 이를 때까지 소청인에게 가장 불리한 의견에 차례로 유리한 의견을 더하여 그중 가장 유리한 의견을 합의된 의견으로 본다.[143]

2) 결정서

소청심사위원회의 결정은 그 이유를 구체적으로 밝힌 결정서로 하여야 한다.[144]

---

139 「국가공무원법」 제13조 제1항·제2항

140 「국가공무원법」 제14조 제3항·제4항·제5항

141 「국가공무원법」 제76조 제3항

142 「국가공무원법」 제76조 제4항

143 「국가공무원법」 제14조 제1항

144 「국가공무원법」 제14조 제9항

3) 결정기간

소청심사위원회는 후임자의 보충발령을 유예하는 임시결정을 한 경우 외에는 소청심사청구를 접수한 날부터 60일 이내에 이에 대한 결정을 하여야 한다. 다만, 불가피하다고 인정되면 소청심사위원회의 의결로 30일을 연장할 수 있다. [145]

4) 각하 · 기각 · 인용결정

① 「행정심판법」 제43조는 행정심판에서 재결의 종류를 규정하고 있고 이에 대응하여 「국가공무원법」도 소청결정의 종류를 규정하고 있다. 소청심사위원회는 심사청구가 법률에 적합하지 않으면 그 청구를 각하하고, 심사청구가 이유 없으면 기각하고, 심사청구가 이유 있으면 인용하는 결정을 한다. [146]

② 인용결정은 다시 소청심사청구의 내용에 따라서 (i) 취소결정, 변경결정, 취소명령결정, 변경명령결정, (ii) 유효, 무효, 존재, 부존재 확인결정, (iii) 청구에 따른 처분결정 및 처분명령결정으로 구분된다. 이 중에서 처분변경명령결정은 처분의 변경을 구하는 심사청구가 이유 있다고 인정되는 경우 소청심사위원회가 처분행정청에게 처분을 변경할 것을 명하는 것으로서 이행재결의 성격을 가진다. [147]

⑶ 결정의 효력

소청심사위원회 결정은 처분행정청을 기속한다. [148] 이 소청결정의 기속력은 행정심판의 기속력과 동일하다. 다만, 소청심사위원회의 취소명령 또는 변경명령 결정은 그에 따른 징계나 그 밖의 처분이 있을 때까지 종전에 행한 징계처분 또는 징계부과금 부과처분에 영향을 미치지 아니한다. [149]

⑷ 감사원의 재심요구

감사원으로부터 파면 요구를 받아 집행한 파면에 대한 소청(訴請) 제기로 소청심사위원회 등에서 심사 결정을 한 경우에는 해당 소청심사위원회의 위원장 등은 그 결정 결과를 그 결정이 있은 날부터 15일 이내에 감사원에 통보하여야 한다(감사원법 제32조 제5항). [150]

---

145 「국가공무원법」 제76조 제5항

146 「국가공무원법」 제14조 제6항

147 「국가공무원법」 제14조 제6항 제3호

148 「국가공무원법」 제15조

149 「국가공무원법」 제14조 제7항

150 감사원은 제5항의 통보를 받은 날부터 1개월 이내에 그 소청심사위원회 등이 설치된 기관의 장을 거쳐 소청심사위원회 등에 그 재심을 요구할 수 있다(감사원법 제32조 제6항). 이 경우 제2항부터 제6항까지의 규정에 따른 기간에는 그 징계 의결이나 소청 결정은 집행이 정지된다(감사원법 제32조 제7항).

6. 행정소송과의 관계

(1) 소청전치주의

공무원 또는 교육공무원에 대한 징계처분에 대한 행정소송은 <u>행정심판전치주의(소청전치주의)가 적용</u>된다. 즉, 소청심사위원회(교육공무원인 경우 교원소청심사위원회)의 심사·결정을 거치지 아니하면 행정소송을 제기할 수 없다. [151]

(2) 항고소송의 대상

소청심사위원회의 결정에 불복하여 행정소송을 제기하는 경우 행정소송은 원징계처분과 소청결정 중 어느 것을 대상으로 하여야 하는가에 대하여, 특별한 규정이 없으므로 「행정소송법」 제19조에 따라 <u>원처분(불이익처분)을 대상</u>으로 하여야 하고 다만, 소청심사위원회의 결정에 고유한 위법이 있는 경우에는 위원회의 결정을 대상으로 하여야 한다.

(3) 교육공무원의 경우

① 교육공무원의 경우 <u>교원소청심사위원회의 소청결정을 거쳐</u> 행정소송을 제기한다. 행정소송 (항고소송)의 대상은 일반공무원의 경우와 동일하다.

② 사립학교교원의 경우 교원소청심사위원회의 소청결정에 불복하는 경우 교원소청심사위원회를 피고로 동위원회의 결정(원처분)을 대상으로 항고소송을 제기할 수 있으며 이외에도 학교법인을 피고로 징계를 다투는 민사소송을 제기할 수 있다. 학교법인 또는 사립학교 경영자는 그 결정서를 송달받은 날부터 90일 이내에 「행정소송법」으로 정하는 바에 따라 소송을 제기할 수 있다.

04 토지수용에서의 사업인정과 수용재결

1. 서설

토지수용절차에 관한 일반법으로 「공익사업을 위한 토지 등의 취득 및 보상에 관한 법률」(이하 '토지보상법')이 있다. 토지수용의 절차는 사업인정, 토지조서 및 물건조서의 작성, 협의, 수용재결의 단계로 진행된다.

---

151 「국가공무원법」 제16조 제1항

2. 사업인정

(1) 의의

사업인정이란 공익사업을 토지 등을 수용하거나 사용할 사업으로 결정하는 것을 말한다(법 제2조 제7호).

(2) 법적 성격

사업정은 공익사업시행자에게 일정한 절차를 거칠 것을 조건으로 일정한 내용의 수용 또는 사용하는 권리를 설정하여 주는 국토교통부장관의 형성행위이다[152]. 사업인정으로 사업시행 자에게 수용권이 창설되고, 토지소유자 등에게는 일정한 의무가 부과되고, 손실보상청구권이 주어진다. 따라서 사업인정은 행정처분이며 항고소송의 대상이 된다.

(3) 절차

① 사업시행자는 토지등을 수용하려면 국토교통부장관의 사업인정을 받아야 한다.
② 국토교통부장관은 사업인정을 하였을 때에는 이를 관보에 고시하여야 한다.
③ 사업인정을 받은 사업시행자는 토지소유자 및 관계인과 협의절차를 거쳐야 한다.

(4) 사업인정의 효과

사업인정의 고시가 있으면 고시한 날로부터 사업인정의 효과와 수용목적물 확정의 효과가 발생한다.

3. 수용재결

(1) 의의

토지수용위원회가 사업시행자에게 보상금의 지급 또는 공탁을 조건으로 수용목적물의 강제 취득이라는 수용의 효과를 완성시켜 주는 형성적 행정처분이다.[153] 토지보상법은 수용재결에 대한 특별한 불복절차를 규정하고 있다.

---

[152] 법률행위적 행정행위 내의 형성적 행정행위 중에서 특허(설권행위)에 해당한다. 즉, 사업인정은 사업시행자에 대한 설권적 행정처분 으로 본다(판례, 다수설). [대법원 2019.2.28. 선고, 2017두71031 판결, 사업인정고시취소]

[153] 수용재결이 비록 재결이라는 명칭을 사용하고 있으나 구체적으로 일정한 법률효과의 발생을 목적으로 하는 점에서 그 법적 성질은 일반처분과 다를 바 없다. 토지수용위원회의 수용재결은 사업시행자로 하여금 토지의 소유권 또는 사용권을 취득하도록 하고, 사업시 행자가 지급하여야 할 손실보상액을 정하는 행위로서 「공익사업법」 제50조는 재결사항으로 수용하거나 사용할 토지의 구역 및 사용 방법, 손실보상, 수용 또는 사용의 개시일과 기간 등으로 규정하고 있다. 수용재결은 행정심판의 재결과는 구분되는 원행정처분으로 일정한 법적효과를 가져오는 행정행위이고 준사법적 행정행위에 해당하므로 불가변력도 인정되는데, 「토지보상법」은 수용재결에 대한 특별한 불복절차를 규정하고 있다.

(2) 관할

① 중앙토지수용위원회

국가 또는 시·도가 사업시행자인 사업, 수용하거나 사용할 토지가 둘 이상의 시·도에 걸쳐 있는 사업에 관한 재결을 관장한다.

② 지방토지수용위원회

중앙토지수용위원회가 관장하는 사업 외의 사업에 관한 재결을 관장한다.

(3) 절차

1) 재결의 신청

① 토지 등의 보상에 관하여 토지소유자 및 관계인과 협의가 이루어지지 않거나 이루어질 수 없는 경우에는 사업시행자는 <u>사업인정고시가 있은 날부터 1년 이내에 관할 토지수용위원회에 재결을 신청할 수 있다</u>(법 제28조).

② 사업인정고시가 된 후 협의가 성립되지 아니하였을 때에는 <u>토지소유자와 관계인은</u> 토지수용위원회에 직접적으로 재결을 신청할 수는 없으나, <u>서면으로 사업시행자에게 재결을 신청할 것을 서면으로 청구할 수 있다</u>(법 제30조 제1항).

③ 사업시행자는 수용재결신청청구를 받은 날부터 60일 이내에 대통령령으로 정하는 바에 따라 관할 토지수용위원회에 재결을 신청하여야 한다(법 제30조 제2항).

2) 열람 및 심리

① 토지수용위원회는 재결신청서를 접수하였을 때에는 지체 없이 이를 공고하고, 공고한 날로부터 14일 이상 관계서류의 사본을 일반인이 열람할 수 있도록 하여야 한다.

② 토지소유자 또는 관계인은 열람기간 중에 의견을 제시할 수 있다.

③ 토지수용위원회는 열람기간이 지났을 때에는 지체 없이 해당 신청에 대한 조사 및 심리를 하여야 한다.

(4) 재결

① 토지수용위원회는 <u>심리개시일부터 14일 이내에 재결을 하여야</u> 하며 특별한 사유가 있는 때에는 1차에 한하여 14일의 범위 안에서 이를 연장할 수 있다(법 제35조).

② 재결은 서면으로 하여야 하고, 재결서 정본을 사업시행자, 토지소유자 및 관계인에게 송달하여야 한다.

③ 재결의 내용은 수용하거나 사용할 토지의 구역 및 사용방법, 손실보상, 수용 또는 사용의 개시일과 기간 등이다(법 제50조 제1항).

④ 토지수용위원회는 사업시행자, 토지소유자 또는 관계인이 신청한 <u>범위에서 재결</u>하여야 한다. <u>다만, 손실보상에 있어서는 신청의 범위에 구애되지 않고 증액재결을 할 수 있다</u>(법 제50조 제2항).

(5) 보상금의 지급

사업시행자는 수용 또는 사용의 개시일까지 관할 토지수용위원회가 재결한 보상금을 지급하여야 한다(법 제40조 제1항). [154]

(6) 권리의 취득 · 소멸

사업시행자는 재결서에 기재된 수용의 개시일까지 보상금을 지급 또는 공탁하면 수용의 개시일에 토지나 물건의 소유권을 취득하며, 그 토지나 물건에 관한 다른 권리는 이와 동시에 소멸한다(법 제45조 제1항). 사업시행자가 취득하는 권리의 법적 성격은 원시취득에 해당한다.

05 수용재결에 대한 이의신청 ★

1. 서설

(1) 특별행정심판이란 사안의 전문성과 특수성을 살리기 위하여 특정분야의 행정청의 처분 또는 부작위에 대하여 「행정심판법」에 따른 일반적인 행정심판절차에 따르지 않고 개별 법률에서 따로 정한 특례절차에 따라 행하는 행정심판을 말한다.

(2) 「토지보상법」상의 이의신청에 대한 규정은 특별행정심판 절차이다. 따라서 「토지보상법」에 별도로 정한 절차를 제외하고는 「행정심판법」의 규정이 적용되므로 이의신청을 거친 후 수용재결에 대하여 다시 행정심판을 청구할 수 없다.

2. 토지보상법상의 이의신청

(1) 수용재결에 대한 이의신청이란 관할 토지수용위원회의 수용재결에 이의가 있는 자가 중앙토지수용위원회에 이의를 신청하는 것을 말한다.

(2) 중앙토지수용위원회의 원처분인 수용재결에 이의가 있는 자는 중앙토지수용위원회에 이의를 신청할 수 있고, 지방토지수용위원회의 원처분인 수용재결에 이의가 있는 자는 해당 지방토지수용위원회를 거쳐 중앙토지수용위원회에 이의를 신청할 수 있다(법 제83조 제1항 · 2항).

(3) 이의신청은 수용재결서의 정본을 받은 날부터 30일 이내에 하여야 한다(법 제83조 제3항).

(4) 이의신청은 임의절차이며, 행정심판의 성질을 가진다. 「토지보상법」상의 이의신청규정은 「행정심판법」에 대한 특별규정이다.

---

[154] 사업시행자는 ① 보상금을 받을 자가 그 수령을 거부하거나 보상금을 수령할 수 없을 때, ② 사업시행자의 과실 없이 보상금을 받을 자를 알 수 없을 때, ③ 관할 토지수용위원회가 재결한 보상금에 대하여 사업시행자가 불복할 때, ④ 압류나 가압류에 의하여 보상금의 지급이 금지되었을 때에는 수용 또는 사용의 개시일까지 수용하거나 사용하려는 토지등의 소재지의 공탁소에 보상금을 공탁할 수 있다(법 제40조 제2항).

3. 이의재결(이의신청에 대한 재결)

(1) 법적 성격

이의재결은 형성적 행정처분의 성격을 가지는 수용재결에 대하여 불복이 있는 때 합의제 행정기관인 중앙토지수용위원회에 그 수용재결의 <u>취소 또는 변경</u>을 청구하는 것이므로 그 <u>법적 성격은 행정심판의 재결</u>에 해당한다.

(2) 절차

① 중앙토지수용위원회는 수용재결이 위법 또는 부당하다고 판단하는 때에는 그 수용재결의 전부 또는 일부를 취소하거나 보상액을 변경할 수 있다(법 제84조 제1항).

② 보상금이 늘어난 경우 사업시행자는 재결의 취소 또는 변경의 재결서 정본을 받은 날부터 30일 이내에 보상금을 받을 자에게 그 늘어난 보상금을 지급하여야 한다(법 제84조 제2항 본문).[155]

(3) 이의재결의 효력

행정소송의 제기기간 이내에 소송이 제기되지 아니하거나 그 밖의 사유로 이의재결이 확정된 때에는 「민사소송법」상의 확정판결이 있는 것으로 보며, 이의재결서 정본은 집행력 있는 판결의 정본과 동일한 효력을 가진다(법 제86조 제1항).

4. 행정소송의 제기

(1) 제소기간

사업시행자 토지소유자 또는 관계인은 관할 토지수용위원회의 <u>수용재결에 대하여 불복이 있는 때에는 수용재결서를 받은 날부터 90일 이내</u>에, <u>이의신청을 거쳤을 때에는 이의신청에 대한 이의재결서를 받은 날부터 60일 이내</u>에 각각 행정소송을 제기할 수 있다(법 제85조 제1항).

(2) 보상금증감소송

① 의의

보상금증감소송은 수용재결 중 보상금에 대해서만 이의가 있는 경우에 보상금의 증액 또는 감액을 청구하는 소송이다. 토지소유자 또는 관계인은 보상금의 증액을 청구하는 소송(보상금증액청구소송)을 제기하고, 사업시행자는 보상액의 감액을 청구하는 소송(보상금감액청구소송)을 제기하게 된다.

---

155 다만, ① 보상금을 받을 자가 그 수령을 거부거나 보상금을 수령할 수 없을 때, ② 사업시행자의 과실 없이 보상금을 받을 자를 알 수 없을 때, ③ 압류나 가압류에 의하여 보상금의 지급이 금지되었을 때에는 그 금액을 공탁할 수 있다(법 제84조 제2항 단서).

② **성질 - 형식적 당사자소송**

현행 「토지보상법」상 보상금증감청구소송에서는 재결청이 피고에서 제외되었기 때문에 당사자가 직접 다투는 것은 보상금에 관한 법률관계의 내용이고, 그 전제로서 재결의 효력이 심판의 대상이 되는 것이므로 보상금증감청구소송을 형식적 당사자소송으로 봄이 타당하다.

③ **보상금증감소송의 피고적격**

수용재결 또는 이의재결에 대한 행정소송이 <u>보상금의 증감에 관한 소송인 경우에는</u> 그 소송을 제기하는 자가 토지소유자 또는 관계인인 때에는 <u>사업시행자를 피고로</u> 하고, 사업시행자가 소송을 제기하는 때에는 <u>토지소유자 또는 관계인을 피고로</u> 하여야 한다(법 제85조 제2항).

④ **대상적격 - 보상금에 관한 법률관계**

보상금증감소송에서는 수용재결이 소송의 대상이 되는 것이 아니라 보상금에 관한 법률관계가 소송의 대상이 되어 수용재결은 그 전제로서 다루어지는 것이다.

⑤ **입증책임**

판례는 손실보상금 증액청구의 소에 있어서 그 수용재결 또는 이의재결에서 정한 손실보상금액보다 정당한 손실보상금액이 더 많다는 점에 대한 입증책임은 원고에게 있다고 본다(대판 1997.11.28. 96누2255).

---

06 운전면허처분에 대한 이의신청 ★ 제2회 기출

1. 의의

운전면허처분에 대한 이의신청이란 「도로교통법」상 운전면허의 취소처분 또는 정지처분이나 연습운전면허 취소처분에 대하여 이의를 제기하는 것을 말한다(도로교통법 제94조 제1항).

2. 절차

(1) 이의가 있는 사람은 그 처분을 받은 날부터 <u>60일 이내</u>에 시·도경찰청장에게 이의신청할 수 있다.

(2) 시·도경찰청장은 이의를 심의하기 위해 운전면허행정처분 이의심의위원회를 두어야 한다.

3. 행정심판과의 관계

(1) 이의를 신청한 사람은 그 이의신청과 관계없이 「행정심판법」에 따른 행정심판을 청구할 수 있다. 이 경우 이의를 신청하여 그 결과를 통보받은 사람은 <u>통보받은 날부터 90일 이내</u>에 「행정심판법」에 따른 행정심판을 청구할 수 있다(도로교통법 제94조 제3항).

(2) 운전면허의 취소 등 처분에 대한 행정소송은 <u>행정심판전치주의가 적용</u>된다. 즉, 행정심판의 재결을 거치지 아니하면 행정소송을 제기할 수 없다(도로교통법 제142조).

(3) 운전면허의 취소 등 처분에 대한 행정심판은 중앙행정심판위원회에서 심리·의결한다.

07 국가보훈처분에 대한 이의신청 ★

1. 의의

국가보훈처분에 대한 이의신청이란 국가보훈부장관의 일정한 처분에 이의가 있는 자가 국가보훈부장관에게 이의를 제기하는 것을 말한다(국가유공자 등 예우 및 지원에 관한 법률 제74조의18).

2. 신청대상

(1) 해당 처분이 **법령적용의 착오**에 기초하였다고 판단되는 경우

(2) 국가보훈부장관이 해당 처분을 할 때에 중요한 **증거자료**를 검토하지 아니하였다고 판단되는 경우

(3) 해당 처분이 있은 후 그와 관련된 새로운 증거자료가 **발견**된 경우

3. 절차

(1) 이의신청은 국가보훈부장관의 처분을 받은 날부터 <u>30일 이내</u>에 국가보훈부령으로 정하는 바에 따라 하여야 한다(법 제74조의18 제2항).

(2) 국가보훈부장관은 이의신청에 대하여 국가보훈부 소속 보훈심사위원회의 심의·의결을 거쳐 결정하고 그 결과를 이의신청을 한 자에게 통보하여야 한다(법 제74조의18 제3항).

4. 행정심판 및 행정소송과의 관계

(1) 이의신청을 한 자는 그 이의신청과 관계없이 「행정심판법」에 따른 행정심판을 청구할 수 있다. 이의신청을 하여 그 결과를 통보받은 자는 통보받은 날부터 90일 이내에 「행정심판법」에 따른 행정심판을 청구할 수 있다(국가유공자법 제74조의18 제4항).

(2) 판례는 이의신청을 받아들이지 아니하는 결과를 통보받은 자는 통보받은 날부터 90일 이내에 「행정소송법」에 따른 취소소송을 제기할 수 있다고 판시하고 있다(대법원 2016.7.27. 선고 2015두 45953 판결).

08 「근로기준법」상 부당해고에 대한 구제신청과 재심

1. 서설

부당해고란 사용자가 근로자에게 정당한 이유 없이 해고, 휴직, 정직, 전직, 감봉, 그 밖의 징벌 등을 하는 것을 말한다. 사용자는 근로자를 해고하려면 해고사유와 해고시기를 서면으로 통지 해야 효력이 있다(근로기준법 제27조 제1항).

2. 부당해고에 대한 구제신청

(1) 사용자가 근로자에게 부당해고 등을 하면 근로자는 주된 사업장 소재지 관할 지방노동위원 회 [156]에 구제를 신청할 수 있다(근로기준법 제28조 제1항, 노동위원회법 제3조 제2항).

(2) 구제신청은 부당해고 등이 있었던 날부터 3개월 이내에 하여야 한다(근로기준법 제28조 제2항).

3. 조사 등(근로기준법 제29조)

(1) 지방노동위원회는 구제신청을 받으면 필요한 조사를 하고, 관계 당사자를 심문하여야 한다. 그 외 관계 당사자를 심문할 때 증인을 출석시켜 질문을 할 수 있다.

(2) 지방노동위원회는 관계당사자에게 증거 제출와 증인에 대한 반대심문을 할 수 있는 충분한 기회를 주어야 한다.

---

[156] 지방노동위원회로는 서울지방노동위원회, 부산지방노동위원회, 경기지방노동위원회, 충남지방노동위원회, 전남지방노동위원회, 경북지방노동위원회, 경남지방노동위원회, 인천지방노동위원회, 강원지방노동위원회, 충북지방노동위원회, 전북지방노동위원회, 제주지방노동위원회, 울산지방노동위원회가 있다.

4. 결정

지방노동위원회는 심문을 끝내고 부당해고 등이 성립한다고 판정하면 사용자에게 구제명령을 하여야 하며, 부당해고 등이 성립하지 아니한다고 판정하면 구제신청을 기각하는 결정을 하여야 한다(근로기준법 제30조 제1항).

5. 구제명령 등에 대한 재심

「노동위원회법」에 따른 지방노동위원회의 구제명령이나 기각결정에 불복하는 사용자나 근로자는 구제명령서나 기각결정서를 통지받은 날부터 10일 이내에 중앙노동위원회에 재심을 신청할 수 있다(근로기준법 제31조 제1항). 중앙노동위원회는 당사자의 신청[157]이 있는 경우 지방노동위원회 또는 특별노동위원회의 처분을 재심하여 이를 인정·취소 또는 변경할 수 있다(노동위원회법 제26조 제1항). 부당해고에 관한 구제명령에 대한 중앙노동위원회의 재심권(재심판정)이 특별행정심판에 해당된다.

6. 행정소송의 제기

중앙노동위원회의 재심판정에 대하여 사용자나 근로자는 재심판정서를 송달받은 날부터 15일 이내에 「행정소송법」의 규정에 따라 소(訴)를 제기할 수 있다(근로기준법 제31조 제1항).

09 「국민건강보험법」상의 처분에 대한 이의신청 및 심판청구

1. 이의신청

(1) 이의신청의 대상

① 가입자 및 피부양자의 자격, 보험료등, 보험급여, 보험급여 비용에 관한 국민보험공단의 처분에 이의가 있는 자는 국민건강보험공단(공단)에 이의신청을 할 수 있다.
② 요양급여비용 및 요양급여의 적정성 평가 등에 관한 건강보험심사평가원의 처분에 이의가 있는 공단, 요양기관 또는 그 밖의 자는 건강보험심사평가원(심사평가원)에 이의신청을 할 수 있다.

---

[157] 당사자의 신청은 관계 법령에 특별한 규정이 있는 경우를 제외하고는 지방노동위원회 또는 특별노동위원회가 한 처분을 송달받은 날부터 10일 이내에 하여야 한다(노동위원회법 제26조 제2항).

(2) 기간

① 이의신청은 <u>처분이 있음을 안 날부터 90일 이내</u>에 문서로 하여야 하며 <u>처분이 있은 날부터</u> <u>180일</u>을 지나면 제기하지 못한다.

② 요양기관이 심사평가원의 확인에 대하여 이의신청을 하려면 통보받은 날부터 <u>30일 이내</u>에 하여야 한다.

(3) 절차

이의신청을 효율적으로 처리하기 위하여 공단 및 심사평가원에 각각 이의신청위원회를 설치한다.

(4) 결정

공단과 심사평가원은 이의신청을 받은 날부터 <u>60일 이내에 결정</u>을 하여야 하나, 부득이한 사정이 있는 경우에는 30일의 범위에서 그 기간을 연장할 수 있다.

2. 심판청구

(1) 심판청구기간

① 이의신청에 대한 결정에 불복하는 자는 <u>건강보험분쟁조정위원회</u>(분쟁조정위원회)에 심판청구를 할 수 있다.

② 심판청구는 결정이 있음을 안 날부터 <u>90일 이내</u>에 문서로 하여야 하며 결정이 있은 날부터 180일을 지나면 제기하지 못한다.

(2) 절차

① 심판청구를 하려는 자는 <u>심판청구서를 공단 또는 심사평가원 또는 분쟁조정위원회에 제출</u>하여야 한다.

② 공단과 심사평가원은 심판청구서를 받으면 그 심판청구서를 받은 날부터 10일 이내에 그 심판청구서에 처분을 한 자의 답변서 및 이의신청 결정서 사본을 첨부하여 분쟁조정위원회에 제출하여야 한다.

③ 분쟁조정위원회는 심판청구서를 받으면 지체 없이 그 사본 또는 부본(副本)을 공단 또는 심사평가원 및 이해관계인에게 보내고, 공단 또는 심사평가원은 그 사본 또는 부본을 받은 날부터 <u>10일 이내</u>에 처분을 한 자의 답변서 및 이의신청 결정서 사본을 분쟁조정위원회에 제출하여야 한다.

(3) 결정

분쟁조정위원회는 <u>심판청구서가 제출된 날부터 60일 이내에 결정</u>을 하여야 한다. 다만, 부득이한 사정이 있는 경우에는 30일의 범위에서 그 기간을 연장할 수 있다.[158]

3. 행정소송의 제기

공단 또는 심사평가원의 처분에 이의가 있는 자와 이의신청 또는 심판청구에 대한 결정에 불복하는 자는 「행정소송법」에서 정하는 바에 따라 행정소송을 제기할 수 있다.

10 「산업재해보상보험법」상의 보험급여 결정 등에 대한 심사청구 및 재심사청구 ★

제9회 기출

1. 서설

「산업재해보상보험법」상의 보험급여 결정에 관한 불복절차는 <u>심사청구와 재심사청구의 2단계</u>로 이루어져 있다.

2. 심사청구

(1) 심사청구 대상

근로복지공단의 보험급여 결정등에 불복하는 자는 근로복지공단(공단)에 심사청구를 할 수 있다(법 제103조 제1항).

(2) 기간

심사청구는 보험급여 결정등이 있음을 안 날부터 90일 이내에 하여야 한다.

(3) 절차

① 공단에 대한 심사청구는 그 <u>보험급여 결정등을 한 공단의 소속기관을 거쳐 공단에 제기</u>하여야 한다.

② 심사청구서를 받은 공단의 소속 기관은 5일 이내에 의견서를 첨부하여 공단에 보내야 한다.

③ 보험급여 결정등에 대하여는 「행정심판법」에 따른 <u>행정심판을 제기할 수 없다</u>(법 제103조 제3항).

---

[158] 분쟁조정위원회의 위원장은 심판청구에 대하여 결정을 하였을 때에는 결정서에 서명 또는 기명날인하여 지체 없이 청구인에게는 결정서의 정본을 보내고, 처분을 한 자 및 이해관계인에게는 그 사본을 보내야 한다.

⑷ **결정**

① 심사청구를 심의하기 위하여 공단에 관계 전문가 등으로 구성되는 <u>산업재해보상보험심사</u>
<u>위원회</u>(심사위원회)를 둔다.

② 공단은 <u>심사청구서를 받은 날부터 60일 이내</u>에 심사위원회의 심의를 거쳐 심사 청구에
대한 결정을 하여야 한다. 다만, 부득이한 사유로 그 기간 이내에 결정을 할 수 없으면
한 차례만 20일을 넘지 아니하는 범위에서 그 기간을 연장할 수 있다.

3. 재심사청구

⑴ **재심사청구 대상**

심사청구에 대한 결정에 불복하는 자는 <u>산업재해보상보험**재심사위원회**</u>(재심사위원회)에 재
심사 청구를 할 수 있다.

⑵ **재심사청구 기간**

재심사청구는 <u>심사청구에 대한 결정이 있음을 안 날부터 90일 이내</u>에 제기하여야 한다.

⑶ **재심사청구 절차**

① 재심사청구는 그 <u>보험급여 결정등을 한 공단의 소속기관</u>을 거쳐 재심사위원회에 제기하
여야 한다.

② 재심사 청구서를 받은 공단의 소속 기관은 5일 이내에 의견서를 첨부하여 재심사위원회에
보내야 한다.

⑷ **재심사청구에 대한 심리 · 재결**

① 재심사위원회의 <u>심리는 공개</u>하여야 한다. 다만, 재심사 청구인의 신청이 있으면 공개하지
아니할 수 있다.

② 재심사위원회는 <u>재심사청구서를 받은 날부터 60일 이내</u>에 <u>재심사위원회의 심의를 거쳐</u>
<u>재심사청구에 대한 재결을 하여야 한다.</u> 다만, 부득이한 사유로 그 기간 이내에 재결을
할 수 없으면 한 차례만 20일을 넘지 아니하는 범위에서 그 기간을 연장할 수 있다.

③ 재심사위원회의 재결은 공단을 기속(羈束)한다.

⑸ **심사청구인 및 재심사청구인의 지위 승계**

심사청구인 또는 재심사청구인이 사망한 경우 그 청구인이 보험급여의 수급권자이면 <u>유족</u>이,
그 밖의 자이면 상속인 또는 심사청구나 재심사청구의 대상인 보험급여에 관련된 권리 · 이
익을 <u>승계한 자</u>가 각각 청구인의 지위를 승계한다.

4. 다른 법률과의 관계

(1) 재심사의 청구에 대한 재결은 「행정소송법」 제18조를 적용할 때 행정심판에 대한 재결로 본다 (법 제111조 제2항).

(2) 심사 및 재심사의 청구에 관하여 「산업재해보상보험법」에서 정하고 있지 아니한 사항에 대하여는 「행정심판법」에 따른다(법 제111조 제3항).

11 「고용보험법」상의 처분 등에 대한 심사청구 및 재심사청구

1. 서설

고용보험처분에 대한 불복절차도 심사청구와 재심사청구의 2단계로 이루어져 있다.

2. 심사청구

(1) 심사청구 대상

① 고용노동부장관의 피보험자격의 취득·상실에 대한 확인, 직업안정기관의 장의 실업급여 및 육아휴직 급여와 출산전·후 휴가급여 등에 관한 처분(이하 "원처분등"이라 한다)에 이의가 있는 자는 고용보험심사관에게 심사를 청구할 수 있다.

② 심사청구는 시효중단에 관하여 재판상의 청구로 본다(법 제87조 제3항).

(2) 기간

심사청구는 확인 또는 처분이 있음을 안 날부터 90일 이내에 제기하여야 한다.

(3) 절차

① 심사를 청구하는 경우 피보험자격의 취득·상실 확인에 대한 심사의 청구는 「산업재해보상보험법」에 따른 근로복지공단을, 실업급여 및 육아휴직 급여와 출산전·후 휴가급여등에 관한 처분에 대한 심사의 청구는 직업안정기관의 장을 거쳐 심사관에게 하여야 한다.

② 직업안정기관 또는 근로복지공단은 심사청구서를 받은 날부터 5일 이내에 의견서를 첨부하여 심사청구서를 심사관에게 보내야 한다.

⑷ **결정**

① 심사청구에 따른 심사를 행하기 위하여 <u>고용노동부에 고용보험심사관</u>(이하 "심사관"이라 한다)을 둔다.

② 심사관은 심사청구를 받으면 <u>30일 이내</u>에 그 심사청구에 대한 결정을 하여야 한다. 다만, 부득이한 사정으로 그 기간에 결정할 수 없을 때에는 한 차례만 10일을 넘지 아니하는 범위에서 그 기간을 연장할 수 있다.

③ 결정은 심사청구인 및 직업안정기관의 장 또는 근로복지공단에 결정서의 정본을 보낸 날부터 효력이 발생한다.

④ 결정은 원처분등을 행한 직업안정기관의 장 또는 근로복지공단을 기속(羈束)한다.

⑸ **심사청구인의 지위 승계**

심사청구인이 사망한 경우 그 심사청구인이 실업급여의 수급권자이면 <u>유족</u>이, 그 외의 자인 때에는 상속인 또는 심사청구의 대상인 원처분등에 관계되는 권리 또는 이익을 <u>승계한 자</u>가 각각 심사청구인의 지위를 승계한다.

3. 재심사청구

⑴ **재심사청구 대상**

① 심사청구에 대한 결정에 이의가 있는 자는 <u>고용보험심사위원회</u>(심사위원회)<u>에 재심사를 청구</u>할 수 있다(법 제87조 제1항 후단).

② 재심사 청구는 시효중단에 관하여 재판상의 청구로 본다(법 제87조 제3항).

⑵ **재심사 청구기간**

재심사의 청구는 <u>심사청구에 대한 결정이 있음을 안 날부터 90일 이내</u>에 제기하여야 한다.

⑶ **재심사청구절차**

재심사의 청구는 <u>원처분등을 행한 직업안정기관의 장 또는 근로복지공단</u>을 상대방으로 한다.

⑷ **재심사청구에 대한 심리 · 재결**

① 재심사를 하게 하기 위하여 고용노동부에 심사위원회(이하 "심사위원회"라 한다)를 둔다.

② 심사위원회의 재심사청구에 대한 <u>심리는 공개</u>한다. 다만, 당사자의 양쪽 또는 어느 한 쪽이 신청한 경우에는 공개하지 아니할 수 있다.

③ 심사위원회는 <u>재심사의 청구를 받으면 50일 이내에 **재결**</u>을 하여야 한다. 다만, 부득이한 사정으로 재결기간에 재결할 수 없을 때에는 한 차례만 10일을 넘지 아니하는 범위에서 그 기간을 연장할 수 있다.

4. 다른 법률과의 관계

(1) 재심사의 청구에 대한 재결은 「행정소송법」 제18조를 적용할 경우 행정심판에 대한 재결로 본다(법 제104조 제1항).

(2) 심사 및 재심사의 청구에 관하여 「고용보험법」에서 정하고 있지 아니한 사항은 「행정심판법」의 규정에 따른다(법 제104조 제2항).

12 「국민연금법」상의 처분 등에 대한 심사청구 및 재심사청구

1. 서설

국민연금에 관한 처분에 대한 불복절차도 심사청구와 재심사청구의 2단계로 이루어져 있다.

2. 심사청구

(1) 심사청구 대상

국민연금공단 또는 국민건강보험공단의 가입자의 자격, 기준소득월액, 연금보험료, 그 밖의 「국민연금법」에 따른 징수금과 급여에 관한 처분에 이의가 있는 자는 그 처분을 한 국민연금공단 또는 국민건강보험공단에 심사청구를 할 수 있다.

(2) 기간

심사청구는 그 처분이 있음을 안 날부터 90일 이내에 문서로 하여야 하며, 처분이 있은 날부터 180일을 경과하면 이를 제기하지 못한다.

(3) 결정

① 심사청구 사항을 심사하기 위하여 국민연금공단에 국민연금심사위원회를 두고 국민건강보험공단에 징수심사위원회를 둔다(법 제109조 제1항).

② 국민연금공단은 심사청구를 받은 날부터 60일 이내에 결정을 하여야 한다. 다만, 부득이한 사정이 있는 경우에는 30일을 연장할 수 있다.

3. 재심사청구

(1) 재심사청구 대상 및 청구기간

심사청구에 대한 결정에 불복하는 자는 그 결정통지를 받은 날부터 90일 이내에 국민연금재심사위원회에 재심사를 청구할 수 있다.

(2) 재심사청구 절차

① 재심사청구를 하려는 자는 재심사청구서를 그 심사청구에 대한 결정을 한 국민연금공단 또는 국민건강보험공단이나 보건복지부장관에게 제출하여야 한다.

② 국민연금공단 또는 국민건강보험공단은 재심사청구서를 제출받으면 재심사청구서를 받은 날부터 10일 이내에 그 재심사청구서를 보건복지부장관에게 보내야 한다.

(3) 재심사청구에 대한 재결

심사청구에 대한 결정에 불복하여 재심사청구를 하는 사항을 심사하기 위하여 보건복지부에 국민연금재심사위원회를 두고 있다(법 제111조).

4. 행정심판과의 관계

(1) 재심사위원회의 재심사와 재결에 관한 절차에 관하여는 「행정심판법」을 준용한다(법 제112조 제1항).

(2) 재심사청구 사항에 대한 재심사위원회의 재심사는 「행정소송법」 제18조를 적용할 때 「행정심판법」에 따른 행정심판으로 본다(법 제112조 제2항).

행정사
조장형 행정사실무법

PART

02

비송사건절차법

제1절 당사자

01 비송사건의 개념

1. 비송사건의 의의

비송사건이란 법원의 관할에 속하는 민사사건 중 <u>소송절차로 처리하지 않고 사권관계의 형성·변경·소멸에 법원이 후견적 입장에서 관여하는 사건</u>을 말한다.

2. 비송사건의 종류

(1) 협의의 비송사건

「비송사건절차법」에 규정되어 있는 사건과 개별법에서 「비송사건절차법」에 의해 처리되어야 할 것을 규정하고 있는 사건을 협의의 비송사건이라고 한다. 보통의 비송사건이라 함은 협의의 비송사건을 말한다.

(2) 광의의 비송사건

「비송사건절차법」에서 정하고 있는 사건 외에 「가사소송법」상의 가사비송사건, 「채무자 회생 및 파산에 관한 법률」상의 회생사건, 파산사건, 경매사건, 「부동산등기법」상의 가등기가처분사건, 형식적 형성소송이라고 하는 상속재산분할청구사건, 공유물분할청구사건, 부의 결정의 소, 토지경계 확정의 소 등을 비송사건으로 보고 있다. 그 밖에 민사조정, 가사조정, 등기공무원의 처분에 대한 이의, 가족관계 등록기록의 결정사건 등이 있다.[1]

3. 「비송사건절차법」의 지위

「비송사건절차법」은 협의의 비송사건을 직접 규율하고 있을 뿐만 아니라, 그 총칙편은 법원의 관할에 속하는 비송사건 중 「비송사건절차법」 또는 그 밖의 다른 법령에 특별한 규정이 있는 경우를 제외한 모든 사건에 적용된다(법 제1조). 따라서 「비송사건절차법」은 광의의 비송사건 절차에 관한 일반법으로서의 지위를 갖는다.

---

[1] 다만, 과태료사건은 「비송사건절차법」에 규정되어 있기는 하지만 사권관계의 형성·변경·소멸에 관한 것이 아니라는 점에서 엄밀하게는 비송사건이라고 할 수 없으나 편의상 「비송사건절차법」에 규정되어 있다.

02 비송사건과 민사소송사건의 구별기준 및 차이점 ★ 제9회 기출

1. 구별기준

민사소송사건은 민사사건을 대상으로 당사자 간의 법적분쟁을 법원이 강제적으로 해결하는 사건이다. 비송사건은 민사소송사건에 비해 법규적용 또는 강제적인 요소를 결여한 재판절차라는 점에서 구별된다.

2. 차이점

(1) 민사소송사건

민사소송은 「민법」·「상법」 등 사법(私法)에 의하여 규율되는 대등한 주체 사이의 신분상 또는 경제상 생활관계에 관한 사건에 관한 소송으로 다음과 같은 특징이 있다.

① 대립하는 이해당사자를 전제로 하는 소의 제기를 통한 분쟁절차
② **공**개주의·**처**분권주의·**변**론주의원칙과 필요적 변론, 엄격한 증명의 방식
③ 재판의 형식은 판결로 하고, 판결에는 기판력, 기속력 인정
④ 불복방법은 항소와 상고라는 상소
⑤ 변호사만이 소송대리

(2) 비송사건

비송사건은 법원이 후견적으로 개입하여 분쟁을 신속히 해결한다는 점에서 민사소송절차와는 다른 다음의 특징이 있다.

① 이해당사자의 대립구조가 아닌 편면적 구조로 분쟁의 쟁송성이 없는 경우의 존재 가능
② 비공개주의·처분권주의 배제(직권주의)·변론주의 배제(직권탐지주의)의 원칙과 임의적 변론, 자유증명의 방식
③ 재판의 형식은 결정에 의하고 기판력 결여, 기속력이 제한되어 사정변경에 의한 취소나 변경이 가능
④ 불복방법은 항고와 재항고
⑤ 변호사가 아니더라도 비송사건 대리 가능
⑥ 법원이 합목적적 재량을 통해 간이한 절차로 신속하게 탄력적인 결정 가능

03 비송사건절차의 특징 ★ 제7회 기출

1. 비송사건

비송사건이란 법원의 관할에 속하는 민사사건 중 소송절차로 처리하지 않고 사권관계의 형성·변경·소멸에 법원이 후견적 입장에서 관여하는 사건을 말한다.

2. 비송사건의 특징

(1) 직권주의(처분권주의 배제)

절차의 개시, 절차의 진행(심판의 대상과 범위), 절차의 종결에 대하여 당사자가 아닌 법원이 주도권을 가지는 것을 말한다. 이는 민사소송에서의 처분권주의[2]와는 구별되는 특징이다.

(2) 직권탐지주의(변론주의 배제)

재판자료의 수집·제출의 책임을 당사자가 아닌 법원이 지게 되어 있는 원칙을 말한다. 이는 민사소송에서의 사실과 증거의 수집·제출의 책임을 당사자에게 맡기고, 당사자가 수집·제출한 소송자료만을 재판의 기초로 삼는 변론주의와는 구별되는 특징이다.[3]

(3) 비공개주의

민사소송의 재판은 판결로 하며 공개주의 원칙이나, 비송사건의 재판은 결정으로 하며 비공개주의를 원칙으로 한다. 다만, 민사비송사건 중 재판상의 대위에 관한 사건은 비송사건이지만 심리를 공개하도록 규정되어 있다.

(4) 기판력의 결여

① 민사소송의 재판은 기판력[4]이 인정되나 비송사건에 대한 재판은 국가가 후견인적 입장에서 실체적 진실주의에 입각하여 사건을 처리하는 절차이므로 기판력을 부정하는 것이 통설이다.
② 법원은 당사자가 같은 내용의 신청을 다시 하는 것을 허용하며, 후소법원도 본래의 결정과 다른 결정을 할 수 있다.

---

2 "처분권주의"라 함은 절차의 개시, 절차의 진행(심판의 대상과 범위), 그리고 절차의 종결에 대하여 당사자에게 주도권을 주어 그 처분에 맡기는 원칙을 말한다. 흔히 처분권주의를 변론주의와 혼동하는 경우가 있지만, 처분권주의는 당사자의 '소송물'에 대한 처분자유를 뜻하는 것임에 비하여, 변론주의는 당사자의 '소송자료'에 대한 수집책임을 뜻하는 것이므로 양자는 구별되는 개념이다. 처분권주의와 변론주의를 포괄하여 "당사자주의"라는 개념도 쓰이며, 이 개념이 직권주의에 대응되는 것이다.

3 「비송사건절차법」 제11조는 "법원은 직권으로 사실의 탐지와 필요하다고 인정하는 증거의 조사를 하여야 한다"라고 규정하여 직권탐지주의를 원칙으로 하고 있다.

4 기판력이라 함은 법적안정성을 위해 확정된 종국판결의 내용이 당사자와 후소 법원을 구속하는 힘(소송법상 효력)을 말한다.

(5) 기속력의 제한

① 민사소송의 재판은 기속력[5]이 인정되나, 비송사건에 대한 재판은 원칙적으로 기속력이 배제되고 예외적으로 기속력을 인정하고 있다.

② 「비송사건절차법」 제19조 제1항에서 "법원은 재판을 한 후에 그 재판이 위법 또는 부당하다고 인정한 때에는 이를 취소 또는 변경할 수 있다"라고 규정하여 비송사건절차에서는 원칙적으로 기속력이 배제됨을 명문화하고 있다. 다만, 신청에 의하여서만 재판을 하여야 하는 경우에 신청을 각하한 재판에 대하여 신청에 의하지 않고는 이를 취소·변경할 수 없으며(법 제19조 제2항),[6] 즉시항고로써 불복을 할 수 있는 재판에 대해서는 이를 취소·변경할 수 없도록 하여(법 제19조 제3항) 예외적으로 기속력을 인정하고 있다.

(6) 간이주의

① 간이주의란 비송사건절차의 가장 현저한 특색으로, 절차를 가능한 한 간이·신속히 행하고 시간·노력 및 비용의 절약을 도모하고 있다.

② 제도적 구현형태로 심문의 비공개, 조서작성의 간이화, 이유를 붙이지 아니한 결정, 적당하다고 인정하는 방법에 의한 재판의 고지 등이 있다.

04 비송사건의 관할 ★★

1. 개념

(1) 비송사건의 재판기관은 좁은 의미의 법원으로 본안 소송사건을 심리하는 수소법원과 강제집행을 수행하는 집행법원이 있다.[7]

(2) 관할이라 함은 재판권을 행사하는 여러 법원 사이의 재판권의 분담관계를 정해놓은 것을 말한다.

(3) 관할의 종류에는 심급관할, 사물관할, 토지관할이 있다.

---

5 (재판의) 기속력이란 법원이 사건에 대하여 심리·판결한 경우에 그 판결에 어떠한 위법이나 부당함이 있다 하더라도 판결법원 스스로가 이를 자유로이 취소·변경할 수 없다는 것을 의미한다. 재판을 한 법원 자신에 대한 구속력이다(=자기구속력, 법원자신에 대한 구속력).

6 이러한 재판에 대하여는 그 성질상 신청인 이외에 달리 그로 인하여 권리를 침해당한 자는 없다고 할 것이기 때문이다.

7 재판기관은 직업법관으로 구성되고, 1인의 법관으로 구성되는 단독제와 수인의 법관으로 구성되는 합의제가 있다.

2. 심급관할

(1) 심급관할이란 **법**원 간의 **심**판의 **순**서, 상소관계에 있어서의 관할을 말한다.

(2) 비송사건에 있어서 제1심법원은 지방법원과 동지원이 되고, 제2심법원은 지방법원 단독판사의 제1심 결정·명령에 대해서는 지방법원 본원 합의부가 지방법원 합의부의 제1심 결정·명령에 대해서는 고등법원이 되며, 제3심법원은 항고법원의 결정·명령에 대한 재항고사건에 대해서 대법원이 관할법원이 된다.

3. 사물관할

(1) 사물관할이란 **사**건의 경중 또는 성질을 기준으로 **재**판권의 **분**담관계를 정해 놓은 것을 말한다.

(2) 비송사건의 경우 <u>각종의 사건마다 개별적으로 규정</u>하고 있으며, <u>합의부가 관할한다는 특별한 규정이 없는 한 단독판사가 관할</u>한다.

4. 토지관할 ★ 제3회·제11회 기출

(1) 의의

토지관할이란 소재지를 달리하는 동종 심급의 **법**원 간의 **사**건의 **분**담 관계를 정해 놓은 것을 말한다. [8]

(2) 원칙

「비송사건절차법」은 비송사건의 토지관할에 관한 일반적 규정을 두지 않고, 각각의 사건마다 당사자와 법원의 편의를 고려하여 개별적으로 토지관할을 규정하고 있다. [9]

(3) 특칙

「비송사건절차법」 제2조는 토지관할이 주소에 의하여 정하여질 경우에 아래와 같은 특칙을 마련하고 있다.

① 대한민국에 주소가 없을 때 또는 대한민국 내의 주소를 알지 못할 때에는 거소지의 지방법원이 사건을 관할한다.

② 거소가 없을 때 또는 거소를 알지 못할 때에는 마지막 주소지의 지방법원이 관할한다.

③ 마지막 주소가 없을 때 또는 그 주소를 알지 못할 때에는 재산이 있는 곳 또는 대법원이 있는 곳을 관할하는 지방법원이 관할한다.

---

8 전국에 설치되어 있는 같은 심급의 법원 상호간의 지역에 따른 사건의 관할문제를 말한다.

9 토지관할의 결정표준으로는 사람의 주소지, 주된 사무소 소재지, 물건소재지. 채무이행지, 소송계속지 등 다양하다.

05 우선관할 및 이송과 관할법원의 지정 ★ 제3회·제10회·제11회 기출

1. 우선관할

관할법원이 여러 개인 경우에는 **최**초로 사건을 **신**청받은 법원이 그 사건을 관할하게 되는데, 이렇게 정해지는 관할을 우선관할이라 한다.

2. 이송 제11회 기출

(1) 개념

우선관할에 의하여 정해진 법원이 사건을 심리하는 것이 부적당한 경우 그 법원은 신청 또는 직권으로 적당하다고 인정하는 다른 법원에 이송할 수 있다. 신청에 의한 이송은 신청이송이고 직권에 의한 이송은 재량이송이라 한다.

(2) 이송(재판)의 효력 제10회 기출

① 사건을 이송받은 법원은 이송결정에 따라야 하고, 사건을 다시 다른 법원에 이송하지 못한다.

② 이송결정이 확정되면 사건은 처음부터 이송받은 법원에 계속된 것으로 본다.

③ 이송결정이 확정되면 결정의 정본을 소송기록에 붙여 이송받을 법원 등에게 보내야 한다.

(3) 불복

이송재판으로 권리를 침해받은 자는 항고할 수 있다(법 제20조 제1항).

(4) 관할위반의 이송

「비송사건절차법」에는 이에 대한 명문의 규정은 없으나, 판례는 민사소송으로 소를 제기하여야 할 것을 비송사건으로 신청하였다면 부적합한 신청으로 각하하여 이송을 부정하는 입장이다.

3. 관할법원의 지정 ★ 제3회 기출

(1) 의의

관할법원의 지정이란 여러 개의 법원의 토지관할에 관하여 의문이 있을 때에 관할을 지정하는 것을 말한다.

(2) 절차

① 관할법원의 지정은 관계법원에 공통되는 <u>바로 위 상급법원이 신청에 의하여 결정함으로써</u> 한다. [19]

② 이 결정에 대하여는 불복신청을 할 수 없다(법 제4조 제2항). 그러나 관할법원의 지정 신청을 각하한 경우에는 항고할 수 있다(법 제20조 제2항).

06 법원 직원의 제척 · 기피 · 회피 ★

1. 제도의 취지

재판의 독립성과 중립성을 담보하기 위한 제도이다. 「비송사건절차법」은 비송사건에도 법원 직원의 제척과 기피에 관한 「민사소송법」의 규정을 준용하도록 규정하고 있다(법 제5조). 여기서 법원 직원에는 법관 및 법원사무관등을 모두 포함한다.

2. 제척

(1) 의의

법관이 구체적인 사건에 대하여 법률에서 정한 특수한 관계에 있는 때 <u>법률상 당연히</u> 그 사건에 대한 직무집행을 할 수 없게 되는 경우를 말한다(민소법 제41조).

(2) 제척사유(법 제10조 제1항)

① 법관 또는 그 배우자나 배우자이었던 사람이 사건의 **당**사자가 되거나, 사건의 당사자와 공동권리자 · 공동의무자 또는 상환의무자의 관계에 있는 때

② 법관이 당사자와 **친**족의 관계에 있거나 그러한 관계에 있었을 때

③ 법관이 사건에 관하여 **증**언이나 감정(鑑定)을 하였을 때

④ 법관이 사건당사자의 **대**리인이었거나 대리인이 된 때

⑤ 법관이 불복사건의 이전심급의 재판에 **관**여하였을 때. 다만, 다른 법원의 촉탁에 따라 그 직무를 수행한 경우에는 그러하지 아니하다.

3. 기피

법원직원에 대하여 제척원인 이외의 <u>재판의 공정을 의심할 만한 사유</u>가 있을 때 당사자의 신청에 의하여 재판을 통하여 그 사건에 대한 직무집행에서 배제되는 것을 말한다(민소법 제48조).

---

[19] 예를 들어 수원지방법원 여주지원과 평택지원의 각 단독판사 사이의 토지관할에 의문이 있을 경우 바로 위 상급법원은 수원지방법원 합의부가 되며, 같은 경우에 합의 사건이라면 서울고등법원이 바로 위 상급법원이 된다.

4. 회피

법관이 제척이나 기피사유가 있는 경우 스스로 심리·의결에서 물러나는 제도를 말한다.[11]

07 법률상 공조

1. 의의

법원은 각각 업무범위와 관련해서 일정한 관할구역이 있고, 각 법원은 관할구역 내에서만 직무를 집행하는 것이 원칙이다. 그러나 그 직무수행에 있어서는 일정한 행위의 경우 불가피하게 다른 법원의 도움을 받아야 할 경우가 발생한다. 이 경우 법원이 서로 보조하는 것을 법률상 공조라 한다.

2. 촉탁이 허용되는 경우

법률상 공조는 촉탁에 의한다. 공조를 촉탁할 수 있는 행위는 사실탐지, 소환, 고지와 재판의 집행에 관한 행위가 여기에 해당한다(법 제12조). 그리고 증인, 감정인의 조사의 경우에도 「민사소송법」이 준용되므로 다른 법원에 촉탁할 수 있다(법 제10조).

08 당사자 ★★

1. 비송사건에서의 당사자

비송사건에서의 당사자란 당해 비송사건을 신청하거나 종국재판에 의해 직접 그 권리와 의무에 영향을 받는 자를 말한다.[12]

2. 당사자능력

(1) 의의

당사자능력이란 비송사건의 당사자가 되기 위한 갖추어야 할 능력을 말한다.

---

11 법관은 제척이나 기피 사유가 있는 경우에는 감독권이 있는 법원의 허가를 받아 회피할 수 있다(민소법 제49조). 다만, 회피는 제척·기피와 달리 별도의 재판을 요하는 것은 아니고 법원의 허가를 요할 뿐이다.

12 비송사건에서는 절차에 주체적으로 관여하는 지위에 있는 사람(형식적 당사자)도 있고 재판의 명의인이 되어 그 효력을 직접 받는 사람(실질적 당사자)도 있다. 비송사건에서의 당사자라 함은 형식적 당사자와 실질적 당사자를 모두 포함하는 것으로 보는 것이 일반적이다. 사건의 신청인, 재판을 받을 수 있는 자이거나 항고인이 될 수 있는 자가 이에 해당한다고 할 수 있다.

(2) 자연인과 법인

「비송사건절차법」에는 자연인과 법인에 대한 당사자 능력에 관한 규정을 두고 있지 않으나 「민사소송법」을 준용하여 자연인과 법인에게 당사자 능력이 인정된다.

(3) 권리능력 없는 사단·재단

「비송사건절차법」에는 권리능력 없는 사단·재단에 대한 당사자 능력에 관한 규정을 두고 있지 않으나, 다수설은 권리능력 없는 사단·재단도 현실적으로 비송사건의 당사자가 될 필요성이 있다는 이유로 「민사소송법」을 준용하여 이를 긍정하고 있다.

(4) 당사자 능력이 없는 자의 비송행위의 효력

당사자 능력이 없는 자가 행한 신청이나 항고 등은 법률상 당연히 무효이다.

3. 비송행위능력

(1) 의의

비송행위능력이란 민사소송에서의 소송능력에 대응하는 개념으로 <u>당사자로서 스스로 유효하게 비송행위를 하거나 또는 그 상대방이 될 수 있는 비송절차능력</u>을 말한다.

(2) 비송행위 무능력자

「민법」상 제한능력자인 미성년자 또는 피성년후견인, 피한정후견인은 원칙적으로 비송능력이 없으므로 이들의 비송행위는 법률상 당연히 무효이다.

09 다수당사자(당사자가 수인인 경우) ★

1. 개념

비송사건절차에서 <u>여러 사람이 당사자가 되는 것을 예정하고 있는 경우</u>가 있다. 이때 법원은 각각의 사건에 대해 절차의 진행과 재판을 어떻게 해야 할 것인가가 문제된다.

2. 유형

(1) 독립신청의 경우

수인의 이해관계인들의 신청은 각각 독립된 것이므로 그중 어느 하나의 신청이 취하되거나 각하되어도 다른 사건에 영향을 미치지 않는다.[13]

---

13 예 「상법」 제176조의 해산명령(이해관계인, 검사, 직권)

(2) 일정수 이상의 공동신청인이 필요한 경우

법률상 반드시 수인의 공동신청을 필요로 하는 것은 아니나, 일정수 이상의 신청인의 공동신청으로서만 신청요건이 충족되는 경우이다. 신청요건은 비송사건 재판시까지 충족해야 하며, 1인의 취하에 의하여 신청요건이 미충족하게 되면, 그 신청은 부적법하게 된다. [14]

(3) 반드시 공동신청을 필요로 하는 경우(=공동신청사건)

법률상 반드시 이해관계인 전원이 공동으로 신청하여야 하는 공동신청사건의 경우이다. 따라서 법률이 요구하는 신청인의 일부가 결여되었다면 보정이 없는 한 그 신청은 부적법하게 된다. [15]

(4) 수 개의 신청사건을 병행심리 · 재판해야 하는 경우

법률의 규정상 공동의 신청사건은 아니나 수 개의 신청사건을 병행해서 심리하고 재판할 것이 요구되는 사건이 있다. 다만, 이들 사건은 공동신청사건이 아니므로 각 신청인은 자유롭게 신청을 취하할 수 있다. [16]

3. 비송사건에서의 선정당사자 ★

(1) 의의

공동의 이해관계가 있는 여러 사람이 공동소송인이 되어 소송을 할 경우에 그 가운데서 모두를 위해 소송을 수행할 당사자로 선출된 자를 말한다. [17]

(2) 비송사건의 선정당사자제도 준용 여부

「비송사건절차법」은 소송능력자이기만 하면 변호사가 아니더라도 다른 아무 제한 없이 대리인이 되는 것을 허용하고 있으므로 선정당사자에 관한 「민사소송법」의 규정을 준용할 별다른 실익이 없다. 판례도 비송사건에서 선정당사자를 부정하고 있다.

4. 보조참가

「비송사건절차법」에는 보조참가에 관한 「민사소송법」의 준용규정 없으나, 판례는 비송사건에서 보조참가를 허용해도 불합리할 것은 없다고 보아 보조참가를 허용하고 있다.

---

14 📖 「상법」 제366조, 소수주주의 주주총회소집사건(발행주식 총수의 3/100 이상에 해당하는 주주)

15 📖 납입금보관자 등의 변경허가신청사건(발기인 또는 이사의 공동신청), 유한회사와 주식회사의 합병인가신청사건(합병을 할 쌍방회사의 이사와 감사 전원의 공동신청)

16 📖 「상법」 제335조의5의 주식매수가액 산정사건, 「상법」 제432조의 신주발행무효가 확정된 경우 환급금 결정사건

17 선정당사자는 효율적인 심리를 위한 제도로 공동의 이해관계 있는 다수자 전원이 소송담당자가 되어 변론의 복잡성, 절차의 번거로움을 해소시켜 준다.

10 비송사건의 대리 ★★★ 제4회 · 제8회 기출

1. 비송대리인

(1) 의의

당사자를 대리하여 비송행위를 하는 자를 말한다.

(2) 대리인의 자격

비송대리인의 자격에 관하여는 변호사로 자격을 제한하는 「민사소송법」과 달리 「비송사건절차법」에는 별도의 규정이 없으므로 비송사건의 관계인은 소송능력자에게 비송행위를 대리시킬 수 있다(법 제6조 제1항 본문).

(3) 대리권의 범위

대리권의 범위는 위임계약에 의해 정해지나, 그 취지가 분명하지 않은 경우에는 대리인은 해당 사건의 모든 행위를 할 수 있다. 다만, 신청의 취하, 항고의 제기 및 그 취하에 대해서는 특별수권이 필요하다.

2. 대리권의 증명

(1) 원칙

비송대리인의 수권방식은 자유이나, 대리권의 존재와 범위는 서면(⑩ 위임장)으로 증명해야 한다.

(2) 증명방식

① 대리권의 증명서면이 사문서일 때에는 법원은 공증인 또는 공증사무를 행하는 자의 인증을 받을 것을 그 비송대리인에게 명할 수 있다(법 제7조 제1항).
② 사문서에 관계공무원 또는 공증인의 인증을 받을 뜻의 명령에 대하여는 <u>불복의 신청을 할 수 없다</u>(법 제7조 제2항).

3. 비송대리가 허용되지 않는 경우 ★★

(1) 본인출석명령

법원은 직접 본인의 진술을 들어야 할 필요가 있는 때에는 당사자 본인을 출석하도록 명령할 수 있다. 이때에는 대리가 허용되지 아니하고 본인이 직접 출석하여 진술하여야 한다(법 제6조 제1항 단서).

(2) 퇴정명령

법원은 변호사가 아닌 자로서 대리를 영업으로 하는 자의 대리를 금하고 퇴정을 명할 수 있다. 법원의 퇴정명령에 대하여는 불복신청을 할 수 없다(법 제6조 제2항).

4. 대리행위의 효력

(1) 대리권이 있는 경우

비송대리인이 그 대리권의 범위 내에서 행한 비송행위는 직접 본인에게 효력이 생긴다.

(2) 대리권이 없는 경우

비송대리인으로서 비송행위를 한 자가 무권대리인인 경우에는 그 비송행위는 무효가 되므로 법원은 부적법 각하한다.[18]

5. 당사자의 사망과 비송대리권의 소멸 여부

비송사건은 ① 절차의 중단이 없는 점, ② 일신전속권이 아닌 한 상속인에게 절차를 직권으로 승계시키는 점을 고려하면 당사자가 사망하더라도 비송대리권은 소멸하지 않는다.

---

[18] 다만 법원이 이를 간과하고 재판을 하였을 경우 그 재판이 당연무효가 되지 않고 그 재판으로 인하여 권리를 침해당한 자는 항고할 수 있을 뿐이다(법 제20조 제1항).

제2절 비송사건의 절차

01 절차의 개시

1. 개념

비송사건절차는 당사자의 신청으로 개시되는 <u>신청사건</u>, 검사의 청구로 개시되는 <u>검사청구사건</u>, 법원의 직권으로도 개시되는 <u>직권사건</u>이 있다.

2. 절차개시의 유형 ★★★ 제9회 기출

(1) 신청사건

① 신청사건은 당사자의 신청에 의해서만 절차가 개시되는 사건으로 비송사건의 대부분은 신청에 의하여 개시된다.

② 신청사건은 절차의 대상도 신청에 의하여 정해지고, 신청의 취하에 의하여 절차가 종료된다.

(2) 검사청구사건

① 검사의 청구로 절차가 개시되는 사건을 말한다. 다만, 검사청구사건의 경우 청구권자로 검사만 규정하고 있는 경우는 없고 이해관계인의 청구나 법원의 직권을 절차개시요건으로 함께 규정하고 있다.

② 검사청구사건은 공익에 미치는 영향이 크기 때문에 검사가 공익의 대표자로서 관여하는 것이다.

③ 법원, 그 밖의 관청, 검사와 공무원은 그 직무상 검사의 청구에 의하여 재판을 하여야 할 경우가 발생한 것을 알았을 때에는 이를 관할법원에 대응한 검찰청 검사에게 통지하여야 한다(법 제16조).

(3) 직권사건

과태료 사건과 같이 당사자의 신청이 없더라도 법원이 일정한 처분을 하거나 또는 절차를 개시할 수 있는 사건을 직권사건이라고 한다.

✦ **검사의 청구에 의해 개시되는 사건**

법인에 관한 사건	• **재**단법인의 정관 보충사건(민법 제44조) - 이해관계인, 검사 • **임**시이사 및 **특**별대리인의 선임사건(민법 제63조, 제64조) - 이해관계인, 검사 • **청**산인의 선임 · 해임사건(민법 제83조, 제84조) - 이해관계인, 검사, 법원직권
회사에 관한 사건	• 회사의 **해**산명령사건(상법 제176조) - 이해관계인, 검사, 법원직권 • 외국회사의 **영**업소 폐쇄명령사건(상법 제619조) - 이해관계인, 검사 • 법원에 의한 청산인의 선임사건(상법 제252조, 제269조, 제542조, 제613조) - 이해관계인, 검사, 법원직권

3. 신청의 방식

(1) 신청사건

1) 서면신청

① 서면신청을 하는 경우 신청서에 법정 기재사항을 적고 신청인 또는 대리인이 기명날인하거나 서명하여야 한다. 증거서류가 있는 경우 그 원본 또는 등본을 신청서에 첨부하여야 한다.

② 신청방식에 흠결이 있는 경우 법원은 상당기간을 정하여 보정을 명한 후 신청인이 그 보정을 하지 않을 때 그 신청을 부적법 각하한다.

2) 구술신청

말로 신청한 경우, 법원사무관 등은 이 경우에 신청서에 기재하여야 할 사항을 신청 취지에 따라 조서를 작성하고 이에 기명날인하여야 한다.

(2) 검사청구사건

청구방식에 관하여는 특별한 규정은 없으나 책임소재를 명확히 하고 사건 취급을 신중히 하기 위해 구술에 의한 청구는 허용되지 않고 반드시 서면에 의해야 한다.

(3) 직권사건

관계 행정청 등의 통지나 통고서 그 밖에 이에 준하는 자료의 제출에 의하여 법원이 절차를 개시하는 것이 보통이다. 법원의 직권에 의해 개시되는 사건으로는 ① 회사 등 법인에 관한 **청**산인의 선임 또는 해임사건, ② 회사의 **해**산명령사건, ③ **과**태료사건 등이 있다.

02 기일 · 기간 및 송달 ★★ 제10회 기출

1. 기일 ★ 제10회 기출

(1) 의의

기일이란 비송사건절차에 관하여 법원, 당사자, 그 밖의 관계인이 일정한 장소에 모여 비송행위를 하는 시간을 말한다. 비송사건의 기일에는 심문기일과 증거조사기일이 있다.[19]

(2) 기일의 지정 및 기일의 변경 · 연기 · 속행

① 기일의 지정은 직권으로 또는 당사자의 신청에 따라 재판장이 한다.

② 기일의 변경 · 연기 · 속행은 모두 법원이 직권으로 행한다. 따라서 당사자의 합의에 의한 기일의 변경은 허용되지 아니한다.

(3) 기일의 통지

기일은 기일통지서의 송달에 의하여 통지하되, 그 사건으로 출석한 사람에게는 기일을 직접 고지하면 족하다.[20]

(4) 검사에 대한 심문기일의 통지

법원은 심문기일을 검사에게 통지하여 검사가 심문에 참여할 수 있도록 하여야 한다. 이는 공익의 대표자인 검사에게 비송사건에 관하여 의견을 진술하고 심문에 참여할 수 있도록 기회를 주기 위한 것이다.

2. 기간

(1) 비송사건의 기간에 관하여는 「민사소송법」의 규정이 준용된다.

(2) 기간의 계산은 「민법」의 규정이 준용되어 초일불산입의 원칙이 적용되고, 기간의 말일이 토요일 또는 공휴일에 해당한 때에는 기간은 그 익일로 만료된다.

3. 송달

(1) 의의

송달이란 소송절차상 필요한 서류를 법정의 방식에 의하여 소송관계인에게 교부하거나 교부를 받을 기회를 주는 법원의 통지행위를 말한다.

---

[19] 비송사건의 기일에 대하여는 「비송사건절차법」의 명문규정은 없고 「민사소송법」을 준용하므로(법 제10조), 기일의 지정, 통지, 개시에 대하여는 「민사소송법」의 규정은 그대로 비송사건의 기일에도 적용된다.

[20] 「민사소송법」 제167조 제1항

(2) 원칙(고지방식의 자유)

재판의 고지는 법원이 <u>적당하다고 인정하는 방법</u>으로 한다(법 제18조 제2항 본문). 따라서 재판이나 기타 사항에 대해 자유로운 방법으로 고지할 수 있다.

(3) 예외

① 기일통지

당해사건으로 출석한 자가 아닌 경우에 기일의 통지는 송달에 의하여야 한다.

② 공시송달

고지받을 자의 주소나 거소의 불명 등으로 인하여 통상의 방법으로써 고지할 수 없을 때에는 공시송달의 방법에 의할 수 있다. 공시송달은 「민사소송법」의 규정에 의한다(법 제18조 제2항 단서).

(4) 송달의 방법

비송사건절차에서 송달의 방법으로 고지를 하는 경우, 「비송사건절차법」에는 송달에 관한 규정이 없으므로 송달기관, 방식, 촉탁, 효력 등은 모두 「민사소송법」의 규정에 의한다.

03 절차의 진행 ★★

1. 직권주의

(1) 절차의 개시

비송사건절차는 당사자의 신청에 의해서 뿐만 아니라, 당사자의 신청이 없더라도 법원이 직권으로 개시하는 경우가 있다. 또한 신청사건이든 법원의 직권사건이든 <u>일단 절차가 개시된 후에는 법원이 직권으로 절차를 진행한다.</u>

(2) 절차의 진행

비송사건절차에서의 심판의 대상과 범위는 당사자의 신청에 구속되지 않으며, 법원은 당사자가 신청하지 아니한 경우라도 심판하여야 한다. 따라서 기일의 지정·변경, 송달, 사실의 탐지 및 증거조사 등은 원칙적으로 직권으로 수행되며 당사자의 신청에 구애받지 않는다.

(3) 절차의 종결

비송사건절차에서는 원칙적으로 신청의 포기, 인락 또는 화해에 의한 절차의 종결이 허용되지 않는다. 또한 법원의 직권으로만 개시되는 사건에 대해서는 취하가 인정되지 않는다.

2. 절차의 중단

(1) 의의

절차의 중단이란 당사자나 소송 행위자에게 소송수행을 할 수 없는 사유가 발생하였을 경우 새로운 소송 수행자가 나타나 소송에 관여할 수 있을 때까지 법률상 당연히 절차의 진행이 정지되는 것을 말한다.

(2) 비송사건의 경우

비송사건에서는 절차의 진행은 법원이 직권으로 운영하기 때문에 민사소송과 달리 중단에 대한 관념이 없다. 따라서 「민사소송법」상의 중단사유가 발생하더라도 비송사건절차는 계속 진행된다.

3. 절차의 승계(= 비송사건에서 당사자의 사망과 승계)

(1) 비송사건 절차가 당사자의 신청으로 개시된 경우(=당사자 신청사건)

① **절차가 종료되는 경우**

일신전속적인 경우로서 <u>신청인의 사망으로 그 비송사건절차의 목적 자체가 소멸되면 비송절차는 당연히 종료된다.</u>

② **절차가 승계되는 경우**

신청인이 절차진행 중에 사망했으나 그 비송사건절차를 통해 신청인이 <u>형성하려고 했던 법률관계가 상속의 대상인 경우</u>에는 절차가 종료하지 않고 상속인에 의해 절차가 승계된다.

(2) 절차가 법원의 직권으로 개시된 경우(=법원 직권사건)

비송절차가 법원의 직권으로 개시된 사건의 경우에도 당사자 사망에 따른 절차의 진행 여부는 그 사건에서 문제된 법률관계가 당사자의 상속인에게 상속되는지를 기준으로 종료·승계 여부를 판단한다.

04 비송사건의 심리 ★★★

1. 개념

<u>심리란 재판에 필요한 사실관계 및 법률관계를 명확히 하기 위하여 법원이 사건을 조사하는 행위</u>를 말한다.

2. 심리방법 ★ 제1회 기출

(1) 임의적 심문

① 비송사건의 재판은 결정으로 하며, 그 심리는 변론을 요하지 않고 일반적으로 심리는 심문의 방법으로 한다. 심문이란 법원이 당사자, 이해관계인 그 밖의 참고인들에게 서면 또는 말로 진술할 기회를 부여하는 것을 말한다.

② 비송사건에서의 심문은 임의적이 원칙이다. 예외적으로 비송사건 중에는 재판 전에 관계인의 의견 또는 진술을 듣도록 규정한 경우도 있다.

(2) 비공개

① 비송사건의 심문은 공개하지 않는다.

② 법원은 심문을 공개함이 적정하다고 인정하는 자에게 방청을 허가할 수 있다. 다만, 재판상의 대위에 관한 사건은 공개한다.

(3) 조서작성의 간이화

법원사무관 등은 증인 또는 감정인의 심문에 관하여는 조서를 작성하고, 그 밖의 심문에 관하여는 필요하다고 인정하는 경우에만 조서를 작성한다(법 제14조).

3. 사실인정에 관한 원칙 제12회 기출

(1) 절대적 진실발견주의

「비송사건절차법」은 사실인정에 대해 절대적 진실발견주의를 채택하여 법원은 자유로운 방법으로 사실조사를 하여 객관적·실체적 진실발견을 할 수 있다.

(2) 직권주의(=당사자의 처분권배제)

비송사건절차에 있어서 사실인정은 법원의 직권으로만 행해지므로 민사소송에서의 처분권주의는 인정되지 않는다. 따라서 청구의 포기·인낙은 부정되고 당사자의 자백에 법원은 구속되지 않는다.

(3) 직권탐지주의

① 법원은 직권으로 사실의 탐지와 필요하다고 인정하는 증거의 조사를 하여야 한다.

② 소송에서는 소송자료의 수집과 제출책임이 당사자에게 있지만(=변론주의), 비송사건의 심리에 있어 사실발견을 위한 자료 수집의 책임과 권능은 법원에 있다.

4. 사실인정의 방법 제12회 기출

(1) 특징

「비송사건절차법」은 사실인정의 방법으로 사실의 탐지와 증거조사 2가지 방법을 규정하고 있다.

(2) 사실의 탐지

① 사실의 탐지는 법원이 자료를 수집하고 사실을 인정하는 방법 중 증거조사를 제외한 것을 말한다.

② 법원은 당사자가 주장하지 않은 사실도 직권으로 수집하여 판결의 기초로 삼아야 한다. 그러나 이러한 수집의무는 무제한적인 것이 아니라 기록에 나타난 사실에 한한다는 것이 판례의 태도이다.

(3) 증거조사 ★ 제7회 기출

① 「민사소송법」은 증거조사로 **증**인, **검**증, **감**정, **서**증과 **당**사자본인심문 등 5가지 방법을 규정하고 있으나, 「비송사건절차법」은 이 중에서 **인증(증인심문)**과 **감정**에 관해서만 「민사소송법」 규정을 준용하고 있다(법 제10조).

② 비송사건의 증거조사 방법의 인정범위와 관련해 견해의 대립이 있으나 인증(증인심문)과 감정만 증거조사의 방법으로 인정되고 나머지 검증, 서증, 당사자본인신문은 모두 사실탐지에 속한다는 의견이 일반적인 견해이다.

③ 증인과 감정인을 심문하는 때에는 비공개로 진행되며, 필요적으로 조서를 작성하여야 한다(법 제14조 전단).

(4) 사실의 탐지 및 증거조사의 촉탁

사실의 탐지 및 증거조사를 다른 지방법원 판사에게 촉탁할 수 있다(법 제12조).

(5) 입증책임

비송사건절차에서는 민사소송에서와 같은 증거제출책임이라는 의미에서의 주관적 입증책임은 없다. 다만, 어떤 사실의 진위가 불명일 때 당해 사실이 존재하지 않는 것으로 취급되어 그 사실을 요건으로 하는 재판을 받는 것이 불가능하여 불이익을 받을 수 있다는 의미에서의 객관적 입증책임은 있다.

(6) 사실인정을 위한 심증의 정도

비송사건에서의 사실인정은 원칙적으로 자유로운 방식의 증명[21]은 필요하나 특별히 소명[22] 만을 요구하는 경우도 있다. 소명이 부족한 경우에는 법원은 신청을 배척한다.

05 절차의 종료 ★ 제2회 · 제12회 기출

1. 비송사건절차의 종료원인

비송사건 절차는 종국**재**판, 신청**취**하, 신청**포**기, 당사자 **사**망의 경우에 그 절차가 종료된다.

2. 종국재판

(1) 종료시점

① 즉시항고가 허용되는 사건은 재판이 고지된 날로부터 1주일의 불변기간(즉시항고기간)의 도과에 따른 재판의 확정으로 절차가 종료된다.

② 보통항고가 허용되는 사건은 그 재판의 고지와 동시에 심급의 절차가 종료된다.

(2) 종료방식

법원은 적당하다고 인정하는 방법으로 고지하여야 한다.

3. 신청취하

(1) 당사자의 신청에 의해서만 절차가 개시되는 신청사건의 경우에는 재판이 있을 때까지는 자유로이 취하할 수 있다.

(2) 법원의 직권으로만 절차가 개시되는 사건은 취하의 개념을 인정할 수 없다.

(3) 당사자의 신청 또는 법원의 직권으로 개시되는 사건의 경우에는 재판의 공익성에 비추어 신청의 취하가 인정되지 않는다.

(4) 신청이 취하되면 사건은 처음부터 법원에 계속되지 않았던 것으로 된다.

(5) 절차비용은 신청인이 부담한다.

---

21 증명이란 법관이 요증사실의 존재에 대하여 고도의 개연성(확신을 얻은 상태 또는 법관에게 확신)을 주기 위해 증거를 제출하는 당사자의 노력을 말한다.

22 소명이란 증명에 비하여 저도의 개연성(법관이 일응 확실할 것이라고 추측을 얻은 상태) 또는 그와 같은 상태에 이르도록 증거를 제출하는 당사자의 노력을 말한다.

4. 신청포기

(1) 비송사건은 이해가 대립되는 상대방이 있는 것이 아니고 권리확인의 쟁송이 아니기 때문에 신청의 포기는 인정되지 않아 신청포기로는 절차가 종료될 수는 없다.

(2) 다만 항고인의 법원에 대한 항고권의 포기는 인정되어 항고를 포기하면 비송절차는 종료된다.

5. 당사자의 사망

(1) 신청사건의 신청인 또는 항고인이 사망한 경우 그 당사자가 당해 재판에서 추구하는 권리가 상속의 대상이라면 상속인이 그 절차를 승계하게 된다.

(2) 다만, 그 권리가 상속의 대상이 아니라면 절차는 종료된다.

---

06 비송사건의 절차비용 ★★ 제6회 기출

1. 개념

비송사건의 절차비용이란 비송사건의 개시부터 종료시까지 쓰여진 모든 비용으로 재판 전의 절차비용과 재판의 고지비용을 말한다.

2. 절차비용의 부담자 ★

(1) **원칙**

① 당사자의 신청으로 절차가 개시된 비송사건의 재판 전의 절차와 재판의 고지비용은 그 부담할 자를 법률에 특별히 정한 경우를 제외하고는 신청인의 부담으로 한다.

② 검사의 청구 내지 법원이 직권으로 절차가 개시된 비송사건의 경우에는 국고부담으로 한다.

(2) **예외**

① 법원은 특별한 사유가 있을 때에는 「비송사건절차법」에 의하여 비용을 부담할 자가 아닌 관계인에게 비용의 전부 또는 일부의 부담을 명할 수 있다(법 제26조).

② 비용을 부담할 자가 수인인 경우 그 부담액은 균등하게 부담한다. 다만, 법원은 사정에 따라 그 부담액을 연대하여 부담하게 하거나 다른 방법으로 부담하게 할 수 있다(법 제27조).

(3) 법률에 특별한 규정이 있는 경우

① 재판상**대**위사건에서 항고절차비용과 항고인이 부담하게 된 전심의 비용 - 패소자(신청인 또는 항고인) 부담(법 제51조) [23]

② 공탁소의 지정 및 공탁물**보**관인 선임허가사건 - 채권자 부담(법 제53조 제3항) [24]

③ 변제목적물의 **경**매허가사건(=경매대가의 공탁허가) - 채권자 부담(법 제55조) [25]

④ **질**물에 의한 변제충당의 허가사건 - 질권설정자 부담(법 제56조) [26]

⑤ **환**매권대위행사시의 감정인 선임사건 - 매수인 부담(법 제57조) [27]

⑥ 회사**해**산명령사건에서의 관리인 선임 및 재산보전처분 - 회사 부담(법 제96조) [28]

⑦ **외**국회사 영업소의 폐쇄명령사건에서의 관리인 선임 및 재산보전처분 - 회사 부담(법 제101조 제2항)

⑧ 회사**청**산의 경우 감정인 선임 - 회사 부담(법 제124조) [29]

⑨ **과**태료사건 - 과태료를 선고받은 자 또는 국고 부담(법 제248조 제4항·제5항) [30]

3. 비용액의 재판 ★

(1) 의의

비용에 관하여 재판을 할 필요가 있다고 인정할 때에는 그 비용액을 확정하여 사건에 대한 재판과 함께 동시에 비용결정을 하는 것을 말한다(법 제25조).

(2) 필요한 경우

절차비용의 예납자, 지출자, 부담자가 서로 다른 경우에는 비용의 상환을 위하여 재판이 필요하다.

---

[23] 재판상대위사건에서 항고절차비용과 항고인이 부담하게 된 전심의 비용에 대해서는 신청인과 항고인을 당사자로 보고 패소자가 부담한다(법 제51조).

[24] 공탁소의 지정 및 공탁물보관인 선임사건에서 선임을 한 경우에 그 절차비용은 채권자가 부담한다(법 제53조 제3항).

[25] 변제목적물의 경매허가사건에서 청구를 허가한 재판의 절차비용은 채권자가 부담한다(법 제55조).

[26] 질물에 의한 변제충당의 허가사건에서 청구를 허가한 재판의 절차비용은 질권설정자가 부담한다(법 제56조).

[27] 환매권대위행사시의 감정인 선임사건에서 선임을 한 경우에 그 절차비용은 매수인이 부담한다(법 제57조).

[28] 회사해산명령사건에서의 관리인 선임 및 재산보전처분의 재판을 한 경우 재판 전의 절차와 재판의 고지비용(항고절차비용 및 항고인이 부담하게 된 전심의 비용 포함)은 회사의 부담으로 한다(법 제96조 제1항), (항고)법원이 항고인의 신청에 상응한 재판을 한 경우 항고절차비용 및 항고인이 부담하게 된 전심의 비용은 회사 부담으로 한다(법 제96조 제1항).

[29] 회사청산의 경우 감정인 선임비용은 회사가 부담한다(법 제124조).

[30] 과태료 재판의 절차비용은 과태료를 부과하는 선고가 있는 경우 그 선고를 받은 자 또는 국고 부담으로 하고(법 제248조 제4항), 항고법원이 당사자의 항고를 인정하는 재판을 한 경우 항고절차비용 및 전심에서 당사자가 부담하게 된 비용은 국고 부담으로 한다(법 제248조 제5항).

(3) 비용재판에 대한 불복신청

① 비용재판에 대한 불복신청은 그 절차비용의 부담명령을 받은 자만이 할 수 있다.

② 비용재판에 대해서는 독립하여 불복신청을 할 수는 없고 본안사건의 재판에 대한 항고와 동시에 하여야 한다.

③ 불복이란 비용부담을 명하는 것, 비용액에 대한 것을 말한다.

④ 본안재판에 대한 항고가 금지되는 경우에는 비용의 재판에 대하여도 불복신청을 할 수 없다.

4. 비용채권자의 강제집행

(1) 비용재판에 대한 항고에는 집행정지의 효력이 없다.

(2) 비용의 채권자는 비용의 재판에 의하여 강제집행을 할 수 있다.

(3) 재판서의 정본은 집행권원이 된다.

(4) 집행개시의 요건으로 집행을 하기 전에 재판서의 송달은 필요 없다.

5. 국고에 의한 비용의 체당

직권으로 하는 탐지·사실조사·소환·고지 기타 필요한 처분의 비용은 국고에서 체당하여야 한다(법 제30조). 따라서 비용의 전부 또는 일부를 신청인들에게 부담시켰을 때에는 국가는 이들에게 상환하여야 한다.

제3절 비송사건의 재판 ★★

01 재판

1. 의의

비송사건의 재판이란 청구된 사건에 대하여 심리의 결과를 기준으로 내리는 공권적 판단을 말한다.

2. 재판의 종류

(1) 종국재판과 절차지휘 재판

① **종국재판**

법원이 신청 또는 항고에 의해 계속된 비송사건의 심급을 종결하기 위하여 하는 재판을 말한다.

② **절차지휘의 재판**

직접 사건의 종결을 목적으로 하지 않는 법원의 처분이다. [31]

(2) 본안전 재판과 본안재판

① **본안전 재판**

절차상의 요건을 구비하지 못하여 신청을 부적법 각하하는 재판을 말한다. [32]

② **본안재판**

본안의 재판이란 신청의 이유 여부를 판단하는 재판을 말한다.

02 비송사건 재판의 방식(형식)과 고지 ★★ 제4회 기출

1. 재판의 방식(형식)

(1) 결정

비송사건의 재판은 결정으로 한다(법 제17조 제1항). 재판서(결정문)에는 결정의 취지를 명기하여야 하나, 결정이유는 법률에 특별한 규정이 없는 한 반드시 기재할 필요는 없다.

---

31 예 기일지정의 재판, 사문서인 대리위임장에 인증을 받을 것을 명하는 재판(법 제7조 제2항), 신청서보정명령이 그것이다.

32 예 당사자능력이 없는 단체가 신청인이 되어 제기한 비송사건

(2) **재판의 원본**

재판의 원본에는 판사가 서명·날인하여야 한다. 서명날인은 기명날인으로 갈음할 수 있으며, 신청서 또는 조서에 재판에 관한 사항을 기재하고 판사가 이에 서명·날인함으로써 원본에 갈음할 수 있다(법 제17조 제2항).

(3) **재판의 정본과 등본**

재판의 정본과 등본에는 법원사무관 등이 기명날인하고, 정본에는 법원인을 찍어야 한다. 정본에 법원인을 찍어야 한다는 것이 민사소송 재판서와의 차이점이다(법 제17조 제3항).[33]

2. 재판의 고지

(1) 고지방법

① 재판의 고지는 재판의 효력발생요건이다(법 제18조 제1항).

② 법원은 적당하다고 인정하는 방법에 의하여 재판을 고지하면 족하다.[34] 다만, 고지받을 자의 주소 또는 거소가 불분명하여 공시송달을 하는 경우에는 「민사소송법」 규정에 의한다 (법 제18조 제2항). 기일지정은 송달방식으로 한다.

(2) 고지의 상대방

고지의 상대방은 재판을 받는 자이며(법 제18조 제1항), 재판의 결과로 법률관계에 직접 영향을 받는 자로 신청인과는 별개이다.

---

03 재판의 효력 ★★ 제6회 기출

1. 재판의 효력발생시기

(1) 비송사건의 재판은 이를 받은 자에게 고지함으로써 효력이 생긴다(법 제18조 제1항).

(2) 따라서 즉시항고가 허용되는 재판도 그 확정을 기다릴 필요가 없이 재판의 고지와 동시에 그 효력이 발생한다.

---

[33] 정본이라 함은 원본의 전부를 복사하고 특별히 정본임을 인증한 서면으로 원본과 동일한 효력을 가지는 문서를 말한다. 등본이라 함은 원본의 전부를 복사한 것으로 등본으로 인증한 것을 말한다. 등본은 정본과 달리 원본의 존재와 내용을 증명하는 효력만 있다.

[34] 고지라 함은 고지를 받는 자로 하여금 그 내용을 알 수 있는 상태에 두는 것을 말한다. 고지받는 자가 현실적으로 그 내용을 알았을 것을 요하는 것은 아니다. 객관적으로 알 수 있는 상태에 있을 것을 요하므로, 우편의 경우 발송하는 것만으로는 부족하고 고지받는 자에게 배달될 것을 요한다. 구체적 고지방법으로 「민사소송법」에 따른 송달방법(교부송달, 우편송달, 송달함송달, 공시송달)을 취하거나, 사자(使者) 또는 우편으로 결정서 등본을 교부하는 방법, 출석한 당사자에게 재판의 내용을 알려주거나 결정서 등본을 직접 교부하는 방법(민소법 제177조 제1항)이 있으나 실무상 대부분 송달방법에 의한다.

2. 형성력

(1) 의의

형성력이란 확정판결의 내용에 따라 법률관계의 발생·변경·소멸의 효과를 발생시키는 효력을 말한다.[35]

(2) 비송사건의 경우

① 재판의 목적이 된 사권관계는 그 재판의 취지에 따라 변동된다.
② 재판의 형성력은 재판을 받은 자는 물론이고 제3자에게도 미친다.

3. 형식적 확정력(= 불가쟁력)

(1) 의의

당사자가 더 이상 재판에 대하여 다툴 수 없게 되는 효력(=당사자에 의한 취소불가능성)을 말한다. 불가쟁력이라 한다.

(2) 비송사건의 경우

① 원칙

비송사건에서의 재판은 법원이 일단 재판을 한 후라도 그 재판이 위법 또는 부당하다고 인정할 때에는 이를 취소·변경할 수 있으므로(법 제19조 제1항), 원칙적으로 형식적 확정력은 없다.

② 예외

즉시항고에 의해 불복신청이 허용되는 재판에 대하여 불복신청이 없거나 즉시항고기간 (1주일)의 도과 또는 항고권의 포기가 있을 때에는 법원은 그 재판을 취소·변경할 수 없게 되어 형식적 확정력이 생긴다. 또한 통상항고가 허용되는 재판에 대하여 항고에 대한 최종심의 실체적 재판이 있을 때에도 법원은 그 재판을 취소·변경할 수 없어 형식적 확정력이 생기게 된다.

4. 기판력(= 실질적 확정력)

(1) 의의

기판력이라 함은 법적 안정성을 위해 확정된 종국판결의 내용이 당사자와 후소법원을 구속하는 힘을 말하며 소송법상 효력을 의미한다. 즉, 확정된 종국판결과 동일한 사항이 문제되는 경우 당사자는 그에 반하여 동일한 사항을 되풀이하여 다툴 수 없고(불가쟁), 후소법원도 저촉되는 판단을 해서는 안 된다는 것(불가반)을 말한다.[36]

---

[35] 이는 형성의 소를 인용한 형성판결에만 인정되고 이행판결이나 확인판결에는 인정되지 않는다.

[36] 이러한 확정된 종국판결에 부여된 구속력을 기판력 또는 실질적 확정력이라고 한다.

⑵ **비송사건의 경우**

비송사건절차에 있어서의 재판은 <u>원칙적으로 기판력이 없다</u>(다수설). 따라서 법원은 당사자가 같은 내용의 신청을 다시 하는 것을 허용하며, 후소법원도 본래의 결정과 다른 결정을 할 수 있다.

5. 재판의 집행력

⑴ **의의**

재판의 집행력이란 판결주문에서 채무자에게 명해진 이행의무를 국가의 집행기관을 통해 강제적으로 실현할 수 있는 효력을 말한다.

⑵ **비송사건의 경우**

① 비송사건의 재판은 그 <u>집행을 필요로 하지 않는 것</u>이 보통이므로 재판의 집행력이 문제되지 않는다.
② 그러나 절차비용을 명하는 재판(법 제25조)이나 과태료의 재판(법 제247조)과 같이 관계인에 대하여 급부를 명하는 경우에는 집행력을 가진다.

6. (재판에 대한) 기속력

⑴ **의의**

<u>판결이 일단 선고되어 성립하게 되면, 판결을 한 법원도 이에 구속되어 판결을 철회·변경할 수 없는데 이를 기속력 혹은 자기구속력(=법원 자신에 대한 자기구속력)이라고 한다.</u> 이러한 기속력은 형식적 확정을 기다릴 필요가 없이 선고와 동시에 그 효력이 발생한다.

⑵ **기속력의 배제**

① 결정·명령에 대한 항고시 <u>원심법원</u>이 재도의 고안[37]에 의하여 취소·변경을 하는 경우
② 판결의 경정의 경우, 소송지휘에 관한 결정의 경우
③ 비송사건절차의 재판의 경우

---

37 「민사소송법」에는 항고가 제기되면 원심법원은 반성의 의미에서 스스로 항고의 당부를 심사할 수 있으며, 만일 항고에 정당한 이유가 있다고 인정할 때에는 그 재판을 경정하여야 한다는 규정이 있다(민소법 제446조). 이를 다시 한번 고려한다는 의미에서 재도의 고안이라 하는데 이는 항고가 적법한 것임을 전제로 한다.

04 재판의 취소 · 변경 ★★ 제5회 기출

1. 서설

(1) 비송사건 재판의 취소 · 변경이란 비송사건에 관하여 재판을 한 후에 그 재판이 위법 또는 부당하다고 인정할 때에나 객관적 사정이 변경되어 합당했던 재판이 부당하게 되는 경우에 법원이 그 재판을 취소하거나 변경하는 것을 말한다.

(2) 비송사건 재판의 취소 · 변경에는 ① <u>항</u>고에 의한 취소 · 변경(법 제20조), ② <u>법</u> 제19조 제1항에 의한 취소 · 변경, ③ <u>사</u>정변경에 의한 취소 · 변경이 있다.

2. 항고에 의한 취소 · 변경

재판으로 인하여 권리를 침해당한 자는 그 재판에 대하여 항고할 수 있으며(법 제20조 제1항), 항고법원은 심리 후 원심법원의 이유를 붙인 결정으로 원심법원의 원결정을 취소 · 변경할 수 있다.

3. 「비송사건절차법」 제19조 제1항에 의한 취소 · 변경

(1) 취소 · 변경의 자유

① 법원(제1심법원)은 재판을 한 후에 그 재판이 위법 · 부당하다고 인정할 때에는 이를 취소 · 변경할 수 있다(법 제19조 제1항).

② 취소란 재판의 효력을 소멸시키는 것이고, 변경이란 재판의 내용의 일부나 전부를 취소한 후 새로운 내용을 부가하여 원재판에 갈음하는 것을 말한다.

(2) 취소 · 변경의 요건

① 재판이 위법 또는 부당[38]하다고 인정한 경우이다.

② 취소 · 변경할 수 있는 법원은 원재판을 한 <u>제1심법원에 한한다.</u>[39]

③ 취소 · 변경에는 신청을 요하지 않고 법원의 직권에 의한다.

(3) 취소 · 변경의 시기

항고법원의 재판이 있을 때까지 가능하다. 따라서 불복신청이 없는 경우는 물론, 항고가 있더라도 항고법원의 재판이 없는 동안에는 그 재판을 취소 · 변경할 수 있다.

---

[38] 부당이라 함은 재판의 내용이 타당성이 없는 것을 말한다. 여기서 부당이란 재판이 처음부터 부당한 경우와 재판의 고지 후에 사정변경에 의해 사후에 재판이 부당하게 된 경우를 모두 포함한다. 그러나 사정변경에 의한 재판의 취소 · 변경을 별개의 사유로 보는 입장에서는 재판의 고지 후 사정변경이 있어 사후에 재판이 부당하게 되는 경우는 여기에 포함되지 않는다.

[39] 항고법원은 취소 · 변경할 권한이 없다.

(4) 취소 · 변경의 효과

① 재판이 취소 · 변경된 경우 재판의 소급효 여부에 대해 견해의 대립이 있다.

② 판례는 비송사건으로서 일단 효력이 생긴 비송사건의 결정이 사후에 취소되더라도 권리관계의 형성을 목적으로 하는 비송사건 본래의 성질에 비추어 특별한 사정이 없는 한 소급효는 인정되지 아니한다고 판시하여 원칙적으로 소급효를 부정하고 있다.

(5) 취소 · 변경의 제한

① **신청에 의해서만 재판을 하는 경우에 신청을 각하한 재판**

신청에 의하여만 재판을 하여야 하는 경우에 신청을 각하한 재판은 <u>신청인의 신청에 의하지 아니하고는 원재판을 취소하거나 변경할 수 없다</u>(법 제19조 제2항). 신청을 각하한 재판에는 각하 외에 기각된 재판을 포함한다. [40]

② **즉시항고로 불복할 수 있는 재판**

즉시항고로써 불복할 수 있는 재판은 취소하거나 변경할 수 없다(법 제19조 제3항). [41]

4. 사정변경에 의한 취소 · 변경

(1) 의의

사정변경에 의한 재판의 취소 · 변경이란 비송사건의 재판이 원래는 적법 · 타당한 것이었다 하더라도 후에 사정변경이 있어 <u>원래의 재판을 유지하는 것이 부당하게 되는 경우</u>에 법원이 이를 취소하거나 변경하는 것을 말한다.

(2) 인정 여부

① 사정변경에 의한 재판의 취소 · 변경의 문제를 「비송사건절차법」 제19조 제1항의 취소 · 변경에 포함시킬지 아니면 별개의 것으로 보아 인정할지 여부에 대해 견해의 대립이 있다.

② 판례는 임시이사 선임결정을 한 후에 사정변경이 생겨 그 선임결정이 부당하다고 인정될 때에는 이를 취소 · 변경할 수 있다고 하여 사정변경을 재판의 취소 · 변경에 대한 별개의 사유로 긍정하고 있다. [42]

---

[40] 이러한 재판에 대하여는 그 <u>성질상 신청인 이외에 달리 그로 인하여 권리를 침해당한 자는 없다</u>고 할 것이기 때문이다.

[41] 즉시항고로써 불복을 신청할 수 있는 사건에서 취소 · 변경을 허용한다면 이는 <u>즉시항고로써만 불복하게 하여 사건을 신속히 확정시키려는 제도의 취지에 반하기 때문이다.</u>

[42] 대법원 1992.7.3. 91마730, 결정

(3) 요건

① 비송사건의 재판이 원래는 적법·정당한 것임을 전제로 재판이 있은 후에 사정변경에 의하여 원래 재판을 유지하는 것이 부당하게 된 경우이어야 한다.

② 「비송사건절차법」 제19조의 재판의 취소·변경이 **원시적**으로 재판에 위법·부당한 흠이 있는 것을 요건으로 한다는 점에서 사정변경에 의한 재판의 취소·변경과 차이가 있다.

(4) 적용대상

법원이 일정한 법률관계를 형성한 후 그것이 사정변경으로 인하여 적절하지 않게 된 경우로 그 성질상 계속적 법률관계에 한하여 적용된다.

5. 재판의 취소·변경과 원심·항고법원의 관계

(1) 제1심법원(=원심)이 재판을 취소한 경우의 항고법원의 재판

제1심법원이 그 재판을 취소하였다면 항고심은 그 심판의 대상이 소멸하여 종료하게 된다.

(2) 제1심법원(=원심)이 원재판을 변경한 경우의 항고법원의 재판

① **일부취소한 경우**

제1심법원이 원재판의 일부를 취소한 것이라면 그 나머지 부분은 항고심에 계속되어 항고심의 심판의 대상이 된다.

② **원재판을 취소하고 그에 갈음하여 새로운 내용의 재판을 한 경우**

제1심법원이 원재판을 취소하고 새로운 내용의 재판을 한 것이라면 항고심의 심판대상은 소멸하여 항고심 절차는 종료한다. 항고심의 심판대상이 소멸하였음에도 항고법원이 이를 모르고 재판을 하였다면 그 재판은 대상을 결하여 무효가 된다.

(3) 항고법원이 실체재판을 한 경우의 제1심법원(=원심)의 취소·변경

항고법원의 재판이 없는 동안에는 재판의 취소·변경이 가능하다. 따라서 항고법원이 실체재판을 하였다면 제1심법원은 취소·변경할 수 없다. 항고법원의 재판내용이 항고기각의 재판이더라도 이는 원심법원을 지지하는 항고법원의 판단이므로 제1심법원은 이를 취소·변경할 수 없다.

제4절 비송사건의 항고 ★★★

01 항고의 의의 및 종류

1. 항고의 의의

비송사건의 항고란 상급법원에 하급법원의 원재판의 취소·변경을 구하는 불복신청을 말한다. 비송사건의 재판에 대한 불복은 항고 이외의 방법은 인정되지 않는다.

2. 항고의 종류 ★★ 제3회·제11회 기출

(1) 보통항고(=통상항고)

① 기간의 제한이 없는 항고로서 별도의 법률 규정이 없어도 신청의 이익이 있는 한 어느 때나 제기할 수 있다.

② 원재판은 재판의 고지와 동시에 효력이 발생하며(제18조 제1항), 보통항고는 새로운 신청으로 본다.

③ 비송사건에서의 항고는 **보통항고가 원칙**이다.

④ 항고법원의 재판은 이유를 붙인 결정으로써 하여야 한다(법 제22조).

(2) 즉시항고

① 기간의 제한이 있는 항고로 재판의 고지일로부터 1주일 이내에 하여야 하며, 그 기간은 불변기간이다.[43]

② 즉시항고는 법률에 즉시항고할 수 있다는 명문규정이 있어야만 제기할 수 있다.

③ 즉시항고를 하게 되면 원심재판은 확정이 차단되며, 즉시항고로써 불복을 할 수 있는 재판은 이를 취소하거나 변경할 수 없다(법 제19조 제3항).

④ 항고법원의 재판은 이유를 붙인 결정으로써 하여야 한다(법 제22조).

(3) 재항고

① 재항고는 항고법원·고등법원 또는 항소법원의 결정 및 명령에 대한 항고이다.

② 재항고는 재판에 영향을 미친 「헌법」·법률·명령 또는 규칙의 위반을 이유로 드는 때에만 대법원에 제기할 수 있다.[44]

---

[43] 법 제23조, 「민소법」 제444조

[44] 원래 불복을 신청할 수 없는 결정에 대하여도 재판에 영향을 미친 「헌법」·법률·명령 또는 규칙의 위반이 있는 경우에는 특별히 대법원에 항고할 수 있도록 한 것이다. 재항고에는 상고의 규정이 준용된다(법 제23조, 민소법 제443조 제2항).

(4) 특별항고

① 불복할 수 없는 결정이나 명령에 대하여 재판에 영향을 미친 「헌법」 위반이 있거나, 재판의 전제가 된 명령·규칙·처분의 「헌법」 또는 법률의 위반 여부에 대한 판단이 부당하다는 것을 이유로 하는 때에만 대법원에 제기하는 항고이다.

② 특별항고는 재판이 고지된 날로부터 1주일 이내에 하여야 하며, 그 기간은 불변기간이다.

✦ 보통항고와 즉시항고의 비교

	보통항고(=통상항고)	즉시항고
근거 법률	• 별도의 법률규정 필요 없고 불복의 실익이 있는 한 언제든지 항고 가능 • 비송사건에서의 항고는 보통항고가 원칙	법률에 즉시항고할 수 있다는 명문규정이 있어야만 항고 가능
기간제한	기간제한 없음	재판의 고지일로부터 1주일(불변기간)
원재판의 효력발생시기	재판의 고지와 동시에 발생	
원재판 확정시기	언제든지 항고가 가능하므로 원재판은 확정되지 않는다.	재판의 고지일로부터 1주일이 경과되면 원재판은 확정된다.
확정차단효	× 즉, 원심재판은 확정됨	○ 즉시항고로 원심재판은 확정이 차단됨
재판	항고법원의 재판은 이유를 붙인 결정으로 한다.	

02 항고절차의 개시 _{제8회 기출}

1. 항고권자

(1) 원칙

재판으로 권리를 침해당한 자이다(법 제20조 제1항). 권리를 침해당한 자란 재판에 의하여 직접적·객관적으로 자기의 권리가 침해되었다고 인정된 자를 의미한다.

(2) 예외

신청에 의해서만 재판이 개시되는 사건에 대하여 각하한 재판에 대하여는 신청인만이 항고할 수 있다(법 제20조 제2항). 신청을 각하한 재판에는 각하 외에 기각된 재판을 포함한다.[45]

---

45 이러한 재판에 대하여는 그 성질상 신청인 이외에 달리 그로 인하여 권리를 침해당한 자는 없다고 할 것이기 때문이다.

2. 항고의 제기

(1) 항고제기의 방식

① 항고는 직근 상급법원에 서면 또는 말로 할 수 있다.

② 법정 기재사항을 기재한 항고장을 원심법원에 제출하여야 한다.

(2) 항고기간 ★★ 제8회 기출

1) 보통항고

항고기간의 정함이 없다. 불복의 실익(재판의 취소·변경을 구할 이익)이 있으면 언제든지 제기할 수 있다.

2) 즉시항고

① 즉시항고는 <u>재판이 고지된 날로부터 1주일 이내</u>에 하여야 한다. 이 기간은 불변기간으로 한다.

② 기간의 계산은 「민법」의 규정에 따라 초일을 산입하지 아니한다. 그러나 「비송사건절차법」에 특별규정으로 초일을 산입하는 경우가 있다.[46]

③ 즉시항고는 항고기간의 만료로 원심재판은 확정되고 더 이상 불복신청을 할 수 없다.

3. 항고제기의 효과 ★★ 제8회·제11회 기출

(1) 확정차단의 효력

① 보통항고

보통항고로써 불복할 수 있는 재판은 항고기간의 제한이 없으므로 재판의 확정차단이라는 문제가 발생하지 않는다. 즉 원심재판은 확정되어 원심재판의 확정차단의 효력은 없다. 이 경우 사건은 원심재판에 의하여 당연히 종료된 것이며, 항고사건은 새로운 사건이 된다.

② 즉시항고

즉시항고를 허용하는 재판에 있어서는 즉시항고의 제기에 의하여 <u>원심 재판의 확정을 차단하는 효력이</u> 발생한다.

(2) 이심(移審)의 효력

원심법원에 항고의 제기가 있으면 원심재판의 대상인 사건은 항고심에 이심된다.

---

[46] 예를 들어 재판상**대**위사건(법 제50조 제3항의 채무자)과 직무대행자의 **상무**외 행위허가 신청사건(법 제85조 제2항의 직무대행자)과 같이 특별한 규정이 있는 경우에는 <u>초일을 산입</u>한다.

(3) 집행정지의 효력

비송사건에서의 항고는 특별한 규정이 있는 경우를 제외하고는 원칙적으로 집행정지의 효력은 없다. 비송사건의 경우 재판의 효력은 고지와 동시에 효력이 발생하므로(법 제18조 제1항) 이미 재판의 고지가 있는 이상 항고를 하더라도 원심재판의 형성력·집행력에는 아무런 영향을 미치지 못한다.

03 항고의 심리절차(=항고의 진행절차)

1. 원심법원의 처리 ★

(1) 항고장 심사

항고장이 원심법원에 제출되면 원심재판장은 항고장의 적법요건을 심사하여야 한다.

(2) 보정명령

항고장에 필요적 기재사항이 누락 등이 있으면 항고인에게 상당한 기간을 정하여 보정을 명하고 이를 보완하지 않거나 항고기간의 도과한 것이 명백한 경우에는 명령으로 항고를 각하한다. 이 명령에 대하여는 즉시항고를 할 수 있다.

(3) 원재판의 경정[=재도(再度)의 고안(考案)]

원심법원은 항고의 당부를 심사하여 항고에 정당한 이유가 있다고 인정할 때에는 그 재판을 경정하여야 한다는 규정이 있다(민소법 제446조). 이를 다시 한번 고려한다는 의미에서 재도의 고안이라 하는데 이는 항고가 적법한 것임을 전제로 한다. 원재판을 경정하는 경우 항고절차는 목적이 달성되어 그로써 종료된다.[47]

(4) 집행정지명령

항고는 원칙적으로 집행정지의 효력이 없으나, 원심법원은 재판의 효력을 정지시킬 필요가 있을 때에는 항고에 대한 결정이 있을 때까지 원심재판의 집행을 정지하거나 그 밖에 필요한 처분을 명할 수 있다.[48]

---

[47] 그러나 경정된 결정에 대해 반대의 이익을 가지는 자가 다시 항고하는 경우 경정이 없는 상태로 환원되어 항고절차가 진행된다.

[48] 법 제23조, 「민소법」 제448조

(5) 사건의 송부

① 항고가 이유 없다고 인정할 때는 의견서를 첨부하여 사건기록을 항고법원에 송부한다.

② 항고장이 각하되지 아니한 때에 원심법원의 법원사무관등은 항고장이 제출된 날로부터 2주 이내에 항고기록에 항고장을 붙여 항고법원으로 보내야 한다.

2. 항고법원의 처리

(1) 항고사건의 접수

항고사건이 항고법원에 접수되면 민사항고사건과 같이 사건번호 "라"를 부여한다.[49]

(2) 항고심의 심리

① 항고심의 심리는 민사소송의 제1심의 절차가 준용된다.[50] 따라서 심문은 비공개가 원칙이며, 당사자는 새로운 사실과 증거를 제출할 수 있다.

② 항고법원의 조사범위는 직권주의가 적용되므로 항고 이유에 의하여 제한되지 않는다.

(3) 항고법원의 재판

① 필요적 이유 기재

항고법원의 재판의 형식은 제1심의 경우와 마찬가지로 결정의 형식으로 하되 재판에는 반드시 이유를 붙여야 한다(법 제17조 제1항, 제22조).

② 원결정의 취소 · 변경 · 환송 및 이송

원결정이 부당하여 정당하지 아니하다고 인정될 때에는 항고법원은 원결정을 취소하여야 하며(민소법 제416조), 취소한 후에 항고법원이 스스로 새로운 재판을 할 경우도 있고(이를 원재판의 변경이라고 한다)[51], 또 사건을 원심법원에 환송하는 경우가 있는 것도 민사소송과 마찬가지이다(법 제23조, 민소법 제443조, 제416조, 제417조, 제418조). 원재판을 관할위반을 이유로 취소한 때에는 사건을 관할법원에 이송하여야 한다(법 제23조, 민소법 제419조).

③ 불이익변경금지 원칙 배제

직권주의가 적용되는 비송사건에서는 불이익변경금지의 원칙이 적용되지 않는다. 다만, 과태료 재판은 불이익변경금지의 원칙이 적용된다.

---

49 비송단독(비단), 비송합의(비합), 민사항고(라), 민사재항고(마), 민사특별항고(그), 과태료(과) 등 - 참조 : 사건별 부호문자의 부여에 관한 예규(재판예규)

50 법 제23조, 「민소법」 제443조 · 제408조

51 대법원 2008.4.14. 2008마277 결정

3. 항고절차의 종료

(1) 항고의 취하

① 항고할 수 있는 권리는 당사자에게 주어진 권리이므로 <u>항고법원의 재판이 있기까지는 언제든지 항고를 취하</u>할 수 있다. 항고가 취하되면 항고는 처음부터 제기되지 않았던 것으로 되고 절차는 즉시 종료된다.

② 항고의 취하는 서면 또는 구술로 할 수 있다.

(2) 항고의 포기

① 항고권은 당사자에게 주어진 권리이므로 그 포기도 인정된다. 항고권의 포기가 있으면 항고권은 소멸하므로 절차는 즉시 종료된다.

② 항고권의 포기는 서면으로 하여야 한다.

민사비송사건

비송사건의 단문 목차

예시) **[문제 1] 비송사건절차법상 [   ]에 대해 약술하시오.**

1. 서설

(1) **비송사건의 개념**

사권 관계의 형성·변경·소멸에 관하여 법원이 후견적인 입장에서 관여하는 사건을 말한다.

(2) **[   ]의 개념**

2. 관할법원

주소지 지방법원이 관할한다(또는 회사의 본점소재지 지방법원 합의부 관할).

3. 신청절차

(1) **신청인**

이해관계인의 신청에 의한다.

(2) **신청방식**

일반원칙에 따라 서면 또는 말로 한다(비송사건절차법 제8조, 민사소송법 제161조).

4. 심리 및 재판

(1) **심리**

① 일반적으로 심문의 방법에 의하며, 심문은 **임의적**이며 **비공개**로 한다.

② 법원은 직권으로 <u>사실의 탐지</u>와 필요하다고 인정하는 <u>증거의 조사</u>를 하여야 한다.

(2) **재판**

① 재판은 결정의 형식으로 한다(비송사건절차법 제17조 제1항).

② 법원이 적당하다고 인정하는 방법으로 고지하면 효력이 생긴다(비송사건절차법 제18조 제2항).

5. 불복

특별한 규정이 없으므로 보통항고에 의한다(또는 즉시항고로 불복할 수 있으며, 즉시항고에는 집행정지의 효력이 있을 수 있다).

6. 기타(집행정지, 보수, 절차비용)

✦ 주요 비송사건절차 단문 목차 도표 - 민사비송사건

	관할	신청인	신청 방식	심리 및 재판	불복 방법	기타
원칙	지방법원단독판사		서면 또는 구술(말)	• 심리 : 임의적 심문(비공개), 직권탐지주의 • 재판 : 이유를 붙이지 않은 결정	보통항고	• 불복신청 기간제한× • 확정차단효× • 집행정지 효력×
민사비송사건						
1. **재**단법인의 정관보충	"	이해관계인, **검사**	소명	• 검사청구사건 ① 검 [재임특/청해영] **재**단법인의 정관보충, 법인의 **임**시이사선임, **특**별대리인선임, **청**산인 선임 및 해임, 회사**해**산명령, 외국회사의 **영**업소폐쇄명령 • 소명자료 필요사건 ② 소 [재임/수사/소/납보/수집소/사집소] **재**단법인의 정관보충, 법인의 **임**시이사선임, **수**탁자**사**임허가, 주식회사의 **소**수주주의 주총소집허가(유한회사의 소수사원에 의한 사원총회소집허가, 수익자집회소집허가 포함), 주금**납**입자의 **보**관자 등의 변경허가, **수**익자**집회소**집허가, 소수사채권자에 의한 **사**채권자**집회 소**집허가		
2. 법인의 **임**시이사 선임	합의부	이해관계인, **검사**				"
3. **특**별대리인 선임	합의부	이해관계인, **검사**				
4. 법인의 **임**시총회 소집허가	합의부	소집요구한 총사원의 1/5 이상의 사원	서면+소명	이유를 붙인 결정	인용결정은 불복×	각하·기각은 항고
			이유붙인 결정 ③ 이 [항/임/수해/수집소/사집소/사집결/태직송/소액매/신해과] **항**고법원의 재판, 법인의 **임**시총회소집허가, **수**탁자**해**임청구, 수익자**집**회소집허가, **사**채권자**집**회소집허가, **사**채권자**집**회**결**의인가, 변**태**설립 및 **신**주발행시 검사인선임, **직**무대행자 선임, 소**송**상 대표자선임, **소**수주주의 주총소집허가, 주식**액**면미달발행인가, 주식**매**수가액결정, **신**주발행무**효**로 인한 환급금 증감신청, 회사**해**산명령, **과**태료	불복신청 허용× ④ 불 [임청/수사/수집소/사집소/보경질환/직소송] 법인의 **임**시총회소집허가, **청**산인 선임 및 해임, **수**탁자**사**임청구, **수**익자**집**회소집허가, **사**채권자**집**회소집허가, 공탁물**보**관자선임, 변제목적물의 **경**매허가, **질**물에 의한 변제충당 허가, **환**매권대위행사시 감정인선임, **직**무대행자 선임, 소**송**상 대표자선임, **소**수주주의 주총소집허가		

5. **청**산인 선임 및 해임	이해관계인, **검사**, 법원직권	• 법원직권사건 [청해과] **청**산인선임 및 해임, 청산절차의 감정인 선임, 비용 등, 회사**해**산명령, **과**태료		인용 결정은 불복×	• 각하만 항고 • **보수결정**은 **즉시항고**○ • 등기○
6. 청산절차의 감정인 선임, 비용 등	청산인, **법원직권**		검사 불참여	인용 결정은 불복×	• 각하만 항고 • 선임비용(청산법인 부담)
7. **수**탁자 **사**임허가	수탁자	소명		불복×	
8. **수**탁자 **해**임청구	위탁자, 수익자	• 수탁자 심문(필요적) • 이유를 붙인 결정	즉시항고 **즉시항고** ⑤ 즉 [수해/대변업/상무/액매신해영/ 사집결/과] **수**탁자**해**임청구, 재판상**대**위, 조 사사항의 **변**경처분, **업**무와 재산 상태 검사인선임, 직무대행자의 **상** 무외행위허가신청, 주식**액**면미달 발행인가, 주식**매**수가액결정, **신** 주발행무효로 인한 환급금 증감신 청, 회사**해**산명령, 외국회사**영**업 소폐쇄명령, **사**채권자**집**회**결**의인 가, **과**태료	**즉시항고**	
9. **수**익자 **집**회 소집허가	수익자	서면+소명	이유를 붙인 결정	인용결정은 불복×	
10. 재판상 **대**위	채권자	• 심문공개 • 검사 불참여 • 검사 불참여(배제) ⑥ 검 [대보경질환/사] 재판상**대**위, 공탁물**보**관인선임, 변제목적물의 **경**매허가, 질물에 의한 변제충당 허가, **환**매권대위 행사시 감정인선임, **사**채에 관한 사건 • 절차비용(특별규정○) ⑦ 절 [대보경질환/해청과] 재판상**대**위, 공탁물**보**관자선임, 변제목적물의 **경**매허가, 질물에 의한 변제충당 허가, **환**매권대 위행사시 감정인선임, 회사**해**산 명령사건에서 관리인선임 및 재 산보전처분, 회사**청**산시 감정인 선임, **과**태료	**즉시항고** (각하−채권자, 허가−채무자)	• 항고기간 기산점: **초일산입**(재판고지 를 받은 날부터 기산) • 절차비용(항고절차 비용 및 항고인이 부 담하게 된 전심비용) : 채무자항고이유○ (채권자 부담), 항고이유× (채무자 부담)

11. 변제목적물의 공탁소 지정 및 공탁물**보**관인 선임	변제자		• 채권자, 변제자 심문 (필요적) • 검사 불참여	인용 결정은 불복×	• 각하(기각포함)는 항고 • 절차비용(채권자 부담)
12. 변제목적물의 **경**매허가 (＝경매대가의 공탁허가)	변제자		• 채권자, 변제자 심문 (필요적) • 검사 불참여	인용 결정은 불복×	• 각하(기각 포함)는 항고 • 절차비용(채권자 부담)
13. **질**물에 의한 변제충당 허가	질권자		• 채권자(＝질권자), 변제자(＝채무자 또는 질권설정자) 심문(필요적) • 검사 불참여	인용 결정은 불복×	• 각하(기각 포함)는 항고 • 절차비용(질권설정자 부담)
14. **환**매권 대위행사시 감정인 선임	매수인		검사 불참여	인용 결정은 불복×	• 각하(기각 포함)는 항고 • 절차비용(매수인 부담)

제1절 법인에 관한 사건

01 재단법인의 정관보충사건 ★

1. 의의

재단법인의 설립자가 정관의 필요적 기재사항[52] 중 **목**적과 **자**산에 관한 규정을 정하고, 나머지 사항의 전부 또는 일부를 정하지 않고 사망한 경우에는 이해관계인 또는 검사의 청구에 의하여 법원이 이를 보충하는 사건을 말한다.

2. 관할법원

법인설립자 사망할 때의 주소지 지방법원이 관할한다. 법인설립자의 주소가 국내에 없는 경우에는 그 사망한 때의 거소지 또는 법인설립지의 지방법원이 관할한다(법 제32조 제2항).

3. 신청절차

(1) 신청인

이해관계인 또는 검사이다.

(2) 신청방식

① 일반원칙에 따라 서면 또는 구술로 한다.[53]
② 소명자료로 보통 설립자인 사망자가 작성한 정관과 사망사실에 관한 가족관계증명서 등을 제출한다.

4. 심리 및 재판

(1) 심리

① 일반적으로 심문의 방법에 의한다. 심문은 임의적이며, 비공개로 한다.
② 법원은 직권으로 사실의 탐지와 필요하다고 인정하는 증거의 조사를 하여야 한다.

(2) 재판

① 재판은 결정의 형식으로 한다(법 제17조 제1항).
② 법원이 재판을 받는 자에게 적당하다고 인정하는 방법으로 고지하면 효력이 생긴다(법 제18조).

---

52 재단법인의 정관은 그 필요적 기재사항인 **목**적, **명**칭, **사**무소의 소재지, **자**산에 관한 규정과 **이사**의 임면에 관한 규정을 기재하여야 하며 그 기재사항을 빠뜨린 때에는 설립행위는 성립하지 않게 된다(민법 제43조, 제40조 제1호 내지 5호).

53 법 제8조, 「민사소송법」 제161조

5. 불복

특별한 규정이 없으므로 보통항고에 의한다.

02 법인의 임시이사 선임사건 ★

1. 개념

(1) 이사가 <u>없거나 결원[54]으로 손해가 생길 염려가 있는 경우</u>[55] 법원이 이해관계인이나 검사의 청구에 의하여 임시이사를 선임하는 사건을 말한다.

(2) 권리능력 없는 법인에도 유추적용할 수 있다(판례).

2. 관할법원

법인의 <u>주된 사무소 소재지의 지방법원 **합의부**</u>가 관할한다(법 제33조 제1항).

3. 신청절차

(1) 신청인

이해관계인 또는 검사이다.

(2) 신청방식

일반원칙에 따라 서면 또는 구술로 한다.

4. 심리 및 재판

(1) 심리

① 일반적으로 심문의 방법에 의한다. 심문은 임의적이며, 비공개로 한다. <u>상사비송사건과 달리 법원은 이사와 감사의 의견을 들을 필요가 없다.</u>

② 법원은 직권으로 사실의 탐지와 필요하다고 인정하는 증거의 조사를 하여야 한다.

(2) 재판

① 재판은 결정의 형식으로 한다.

② 법원이 재판을 받는 자에게 적당하다고 인정하는 방법으로 고지하면 효력이 생긴다.

---

[54] 이사의 임기의 만료, 사임, 사망, 파산 등의 사유로 이사가 전혀 없거나 정관에서 정한 인원수에 부족이 있는 경우를 말한다.

[55] 통상의 이사선임절차에 따라 이사가 선임되기를 기다릴 때에 법인이나 제3자에게 손해가 생길 우려가 있는 것을 의미한다.

5. 불복

결정에 의하여 권리를 침해받은 자는 보통항고로서 불복할 수 있다.

6. 임시이사의 지위 등

(1) 「민법」상의 임시이사의 선임은 등기사항이 아니다.

(2) 임시이사의 권한은 정식의 이사와 동일하다.

(3) 임시이사는 정식이사가 취임할 때까지 일시적인 기관이므로 정식의 이사가 선임된 경우에는 그 권한은 소멸한다.

03 특별대리인 선임사건 ★

1. 의의

법인과 이사의 이익이 상반하는 사항에 관하여는 이사는 대표권이 없다.[56] 이 경우에는 이해관계인 또는 검사의 청구에 의하여 보충기관으로서 특별대리인을 선임하는 사건을 말한다.

2. 관할법원

법인의 주된 사무소 소재지의 지방법원 합의부가 관할한다(법 제33조 제1항).

3. 신청절차

(1) 신청인

이해관계인 또는 검사이다.

(2) 신청방법

일반원칙에 따라 서면 또는 구술로 한다.

---

[56] 다만, 법인과 이익이 상반된 입장에 있는 이사 외에도 따로 대표권을 가지는 이사가 있는 경우에는 그 이사가 그 사항에 대하여 회사를 대표하면 되기 때문에 특별대리인을 선임할 필요가 없다.

4. 심리 및 재판

(1) 심리

① 일반적으로 심문의 방법에 의한다. 심문은 임의적이며, 비공개로 한다.

② 법원은 직권으로 사실의 탐지와 필요하다고 인정하는 증거의 조사를 하여야 한다.

(2) 재판

① 재판은 결정의 형식으로 한다.

② 법원이 재판을 받는 자에게 적당하다고 인정하는 방법으로 고지하면 효력이 생긴다.

5. 불복

특별한 규정이 없으므로 보통항고에 의한다.

6. 특별대리인의 지위 등

(1) 「민법」상의 특별대리인의 선임은 등기사항이 아니다.

(2) 특별대리인은 그 선임의 사유가 된 사항에 대해서만 권한을 가진다.

(3) 특별대리인의 보수에 대하여는 법률상 규정이 없으나, 「비송사건절차법」의 규정을 유추하여 법원이 상당하다고 인정할 경우에는 보수를 지급하게 할 수 있다.

04 법인의 임시총회소집 허가사건 ★★

1. 개념

(1) 총 사원의 5분의 1 이상으로부터 회의의 목적사항을 제시하여 임시총회 소집 청구가 있음에도 불구하고 이사가 2주간 내에 임시총회를 소집하지 아니하는 때에는 그 청구를 한 사원은 법원의 허가를 얻어서 스스로 소집하는 사건이다.

(2) 비법인 사단에도 유추적용된다(판례).

2. 관할법원

법인의 주된 사무소 소재지의 지방법원 **합의부**가 관할한다(법 제34조).

3. 신청절차

(1) 신청인

① 임시총회소집을 요구했던 총사원의 5분의 1 이상의 사원이다.

② 재판시까지 그 요건이 존재하여야 하며, 신청요건인 인원수에 부족이 발생되면 그 신청은 부적법하게 되어 각하된다.

③ 비송사건에서는 선정당사자가 인정되지 허용되지 않으므로 <u>선정당사자에 의한 신청은 부적법</u>하다.

(2) 신청방식

① 회의의 목적사항을 기재한 서면으로 하여야 한다.

② 신청인은 이사가 그 소집을 <u>게을리한 사실을 소명</u>하여야 한다.

③ 소명이 없는 경우 신청은 기각된다.

4. 심리 및 재판

(1) 심리

① 일반적으로 심문의 방법에 의한다. 심문은 임의적이며, 비공개로 한다.

② 법원은 직권으로 사실의 탐지와 필요하다고 인정하는 증거의 조사를 하여야 한다.

(2) 재판

① 재판은 <u>이유를 붙인 결정</u>으로 한다.

② 법원이 재판을 받는 자에게 적당하다고 인정하는 방법으로 고지하면 효력이 생긴다.

5. 불복

(1) 신청을 인용한 결정에 대해서는 불복할 수 없다.

(2) 신청을 각하·기각한 결정에 대해서는 보통항고로써 불복할 수 있다.

05 법인의 청산인 선임 및 해임사건 ★

1. 의의

(1) 청산인의 선임사건이란 법인 해산시 <u>파산의 경우를 제외</u>하고 <u>청산인이 될 자가 없거나 청산인의 결원으로 손해가 생길 염려가 있는 경우</u>에 법원이 직권 또는 이해관계인, 검사의 청구에 의하여 청산인을 선임하는 사건이다.

(2) 청산인의 해임사건이란 법원이 중요한 사유가 있는 때에는 직권 또는 이해관계인이나 검사의 청구에 의하여 청산인을 해임하는 사건이다.

(3) 중요한 사유라 함은 청산의 무능, 태만, 질병, 비행 기타 청산인의 업무를 수행하기에 부적당한 일체의 사유를 말하며, 법원은 여러 가지 사정을 종합적으로 고려하여 이러한 사유가 있는지 판단한다.

(4) 미성년자, 피성년후견인, 자격이 정지되거나 상실된 자, 법원에서 해임된 청산인, 파산선고를 받은 자 등은 청산인으로 선임될 수 없다.

2. 관할법원

법인의 주된 사무소 소재지의 지방법원이 관할한다.

3. 신청절차

(1) 신청인

이해관계인, 검사청구 또는 직권이다.

(2) 신청방법

일반원칙에 따라 서면 또는 구술로 한다.

4. 심리 및 재판

(1) 심리

① 일반적으로 심문의 방법에 의한다. 심문은 임의적이며, 비공개로 한다.
② 법원은 직권으로 사실의 탐지와 필요하다고 인정하는 증거의 조사를 하여야 한다.

(2) 재판

① 재판은 결정의 형식으로 한다.
② 법원이 재판을 받는 자에게 적당하다고 인정하는 방법으로 고지하면 효력이 생긴다.

5. 불복

(1) 신청을 인용한 결정에 대해서는 불복할 수 없다.

(2) 신청을 각하한 결정에 대해서는 보통항고로써 불복할 수 있다.

6. 기타 사항

(1) 청산인의 보수

법원은 청산인을 선임한 경우에는 법인으로 하여금 그 청산인에게 보수를 지급하게 할 수 있다. 청산인 보수결정에 대해서는 즉시항고할 수 있다.

(2) 등기

① 청산인은 파산의 경우를 제하고는 주된 사무소 및 분사무소 소재지에서 등기하여야 한다.
② 법원이 해임한 청산인에 관한 등기는 제1심 수소법원의 촉탁에 의한다.

06 청산절차의 감정인 선임, 비용 등에 관한 사건 ★

1. 의의

청산 중의 법인이 변제기에 이르지 아니한 조건부채권, 존속기간이 불확정한 채권 등이 있는 경우에 법원이 선임한 감정인의 평가에 의하여 변제하고자 하는 사건을 말한다.

2. 관할법원

법인의 주된 사무소 소재지의 지방법원이 관할한다.

3. 신청절차

(1) 신청인

청산인 또는 직권이다.

(2) 신청방법

일반원칙에 따라 서면 또는 구술로 한다.

4. 심리 및 재판

(1) 심리

① 일반적으로 심문의 방법에 의한다. 심문은 임의적이며, 비공개로 한다.

② 법원은 직권으로 사실의 탐지와 필요하다고 인정하는 증거의 조사를 하여야 한다.

③ 검사는 <u>의견을 진술하거나 심문에 참여할 수 없다.</u>

(2) 재판

① 재판은 결정의 형식으로 한다.

② 법원이 재판을 받는 자에게 적당하다고 인정하는 방법으로 고지하면 효력이 생긴다.

5. 불복절차

(1) 신청을 인용한 결정에 대해서는 불복할 수 없다.

(2) 신청을 각하한 결정에 대해서는 보통항고로써 불복할 수 있다.

6. 감정인 선임비용

<u>선임비용</u>과 감정인의 소환과 심문의 비용은 청산법인이 부담한다.

제2절 신탁에 관한 사건

01 부정한 목적으로 설정된 신탁종료사건(＝자기신탁 종료 명령사건)

1. 의의

위탁자가 집행의 면탈이나 그 밖의 부정한 목적으로 신탁을 설정한 경우 이해관계인이 법원에 신탁의 종료를 명령청구하는 사건을 말한다. 이를 자기신탁 종료 명령사건이라고도 한다.

2. 요건

(1) 부정한 목적으로 신탁의 목적, 신탁재산, 수익자 등이 특정될 것

(2) 위탁자가 자신을 수탁자로 정하는 신탁선언의 방법으로 신탁을 설정할 것

3. 관할법원

수탁자의 보통재판적이 있는 곳의 지방법원이 관할한다.

4. 신청절차

(1) **신청인**

이해관계인이다.

(2) **신청방식**

일반원칙에 따라 서면 또는 구술로 한다.

5. 심리 및 재판

(1) **심리**

① 일반적으로 심문의 방법에 의한다.
② 재판을 하는 경우 법원은 반드시 수탁자의 의견을 들어야 한다.
③ 법원은 직권으로 사실의 탐지와 필요하다고 인정하는 증거의 조사를 하여야 한다.

(2) **재판**

① 재판은 이유를 붙인 결정으로 한다.
② 재판은 수탁자와 수익자에게 고지하여야 한다.

6. 불복

(1) 청구를 인용하는 재판에 대하여는 수탁자 또는 수익자는 즉시항고를 할 수 있다. 이 경우 즉시항고는 집행정지의 효력이 있다.

(2) 청구를 기각하는 재판에 대하여는 그 청구를 한 자가 즉시항고를 할 수 있다.

02 수탁자의 사임허가사건

1. 의의

수탁자는 신탁행위로 달리 정한 바가 없으면 수익자와 위탁자의 승낙 없이 사임할 수 없다. 그러나 수탁자는 정당한 이유가 있는 경우 법원의 허가를 받아 사임할 수 있다.

2. 관할법원

(1) 수탁자의 보통재판적

신탁사건은 특별한 규정이 있는 경우를 제외하고는 수탁자의 주소지의 지방법원이 관할한다.

(2) 수인의 수탁자가 있는 경우

수탁자 또는 전수탁자가 여럿인 경우에는 그중 1인의 주소지 지방법원이 신탁사건을 관할한다.

(3) 신탁재산소재지

관할법원이 없는 경우에는 신탁재산이 있는 곳의 지방법원이 신탁사건을 관할한다.

3. 신청절차

(1) 신청인

수탁자이다.

(2) 신청방식

일반원칙에 따라 서면 또는 구술로 한다.

4. 심리 및 재판

(1) 심리

① 일반적으로 심문의 방법에 의한다.

② 재판을 신청하는 경우에는 그 사유를 소명하여야 한다.

③ 법원은 직권으로 사실의 탐지와 필요하다고 인정하는 증거의 조사를 하여야 한다.

(2) 재판

① 재판은 결정의 형식으로 한다.

② 법원이 재판을 받는 자에게 적당하다고 인정하는 방법으로 고지하면 효력이 생긴다.

5. 불복

신청에 대한 재판에 대하여는 불복할 수 없다.

03 수탁자의 해임청구사건 ★

1. 의의

수탁자가 그 임무에 위반된 행위를 하거나 그 밖에 중요한 사유가 있는 경우 위탁자나 수익자는 법원에 수탁자의 해임을 청구할 수 있다.

2. 관할법원

(1) 수탁자의 보통재판적

신탁사건은 특별한 규정이 있는 경우를 제외하고는 수탁자의 주소지의 지방법원이 관할한다.

(2) 수인의 수탁자가 있는 경우

수탁자 또는 전수탁자가 여럿인 경우에는 그중 1인의 주소지 지방법원이 신탁사건을 관할한다.

(3) 신탁재산소재지

관할법원이 없는 경우에는 신탁재산이 있는 곳의 지방법원이 신탁사건을 관할한다.

3. 신청절차

(1) 신청인

위탁자 또는 수익자이다.

(2) 신청방식

일반원칙에 따라 서면 또는 구술로 한다.

4. 심리 및 재판

(1) 심리

① 법원은 수탁자를 심문하여야 한다
② 법원은 직권으로 사실의 탐지와 필요하다고 인정하는 증거의 조사를 하여야 한다.

(2) 재판

① 재판은 이유를 붙인 결정으로 한다.
② 재판은 위탁자, 수탁자 및 수익자에게 고지하여야 한다.

5. 불복

재판에 대하여는 위탁자, 수탁자 또는 수익자가 즉시항고를 할 수 있다.

04 신탁재산의 첨부로 인한 귀속 결정사건

1. 의의

(1) 신탁재산에 속한 물건 간의 부합, 혼화 또는 가공에 관하여는 그 물건의 소유권은 각각 다른 소유자에게 속하는 것으로 보아 「민법」의 규정[57]을 준용한다(신탁법 제28조 본문).

(2) 다만, 가공자가 악의인 경우에는 가공으로 인한 가액의 증가가 원재료의 가액보다 많을 때에도 법원은 가공으로 인하여 생긴 물건을 원재료 소유자에게 귀속시킬 수 있다(신탁법 제28조 단서).[58]

---

[57] 「민법」 제256조부터 제261조까지의 규정을 준용하도록 하고 있다.

[58] 「민법」의 첨부(부합, 혼화, 가공)규정을 준용하면서도 「민법」과 달리 악의의 가공자에게 소유권을 인정하지 않을 수 있도록 한 것은, 수탁자의 충실의무를 고려한 것이다. 「민법」은 가공으로 인한 가액의 증가가 원재료의 가액보다 현저히 다액인 때에는 가공자의 소유로 보고 있다(제259조 제1항 단서).

2. 관할법원

(1) 수탁자의 보통재판적

① 신탁사건은 특별한 규정이 있는 경우를 제외하고는 <u>수탁자의 주소지의 지방법원</u>이 관할한다.

② 수탁자의 임무가 종료된 후 신수탁자의 임무가 시작되기 전에는 <u>전수탁자의 주소지 지방법원</u>이 관할한다.

(2) 수인의 수탁자가 있는 경우

수탁자 또는 전수탁자가 여럿인 경우에는 <u>그중 1인의 주소지 지방법원</u>이 신탁사건을 관할한다.

(3) 신탁재산소재지

관할법원이 없는 경우에는 <u>신탁재산이 있는 곳의 지방법원</u>이 신탁사건을 관할한다.

3. 신청절차

(1) 신청인

<u>위탁자, 수탁자, 수익자</u>이다.

(2) 신청방식

일반원칙에 따라 서면 또는 구술로 한다.

4. 심리 및 재판

(1) 심리

① 일반적으로 심문의 방법에 의한다. 심문은 임의적이며, 비공개로 한다.

② 법원은 <u>위탁자, 수탁자</u>(또는 신탁재산관리인) 및 <u>수익자의 의견</u>을 들어야 한다.

③ 법원은 직권으로 사실의 탐지와 필요하다고 인정하는 증거의 조사를 하여야 한다.

(2) 재판

① 재판은 <u>이유를 붙인 결정</u>으로 한다.

② 법원이 재판을 받는 자에게 적당하다고 인정하는 방법으로 고지하면 효력이 생긴다.

5. 불복

재판에 대하여는 위탁자, 수익자 또는 수탁자가 즉시항고를 할 수 있다. 이 경우 <u>수탁자가 여럿일 때에는 수탁자 각자가 즉시항고를 할 수 있다.</u>

05 수익자집회 소집허가사건 ★

1. 서설

(1) 수익자집회는 <u>수탁자가 필요가 있을 때</u> 수시로 소집하여 개최할 수 있다.

(2) 수익자는 수탁자에게 수익자집회의 소집을 청구할 수 있다. 청구를 받은 후 수탁자가 지체 없이 수익자집회의 소집절차를 밟지 아니하는 경우 수익자집회의 소집을 청구한 수익자는 법원의 허가를 받아 수익자집회를 소집할 수 있다.

2. 관할법원

<u>수탁자의 주소지의 지방법원</u>이 원칙적인 관할법원이 된다.

3. 신청절차

(1) **신청인**

수익자 집회의 소집을 청구하였던 <u>수익자</u>이다.

(2) **신청방식**

① 회의의 목적사항을 기재한 <u>서면</u>으로 하여야 한다.
② 신청인은 수탁자가 그 소집을 <u>게을리한 사실을 소명</u>하여야 한다.

4. 심리 및 재판

(1) **심리**

① 일반적으로 심문의 방법에 의한다. 심문은 임의적이며, 비공개로 한다.
② 법원은 직권으로 사실의 탐지와 필요하다고 인정하는 증거의 조사를 하여야 한다.

(2) **재판**

① 재판은 이유를 붙인 결정으로 한다.
② 법원이 재판을 받는 자에게 적당하다고 인정하는 방법으로 고지하면 효력이 생긴다.

5. 불복

신청을 <u>인용한 재판에 대해서는 불복할 수 없다</u>.

제3절 재판상 대위에 관한 사건 ★★ 제1회 기출

1. 의의

재판상 대위에 관한 사건이란 채권자가 자기의 채권의 기한 전에 채무자의 권리를 행사하지 아니하면 그 채권을 보전할 수 없거나 보전하는 데에 곤란이 생길 우려가 있을 때에 법원에 재판상의 대위를 신청하는 사건을 말한다.[59]

2. 관할법원

채무자의 보통재판적이 있는 곳의 지방법원의 관할로 한다(법 제46조).

3. 신청절차

(1) 신청인

채권자이다.

(2) 신청방식

① 일반원칙에 따라 서면 또는 구술로 한다.
② 신청서에는 (ⅰ) 신청인의 성명·주소, (ⅱ) 신청취지 및 신청원인, (ⅲ) 채무자와 제3채무자의 성명·주소, (ⅳ) 신청인이 보전하고자 하는 채권과 그가 행사하고자 하는 권리의 표시 등이 기재되어야 한다(법 제47조).

4. 심리 및 재판

(1) 심리

① 일반적으로 심문의 방법에 의한다.
② 심문은 <u>필요적</u>이며 <u>공개</u>로 한다.
③ 검사는 의견을 진술하거나 심문에 <u>참여할 수 없다</u>.
④ 법원은 직권으로 사실의 탐지와 필요하다고 인정하는 증거의 조사를 하여야 한다.

---

59 재판상의 대위에 있어서는 대위권행사의 요건의 존부 여부는 채권자·채무자 간 이해가 대립되어「비송사건절차법」은 이 사건을 비송사건으로 처리하면서도 <u>그 절차에 **쟁송성을 인정**하고 있다.</u>

(2) 재판

① 재판은 결정의 형식으로 한다.

② 법원은 대위의 신청을 이유 있다고 인정한 때에는 담보를 제공하게 하거나 제공하게 하지 아니하고 <u>허가</u>할 수 있다(법 제48조).

③ 허가한 재판은 직권으로 <u>채무자에게 고지</u>하여야 하며, 고지를 받은 채무자는 그 권리의 처분을 할 수 없다.[60]

5. 불복

(1) 대위의 신청을 <u>각하</u>한 재판에 대하여는 신청인인 <u>채권자</u>가, 신청을 <u>허가</u>한 재판에 대하여는 <u>채무자</u>가 즉시항고를 할 수 있다(법 제50조 제1항·제2항).

(2) 항고의 기간은 <u>채무자가 재판의 고지를 받은 날부터</u> 기산한다(초일산입).[61]

6. 항고비용의 부담

채무자가 즉시항고한 경우에 항고절차의 비용과 항고인이 부담하게 된 전심(前審)의 비용에 대하여 <u>채무자의 항고에 이유가 있으면</u> 그 비용은 신청인(채권자)이 부담하고, 항고에 이유가 <u>없으면 채무자가 부담</u>한다.

---

[60] 그러나 이러한 처분금지는 제3자에 대한 공시를 수반하는 것이 아니기 때문에 채무자가 이에 위반하여 처분을 하는 경우 선의의 제3자는 권리를 취득하며, 채권자는 선의 제3자에 대해서 처분금지 효과를 주장할 수 없다.

[61] 법 제50조 제3항

제4절 보존·공탁·보관에 관한 사건 ★★

01 변제목적물의 공탁소 지정 및 공탁물보관인 선임사건

1. 의의

변제자가 변제목적물을 공탁하여 그 채무를 면하고자 하여도 법정의 공탁소가 없거나, 있더라도 보관능력이 있는 공탁물보관인이 없는 경우 법원이 변제자의 청구에 의하여 공탁소를 지정하거나 공탁물보관자를 선임하는 사건을 말한다.

2. 관할법원

채무이행지의 지방법원이 관할한다(법 제53조 제1항).

3. 신청절차

(1) 신청인

변제자이다.

(2) 신청방법

일반원칙에 따라 서면 또는 구술로 한다.

4. 심리 및 재판

(1) 심리

① 일반적으로 심문의 방법에 의한다. 심문은 필요적이며, 비공개로 한다.
② 재판을 하기 전에 채권자와 변제자를 심문하여야 한다.
③ 검사는 의견을 진술하거나 심문에 참여할 수 없다.
④ 법원은 직권으로 사실의 탐지와 필요하다고 인정하는 증거의 조사를 하여야 한다.

(2) 재판

① 재판은 결정의 형식으로 한다.
② 법원이 재판을 받는 자에게 적당하다고 인정하는 방법으로 고지하면 효력이 생긴다.

5. 불복

(1) 신청을 인용한 결정에 대해서는 불복할 수 없다(법 제59조).

(2) 신청을 각하·기각한 결정에 대해서는 보통항고로써 불복할 수 있다(법 제20조).

6. 비용부담

절차비용은 <u>채권자가 부담</u>한다(법 제53조 제3항).

02 변제목적물의 경매허가사건(＝경매대가의 공탁허가)

1. 의의

변제의 목적물이 <u>공탁에 적당하지 아니하거나 멸실 또는 훼손될 염려가 있거나 공탁에 과다한 비용을 요하는 경우</u>에는 변제자는 법원의 허가를 얻어 그 물건을 경매하거나 시가로 방매(放賣)하여 대금을 공탁하는 사건을 말한다.[62]

2. 관할법원

채무이행지의 지방법원이 관할한다.

3. 신청절차

(1) 신청인

변제자이다.

(2) 신청방법

일반원칙에 따라 서면 또는 구술로 한다.

4. 심리 및 재판

(1) 심리

① 일반적으로 심문의 방법에 의한다. 심문은 필요적이며, 비공개로 한다.
② 재판을 하기 전에 <u>채권자와 변제자를 심문하여야 한다.</u>[63]
③ 검사는 <u>의견을 진술하거나 심문에 참여할 수 없다.</u>
④ 법원은 직권으로 사실의 탐지와 필요하다고 인정하는 증거의 조사를 하여야 한다.

---

62 <u>방매라 함은 변제자가 스스로 시가로 임의매각하는 것을</u> 말한다. 이는 변제의 목적물이 부패하기 쉽거나, 거래소 가격 또는 시장가격이 있는 물건, 경매비용에 비하여 가격이 근소한 물건 등에 적합한 방법이다(법원실무제요 「비송」, 법원행정처, 2014, 130면).

63 다만, 채권자가 소재불명 등으로 소환할 수 없는 경우에는 심문을 요하지 않으며, 소환을 받고 이에 응하지 않는 경우에는 법원은 그러한 심문 없이 재판할 수 있다. 또한, 심문을 한 경우라도 그 심문조서는 필요하다고 인정되는 경우에 한하여 작성된다.

(2) **재판**

① 재판은 결정의 형식으로 한다.

② 법원이 재판을 받는 자에게 적당하다고 인정하는 방법으로 고지하면 효력이 생긴다.

5. 불복

(1) 신청을 인용한 결정에 대해서는 불복할 수 없다.

(2) 신청을 각하·기각한 결정에 대해서는 보통항고로써 불복할 수 있다.

6. 비용부담

절차비용은 채권자가 부담한다.

---

[03] **질물(質物)에 의한 변제충당의 허가사건**

1. 의의

질권자는 채무의 변제를 받기 위하여 질물을 경매함이 원칙이나, 질물의 가격이 근소하여 경매비용에도 미치지 못하는 등의 정당한 이유가 있는 때에는 감정인의 평가에 의하여 질물로 직접 변제에 충당할 것을 법원에 청구하는 사건을 말한다.

2. 관할법원

채무이행지의 지방법원을 관할법원으로 한다.

3. 신청절차

(1) **신청인**

질권자이다. 다만 질권자는 미리 채무자 및 질권설정자에게 통지하여야 한다.

(2) **신청방법**

일반원칙에 따라 서면 또는 구술로 한다.

4. 심리 및 재판

(1) 심리

① 일반적으로 심문의 방법에 의한다. 심문은 필요적이며, 비공개로 한다.

② 재판을 하기 전에 채권자(=질권자)와 변제자(=채무자 또는 질권설정자)를 심문하여야 한다.

③ 검사는 의견을 진술하거나 심문에 참여할 수 없다.

④ 법원은 직권으로 사실의 탐지와 필요하다고 인정하는 증거의 조사를 하여야 한다.

(2) 재판

① 재판은 결정의 형식으로 한다.

② 법원이 재판을 받는 자에게 적당하다고 인정하는 방법으로 고지하면 효력이 생긴다.

5. 불복

(1) 신청을 인용한 결정에 대해서는 불복할 수 없다.

(2) 신청을 각하·기각한 결정에 대해서는 보통항고로써 불복할 수 있다.

6. 비용부담

절차비용은 질권설정자가 부담한다(법 제56조).

04 환매권 대위행사시의 감정인 선임사건

1. 의의

매도인의 채권자가 매도인을 대위하여 환매하고자 할 때 매수인이 법원이 선정한 감정인의 평가액에서 매도인이 (매수인에게) 반환할 (환매)금액을 공제한 잔액으로 매도인의 채무를 변제하고 잉여액을 매도인에게 지급하여 환매권을 소멸시킬 수 있도록 법원에 청구하는 사건을 말한다.[64]

---

[64] 「민법」 제590조【환매의 의의】 ① 매도인이 매매계약과 동시에 환매할 권리를 보류한 때에는 그 영수한 대금 및 매수인이 부담한 매매비용을 반환하고 그 목적물을 환매할 수 있다.

「민법」 제593조【환매권의 대위행사와 매수인의 권리】 매도인의 채권자가 매도인을 대위하여 환매하고자 하는 때에는 매수인은 법원이 선정한 감정인의 평가액에서 매도인이 반환할 금액을 공제한 잔액으로 매도인의 채무를 변제하고 잉여액이 있으면 이를 매도인에게 지급하여 환매권을 소멸시킬 수 있다.

2. 관할법원

물건 소재지의 지방법원이 관할한다(법 제57조 제1항).

3. 신청절차

(1) 신청인

매수인이다.

(2) 신청방법

일반원칙에 따라 서면 또는 구술로 한다.

4. 심리 및 재판

(1) 심리

① 일반적으로 심문의 방법에 의한다. 심문은 임의적이며, 비공개로 한다.
② 검사는 의견을 진술하거나 심문에 참여할 수 없다.
③ 법원은 직권으로 사실의 탐지와 필요하다고 인정하는 증거의 조사를 하여야 한다.

(2) 재판

① 재판은 결정의 형식으로 한다.
② 법원이 재판을 받는 자에게 적당하다고 인정하는 방법으로 고지하면 효력이 생긴다.

5. 불복

(1) 신청을 인용한 결정에 대해서는 불복할 수 없다.

(2) 신청을 각하·기각한 결정에 대해서는 보통항고로써 불복할 수 있다.

6. 비용부담

감정인 선임비용과 감정을 위한 소환 및 심문비용은 매수인이 부담한다(법 제57조 제2항).

Chapter

03 민법법인의 등기

01 민법법인등기의 개념 및 분류

1. 개념

(1) 법인등기의 개념

「민법」, 「상법」, 각종의 특별법, 「비송사건절차법」, 「상업등기법」 등 법령의 규정에 의하여 등기관이 법인에 관한 일정한 사항을 등기부에 기록하는 것 또는 그 기록 자체를 말한다. 법인등기는 각각의 설립의 근거가 되는 법령에 따라 민법법인등기, 상법법인등기, 특수법인등기로 나누어진다.

(2) 민법법인등기의 개념

민법법인등기란 「민법」에 의하여 설립된 비영리 사단법인과 재단법인에 관한 일정한 사항을 등기부에 기록하는 것 또는 그 기록 자체를 말한다.

2. 민법법인등기의 분류

(1) 등기부의 종류에 따라 사단법인등기, 재단법인등기, 대한민국에 사무소를 둔 비영리 외국법인의 분사무소의 등기로 구분할 수 있다.

(2) 등기의 목적에 따라 기입등기, 변경등기, 말소등기, 회복등기로 구분할 수 있다.

(3) 설립근거 법령에 따라 「민법」상 법인등기, 「공익법인 설립운영에 관한 법률」상 법인등기, 대한민국에 사무소를 둔 비영리 외국법인 분사무소의 등기로 구분할 수 있다.

02 민법법인등기의 신청절차

1. 등기신청의 분류

(1) 당사자에 의한 등기신청

① 민법법인설립의 등기는 <u>법인을 대표할 사람</u>이 신청한다. 그 외의 민법법인의 등기도 법률에 다른 규정이 없는 한 그 법인의 대표자가 신청한다.

② 등기신청은 당사 본인뿐만 아니라 대리인에 의해서도 할 수 있다.

(2) 촉탁에 의한 등기신청

관공서의 촉탁에 따른 등기도 넓은 의미에서 신청에 따른 등기와 같으므로 법률에 다른 규정이 없는 경우에는 신청에 따른 등기에 관한 규정이 준용된다.

(3) 등기신청 행위

신청서의 작성(기재정보, 기재문자, 기명날인 또는 서명, 간인, 상호 및 외국인의 성명 등에 로마자병기), 일괄신청, 동시신청 등은 상업등기에 관한 규정이 준용된다.

2. 등기의 실행

등기의 실행절차는 <u>상업등기의 규정이 준용</u>되므로 상업등기의 그것과 대체로 같다.

03 등기관의 결정 또는 처분에 대한 이의신청

1. 의의

등기관의 부당한 결정 또는 처분으로 인하여 불이익을 받은 자가 그 결정 또는 처분의 시정을 <u>관할 지방법원에 이의신청</u>을 하는 것을 말한다.

2. 요건

(1) 등기신청의 각하결정에 대한 이의신청인 경우

등기공무원의 각하결정이 부당하다는 사유면 족하고 <u>그 외의 특별한 제한은 없다.</u>

(2) 등기신청을 수리하여 완료된 등기에 대한 이의신청의 경우

직권말소함으로써 원상으로 회복할 수 있는 경우가 아니면 이의신청할 수 없다.

(3) 새로운 사실에 의한 이의신청 금지

누구든지 새로운 사실이나 새로운 증거방법을 근거로 이의신청을 할 수 없다.

3. 절차

(1) 이의신청인은 등기상의 이해관계인이다.

(2) 등기관의 결정 또는 처분에 이의가 있는 자는 <u>관할 지방법원에 이의신청</u>을 할 수 있으며, 이의신청은 등기소에 이의신청서를 제출하여야 한다.

(3) 이의신청에는 집행정지의 효력이 없다.

4. 이의신청에 대한 조치

(1) 등기관의 조치

① 등기관은 이의신청이 이유 있다고 인정하면 그에 해당하는 처분을 하여야 한다.

② 등기관은 이의신청이 이유 없다고 인정하면 이의신청일부터 3일 이내에 의견을 붙여 이의신청서를 관할 지방법원에 보내야 한다.

(2) 법원의 조치

① 관할 지방법원은 이의신청에 대해 결정 전 등기관에게 이의신청이 있다는 뜻의 부기등기를 명령할 수 있다.

② 관할 지방법원은 이의신청에 대하여 이유를 붙여 결정을 하여야 한다. 이 경우 이의신청이 이유 있다고 인정하면 등기관에게 그에 해당하는 처분을 명령하고, 그 뜻을 이의신청인과 등기를 한 자에게 통지하여야 한다.

③ 법원의 결정에 대해서는 「비송사건절차법」에 따라 항고할 수 있다.

04 법인의 설립등기

1. 서설

(1) 민법상의 법인을 설립하려면 학술·종교·자선·기예·사교 기타 영리 아닌 사업을 목적으로 설립행위를 하여 주무관청의 허가를 얻어 설립등기를 하여야 한다.

(2) 설립등기는 법인의 성립요건이다.

2. 관할등기소

법인의 주된 사무소 소재지를 관할하는 지방법원, 그 지원 또는 등기소이다.

3. 등기신청

(1) 등기신청인

법인설립의 등기는 법인을 대표할 사람이 신청한다. 이사가 2인 이상인 경우 이사는 단독대표가 원칙이므로 각자 등기신청을 할 수 있지만, 대표권 제한 규정이 있는 경우에는 대표권 있는 이사만 신청한다.

⑵ **등기기간**

① 민법법인은 주무관청의 법인설립의 허가서가 도착한 날로부터 3주간 내이다.

② 등기기간 내에 등기의무가 있는 이사가 등기를 해태한 때는 500만원 이하의 과태료에 처한다.

4. 설립등기사항

⑴ 목적

⑵ 명칭

⑶ 사무소

⑷ 설립허가의 연월일

⑸ 존립시기나 해산이유를 정한 때에는 그 시기 또는 사유

⑹ 자산의 총액

⑺ 출자의 방법을 정한 때에는 그 방법

⑻ 이사의 성명, 주소

⑼ 이사의 대표권을 제한한 때에는 그 제한

5. 신청서 첨부정보(첨부서류)

법인을 대표할 사람이 ① 법인의 정관, ② 이사의 자격을 증명하는 서면, ③ 주무관청의 설립허가서 또는 그 인증이 있는 등본, ④ 재산목록을 첨부하여 신청한다.

Chapter 04 상사비송사건

✦ 주요 비송사건절차 단문 목차 도표 - 상사비송 및 과태료

	관할	신청인	신청 방식	심리 및 재판	불복 방법	기타
원칙	지방법원 단독판사		서면 또는 구술(말)	• 심리 : 임의적 심문 (비공개), 직권탐지 주의 • 재판 : 이유를 붙이지 않은 결정	보통항고	• 불복신청 기간제한× • 확정차단효× • 집행정지 효력×
상사비송사건						
1. **변態설립** (신주발행포함) 사항 및 **신**주발행시의 검사인 선임	합의부	• 발기설립 : 이사 • **모**집설립 : **발**기인	서면	서면 ⑧ 서 [태신/업소/액매임/수집소/사집소] 변**態**설립 및 **신**주발행시 검사인선임, **업**무와 재산상태 검사인선임, **소**수주주의 주총소집허가, 주식**액**면미달발행인가, 주식**매**수가액결정, 법인의 **임**시총회소집허가, **수**익자**집**회소집허가, **사**채권자**집**회소집허가		• 보수 : 이사, 감사 의견○+보수액 결정은 **즉시항고**○
2. 조사사항의 **변**경(처분)	합의부	진술 ⑨ 진 [변업/직송액/매신해사] 조사사항**변**경, **업**무와 재산상태 검사인선임, **직**무대행자선임, 소**송**상대표자선임, 주식**액**면미달발행, **매**수가액결정, **신**주발행무**효**로 인한 환급금증감신청, 회사**해**산명령, **사**채모집의 수탁회사에 관한 재판		• 진술(발기인, 이사) • 이유를 붙인 결정	**즉시항고**	
3. 주식회사의 **업**무와 재산상태 검사를 위한 검사인 선임	합의부	발행주식 총수의 3/100 이상의 주식을 가진 주주	서면	진술(이사, 감사) ※ 주의 : 변態설립시의 검사인 선임의 경우와 달리 통상항고가 아닌 즉시항고 가능	**즉시항고**	• 보수 : 이사, 감사 의견○+보수액 결정은 **즉시항고**○

4. 유한회사의 **업무**와 재산상태 검사를 위한 검사인선임	합의부	자본금총액의 3/100 이상에 해당하는 출자좌수를 가진 사원	서면	진술(이사, 감사)	<u>즉시항고</u>	• 보수: 이사, 감사 의견○＋보수액 결정은 **즉시항고**○
5. 일시이사의 **직무대행자**(＝임시이사) 선임	합의부	이사, 감사, 이해관계인		• 진술(이사, 감사) • 이유를 붙인 결정 ※ 주의: 통상항고로 불복할 수 있는 법인의 임시이사 선임의 경우와 달리 불복신청×	인용은 불복×	각하·기각은 항고 • 보수: 이사, 감사 의견○＋보수결정은 <u>즉시항고</u>○ • 등기○
6. **소송**상 대표자선임	합의부	감사위원회, 이사		• 진술(이사, 감사위원회) • 이유를 붙인 결정	인용은 불복×	각하·기각은 항고
7. 직무대행자의 **상무**외 행위허가신청	가처분법원	직무대행자	즉시항고에 집행정지의 효력부여 (**특별규정**○) ⑩ 집 [상무/액매신해영/사집결/과] 직무대행자의 **상무**와 행위허가신청, 주식의 **액**면미달발행인가, 주식**매**수청구로 인한 주식매수가액결정, **신**주발행무효로 인한 환급금증감신청, 회사**해**산명령, 외국회사**영**업소폐쇄명령, 사채권자**집**회 **결**의인가청구, **과**태료	• 각하: 보통항고 • 인용: <u>즉시항고</u>	집행정지 효력○ • 항고기간 기산점: **초일산입**(재판고지를 받은 날부터 기산)	
8. 주식회사의 **소수주주**의 주주총회 소집허가	합의부	발행주식 총수의 3/100 이상의 주식을 가진 주주: 총회소집을 요구한 주주	**서면**＋소명	이유를 붙인 결정	인용은 불복×	각하·기각은 항고 • 소집비용(회사 부담)
9. 주금**납**입금의 **보**관자 등의 변경허가	합의부	발기인, 이사 (공동신청)	소명			
10. 주식의 **액**면미달발행 인가	합의부	회사	서면	• 진술(이사) • 이유를 붙인 결정	<u>즉시항고</u>	집행정지 효력○

11. 주식매수 청구로 인한 주식매수가액 결정	합의부	• 주주 또는 매도청구인 • 주주 또는 회사 • 지배주주 또는 소수 주주	서면	• 진술(주주, 매도청구 인 또는 주주, 이사) • 이유를 붙인 결정	즉시항고	집행정지 효력○
12. 신주발행무효에 의한 환급금 증감신청	합의부	회사, 신주의 주주		• 관보공고 • 진술(이사, 감사) • 이유를 붙인 결정	즉시항고	집행정지 효력○
13. 회사의 해산명령	합의부	이해관계인, 검사, 법원직권		• 관보공고 • 진술·의견(이해관 계인, 검사) • 이해관계인: 담보 제공(악의소명) • 이유를 붙인 결정	즉시항고	집행정지 효력○ • 등기○ • 절차비용(회사 부담)
14. 외국회사 영업소 폐쇄명령		이해관계인, 검사, (법원직권 없음)		회사의 해산명령의 규정이 준용(법 제101조 제2항)		
15. 사채관리회사의 사임허가	합의부	사채관리회사		• 의견(이해관계인) • 이유를 붙인 결정 • 검사 불참여	인용은 불복×	인용하지 않은 재판에 즉시항고(법 제110조 제3항)
16. 사채관리회사의 해임허가	합의부	사채발행회사 또는 사채권자집회		• 의견(이해관계인) • 이유를 붙인 결정 • 검사 불참여	인용은 불복×	인용하지 않은 재판에 즉시항고(법 제110조 제3항)
17. 소수사채권자에 의한 사채권자집회 소집허가	합의부	사채총액의 1/10 이상의 사채를 가진 사채권자	서면+소명	• 이유를 붙인 결정 • 검사 불참여	인용은 불복×	각하·기각은 항고
18. 사채권자집회 결의인가청구	합의부	사채권자집회의 소집자		• 의견(이해관계인) • 이유를 붙인 결정 • 검사 불참여	즉시항고	집행정지 효력○
과태료사건						
과태료 재판	과태료를 부과받을 자의 주소지의 지방법원	법원직권		• 진술(당사자) • 이유를 붙인 결정	즉시항고	집행정지 효력○ • 절차비용 (선고받은 자)

제1절 회사와 경매에 관한 사건

01 회사의 설립 및 신주발행에서의 검사인 선임신청 ★

1. 의의

<u>회사 설립시</u> 변태설립사항[65]을 정한 경우 이를 조사하기 위하여 법원에 검사인의 선임을 청구하는 사건을 말하며, <u>신주발행</u>[66] 시 현물출자[67]가 있는 경우에도 이를 조사하기 위하여 법원에 검사인의 선임을 청구하는 사건을 말한다.[68]

2. 관할법원

회사의 <u>본점 소재지 지방법원 합의부</u>가 관할한다. 다만, 회사설립의 경우에는 회사가 설립되기 전이므로 정관에 기재된 회사의 본점 소재지 지방법원 합의부가 관할한다.

3. 신청절차

(1) 신청인

발기설립[69]과 신주발행의 경우는 발기인들에 의해 선임된 <u>이사</u>가, 모집설립[70]에는 창립총회가 개최되기 전의 기관인 <u>발기인</u>[71]이 신청인이 된다.

(2) 신청방식

① <u>서면</u>으로 하여야 한다.
② 신청서에는 신청의 사유, 검사의 목적, 신청 연월일, 법원의 표시를 기재한다.

---

65 회사설립과 관련된 사항들 가운데 회사의 자본적 기초를 약화시킬 우려가 있는 것을 말한다.
　「**상법**」 **제290조 【변태설립사항】** 다음의 사항은 정관에 기재함으로써 그 효력이 있다.
　1. <u>발기인이 받을 특별이익과 이를 받을 자의 성명</u>
　2. <u>현물출자</u>를 하는 자의 성명과 그 목적인 재산의 종류, 수량, 가격과 이에 대하여 부여할 주식의 종류와 수
　3. 회사성립후에 <u>양수할 것을 약정한 재산</u>의 종류, 수량, 가격과 그 양도인의 성명
　4. <u>회사가 부담할 설립비용과 발기인이 받을 보수액</u>

66 신주는 다양한 이유로 발행되는데 통상적으로는 회사의 자금 조달을 위해 발행된다.

67 현물출자(現物出資)는 회사설립 또는 신주발생시에 금전 이외의 재산으로 하는 출자이다.

68 이는 회사설립시 변태설립사항이나 신주발행시의 <u>현물출자</u>에 관하여 검사인에 의한 검사를 거치도록 함으로써 그 적정성을 담보하여 회사채권자와 주주의 이익을 보호하기 위한 취지이다.

69 발기설립은 설립시에 주식의 전부를 발기인만이 인수하여 설립하는 방법이다.

70 모집설립은 설립시에 주식의 일부를 발기인이 우선 인수하고 주주를 모집하여 그 나머지를 인수하게 하는 설립 방법이다. <u>모집설립의 경우 이사와 감사는 창립총회에서 선임한다</u>(제312조).

71 <u>주식회사를 설립하는 사람을 발기인이라고 한다.</u> 발기인은 주식회사를 설립할 때 회사의 정관을 작성하고 그 정관에 기명날인 또는 서명을 하여야 한다(상법 제288조 및 제289조 제1항). 발기인이 될 수 있는 자격조건에는 제한이 없으므로 법인이나 미성년자도 주식회사의 발기인이 될 수 있다.

4. 심리 및 재판

(1) 심리

① 일반적으로 심문의 방법에 의한다. 심문은 임의적이며, 비공개로 한다.

② 법원은 직권으로 사실의 탐지와 필요하다고 인정하는 증거의 조사를 하여야 한다.

(2) 재판

① 재판은 결정의 형식으로 한다.

② 법원이 재판을 받는 자에게 적당하다고 인정하는 방법으로 고지하면 효력이 생긴다.

5. 불복

특별한 규정이 없으므로 보통항고에 의한다.

6. 검사인의 보수

법원은 검사인을 선임한 경우 회사로 하여금 검사인에게 보수를 지급하게 할 수 있다. 이 경우 그 보수액은 이사와 감사의 의견을 들어 법원이 정하며, 결정에 대하여는 즉시항고할 수 있다.

✦ **주식회사 설립절차도**

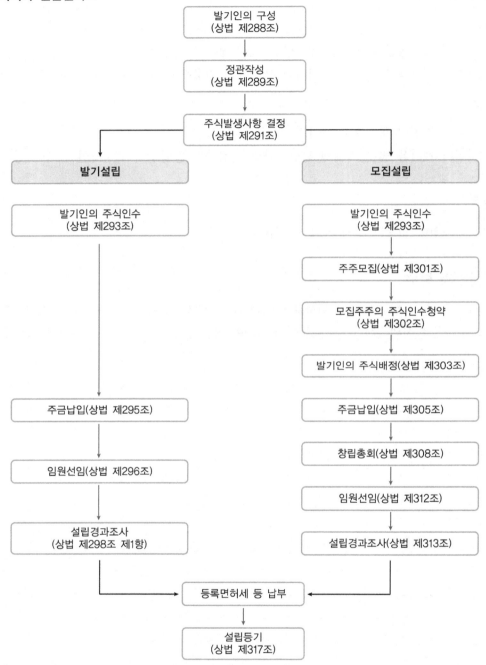

발기인의 구성
(상법 제288조)

정관작성
(상법 제289조)

주식발생사항 결정
(상법 제291조)

발기설립

모집설립

발기인의 주식인수
(상법 제293조)

발기인의 주식인수
(상법 제293조)

주주모집(상법 제301조)

모집주주의 주식인수청약
(상법 제302조)

발기인의 주식배정(상법 제303조)

주금납입(상법 제295조)

주금납입(상법 제305조)

임원선임(상법 제296조)

창립총회(상법 제308조)

임원선임(상법 제312조)

설립경과조사
(상법 제298조 제1항)

설립경과조사(상법 제313조)

등록면허세 등 납부

설립등기
(상법 제317조)

✦ **주식회사의 발기설립과 모집설립의 비교**

	발기설립	모집설립
기능	소규모 회사설립에 용이	대규모 자본조달에 유리
주식인수	발기인이 주식의 전부를 인수(상법 제293조)	발기인과 주식배정받은 모집주주(=주식인수청약자)가 함께 주식을 인수(상법 제301조, 제303조)
인수방식	단순한 서면주의	주식청약서에 의함(상법 제302조)
주금납입	발기인이 지정한 은행 기타 금융기관에 납입(상법 제295조)	주식청약서에 기재된 납입장소(상법 제305조)
납입의 해태	민법의 일반원칙에 따름	주식인수인의 실권절차에 의함(상법 제307조)
창립총회 소집	불필요	필요(상법 제308조)
임원선임 (=기관구성)	발기인의 의결권의 과반수로 이사와 감사를 선임(상법 제296조)	창립총회에서 이사와 감사를 선임(상법 제312조) ※ 창립총회의 결의는 출석한 주식인수인의 의결권 3분의 2 이상이고 인수된 주식의 과반수에 해당하는 다수로 하여야 함(상법 제309조)
설립경과 조사	이사와 감사가 조사하여 발기인에게 보고(상법 제298조 제1항)	이사와 감사가 조사하여 창립총회에 보고(상법 제313조)
변태설립 사항	<u>이사</u>가 법원에 검사인 선임청구(상법 제298조 제4항), <u>검사인은 조사하여 법원에 보고</u>(상법 제299조 제1항)	<u>발기인</u>은 법원에 검사인 선임청구(상법 제310조 제1항), <u>검사인은 조사결과를 창립총회에 보고</u>(상법 제310조 제2항)

02 조사사항의 변경(처분)에 관한 재판

1. 의의

(1) 발기설립의 경우

주식회사의 발기설립 및 신주발행에 관하여 **법원이** 검사인(이사가 선임) 또는 공증인의 조사보고서 또는 감정인의 감정결과와 발기인의 설명서를 심사한 결과 변태설립사항이 부당하다고 인정하는 때에는 법원이 이를 변경(처분)할 수 있다.

(2) 모집설립의 경우

주식회사의 모집설립의 경우에 검사인(발기인이 선임)은 조사한 사항을 창립총회에 보고하고, 창립총회에서 변태설립사항이 부당하다고 인정하는 때에는 창립총회가 이를 변경할 수 있다.

2. 관할법원

회사의 <u>본점 소재지 지방법원 합의부</u>가 관할한다.

3. 신청절차

검사인 선임신청사건에 준한다.

4. 심리 및 재판

(1) 심리

① 일반적으로 심문의 방법에 의한다.
② 법원은 재판을 하기 전에 <u>발기인과 이사의 진술</u>을 들어야 한다.
③ 법원은 직권으로 사실의 탐지와 필요하다고 인정하는 증거의 조사를 하여야 한다.

(2) 재판

① 재판은 <u>이유를 붙인 결정</u>으로 한다.
② 법원이 재판을 받는 자에게 적당하다고 인정하는 방법으로 고지하면 효력이 생긴다.

5. 불복

발기인과 이사는 조사사항의 변경에 관한 재판에 대하여 <u>즉시항고</u>를 할 수 있다.

---

03 주식회사의 업무와 재산상태 검사를 위한 검사인 선임 ★

1. 의의

<u>회사의 업무집행에 관하여 부정행위 또는 법령이나 정관에 위반한 중대한 사실이 있음을 의심할 사유</u>가 있는 때에는 발행주식의 총수의 100분의 3 이상에 해당하는 주식을 가진 주주는 회사의 업무와 재산 상태를 조사하게 하기 위하여 법원에 검사인의 선임을 청구하는 사건이다.

2. 관할법원

회사의 본점 소재지의 지방법원 <u>합의부</u>가 관할한다.

3. 신청절차

(1) 신청인

① 발행주식 총수의 100분의 3 이상에 해당하는 주식을 가진 주주이다.[72]

② 비송사건에서는 선정당사자가 인정되지 허용되지 않으므로 선정당사자에 의한 신청은 부적법하다.

(2) 신청방식

① 서면으로 하여야 한다.

② 신청서에는 신청의 사유, 검사의 목적, 신청 연월일, 법원의 표시를 기재한다.

4. 심리 및 재판

(1) 심리

① 일반적으로 심문의 방법에 의한다.

② 법원은 재판을 하기 전에 이사와 감사의 진술을 들어야 한다.

③ 법원은 직권으로 사실의 탐지와 필요하다고 인정하는 증거의 조사를 하여야 한다.

(2) 재판

① 재판은 결정의 형식으로 한다.

② 법원이 재판을 받는 자에게 적당하다고 인정하는 방법으로 고지하면 효력이 생긴다.

5. 불복

검사인의 선임재판에 대해서는 즉시항고할 수 있다.

6. 검사인의 보수

법원은 검사인을 선임한 경우 회사로 하여금 검사인에게 보수를 지급하게 할 수 있다. 이 경우 그 보수액은 이사와 감사의 의견을 들어 법원이 정하며, 결정에 대하여는 즉시항고할 수 있다.

7. 검사인의 보고서 제출

검사인은 그 조사의 결과를 법원에 서면으로 보고하여야 한다.

---

[72] 상장회사의 경우 6개월 전부터 계속하여 상장회사의 발행주식 총수의 15/1000 이상에 해당하는 주식을 보유한 주주이다(상법 제542조의6 제1항).

04 유한회사의 업무와 재산상태의 검사를 위한 검사인 선임

1. 의의

회사의 업무집행에 관하여 부정행위 또는 법령이나 정관에 위반한 중대한 사유가 있는 때에는 자본금총액의 100분의 3 이상에 해당하는 출자좌수를 가진 사원은 회사의 업무와 재산상태를 조사하게 하기 위하여 법원에 검사인의 선임을 청구하는 사건이다.

2. 관할법원

회사의 본점 소재지의 지방법원 합의부 관할이다.

3. 신청절차

(1) 신청인

① 자본금총액의 100분의 3 이상에 해당하는 출자좌수를 가진 사원이다.
② 비송사건에서는 선정당사자가 인정되지 허용되지 않으므로 선정당사자에 의한 신청은 부적법하다.

(2) 신청방식

① 서면으로 하여야 한다.
② 신청서에는 신청의 사유, 검사의 목적, 신청 연월일, 법원의 표시를 기재한다.

4. 심리 및 재판

(1) 심리

① 일반적으로 심문의 방법에 의한다.
② 법원은 재판을 하기 전에 이사와 감사의 진술을 들어야 한다.
③ 법원은 직권으로 사실의 탐지와 필요하다고 인정하는 증거의 조사를 하여야 한다.

(2) 재판

① 재판은 결정의 형식으로 한다.
② 법원이 재판을 받는 자에게 적당하다고 인정하는 방법으로 고지하면 효력이 생긴다.

5. 불복

재판에 대해서는 <u>즉시항고할 수 있다</u>.

6. 검사인의 보수

법원은 검사인을 선임한 경우 회사로 하여금 검사인에게 보수를 지급하게 할 수 있다. 이 경우 그 보수액은 <u>이사와 감사의 의견</u>을 들어 법원이 정하며, 결정에 대하여는 <u>즉시항고할 수 있다</u>.

7. 검사인의 보고서 제출

검사인은 그 조사의 결과를 법원에 서면으로 보고하여야 한다.

05 일시이사의 직무대행자(＝임시이사) 선임사건 ★

1. 서설

(1) 법률 또는 정관에 정한 <u>이사의 원수를 결한 경우</u>에 임기의 만료 또는 사임으로 인하여 퇴임한 이사는 새로 선임된 이사가 취임할 때까지 이사의 권리의무가 있으나, <u>법원은 필요하다고 인정할 때에는 이사, 감사 기타의 이해관계인의 청구에 의하여 <u>일시이사의 직무를 행할 자(＝임시이사)</u>를 선임하는 사건을 말한다.[73]

(2) 일시이사의 직무대행자라 함은 「상법」 제386조 제2항의 일시이사의 직무를 행할 자(＝임시이사)를 말하는 것으로, 「상법」 제407조의 가처분(이사선임결의 무효·취소 또는 이사해임의 소가 제기된 경우)에 의하여 선임되는 <u>직무대행자와 구별</u>된다.

2. 관할법원

회사의 본점 소재지의 <u>지방법원 합의부</u>가 관할한다.

---

[73] 「상법」 제386조 【결원의 경우】 ① 법률 또는 정관에 정한 이사의 원수를 결한 경우에는 임기의 만료 또는 사임으로 인하여 퇴임한 이사는 새로 선임된 이사가 취임할 때까지 이사의 권리의무가 있다.
② 제1항의 경우에 필요하다고 인정할 때에는 법원은 이사, 감사 기타의 이해관계인의 청구에 의하여 **일시이사의 직무를 행할 자**를 선임할 수 있다. 이 경우에는 본점의 소재지에서 그 등기를 하여야 한다.
「비송사건절차법」 제84조 【직무대행자 선임의 재판】 ① 「상법」 제386조 제2항(「상법」 제415조에서 준용하는 경우를 포함한다)에 따른 직무대행자 선임에 관한 재판을 하는 경우 법원은 이사와 감사의 진술을 들어야 한다.
② 제1항의 경우에는 제77조, 제78조 및 제81조를 준용한다.

3. 신청절차

(1) 신청인

이사, 감사, 기타의 이해관계인이다.

(2) 신청방식

일반원칙에 따라 서면 또는 구술로 한다.

4. 심리 및 재판

(1) 심리

① 일반적으로 심문의 방법에 의한다.
② 법원은 재판을 하기 전에 이사와 감사의 진술을 들어야 한다.
③ 법원은 직권으로 사실의 탐지와 필요하다고 인정하는 증거의 조사를 하여야 한다.

(2) 재판

① 재판은 이유를 붙인 결정으로 한다.
② 법원이 재판을 받는 자에게 적당하다고 인정하는 방법으로 고지하면 효력이 생긴다.

5. 불복

(1) 신청을 인용한 결정에 대해서는 불복할 수 없다.

(2) 신청을 각하·기각한 결정에 대해서는 보통항고로써 불복할 수 있다.

6. 임시이사의 권한·보수·임기

(1) 선임된 임시이사의 권한은 통상의 이사와 다를 바 없고, 회사의 상무에 속한 것에 한하는 것은 아니다. 직무집행정지가처분에 따른 직무대행자의 경우처럼 회사의 상무에 속하는 것에 한한다는 제한을 받지 않는다.

(2) 법원은 임시이사를 선임한 경우에는 회사로 하여금 이에 보수를 지급하게 할 수 있다. 이 경우 그 보수액은 이사와 감사의 의견을 들어 법원이 정하며, 결정에 대하여는 즉시항고할 수 있다.

7. 등기

임시이사 선임의 결정을 한때에는 제1심 수소법원은 회사의 본점과 지점 소재지의 등기소에 그 등기를 촉탁하여야 한다.

06 소송상 대표자 선임사건

1. 의의

주식회사가 이사에 대하여 또는 이사가 회사에 대하여 소를 제기하는 경우에는 <u>감사가 그 소에 관하여 회사를 대표</u>한다. 이때 감사위원회의 위원이 소의 당사자가 된 경우에는 감사위원회 또는 이사가 법원에 회사를 대표할 자를 선임하여 줄 것을 신청하는 사건을 말한다.

2. 관할법원

회사의 본점 소재지의 <u>지방법원 합의부</u>가 관할한다.

3. 신청절차

(1) 신청인

<u>감사위원회 또는 이사</u>이다.

(2) 신청방법

일반원칙에 따라 서면 또는 구술로 한다.

4. 심리 및 재판

(1) 심리

① 일반적으로 심문의 방법에 의한다.
② 법원은 재판을 하기 전에 <u>이사와 감사위원회의 진술</u>을 들어야 한다.
③ 법원은 직권으로 사실의 탐지와 필요하다고 인정하는 증거의 조사를 하여야 한다.

(2) 재판

① 재판은 <u>이유를 붙인 결정</u>으로 한다.
② 법원이 재판을 받는 자에게 적당하다고 인정하는 방법으로 고지하면 효력이 생긴다.

5. 불복

(1) 신청을 인용한 결정에 대해서는 불복할 수 없다.

(2) 신청을 각하·기각한 결정에 대해서는 보통항고로써 불복할 수 있다.

07 직무대행자의 상무(常務) 외 행위의 허가사건 ★

1. 서설

(1) 이사선임결의의 무효나 취소 또는 이사해임의 소가 제기된 경우에는 법원은 당사자의 신청에 의하여 가처분으로써 이사의 직무집행을 정지할 수 있고, 이때 직무집행이 정지된 이사를 대신할 직무대행자를 선임할 수 있다. [74]

(2) 직무대행자는 가처분명령에서 다른 정함이 있는 경우 외에는 회사의 상무에 속하지 아니한 행위를 하지 못하나 법원의 허가를 얻은 경우에는 가능하다. [75]

2. 관할법원

가처분법원이 관할한다.

3. 신청절차

(1) **신청인**

직무대행자이다. [76]

(2) **신청방법**

일반원칙에 따라 서면 또는 구술로 한다.

4. 심리 및 재판

(1) **심리**

① 일반적으로 심문의 방법에 의한다. 심문은 임의적이며, 비공개로 한다.
② 법원은 직권으로 사실의 탐지와 필요하다고 인정하는 증거의 조사를 하여야 한다.

---

[74] 「상법」 제407조【직무집행정지, 직무대행자선임】 ① 이사선임결의의 무효나 취소 또는 이사해임의 소가 제기된 경우에는 법원은 당사자의 신청에 의하여 가처분으로써 이사의 직무집행을 정지할 수 있고 또는 직무대행자를 선임할 수 있다. 급박한 사정이 있는 때에는 본안소송의 제기 전에도 그 처분을 할 수 있다.
② 법원은 당사자의 신청에 의하여 전항의 가처분을 변경 또는 취소할 수 있다.
③ 전2항의 처분이 있는 때에는 본점과 지점의 소재지에서 그 등기를 하여야 한다.

[75] 「상법」 제408조【직무대행자의 권한】 ① 전조의 직무대행자는 가처분명령에 다른 정함이 있는 경우 외에는 회사의 상무에 속하지 아니한 행위를 하지 못한다. 그러나 법원의 허가를 얻은 경우에는 그러하지 아니하다.
② 직무대행자가 전항의 규정에 위반한 행위를 한 경우에도 회사는 선의의 제삼자에 대하여 책임을 진다.

[76] 「비송사건절차법」 제85조【직무대행자의 상무 외 행위의 허가신청】 ① 「상법」 제408조 제1항 단서에 따른 상무(常務) 외 행위의 허가신청은 직무대행자가 하여야 한다.
② 신청을 인용한 재판에 대하여는 즉시항고를 할 수 있다. 이 경우 항고기간은 직무대행자가 재판의 고지를 받은 날부터 기산한다.
③ 제2항에 따른 항고는 집행정지의 효력이 있다.

(2) 재판

① 재판은 결정의 형식으로 한다.

② 법원이 재판을 받는 자에게 적당하다고 인정하는 방법으로 고지하면 효력이 생긴다.

5. 불복

(1) 신청을 인용한 결정에 대해 권리를 침해받은 자는 즉시항고를 할 수 있다. <u>즉시항고는 집행 정지의 효력</u>이 있다.

(2) 즉시항고의 기간은 직무대행자가 <u>재판의 고지를 받은 날부터</u> 기산한다(초일산입).

(3) 신청을 각하한 결정에 대해서는 보통항고로써 불복할 수 있다.

08 주식회사 소수주주의 주주총회 소집허가사건 ★

1. 서설

(1) 주식회사의 발행주식 총수의 100분의 3 이상에 해당하는 주식을 가진 주주는 회의의 목적사항과 소집의 이유를 적은 서면을 이사회에 제출하여 임시총회의 소집을 청구할 수 있다.

(2) 청구가 있은 후 지체 없이 총회소집의 절차를 밟지 아니한 때에는 청구한 소수주주는 법원의 허가를 받아 총회를 소집할 수 있다.

2. 관할법원

회사의 본점 소재지의 <u>지방법원 합의부</u>가 관할한다.

3. 신청절차

(1) 신청인

주주총회소집을 요구했던 발행주식총수의 100분의 3 이상에 해당하는 주식을 가진 주주이다.

(2) 신청방식

회의의 목적사항과 소집의 이유를 기재한 <u>서면</u>으로 하여야 한다.

4. 심리 및 재판

(1) 심리

① 일반적으로 심문의 방법에 의한다.

② 이사가 그 <u>소집을 게을리한 사실을 소명하여야</u> 한다.

③ 법원은 직권으로 사실의 탐지와 필요하다고 인정하는 증거의 조사를 하여야 한다.

(2) 재판

① 재판은 <u>이유를 붙인 결정</u>으로 한다.

② 법원이 재판을 받는 자에게 적당하다고 인정하는 방법으로 고지하면 효력이 생긴다.

5. 불복

(1) 신청을 인용한 결정에 대해서는 불복할 수 없다.

(2) 신청을 각하·기각한 결정에 대해서는 보통항고로써 불복할 수 있다.

09 주금납입금의 보관자 등의 변경허가사건

1. 의의

회사설립 또는 신주발행시 주식인수의 청약을 하고자 하는 자는 주식청약서에 의해 청약을 하고, 주식청약서에 기재된 주금납입금 보관자 또는 납입장소를 변경하고자 법원의 허가를 구하는 사건을 말한다.

2. 관할법원

회사의 본점 소재지의 <u>지방법원 합의부</u>가 관할한다.

3. 신청절차

(1) 신청인

발기인 전원 또는 이사 전원의 <u>공동신청</u>으로 한다.

(2) 신청방식

일반원칙에 따라 서면 또는 구술로 한다.

4. 심리 및 재판

(1) 심리

① 일반적으로 심문의 방법에 의한다.

② 신청의 <u>사유를 소명</u>하여야 한다.

③ 법원은 직권으로 사실의 탐지와 필요하다고 인정하는 증거의 조사를 하여야 한다.

(2) 재판

① 재판은 결정의 형식으로 한다.

② 법원이 재판을 받는 자에게 적당하다고 인정하는 방법으로 고지하면 효력이 생긴다.

5. 불복

특별한 규정이 없으므로 보통항고에 의한다.

10 주식의 액면미달발행 인가사건 ★

1. 서설

(1) 회사는 주식을 자본충실원칙에 따라 액면미달의 가액으로 발행하지 못하는 것이 원칙이다.

(2) 예외적으로 자산상태가 악화된 회사가 신주발행시 회사가 성립한 날로부터 2년을 경과하고 주주총회의 결의(출석한 주주의 의결권의 3분의 2 이상의 수와 발행주식 총수의 3분의 1 이상)와 법원의 인가로 액면미달의 주식발행이 허용되는 사건을 말한다.

(2) 주식은 법원의 인가를 얻은 날로부터 1월 내에 발행하여야 한다.

2. 관할법원

회사의 본점 소재지의 <u>지방법원 합의부</u>가 관할한다.

3. 신청절차

(1) 신청인

신주발행은 회사가 하는 것이므로 <u>회사</u>가 신청인이다.

(2) 신청방식

<u>서면</u>으로 하여야 한다.

4. 심리 및 재판

(1) 심리

① 일반적으로 심문의 방법에 의한다.

② 법원은 재판을 하기 전에 <u>이사의 진술</u>을 들어야 한다.

③ 법원은 직권으로 사실의 탐지와 필요하다고 인정하는 증거의 조사를 하여야 한다.

(2) 재판

① 재판은 <u>이유를 붙인 결정</u>으로 한다.

② 법원이 재판을 받는 자에게 적당하다고 인정하는 방법으로 고지하면 효력이 생긴다.

5. 불복

(1) 재판(신청을 인용한 결정)에 대해서는 즉시항고를 할 수 있다.

(2) <u>즉시항고는 집행정지의 효력</u>이 있다.

11 주식매수가액 산정 · 결정사건

1. 서설

① 주식을 양도하고자 하는 주주가 주식의 양도에 관하여 이사회의 승인을 얻지 못하여 회사에 대하여 양도의 상대방 지정 또는 매수청구를 한때, ② 영업양도 등에 대한 주주총회의 특별결의에 반대하는 주주가 회사에 대하여 자기가 소유하고 있는 주식의 매수를 청구한 때, ③ 회사의 발행주식총수의 100분의 95 이상을 자기의 계산으로 보유하고 있는 지배주주가 소수주주에게 그 보유하고 있는 주식의 강제매도를 청구한 때 이에 대응하여 소수주주가 지배주주에게 그 보유하고 있는 주식의 매수를 청구한 때, ④ 당사자 간 주식매매가격에 대한 협의가 이루어지지 않아 법원에 해당 주식에 대한 매매가액의 결정을 청구할 수 있는 사건을 말한다.

2. 관할법원

회사의 본점 소재지의 <u>지방법원 합의부</u>가 관할한다.

3. 신청절차

(1) 신청인

① 주식양도의 경우에는 주주 또는 양도상대방으로 지정된 매도청구인이다.
② 영업양도 합병의 경우에는 주주 또는 회사이다.
③ 주식의 강제매도 또는 매수청구의 경우에는 지배주주 또는 소수주주이다.

(2) 신청방식

신청은 <u>서면</u>으로 하여야 한다.

4. 심리 및 재판

(1) 심리

① 일반적으로 심문의 방법에 의한다.
② 재판을 하기 전에 <u>주주와 매도청구인</u> 또는 <u>주주와 이사</u>의 진술을 들어야 한다.
③ 여러 건의 신청사건이 동시에 계속 중일 때에는 심문과 재판을 병합하여야 한다.
④ 법원은 직권으로 사실의 탐지와 필요하다고 인정하는 증거의 조사를 하여야 한다.

(2) 재판

① 재판은 <u>이유를 붙인 결정</u>으로 한다.
② 법원이 재판을 받는 자에게 적당하다고 인정하는 방법으로 고지하면 효력이 생긴다.

5. 불복

(1) 재판에 대해서는 즉시항고를 할 수 있다.

(2) <u>즉시항고는 집행정지의 효력</u>이 있다.

12 신주발행무효에 의한 환급금 증감신청사건 ★

1. 서설

신주발행무효의 판결이 확정된 때에는 회사는 주권의 반환과 동시에 신주의 주주에 대하여 그 납입한 금액을 반환하여야 한다. 반환금액이 판결확정시의 회사의 재산 상태에 비추어 현저하게 부당한 때에는 법원은 회사 또는 주주의 청구에 의하여 그 금액의 증감을 명할 수 있다.

2. 관할법원

회사의 본점 소재지의 지방법원 합의부가 관할한다.

3. 신청절차

(1) 신청인

① 회사 또는 신주의 주주이다.
② 신주발행무효의 판결이 확정된 날부터 6월 내에 하여야 한다.

(2) 신청방법

일반원칙에 따라 서면 또는 구술로 한다.

4. 심리 및 재판

(1) 심리

① 일반적으로 심문의 방법에 의한다.
② 법원은 신청이 있는 때에는 지체 없이 그 사실을 **관보에 공고**하여야 한다.
③ 심문은 신주발행 무효판결이 확정일로부터 6개월 기간이 경과 후에 하여야 한다.
④ 여러 건의 신청사건이 동시에 계속 중일 때에는 심문과 재판을 병합하여야 한다.
⑤ 법원은 이사와 감사의 진술을 들어야 한다.
⑥ 법원은 직권으로 사실의 탐지와 필요하다고 인정하는 증거의 조사를 하여야 한다.

(2) 재판

① 재판은 이유를 붙인 결정으로 한다.
② 법원이 재판을 받는 자에게 적당하다고 인정하는 방법으로 고지하면 효력이 생긴다.
③ 재판은 총주주에 대하여 효력이 있다.

5. 불복

(1) 재판에 대해서는 즉시항고를 할 수 있다. 즉시항고는 집행정지의 효력이 있다.

(2) 신청인이 아닌 신주의 주주도 재판으로 인하여 권리를 침해당한 자라고 볼 수 있으므로 감액이 부당하다거나 증액이 과소하다는 이유로 즉시항고할 수 있다.

13 회사의 해산명령사건 ★

1. 의의

회사가 공익상 회사의 존속이 허용될 수 없는 경우에 법원이 이해관계인이나 검사의 청구에 의하여 해산을 명하는 사건을 말한다.[77]

2. 해산명령사유

(1) 회사의 설립목적이 불법한 것인 때

(2) 회사가 정당한 사유 없이 설립 후 1년 이내에 영업을 개시하지 아니하거나 1년 이상 영업을 휴지하는 때

(3) 이사 또는 회사의 업무를 집행하는 사원이 법령 또는 정관에 위반하여 회사의 존속을 허용할 수 없는 행위를 한때

3. 관할법원

회사의 본점 소재지의 지방법원 합의부가 관할한다.

4. 신청절차

(1) **신청인**

이해관계인, 검사의 청구 또는 직권이다.

(2) **신청방식**

일반원칙에 따라 서면 또는 구술로 한다.

---

[77] 해산명령제도는 공익적인 관점에서 마련된 것이라는 점에서 회사의 사원 내지 소수주주가 그들의 이익을 위하여 회사를 상대로 소를 제기하는 회사해산청구와는 구별된다.

5. 심리 및 재판

(I) 심리

① 일반적으로 심문의 방법에 의한다.

② 법원은 신청이 있는 때에는 지체 없이 그 사실을 **관보에 공고**하여야 한다.

③ 법원은 <u>이해관계인의 진술과 검사의 의견</u>을 들어야 한다.

④ 법원은 직권으로 사실의 탐지와 필요하다고 인정하는 증거의 조사를 하여야 한다.

(2) 재판

① 재판은 <u>이유를 붙인 결정</u>으로 한다.

② 법원이 재판을 받는 자에게 적당하다고 인정하는 방법으로 고지하면 효력이 생긴다.

6. 불복

(I) 재판에 대해서는 즉시항고를 할 수 있다.

(2) <u>즉시항고는 집행정지의 효력</u>이 있다.

7. 비용부담

(I) 재판 전의 절차와 재판의 고지비용은 <u>회사가 부담</u>한다. 법원이 명한 처분에 필요한 비용도 또한 같다.

(2) 법원이 항고인의 신청에 상응한 재판을 한 경우에는 항고절차의 비용과 항고인의 부담이 된 전심의 비용은 <u>회사의 부담</u>으로 한다.

8. 등기

회사의 해산을 명한 재판이 확정된 때에는 법원은 회사의 본점과 지점 소재지의 등기소에 그 <u>등기를 촉탁</u>하여야 한다.

14 외국회사 영업소의 폐쇄명령사건

1. 서설

외국회사는 우리 「상법」이 아닌 외국법에 의하여 설립되기 때문에 우리 「상법」의 해산명령을 하여 법인격을 박탈할 수는 없다. 따라서 외국회사에 대해서는 회사의 해산명령에 갈음하여 영업소 패쇄명령제도를 두고 있다.

2. 관할법원

외국회사영업소 소재지의 지방법원이 관할한다.

3. 신청절차

(1) 신청인

이해관계인 또는 검사의 신청에 의한다. 법원이 직권으로 할 수 없다는 점에서 국내회사의 해산명령과 차이가 있다.

(2) 신청방법

일반원칙에 따라 서면 또는 구술로 한다.

4. 심리 및 재판

(1) 심리

① 일반적으로 심문의 방법에 의한다.
② 법원은 신청이 있는 때에는 지체 없이 그 사실을 **관보에 공고**하여야 한다.
③ 법원은 이해관계인의 진술과 검사의 의견을 들어야 한다.
④ 법원은 직권으로 사실의 탐지와 필요하다고 인정하는 증거의 조사를 하여야 한다.

(2) 재판

① 재판은 이유를 붙인 결정으로 한다.
② 법원이 재판을 받는 자에게 적당하다고 인정하는 방법으로 고지하면 효력이 생긴다.

5. 불복

(1) 재판에 대해서는 즉시항고를 할 수 있다.

(2) 즉시항고는 집행정지의 효력이 있다.

6. 비용부담

(1) 재판 전의 절차와 재판의 고지비용은 <u>영업소가 부담</u>한다. 법원이 명한 처분에 필요한 비용도 또한 같다.

(2) 법원이 항고인의 신청에 상응한 재판을 한 경우에는 항고절차의 비용과 항고인의 부담이 된 전심의 비용은 <u>영업소가 부담</u>한다.

7. 등기

영업소의 폐쇄를 명한 재판이 확정되면 법원은 외국회사의 영업소소재지의 등기소에 그 <u>등기를 촉탁</u>하여야 한다.

제2절 사채(社債)에 관한 사건

01 사채관리회사의 사임허가 ★

1. 서설

(1) 사채관리회사란 사채 발행 회사로부터 사채권자를 위해 변제의 수령, 채권의 보전, 그 밖에 사채의 관리를 담당하도록 위탁받은 회사를 말한다.[78]

(2) 사채관리회사는 <u>사채를 발행한 회사와 사채권자집회의 동의</u>를 받아 사임할 수 있다. 부득이한 사유가 있어 법원의 허가를 받은 경우에도 같다.

2. 관할법원

사채를 발행한 회사의 본점 소재지의 지방법원 합의부가 관할한다.

3. 신청절차

(1) **신청인**

사채관리회사이다.

(2) **신청방식**

일반원칙에 따라 서면 또는 구술로 한다.

4. 심리 및 재판

(1) **심리**

① 일반적으로 심문의 방법에 의한다.
② 법원은 <u>이해관계인의 의견</u>을 들어야 한다.
③ 법원은 직권으로 사실의 탐지와 필요하다고 인정하는 증거의 조사를 하여야 한다.

(2) **재판**

① 재판은 <u>이유를 붙인 결정</u>으로 한다.
② 법원이 재판을 받는 자에게 적당하다고 인정하는 방법으로 고지하면 효력이 생긴다.

---

[78] 사채란 주식회사가 일반 공중으로부터 자금을 집단적 대량적으로 조달하기 위하여 채권이라는 유가증권을 발행하여 부담하는 채무를 말하며 일명 회사채로 호칭되고 있다. 사채는 이사회의 결의로 발행된다(상법 제469조 제1항).

5. 불복

(1) 신청을 인용한 결정에 대해서는 불복할 수 없다.

(2) 인용하지 않은 재판(신청을 각하·기각한 결정)에 대해서는 <u>즉시항고</u>할 수 있다.

02 사채관리회사의 해임허가 ★

1. 의의

사채관리회사가 그 사무를 처리하기에 <u>적임이 아니거나</u> <u>그 밖에 정당한 사유가 있을 때</u>에 법원이 사채관리회사를 해임하는 사건을 말한다.

2. 관할법원

사채를 발행한 회사의 본점 소재지의 지방법원 합의부가 관할한다.

3. 신청절차

(1) **신청인**

<u>사채를 발행하는 회사 또는 사채권자집회</u>이다.

(2) **신청방식**

일반원칙에 따라 서면 또는 구술로 한다.

4. 심리 및 재판

(1) **심리**

① 일반적으로 심문의 방법에 의한다.
② 법원은 <u>이해관계인의 의견</u>을 들어야 한다.
③ 법원은 직권으로 사실의 탐지와 필요하다고 인정하는 증거의 조사를 하여야 한다.

(2) **재판**

① 재판은 <u>이유를 붙인 결정</u>으로 한다.
② 법원이 재판을 받는 자에게 적당하다고 인정하는 방법으로 고지하면 효력이 생긴다.

5. 불복

(1) 신청을 인용한 결정에 대해서는 불복할 수 없다.

(2) 인용하지 않은 재판(신청을 각하·기각한 결정)에 대해서는 <u>즉시항고</u>할 수 있다.

[03] 소수사채권자에 의한 사채권자집회 소집허가사건 ★

1. 서설

(1) 사채 총액의 10분의 1 이상 사채권자는 회의 목적사항과 소집의 이유를 적은 서면을 사채를 발행한 회사 또는 사채관리회사에 제출하여 사채권자집회의 소집을 청구할 수 있다.

(2) 청구가 있은 후 지체 없이 사채권자집회의 소집이 이루어지지 아니하는 때에는 <u>청구한 소수 사채권자는 법원의 허가를 얻어 사채권자집회를 소집</u>할 수 있다.

2. 관할법원

사채를 발행한 회사의 본점 소재지의 지방법원 합의부의 관할로 한다.

3. 신청절차

(1) **신청인**

<u>사채의 종류별로 해당 종류의 사채 총액의 10분의 1 이상에 해당하는 사채권자</u>이다.

(2) **신청방식**

회의의 목적사항과 소집의 이유를 기재한 <u>서면</u>으로 하여야 한다.

4. 심리 및 재판

(1) **심리**

① 일반적으로 심문의 방법에 의한다.
② 이사가 그 <u>소집을 게을리한 사실을 소명</u>하여야 한다.
③ 법원은 직권으로 사실의 탐지와 필요하다고 인정하는 증거의 조사를 하여야 한다.

(2) **재판**

① 재판은 <u>이유를 붙인 결정</u>으로 한다.
② 법원이 재판을 받는 자에게 적당하다고 인정하는 방법으로 고지하면 효력이 생긴다.

5. 불복

(1) 신청을 인용한 결정에 대해서는 불복할 수 없다.

(2) 신청을 각하·기각한 결정에 대해서는 보통항고로써 불복할 수 있다.

04 사채권자집회 결의 인가청구사건 ★

1. 서설

(1) 사채권자집회의 소집자는 <u>결의한 날로부터 1주간 내에 결의의 인가를 법원에 청구</u>하여야 한다.

(2) 사채권자집의 결의는 <u>법원의 인가를 받음으로써 그 효력이 생긴다</u>. 다만, 그 종류의 사채권자 전원이 동의한 결의는 법원의 인가가 필요하지 아니하다.

2. 관할법원

사채를 발행한 회사의 본점 소재지의 지방법원 합의부의 관할로 한다.

3. 신청절차

(1) **신청인**

<u>사채권자집회의 소집자</u>이다.

(2) **신청방식**

일반원칙에 따라 서면 또는 구술로 한다.

4. 심리 및 재판

(1) **심리**

① 일반적으로 심문의 방법에 의한다.
② 사채권자집회결의의 인가를 신청하는 경우에는 의사록을 제출하여야 한다.
③ 법원은 <u>이해관계인의 의견</u>을 들어야 한다.
④ <u>검사는 의견을 진술하거나 심문에 참여할 수 없다</u>(법 제116조).
⑤ 법원은 직권으로 사실의 탐지와 필요하다고 인정하는 증거의 조사를 하여야 한다.

(2) 재판

① 재판은 <u>이유를 붙인 결정</u>으로 한다.

② 법원이 재판을 받는 자에게 적당하다고 인정하는 방법으로 고지하면 효력이 생긴다.

5. 불복

(1) 재판에 대해서는 즉시항고를 할 수 있다.

(2) <u>즉시항고는 집행정지의 효력</u>이 있다.

Chapter

05 과태료 사건

01 과태료의 법률적 성질

1. 과태료의 의의

과태료란 법령을 위반한 국민에게 <u>의무위반에 대한 제재로서 부과·징수되는 금전적 부담</u>을 말한다.

2. 유사제도와의 비교

(1) 과태료와 행정처분

행정청의 1차적인 과태료 처분은 당사자의 이의제기로 법원이 재판을 하는 경우에는 당연히 효력을 잃게 되므로 해당 행정청의 과태료 부과처분은 행정소송의 대상이 되는 행정처분으로 볼 수 없다. 대법원도 과태료처분은 행정소송의 대상이 되지 않음을 분명히 하고 있다.[79]

(2) 과태료와 형사처벌

과태료는 범죄에 대한 제재인 형벌과는 다르다. 따라서 과태료재판의 절차도 「형법」 및 「형사소송법」이 아닌 「비송사건절차법」에 의하며, 과태료 부과근거 법령에 대하여 형벌법규와 같은 명확성의 원칙이 엄격하게 적용되지 않는다.

(3) 과태료와 과징금[80]

과징금은 행정법규 위반행위에 대해 부과되는 금전적 제재라는 점에서 과태료와 공통되나, 부과목적과 부과절차 등에서 과태료와 차이가 있다. 따라서 <u>과태료와 과징금은 동시에 부과가 가능</u>하다(판례).

(4) 과태료와 이행강제금

이행강제금은 심리적 압박을 통해 <u>장래</u>의 의무이행 확보를 행정상 강제집행을 수단으로 한다는 점에서 <u>과거</u>의 의무위반행위에 대해 부과되는 행정질서벌인 과태료와는 성격을 달리한다. 따라서 <u>이행강제금</u>의 불복절차는 일반적인 <u>행정처분</u>과 마찬가지로 행정소송에 의한다.

---

[79] 대법원 1993.11.23. 선고, 93누16832 판결(과태료부과처분취소)

[80] <u>과징금은</u> 일정한 행정목적을 실현하기 위하여 위반행위에 대하여 제재를 가하는 행정적인 제재금이라는 기본적 성격 외에 위반행위로 인한 부당이득 환수의 성격이 부가되어 있는 <u>행정처분으로</u> 행정기관은 위반행위에 대하여 과징금을 부과 여부 및 부과시 그 액수는 구체적으로 얼마로 정할 것인지에 재량을 가지며, 과징금 부과처분에 대한 불복은 행정소송에 의한다.

3. 적용법령에 따른 차이

(1) 「비송사건절차법」이 적용되는 경우

위반자의 고의·과실을 요하지 않고, 위반자에게 법률의 부지 또는 착오를 인정하지 않는다.

(2) 「질서위반행위규제법」이 적용되는 경우

책임주의 원칙에 따라 고의·과실을 요하고, 위법성의 착오도 인정된다.

02 과태료 부과의 비송사건절차

1. 과태료의 의의

과태료란 법령을 위반한 국민에게 의무위반에 대한 제재로서 부과·징수되는 금전적 부담을 말한다.

2. 종류

과태료는 부과하는 목적에 따라 ① 사법상 의무위반에 대한 제재로서 과태료, ② 소송법상의 의무 위반자에 대한 과태료, ③ 행정법상 의무위반에 대한 과태료로 구분한다.

3. 적용범위

행정청이 과태료를 부과하는 절차에서는 「질서위반행위규제법」이 적용되고, 법원이 과태료를 부과하는 절차에서는 「비송사건절차법」이 적용된다.

4. 과태료 사건 재판절차의 적용법령

(1) 법원이 처음부터 과태료를 부과하는 경우

사법상·소송법상 의무위반행위에 대하여는 「비송사건절차법」이 적용된다.

(2) 행정청의 1차적 과태료 처분에 대한 이의로 법원이 재판으로 부과하는 경우 [81]

① 「질서위반행위규제법」이 원칙적으로 적용된다.
② 「비송사건절차법」은 보충적으로 적용된다.

---

81 「도로교통법위반」, 「여객자동차운수사업법」 위반 등 대다수의 과태료

(3) 과태료의 부과 · 징수 · 재판 및 집행 등 절차

① 「질서위반행위규제법」이 우선 적용된다.

② 「질서위반행위규제법」에 규정이 없는 경우에는 다른 법률의 규정이 보충적으로 적용되므로 해당 질서위반행위가 「질서위반행위규제법」의 적용대상이더라도 「비송사건절차법」이 적용될 수 있다.

5. 관할

다른 법령에 특별한 규정이 있는 경우를 제외하고는 <u>과태료를 부과받을 자의 주소지의 지방법원(또는 지원)</u>이 관할한다.

6. 절차의 개시

(1) 정식절차에 의하는 경우

법원은 재판을 하기 전에 <u>당사자의 진술</u>을 듣고 <u>검사의 의견</u>을 구하여야 한다.

(2) 약식절차에 의하는 경우

① 법원은 <u>상당하다고 인정할 때</u>에 당사자의 진술을 듣지 않고 과태료 재판을 할 수 있다. 이 경우에 당사자와 검사는 <u>약식재판의 고지를 받은 날로부터 7일 내</u>에 이의신청을 할 수 있다(법 제250조 제2항).

② 약식재판은 이의신청에 의하여 효력을 잃는다(법 제250조 제3항). 따라서 법원은 심문을 거쳐 다시 재판하여야 한다.

③ 약식재판에 대한 불복은 이의신청만이 가능할 뿐, 즉시항고는 허용되지 않으므로 불복의 의사로 즉시항고장을 제출하더라도 그 제목여하에 관계없이 이의신청으로 취급한다.

03 과태료 사건의 관할법원

1. 일반적인 경우

(1) 원칙

과태료를 부과받을 자의 주소지의 지방법원(또는 지원)이 관할한다.

(2) 특칙

① 대한민국에 주소가 없을 때 또는 대한민국 내의 주소를 알지 못할 때에는 거소지의 지방법원이 사건을 관할한다.

② 거소가 없을 때 또는 거소를 알지 못할 때에는 마지막 주소지의 지방법원이 관할한다.

③ 외국인과 같이 대한민국 내에 마지막 주소가 없을 때 또는 그 주소를 알지 못할 때에는 재산이 있는 곳 또는 대법원이 있는 곳을 관할하는 지방법원(서울중앙지방법원)이 사건을 관할한다.

2. 개별법에 특별한 규정이 있는 경우

과태료사건의 관할에 관하여 특별한 규정이 있는 경우로는 ① 「부동산등기특별조치법」 제12조 제5항(목적부동산의 소재지를 관할하는 지방법원 또는 지원), ② 「가족관계의 등록 등에 관한 법률」 제123조(과태료를 부과할 시·읍·면의 장의 사무소 소재지를 관할하는 가정법원) 등이 있다.

04 과태료 사건의 당사자 및 당사자능력

1. 당사자(위반자)

「비송사건절차법」에서 과태료사건의 당사자란 과태료를 부과받을 자를 의미한다. 다만, 개별 행정 법규 등에서는 실무상 위반자라는 용어를 사용하고 있다.

2. 당사자능력 및 대리

(1) 법인격 없는 단체

「질서위반행위규제법」은 과태료 부과대상자로 '법인이 아닌 사단 또는 재판으로 대표자 또는 관리인이 있는 것'을 포함시켜 법인격 없는 단체의 경우에도 대표자가 아닌 단체 자체가 과태료의 부과대상자가 된다고 명시하고 있다.

(2) 미성년자등

14세 이상의 미성년자는 의사능력이 있으면 과태료 부과대상자가 되나, 심신장애의 경우에는 과태료를 부과할 수는 없다.

(3) 대리

① 과태료사건의 경우에도 사건의 관계인은 소송능력자로 하여금 소송행위를 대리시킬 수 있으므로, 비송절차능력자이기만 하면 다른 제한이 없이 과태료 재판의 대리인이 될 수 있다.

② 다만 본인출석명령을 받은 경우와 법원이 변호사가 아닌 자로서 대리를 영업으로 하는 자로 인정하여 대리를 금하고 퇴정을 명한 경우에는 대리를 할 수 없다.

05 과태료 사건의 개시

1. 법원이 부과하는 경우[82]

(1) 재판절차의 개시

① 과태료 사건은 직권으로 개시된다.

② 법원이 과태료 사건의 존재를 안 경우에도 재판절차는 개시되나, 대부분의 사건은 등기관, 감독관청, 이해관계인의 통지 등으로 개시된다.

③ 관할 관청의 통고 또는 통지는 법원의 직권발동을 촉구하는 의미이다

(2) 절차개시 후의 통지의 취하·철회

통지의 취하·철회는 법원의 과태료 재판을 개시에 장애가 될 수 없다(판례).

2. 행정청의 부과처분에 대하여 이의가 제기된 경우

(1) 재판절차의 개시

① 행정청에게 과태료의 1차적인 부과처분권이 부여되어 있다.

② 과태료 부과처분에 대하여 당사자의 이의제기가 있으면 이러한 사실을 법원에 통보하여야 하고 이로써 과태료 재판이 개시된다.

③ 법원은 행정청으로부터 이의제기 통보서가 접수되면 사건번호를 부여하고 재판절차를 진행한다.

(2) 이의제기

① 행정청의 과태료 부과에 불복하는 당사자는 과태료 부과 통지를 받은 날로부터 60일 이내에 해당 행정청에 서면으로 이의제기를 할 수 있다(질서위반행위규제법 제20조 제1항).

② 행정청의 과태료 부과처분에 대하여 적법한 이의제기가 있는 경우에는 과태료 부과처분은 그 효력을 상실한다(질서위반행위규제법 제20조 제2항).

(3) 행정청의 이의제기 통보

행정청은 이의제기를 받은 날로부터 14일 이내에 이에 대한 의견 및 증빙서류를 첨부하여 관할법원에 통보하여야 한다(질서위반행위규제법 제21조).

(4) 검사에 대한 이의제기 통지

법원은 행정청으로부터 이의제기 통보가 있는 경우 이를 즉시 검사에게 통지하여야 한다(질서위반행위규제법 제30조).

---

82 예 ① 등기를 게을리한 경우와 같은 사법상 의무위반에 대한 과태료 부과, ② 증인의 불출석과 같은 소송법상 의무위반에 대한 과태료 부과

06 과태료의 약식재판 ★★ 제2회·제5회 기출

1. 서설

(1) 과태료란 법령을 위반한 국민에게 의무위반에 대한 제재로서 부과·징수되는 금전적 부담을 말한다. 「비송사건절차법」이 적용되는 과태료의 경우에는 위반자의 고의·과실을 요하지 않고, 위반자에게 법률의 부지 또는 착오를 인정하지 않는다.

(2) 과태료의 약식재판이란 법원이 상당하다고 인정할 때에 당사자의 진술을 듣지 않고 과태료 재판을 하는 것을 말한다(법 제250조 제1항, 질서위반행위규제법 제44조).

2. 관할

과태료를 부과받을 자의 주소지의 지방법원(또는 지원)이 관할한다.

3. 절차의 개시

(1) 과태료사건은 직권으로 개시된다.

(2) 법원이 과태료 사건의 존재를 안 경우에도 재판절차는 개시되나, 대부분의 사건은 등기관, 감독관청, 이해관계인의 통지 등으로 개시된다.

(3) 관할 관청의 통고 또는 통지는 법원의 직권발동을 촉구하는 의미이다.

4. 심리 및 재판

(1) **심리**

① 서면심리에 의한다. 당사자의 진술 내지 검사의 의견을 듣지 않고 재판하더라도 위법한 것은 아니다.

② 법원은 직권으로 사실의 탐지와 필요하다고 인정하는 증거의 조사를 하여야 한다.

(2) **재판**

① 이유를 붙인 결정으로 한다.

② 재판은 고지함으로써 효력이 생긴다.

5. 불복 - 이의신청 ^{제2회 기출}

(1) 당사자와 검사는 재판의 고지를 받은 날로부터 <u>7일 내에 이의신청</u>을 할 수 있다(법 제250조 제2항). 이의신청기간이 도과하면 그 재판은 확정되어 더 이상 다툴 수 없다.

(2) 이의신청의 취하는 정식절차에 의한 재판이 있기 전까지 취하할 수 있고, 이 경우 별도의 결정 없이 약식결정은 그대로 확정된다.

(3) 약식재판은 이의신청에 의하여 **효력을 잃고**, 법원은 심문을 거쳐 다시 재판하여야 한다(법 제250조 제4항).

(4) 법원이 행정청의 과태료 처분에 대하여 이의제기에 의하여 하는 <u>과태료 약식재판</u>은 행정청이 부과한 과태료 처분의 당부를 심판하는 <u>행정소송절차가 아니므로 불이익 변경금지의 원칙이 적용되지 않는다</u>. 판례의 입장이기도 하다. [83]

(5) 불출석 증인에 대하여 진술의 기회를 주지 않은 채 내린 과태료 결정은 증인에게 진술의 기회를 주지 않고 한 약식재판이라고 보아야 하므로, 증인이 그에 대하여 불복하면서 <u>제출한 '즉시항고장'은 그 제목에 불구하고 이의신청으로 보아 처리하여야 한다(판례).</u> [84]

---

07 과태료의 정식재판 ★★

1. 서설

과태료의 정식재판이란 법원이 <u>과태료 재판을 하기 전에 심문기일을 열어 당사자의 진술을 듣고 검사의 의견을 구하는 절차를 거쳐 재판하는 것</u>을 말한다(법 제248조 제2항, 질서위반행위규제법 제38조). [85]

---

[83] 대결 1986.12.10. 86마1009. 당사자 또는 검사의 이의신청에 의하여 약식재판은 그 <u>효력을 잃으므로</u> <u>정식재판에서는 약식재판의 내용에 기속되지 아니한다.</u> 실무에서는 약식결정에 대한 이의신청의 남발을 막고, 당사자에게 불의타를 입히는 것을 방지하기 위해 약식결정문을 작성하면서 상용구로 "과태료결정에 대하여 이의신청을 제기하여 정식절차에 의한 과태료 재판을 받는 경우 불이익변경금지의 원칙이 적용되지 않기 때문에 과태료 금액이 증액될 수 있습니다."라는 문구를 추가로 기재하고 있다.

[84] 대결 2001.5.2. 2001마1733; 약식절차에 의한 과태료의 재판에는 이의신청을 할 수 있을 뿐, 즉시항고는 허용되지 않으므로 비록 위반자가 즉시항고장을 제출하는 방법으로 불복하였더라도 <u>그 제목에 관계 없이 약식재판에 대한 이의신청으로</u> 취급하여 정식절차에 따라 당사자의 진술을 듣고 다시 재판하여야 하며 그 제목에 따라 즉시항고로 보아 항고심으로 기록을 송부하면 아니 된다.

[85] 실무상 처음부터 정식절차에 의하는 경우는 별로 없고, 약식절차에 의한 재판에 대하여 이의신청이 있을 때 비로소 정식절차에 의하여 재판하는 것이 일반적이다.

2. 관할

약식절차에 따라 <u>과태료를 부과한 법원</u>이 관할한다.[86]

3. 절차의 개시

당사자의 적법한 이의신청으로 개시된다.

4. 심리 및 재판 제5회 기출

(1) 심리

① 심문의 방법에 의한다. <u>심문은 필요적</u>이며, 비공개로 한다.
② <u>당사자의 진술을 듣고 검사의 의견</u>을 구하여야 한다.
③ 당사자의 진술은 서면 또는 말로 한다.
④ 법원은 당사자의 진술을 청취하기 위한 심문기일을 정하고 당사자에게 그 기일을 통지한다.
⑤ 법원은 직권으로 사실의 탐지와 필요하다고 인정하는 증거의 조사를 하여야 한다.

(2) 재판

① <u>이유를 붙인 결정</u>으로 한다.
② 재판은 고지함으로써 효력이 생긴다. 검사도 항고권이 있으므로 고지하여야 한다.

5. 불복 제2회 기출

(1) 당사자와 검사는 정식재판에 의한 과태료 재판에 대하여 즉시항고할 수 있고, <u>즉시항고에는 집행정지의 효력이 있다.</u>[87]

(2) <u>정식재판에 대한 즉시항고(=항고심)에는 불이익변경금지의 원칙이 적용된다.</u>[88]

---

[86] 대결 2001.5.2. 2001마1733

[87] 즉시항고기간에 대하여 명문의 규정이 없지만, 「비송사건절차법」 제23조와 「질서위반행위규제법」 제40조가 준용하고 있는 「민사소송법」 제444조 제1항에 따라 과태료 재판에 대한 즉시항고 기간은 <u>1주일</u>로 보아야 한다.

[88] 즉시항고에는 「민사소송법」 제415조 본문이 준용되므로(민소법 제443조 제1항, 비송법 제213조, 질서위반행위규제법 제40조) 불이익변경금지의 원칙이 적용된다.

6. 비용의 부담

(1) 과태료 재판 절차비용은 과태료를 부과하는 선고가 있는 경우에는 그 <u>선고를 받은</u> 자가 부담하고, 그 밖의 경우에는 <u>국고</u>에서 부담한다(법 제248조 제4항, 질서위반행위규제법 제41조 제1항).

(2) 항고법원이 당사자의 신청을 <u>인정</u>하는 과태료 재판을 한 때에는 항고절차의 비용과 전심에서 당사자의 부담이 된 비용은 <u>국고</u>의 부담으로 한다(법 제248조 제5항, 질서위반행위규제법 제41조 제2항).

7. 재판의 집행

(1) 과태료의 재판은 검사의 명령으로써 이를 집행한다(법 제249조 제1항 전문).

(2) <u>검사의 집행명령은 집행력 있는 집행권원과 같은 효력</u>이 있다(법 제249조 제1항 후문).

(3) 과태료의 집행절차는 「민사집행법」에 따른다. 그러나 집행을 하기 전에 재판의 송달은 하지 아니한다(법 제249조 제2항).

08 과태료 부과의 제척기간, 과태료의 시효

1. 종전 판례의 태도

(1) 과태료의 제재는 범죄에 대한 형벌이 아니므로 그 성질상 처음부터 공소시효나 형의 시효에 상당하는 것은 있을 수 없고, 「국가재정법」 제96조 제1항에서 정한 국가의 금전채권에 관한 소멸시효 규정이 적용·준용되지 않는다고 판시하면서 <u>일단 한번 과태료 부과대상인 위반행위를 한 사람은 처벌을 면할 수 없다는 입장</u>이었다. [89]

(2) 따라서 과태료 부과대상인 위반행위를 한 사람에게 5년이 경과되더라도 해당 과태료를 부과하는 것에는 아무런 문제가 없었다.

---

[89] 대법원 2000.8.24.자 2000마1350 결정(건축법위반)

2. 관련 법령상의 규정

(1) 「질서위반행위규제법」제19조는 '행정청은 질서위반행위가 종료한 날로부터 5년이 경과한 경우에는 과태료를 부과할 수 없고, 법원의 과태료 결정이 있는 경우에는 행정청은 그 결정이 확정된 날로부터 1년이 경과하기 전까지는 과태료를 정정부과 하는 등 해당 결정에 따라 필요한 처분을 할 수 있다.'라고 하여 과태료 부과처분에 관한 제척기간 규정을 두고 있다. 따라서 질서위반행위의 경우에는 <u>위반행위시부터 5년이 경과하면 과태료를 부과할 수 없다</u>.

(2) 「질서위반행위규제법」제15조 제1항에서 '과태료는 행정청의 과태료 부과처분이나 법원의 과태료 재판이 확정된 후 <u>5년간 징수하지 아니하거나 집행하지 아니하면 시효로 인하여 소멸</u>한다.'라고 규정하여 과태료 부과는 소멸시효에 걸린다는 점을 분명히 밝히고 있다.

행정사
조장형 행정사실무법

PART

03

행정사법

Chapter

01 총칙

---

01 행정사의 업무 ★★

1. 행정사법의 목적

행정사 제도를 확립하여 행정과 관련한 국민의 편익을 도모하고 행정제도의 건전한 발전에 이바지함을 목적으로 한다.

2. 행정사의 업무범위 _{제12회 기출}

행정사는 다른 사람의 위임을 받아 다음의 업무를 수행한다. 다만, 다른 법률에 따라 제한된 업무는 할 수 없다(법 제2조 제1항).

(1) 행정기관에 제출하는 서류의 작성

① 진정·건의·질의·청원 및 이의신청에 관한 서류
② 출생·혼인·사망 등 가족관계의 발생 및 변동 사항에 관한 신고 등의 각종 서류

(2) 권리·의무나 사실증명에 관한 서류의 작성

① 각종 계약·협약·확약 및 청구 등 거래에 관한 서류
② 그 밖에 권리관계에 관한 각종 서류 또는 일정한 사실관계가 존재함을 증명하는 각종 서류

(3) 행정기관의 업무에 관련된 서류의 **번**역

(4) 다른 사람의 위임에 따라 작성하거나 번역한 서류의 **제**출대행

(5) 인가·허가 및 면허 등을 받기 위하여 행정기관에 하는 <u>신청·청구 및 신고 등의 **대**리(代理)</u>

(6) 행정 관계 법령 및 행정에 대한 **상**담 또는 자문에 대한 응답

(7) 법령에 따라 위탁받은 사무의 **사**실조사 및 확인

3. 행정사의 종류별 업무의 범위와 내용

(1) 일반행정사

행정사의 업무 중 행정기관의 업무에 관련된 서류의 번역과 해운 및 해양안전심판과 관련한 업무를 제외한 업무를 하는 행정사이다.

(2) 해사행정사

행정사의 업무 중 행정기관의 업무에 관련된 서류의 번역을 제외한 해운 및 해양안전심판과 관련한 업무를 하는 행정사이다.

(3) 외국어번역행정사

행정사의 업무 중 행정기관의 업무에 관련된 서류의 번역과 번역한 서류를 위촉자를 대행하여 행정기관에 제출하는 일을 하는 행정사이다.

(4) 제한

다른 법률에 따라 제한된 업무는 할 수 없다.

4. 행정사가 아닌 사람에 대한 금지사항

(1) 행정사가 아닌 사람은 다른 법률에 따라 허용되는 경우를 제외하고는 행정사의 업무를 업으로 하지 못한다.

(2) 행정사가 아닌 사람은 행정사 또는 이와 비슷한 명칭을 사용하지 못한다.

5. 벌칙 부과

다른 법률에 따라 허용되는 경우를 제외하고 행정사가 아닌 사람이 행정사의 업무를 업으로 한 자는 3년 이하의 징역 또는 3천만원 이하의 벌금에 처한다.

01 행정사의 자격 및 자격시험

1. 행정사 자격취득

행정사 자격시험에 합격한 사람은 행정사 자격이 있다(법 제5조).

2. 결격사유 ★★

(1) **피**성년후견인 또는 피한정후견인

(2) **파**산선고를 받고 복권되지 아니한 사람

(3) 금고 이상의 **실형**을 선고받고 그 집행이 끝나거나 집행이 면제된 날부터 3년이 지나지 아니한 사람

(4) 금고 이상의 형의 **집행유예**를 선고받고 그 유예기간이 끝난 날부터 2년이 지나지 아니한 사람

(5) 금고 이상의 형의 선고**유**예를 받고 그 유예기간에 있는 사람

(6) **공**무원으로서 징계처분에 따라 파면되거나 해임된 후 3년이 지나지 아니한 사람

(7) 행정사 **자**격이 취소된 후 3년이 지나지 아니한 사람

3. 행정사 자격시험

(1) 행정사 자격시험은 행정안전부장관이 실시하고, 행정사 자격시험은 제1차시험과 제2차시험으로 구분하여 실시한다.

(2) 행정사 자격시험은 매년 한 번 실시한다.

(3) 제1차시험은 선택형 필기시험으로 실시하고, 제2차시험은 논술형 필기시험으로 실시한다. 다만, 제2차시험의 경우에는 선택형·기입형 또는 단답형을 포함할 수 있다.

4. 시험위원의 임명 또는 위촉

(1) 행정안전부장관은 일정요건에 해당하는 사람 중에서 시험위원을 시험과목별로 2명 이상 임명하거나 위촉하여야 한다(영 제10조 제1항).

(2) 시험위원으로 임명되거나 위촉된 사람은 행정안전부장관이 요구하는 시험문제의 출제 · 선정 · 검토 또는 채점상의 유의사항과 서약서 등의 준수사항을 성실히 지켜야 한다.

(3) 행정안전부장관은 시험의 신뢰도를 크게 떨어뜨리는 행위를 한 시험위원이 있을 때에는 그 명단을 해당 시험위원의 소속 기관 · 단체의 장에게 통보하여야 한다.

(4) 행정안전부장관이 그 명단을 통보한 시험위원은 통보한 날부터 5년간 시험위원으로 임명되거나 위촉될 수 없다(영 제10조 제4항).

5. 시험부정행위자에 대한 조치

(1) 행정안전부장관은 행정사 자격시험에서 부정행위를 한 사람에 대하여는 그 시험을 정지시키거나 무효로 처리한다(영 제19조 제1항).

(2) 시험이 정지되거나 무효로 처리된 사람은 그 처분이 있은 날부터 5년간 행정사 자격시험에 응시하지 못한다(영 제19조 제2항).

02 행정사자격심의위원회

1. 설치

행정사 자격의 취득과 관련된 사항을 심의하기 위하여 행정안전부에 행정사자격심의위원회를 둘 수 있다.

2. 심의사항

(1) 행정사 자격시험 **과**목 등 시험에 관한 사항

(2) 행정사 자격시험 **선**발 인원의 결정에 관한 사항

(3) 행정사 자격시험의 **일**부면제 대상자의 요건에 관한 사항

(4) 그 밖에 행정사 자격의 취득과 관련한 **중**요 사항

3. 행정사자격심의위원회의 구성 등

(1) 행정사자격심의위원회(이하 "심의위원회"라 한다)는 위원장 1명과 부위원장 1명을 포함한 11명 이내의 위원으로 구성한다.

(2) 위원장과 부위원장은 각각 행정안전부에서 행정사 관련 업무를 담당하는 실장급 공무원, 국장급 공무원이 되며, 위원은 ① 행정안전부 소속 3급 공무원 또는 고위공무원단에 속하는 일반직공무원 중에서 행정안전부장관이 임명하는 사람, ② 대한행정사회의 장이 추천하는 행정사, 「고등교육법」에 따른 학교에서 조교수 이상의 직에 재직하고 있는 사람, 행정사 제도에 관한 학식과 경험이 풍부한 사람 중에서 행정안전부장관이 성별을 고려하여 위촉한다.[1]

(3) 심의위원회에 간사 1명을 두며, 간사는 행정안전부 소속 공무원 중에서 위원장이 임명한다.[2]

4. 위원의 해임·해촉사유

행정안전부장관은 위원이 다음에 해당하는 경우에는 해당 위원을 해임 또는 해촉(解囑)할 수 있다.[3]

(1) 장기간의 심신장애로 직무를 수행할 수 없게 된 경우

(2) 직무와 관련된 비위사실이 있는 경우

(3) 직무태만, 품위손상이나 그 밖의 사유로 위원으로 적합하지 않다고 인정되는 경우

(4) 위원의 제척사유에 해당하는 데에도 불구하고 회피하지 않은 경우

(5) 위원 스스로 직무를 수행하는 것이 곤란하다고 의사를 밝히는 경우

5. 위원장의 직무

(1) 위원장은 심의위원회를 대표하고, 심의위원회의 업무를 총괄한다(영 제5조 제1항).

(2) 위원장이 직무를 수행할 수 없을 때에는 부위원장이 그 직무를 대행하며, 위원장과 부위원장이 모두 직무를 수행할 수 없을 때에는 위원장이 미리 지명한 위원이 그 직무를 대행한다.

---

[1] 영 제4조 제2항

[2] 영 제4조 제4항

[3] 영 제4조의3

6. 심의위원회의 회의

(1) 위원장은 심의위원회의 회의를 소집하고, 그 의장이 된다(영 제6조 제1항).

(2) 심의위원회의 회의는 <u>재적위원 과반수의 출석</u>으로 열고, <u>출석위원 과반수의 찬성</u>으로 의결한다.

01 행정사의 업무신고와 그 수리거부 ★★ 제5회 기출

1. 업무신고

(1) 행정사 자격이 있는 사람이 행정사로서 업무를 하려면 주된 사무소의 소재지를 관할하는 <u>시장 등</u> [4]에게 행정사 업무신고기준을 갖추어 신고하여야 한다. 신고한 사항을 변경할 때도 또한 같다(법 제10조 제1항).

(2) 행정사 업무 신고를 하려는 사람은 행정안전부령으로 정하는 신고서에 ① 행정사 **자격증** 사본, ② 실무교육 **수료증** 사본, ③ 행정사회 **회원증**을 첨부하여 <u>주된 사무소의 소재지를 관할하는 시장 등에게 제출</u>해야 한다. 합동사무소나 분사무소를 설치하려는 경우 또는 설치한 경우에도 동일하다.

(3) 신고한 사항을 변경하려는 행정사는 신고서에 ① 행정사 **자격증** 사본, ② 행정사업무신고**확** 인증을 첨부하여 시장 등에게 제출해야 한다(규칙 제7조 제2항).

2. 행정사 업무신고 기준 제8회 기출

(1) 행정사의 **결**격사유에 해당하지 않을 것

(2) **실**무교육을 이수했을 것

(3) 행정사 **자**격증이 있을 것

(4) 행정사회에 **가**입했을 것

---

4 특별자치시장, 특별자치도지사, 시장, 군수 또는 자치구의 구청장을 말한다.

3. 업무신고의 수리거부

(1) 수리거부 사유

시장 등은 행정사 업무신고를 하려는 사람이 <u>행정사 업무신고 기준을 갖추지 아니한 경우</u>에는 그 행정사 업무신고의 수리를 거부할 수 있다. 이 경우 지체 없이 행정사 업무신고의 수리 거부 사실 및 그 사유를 당사자에게 알려야 한다(법 제11조 제1항).

(2) 수리간주

시장 등이 업무신고를 받은 날부터 <u>3개월이 지날 때까지</u> ① 행정사업무신고확인증을 발급하지 아니하거나 ② 행정사 업무신고의 수리거부 통지를 하지 아니하면 <u>3개월이 되는 날의 다음 날</u>에 행정사 업무신고가 수리된 것으로 본다(법 제11조 제2항).

(3) 이의신청

① 업무신고의 수리가 거부된 사람은 그 통지를 받은 날부터 3개월 이내에 행정사 업무신고의 수리거부에 대한 불복의 이유를 밝혀 시장 등에게 이의신청을 할 수 있다(법 제11조 제3항).
② 시장 등은 이의신청이 이유 있다고 인정하면 신고확인증을 발급하여야 한다(법 제11조 제4항).

4. 신고확인증 제8회 기출

(1) 신고확인증의 발급

① 시장 등은 행정사 업무신고를 받은 때에는 그 내용을 확인한 후 <u>신고확인증을 행정사에게 발급</u>하여야 한다(법 제12조 제1항).
② 신고확인증을 발급받은 사람은 신고확인증을 잃어버리거나 못쓰게 된 경우에는 시장 등에게 재발급을 신청할 수 있다(법 제12조 제2항).

(2) 신고확인증의 대여 등의 금지

① 행정사는 다른 사람에게 신고확인증을 대여하여서는 아니 된다(법 제13조 제1항). 이를 위반하여 신고확인증을 양도하거나 대여한 경우 행정안전부장관은 행정사 자격을 취소하여야 한다.
② 누구든지 다른 사람의 신고확인증을 대여받아 사용하여서는 아니 되며, 신고확인증의 대여를 알선하여서는 아니 된다(법 제13조 제2항·제3항).
③ 신고확인증을 다른 자에게 대여한 행정사, 행정사법인과 이를 대여받은 자 또는 대여를 알선한 자는 <u>3년 이하의 징역 또는 3천만원 이하의 벌금</u>에 처한다.

02 행정사사무소 ★

1. 사무소의 설치

(1) 사무소

행정사는 행정사업무를 하기 위한 사무소를 하나만 설치할 수 있다(법 제14조 제1항).

(2) 합동사무소

① 행정사는 그 업무를 효율적으로 수행하고 공신력을 높이기 위하여 **2명** [5] 이상의 행정사로 구성된 합동사무소를 설치할 수 있다(법 제14조 제2항).

② 행정사합동사무소를 구성하는 행정사의 수를 넘지 아니하는 범위에서 주사무소와 분사무소를 설치할 수 있다.

③ 주사무소와 분사무소에는 행정사합동사무소를 구성하는 행정사가 각각 1명 이상 상근하여야 한다.

(3) 행정사법인

① 행정사는 행정사 업무를 조직적이고 전문적으로 수행하기 위하여 3명 이상의 행정사를 구성원으로 하는 행정사법인을 설립할 수 있다(법 제25조의2).

② 행정사법인은 법인구성원의 수를 넘지 아니하는 범위에서 주사무소와 분사무소를 설치할 수 있다(법 제25조의5 제1항 본문).

③ 주사무소와 분사무소에는 각각 1명 이상의 법인구성원이 상근하여야 한다(법 제25조의5 제1항 후문).

2. 사무소의 이전

(1) 행정사가 사무소를 이전한 때에는 10일 이내에 이전 후의 사무소 소재지를 관할하는 시장 등 [6]에게 신고하여야 한다(법 제14조 제3항).

(2) 이전신고를 받은 시장 등은 이전신고한 행정사에게 신고확인증을 발급하여야 하며, 종전의 사무소 소재지를 관할하는 시장 등에게 사무소의 이전 사실을 통지하여야 한다.

(3) 이전신고 전에 발생한 사유로 인한 행정사에 대한 행정처분은 이전신고를 받은 시장 등이 행한다.

(4) 이전신고를 하지 아니한 자는 100만원 이하의 과태료를 부과한다.

---

5 2022.11.15. 「행정사법」 제14조 제2항 일부개정으로 종전 3명 이상에서 2명 이상으로 개정되었다. 개정이유는 행정사의 경우에도 다른 국가자격 보유자들과 동일하게 합동사무소의 설치요건을 완화하기 위해서이다.

6 특별자치시장, 특별자치도지사, 시장, 군수 또는 자치구의 구청장을 말한다.

3. 사무소의 명칭 등

(1) 행정사인 경우

① 행정사는 그 사무소의 종류별로 사무소의 명칭 중에 <u>행정사사무소 또는 행정사합동사무소라는 글자를 사용</u>하고, 행정사합동사무소의 분사무소에는 그 분사무소임을 표시하여야 한다(법 제15조 제1항).

② 행정사법인은 사무소의 명칭 중에 <u>행정사법인이라는 글자를 사용</u>하여야 하고, 행정사법인의 분사무소에는 그 분사무소임을 표시하여야 한다(법 제25조의5 제2항).

(2) 행정사가 아닌 경우

① 행정사가 아닌 사람은 행정사사무소 또는 이와 비슷한 명칭을 사용하지 못하며, 행정사합동사무소나 그 분사무소가 아니면 행정사합동사무소나 그 분사무소 또는 이와 비슷한 명칭을 사용하지 못한다(법 제15조 제2항).

② 이를 위반한 경우에는 500만원 이하의 과태료를 부과한다.

(3) 행정사법인 아닌 경우

① 행정사법인이 아닌 자는 행정사법인 또는 이와 비슷한 명칭을 사용하지 못하며, 행정사법인의 사무소나 그 분사무소가 아니면 행정사법인이나 그 분사무소 또는 이와 비슷한 명칭을 사용하지 못한다(법 제25조의2 제3항).

② 이를 위반한 경우에는 500만원 이하의 과태료를 부과한다.

4. 업무정지사유 등

행정사가 두 개 이상의 사무소를 설치한 경우, 행정사합동사무소를 구성하는 행정사 또는 법인구성원이 **상**근하지 아니한 경우, 행정사법인의 소속행정사 및 법인구성원이 **따**로 사무소를 둔 경우에는 행정사사무소(행정사합동사무소 또는 행정사법인의 경우에는 주사무소)의 소재지를 관할하는 시장 등은 <u>6개월의 범위에서 기간을 정하여 업무의 정지를 명할 수 있다</u>. 업무정지처분을 받고 그 업무정지 기간에 행정사 업무를 한 경우에는 행정사 자격이 취소되며, 1년 이하의 징역 또는 1천만원 이하의 벌금에 처한다.

03 휴업 · 폐업신고 ★

1. 폐업신고

(1) 행정사가 폐업한 경우에는 본인이, 사망한 경우에는 가족이나 동거인 또는 그 사무직원이 지체 없이 그 사실을 시장 등에게 신고하여야 한다(법 제16조 제1항 전문).

(2) 폐업한 행정사가 업무를 다시 시작할 때(재개신고)에도 지체 없이 그 사실을 시장 등에게 신고하여야 한다(법 제16조 제1항 전문).

(3) 폐업신고를 한 후 업무를 다시 시작하는 신고(재개신고)를 한 행정사 또는 행정사법인은 <u>폐업신고 전 행정사의 지위를 승계</u>한다.

2. 휴업신고

(1) 행정사가 <u>3개월이 넘도록 휴업</u>(업무신고를 하고 업무를 시작하지 아니하는 경우를 포함한다)<u>하거나 휴업한 행정사가 업무를 다시 시작하려면 시장 등에게 신고하여야 한다</u>(법 제17조 제1항).

(2) 시장 등은 업무재개신고를 받은 날부터 15일 이내에 신고수리 여부를 신고인에게 통지하여야 한다(법 제17조 제2항).

(3) 시장 등은 15일 이내에 신고수리 여부 또는 민원처리관련법령에 따른 처리기간의 연장을 신고인에게 통지하지 아니하면 그 기간이 끝난 날의 다음 날에 신고를 수리한 것으로 본다(법 제17조 제3항).

(4) 휴업한 행정사가 <u>2년이 지나도 업무를 다시 시작하지 아니하는 경우에는 폐업한 것으로 본다</u>(법 제17조 제4항).

Chapter 04 행정사의 권리 · 의무

행정사의 권리 ★

1. 사무직원

(1) 행정사는 사무직원을 둘 수 있으며, 소속 사무직원을 지도 · 감독할 책임이 있다(법 제18조 제1항).

(2) 사무직원의 직무상 행위는 그를 고용한 행정사의 행위로 본다(법 제18조 제2항).

2. 행정사의 보수

(1) 행정사는 업무를 위임한 자로부터 보수를 받는다(법 제19조 제1항).

(2) 행정사와 그 사무직원은 업무에 관하여 보수 외에 어떠한 명목으로도 위임인으로부터 금전 또는 재산상의 이익이나 그 밖의 반대급부를 받지 못한다(법 제19조 제2항).

(3) 행정사 또는 행정사법인이 위임인으로부터 보수 외에 금전 등을 받은 경우에는 6개월 범위에서 업무정지를 명할 수 있다.

(4) 보수 외에 금전 등을 받은 자는 100만원 이하의 벌금에 처한다.

3. 증명서 발급

(1) 행정사는 업무에 관련된 사실의 확인증명서를 발급할 수 있다(법 제20조 제1항).

(2) 외국어번역행정사는 그가 번역한 번역문에 대해 번역확인증명서를 발급할 수 있다(법 제20조 제2항).

(3) 증명서 발급의 범위는 자신이 행한 업무에 관련된 사실과 자신이 번역한 번역문으로 한정한다(영 제21조).

(4) 사실확인증명서 또는 번역증명서를 발급받으려는 사람은 해당업무를 처리한 행정사에게 신청하여야 하며, 발급신청을 받은 행정사는 특별한 사유가 없으면 객관적인 사실에 입각하여 즉시 발급하여야 한다(규칙 제13조 제1항).

02 행정사의 의무와 책임 ★★ 제7회 기출

1. 사무직원 지도·감도책임

행정사는 사무직원을 둘 수 있으며, 소속 사무직원을 지도·감독할 책임이 있다.

2. 보수외 금전등 반대급부 수령금지의무

(1) 행정사와 그 사무직원은 보수외 어떠한 명목으로도 위임인으로부터 금전 또는 재산상의 이익이나 그 밖의 반대급부를 받지 못한다(법 제19조 제2항).

(2) 위반시 업무정지 및 100만원 이하의 벌금에 처한다.

3. 성실수행의무

(1) 행정사는 품위를 유지하고 신의와 성실로써 공정하게 직무를 수행하여야 한다.

(2) 행정사가 위임받은 업무를 수행하면서 고의 또는 과실로 위임인에게 재산상의 손해를 입힌 경우에는 그 손해를 배상할 책임이 있다.

4. 수임제한의무

(1) 공무원직에 있다가 퇴직한 행정사는 퇴직 전 1년부터 퇴직할 때까지 근무한 행정기관에 대한 행정사의 업무(인가·허가 등 대리)를 퇴직한 날부터 1년 동안 수임할 수 없다.

(2) 수임제한은 행정사법인의 법인구성원 또는 소속행정사로 지정되는 경우를 포함한다.

(3) 수임제한 규정을 위반한 사람은 1년 이하의 징역 또는 1천만원 이하의 벌금에 처한다.

5. 비밀엄수의무

(1) 행정사 또는 행정사이었던 사람(행정사의 사무직원 또는 사무직원이었던 사람을 포함한다)은 정당한 사유 없이 직무상 알게 된 사실을 다른 사람에게 누설하여서는 아니 된다.

(2) 업무상 알게 된 사실을 다른 사람에게 누설한 자는 1년 이하의 징역 또는 1천만원 이하의 벌금에 처한다.

6. 업무처리부 작성 · 보관의무

(1) 행정사는 업무를 위임받으면 <u>업무처리부를 작성하여 1년간 보관</u>하여야 한다.

(2) 업무처리부에는 ① **일련번호**, ② 위임받은 **연월일**, ③ 위임받은 **업무**의 개요, ④ **보수액**, ⑤ **위임인**의 주소와 성명, ⑥ 그 밖에 위임받은 업무의 처리에 **필**요한 사항을 적어야 한다.

(3) 업무처리부를 작성하지 아니하거나 거짓으로 작성한 자는 100만원 이하의 과태료를 부과한다.

7. 교육의무

(1) **실무교육**

행정사 자격이 있는 사람이 행정사 업무를 시작하려면 업무신고를 하기 전에 **실**무교육을 받아야 한다.

(2) **연수교육**

① 행정사는 **연**수교육을 받아야 한다.
② 행정사는 업무신고 이후 매 <u>2년마다 16시간의 연수교육</u>을 받아야 한다.
③ 연수교육을 받지 아니하고 행정사 업무를 수행한 자는 100만원 이하의 과태료를 부과한다.

[03] 행정사의 교육 ★

1. 실무교육

(1) 행정사 자격이 있는 사람이 행정사 업무를 시작하려면 행정안전부장관이 시행하는 실무교육을 받아야 한다.

(2) **실무교육**은 <u>기본소양교육</u>과 <u>실무수습교육</u>으로 구분한다.

(3) 기본소양교육은 20시간 실시하며, 실무수습교육은 40시간 동안 행정사사무소 또는 행정안전부장관이 지정하는 장소에서 실시한다.

(4) 행정안전부장관은 실무교육계획을 수립하여 교육 실시 30일 전까지 인터넷 홈페이지 등에 공고해야 한다.

(5) 실무교육은 집합교육 또는 온라인 교육으로 실시한다.

(6) 행정안전부장관은 <u>실무교육에 관한 권한을 시 · 도지사에게 위임</u>한다.

2. 연수교육

(1) 행정사의 사무소(행정사합동사무소 또는 행정사법인의 경우에는 주사무소)의 소재지를 관할하는 시·도지사는 <u>행정사의 자질과 업무수행능력 향상을 위하여 직접 또는 ① 대한행정사회, ② 행정학과 또는 법학과가 개설된 대학기관 및 단체 등에 위탁하여 행정사에 대한 연수교육을 실시하여야 한다.

(2) 행정사는 연수교육을 받아야 하며 <u>연수교육은 집합교육 또는 온라인 교육</u>으로 실시한다.

(3) 행정사는 <u>전문성과 윤리의식을 높이기</u> 위하여 행정사업무신고확인증을 발급받은 날 또는 법인 업무신고 확인증을 발급받은 날(소속행정사의 경우는 고용신고일)부터 <u>2년마다 16시간의 연수교육</u>을 받아야 한다.

(4) 시·도지사는 연수교육계획을 수립하여 교육실시 30일 전까지 인터넷 홈페이지 등에 공고해야 한다.

(5) 연수교육의 과목·시기·기간 및 이수방법 등에 관하여 필요한 사항은 대통령령으로 정한다.

04 행정사의 금지행위 및 위반시 벌칙 ★★ 제6회 기출

<u>행정사와 그 사무직원</u>은 다음 행위를 하여서는 아니 된다(법 제22조).

(1) 정당한 사유 없이 업무에 관한 위임을 거부하는 행위(위반시 100만원 이하의 벌금)

(2) 당사자 양쪽으로부터 같은 업무에 관한 위임받는 행위. 다만, 당사자 양쪽이 동의한 경우는 제외한다(위반시 100만원 이하의 벌금).

(3) 행정사의 업무 범위를 벗어나서 타인의 소송이나 그 밖의 권리관계분쟁 또는 민원사무처리 과정에 개입하는 행위(위반시 100만원 이하의 벌금)

(4) 업무수임 또는 수행 과정에서 관련 공무원과의 연고 등 사적인 관계를 드러내며 영향력을 미칠 수 있는 것으로 선전하는 행위(위반시 1년 이하의 징역 또는 1천만원 이하의 벌금)

(5) 행정사의 업무에 관하여 거짓된 내용을 표시하거나 객관적 사실을 과장 또는 누락하여 소비자를 오도하거나 오해를 불러일으킬 우려가 있는 내용의 광고행위(위반시 1년 이하의 징역 또는 1천만원 이하의 벌금)

(6) 행정사 업무의 알선을 업으로 하는 자를 이용하거나 그 밖의 부당한 방법으로 행정사 업무의 위임을 유치하는 행위(위반시 100만원 이하의 벌금)

Chapter 05 행정사법인

01 행정사법인의 설립 ★ 제9회 기출

1. 서설

(1) 행정사는 조직적이고 전문적으로 업무를 수행하기 위하여 <u>3명 이상의 행정사를 구성원</u>으로 하는 행정사법인을 설립할 수 있다(법 제25조의2).

(2) 행정사법인 구성원 및 소속행정사는 실무교육을 이수하고 행정사회에 가입된 자이어야 한다.

(3) 행정사법인이 법인구성원에 관한 요건을 갖추지 못하게 된 경우에는 <u>6개월 이내에 이를 보충</u>하여야 한다.

2. 설립절차

(1) 행정사법인을 설립하려면 행정사법인의 구성원이 될 행정사가 정관을 작성하여 행정안전부장관의 <u>설립인가</u>를 받아야 한다. 정관을 변경할 때에도 또한 같다.

(2) 행정사법인의 정관에는 목적, 명칭, 주사무소 및 분사무소의 소재지 등 법정기재 사항을 적어야 한다.

(3) 행정사법인은 그 주사무소의 소재지에서 설립등기를 함으로써 성립한다.

3. 행정사법인의 설립인가 신청

(1) 행정사법인의 설립인가를 받으려는 행정사법인의 구성원이 될 행정사는 행정사법인 설립인가신청서를 행정안전부장관에게 제출해야 한다.

(2) 행정안전부장관은 행정사법인의 설립을 인가하는 경우 행정사법인 설립인가대장에 그 내용을 적고, 신청인에게 <u>설립인가증을 발급</u>해야 한다.

4. 행정사법인의 설립등기

(1) 행정사법인의 설립등기는 설립인가증을 받은 날부터 14일 이내에 주사무소 소재지의 관할 등기소에서 해야 한다.

(2) 행정사법인의 등기는 법인구성원 전원이 공동으로 신청하여야 한다.

5. 설립인가의 취소 ★ 제9회 기출

(1) **내용**

행정안전부장관은 행정사법인이 설립인가의 취소사유에 해당하는 경우에는 설립인가를 취소할 수 있다(법 제25조의10 본문).

(2) **취소사유**

① 거짓이나 그 밖의 **부**정한 방법으로 설립인가를 받은 경우
② 법인구성원에 관한 요건을 6개월 이내에 **보**충하지 아니한 경우
③ 업무정지처분을 받고 그 업**무**정지 기간 중에 업무를 수행한 경우
④ 법령을 **위**반하여 업무를 수행한 경우

(3) **필요적 설립인가 취소**

① 거짓이나 그 밖의 부정한 방법으로 설립인가를 받은 경우에는 행정안전부장관은 설립인가를 필요적으로 취소하여야 한다(법 제25조의10 단서).
② 행정안전부장관은 행정사법인의 설립인가를 취소하려는 경우에는 청문을 해야 한다(영 제23조의7).

02 행정사법인의 업무신고 ★★ 제10회 기출

1. 법인업무신고

(1) 행정사법인이 행정사 업무를 하려면 주사무소의 소재지를 관할하는 시장 등에게 행정사법인 업무신고(법인업무신고) 기준을 갖추어 신고하여야 한다. 신고한 사항을 변경할 때에도 또한 같다(법 제25조의4 제1항).

(2) 법인업무신고를 하려는 자는 행정안전부령으로 정하는 신고서를 시장등에게 제출해야 한다.

2. 법인업무신고 기준 ★★

(1) 법인구성원 및 소속행정사가 **결**격사유에 해당하지 않을 것

(2) 법인구성원 및 소속행정사가 **실**무교육을 이수했을 것

(3) 법인구성원 및 소속행정사가 행정사 **자**격증을 보유하고 있을 것

(4) 법인구성원 및 소속행정사가 대한행정사회에 **가**입했을 것

(5) 행정안전부장관의 인가를 받고 설립**등**기를 했을 것

3. 수리거부

(1) 시장 등은 법인업무신고를 하려는 자가 법인업무신고 기준을 갖추지 아니한 경우에는 그 법인업무신고의 수리를 거부할 수 있다.

(2) 시장 등이 업무신고를 받은 날부터 <u>3개월이 지날 때까지</u> ① 법인업무신고확인증을 발급하지 아니하거나 ② 법인업무신고의 수리거부 통지를 하지 아니하면 3개월이 되는 날의 다음 날에 법인업무신고가 수리된 것으로 본다.

4. 이의신청

(1) 법인업무신고의 수리가 거부된 자는 그 통지를 받은 날부터 3개월 이내에 법인업무신고의 수리거부에 대한 불복의 이유를 밝혀 시장 등에게 이의신청을 할 수 있다.

(2) 시장 등은 이의신청이 이유 있다고 인정하면 법인업무신고확인증을 발급하여야 한다.

5. 법인업무신고확인증

시장 등은 법인업무신고를 받은 때에는 그 내용을 확인한 후 <u>법인업무신고확인증을 행정사법인에 발급</u>하여야 한다(법 제25조의4 제3항).

03 행정사법인의 사무소와 소속행정사의 자격 및 겸업금지 ★

1. 행정사법인 구성

(1) 행정사는 3명 이상의 행정사를 구성원으로 하는 행정사법인을 설립할 수 있다.

(2) 행정사법인 구성원 및 소속행정사는 실무교육을 이수하고 행정사회에 가입된 자이어야 한다.

2. 사무소 설치

행정사법인은 법인구성원의 수를 넘지 아니하는 범위에서 주사무소와 분사무소를 설치할 수 있다. 이 경우 주사무소와 분사무소에는 각각 1명 이상의 법인구성원이 상근하여야 한다(법 제25조의5 제1항). [위반시 6월 이하의 업무정지]

3. 사무소 명칭

(1) 행정사법인은 사무소의 명칭 중에 행정사법인이라는 글자를 사용하여야 하고, 행정사법인의 분사무소에는 그 분사무소임을 표시하여야 한다(법 제25조의5 제2항). [위반시 100만원 이하의 과태료]

(2) 행정사법인이 아닌 자는 행정사법인 또는 이와 비슷한 명칭을 사용하지 못하며, 행정사법인의 사무소나 그 분사무소가 아니면 행정사법인이나 그 분사무소 또는 이와 비슷한 명칭을 사용하지 못한다(법 제25조의5 제3항). [위반시 500만원 이하의 과태료]

4. 행정사법인의 소속행정사

(1) **고용**

① 행정사법인은 행정사를 고용할 수 있다(법 제25조의6 제1항).
② 행정사법인이 행정사를 고용한 경우에는 주사무소 소재지의 시장 등 [7]에게 행정안전부령으로 정하는 바에 따라 신고하여야 하며, 그 변경이 있는 경우에도 또한 같다.

(2) **소속행정사의 자격 및 행위제한**

① 소속행정사 및 법인구성원은 업무정지 중이거나 휴업 중인 사람이 아니어야 한다.
② 법인업무신고를 한 행정사법인은 법정 **실무교육**을 받지 아니한 사람을 소속행정사로 고용하거나 법인구성원으로 할 수 없다.
③ 소속행정사 및 법인구성원은 그 행정사법인의 사무소 **외**에 따로 사무소를 둘 수 없다.

---

7 특별자치시장, 특별자치도지사, 시장, 군수 또는 자치구의 구청장을 말한다.

5. 행정사법인의 의무

(1) 행정사법인이 「행정사법」에 따른 법인구성원에 관한 요건을 갖추지 못하게 된 경우에는 6개월 이내에 이를 보충하여야 한다(법 제25조의6 제6항).

(2) 직무수행 중 손해배상책임을 보장하기 위해 손해배상준비금 적립 또는 보험 등에 가입하여야 한다(법 제25조의12). [위반시 500만원 이하의 과태료]

6. 겸업의 금지

(1) 법인구성원 또는 소속행정사는 ① 자기 또는 제3자를 위하여 그 행정사법인의 업무범위에 속하는 업무를 수행하거나 ② 다른 행정사법인의 법인구성원 또는 소속행정사가 되어서는 아니 된다.

(2) 행정사법인의 법인구성원 또는 소속행정사이었던 사람은 ① 그 행정사법인에 소속한 기간 중에 ② 그 행정사법인의 담당행정사로서 수행하고 있었거나 ③ 수행을 승낙한 업무에 관하여는 퇴직 후 행정사의 업무를 수행할 수 없다. 다만, 그 행정사법인의 동의가 있는 경우에는 그러하지 아니하다.

04 행정사법인의 업무수행방법과 손해배상책임의 보장

1. 업무수행방법 ★★ 제10회 기출

(1) 행정사법인은 법인의 명의로 업무를 수행하여야 하며, 수임한 업무마다 그 업무를 담당할 법인구성원 또는 소속행정사를 지정하여야 한다(법 제25조의7 제1항 전문).

(2) 소속행정사를 담당행정사로 지정할 경우에는 법인구성원과 공동으로 지정하여야 한다.

(3) 행정사법인이 수임한 업무에 대하여 담당행정사를 지정하지 아니한 경우에는 법인구성원 모두를 담당행정사로 지정한 것으로 본다.

(4) 담당행정사는 지정된 업무에 관하여 그 법인을 대표한다.

(5) 행정사법인이 그 업무에 관하여 작성하는 서면에는 행정사법인의 명의를 표시하고 담당행정사가 기명날인하여야 한다.

2. 손해배상책임의 보장

(1) 행정사법인은 그 직무를 수행하면서 고의나 과실로 의뢰인에게 손해를 입힌 경우 그 손해에 대한 배상책임을 보장하기 위하여 <u>손해배상준비금 적립이나 보험가입 등 필요한 조치를 하여야 한다</u>(법 제25조의12).

(2) 행정사법인은 <u>법인업무신고 후 15일 이내에</u> ① 보험 가입, ② 주사무소 소재지를 관할하는 공탁기관에 현금 또는 국공채의 공탁에 해당하는 <u>손해배상책임 보장조치를 해야 한다.</u>

(3) 행정사법인이 손해배상책임 보장조치를 하는 경우 그 금액은 <u>행정사법인의 법인구성원과 소속 행정사의 수에 1천만원을 곱하여 산출한 금액 이상 또는 행정사법인당 1억원 이상</u>으로 한다.

05 행정사법인의 해산

1. 해산

(1) 행정사법인은 ① **정**관에서 정하는 해산 사유의 발생, ② 법인구성원 전원의 **동**의, ③ **합**병 또는 파산, ④ 설립인가의 **취**소의 사유로 해산한다.

(2) 행정사법인이 해산하면 청산인은 지체 없이 그 사유를 행정안전부장관에게 신고하여야 한다.

2. 합병

행정사법인은 <u>법인구성원 전원의 동의</u>가 있으면 다른 행정사법인과 합병할 수 있다.

3. 설립인가의 취소 ★★ 제9회 기출

(1) 행정안전부장관은 행정사법인이 ① 거짓이나 그 밖의 **부정**한 방법으로 설립인가를 받은 경우, ② 법인구성원에 관한 요건을 6개월 이내에 **보충**하지 아니한 경우, ③ 업무정지처분을 받고 그 업무정지 기간 중에 업무를 수행한 경우, ④ 법령을 **위**반하여 업무를 수행한 경우에 해당하면 설립인가를 <u>취소할 수 있다</u>(법 제25조의10 본문).

(2) 거짓이나 그 밖의 부정한 방법으로 설립인가를 받은 경우에는 행정안전부장관은 필요적으로 설립인가를 <u>취소하여야 한다</u>(법 제25조의10 단서).

4. 준용규정

(1) 행정사법인에 관하여 그 성질에 반하지 아니하는 범위에서 ① 행정사 업무신고의 수리거부, ② 신고확인증의 재발급 및 대여금지, ③ 행정사사무소의 이전·폐업·휴업신고, ④ 행정사의 권리·의무에 관한 규정을 준용한다(법 제25조의13 제1항).

(2) 행정사법인에 관하여「행정사법」에서 정한 것 외에는「상법」중 합명회사에 관한 규정을 준용한다(법 제25조의13 제2항).

Chapter 06 대한행정사회

01 대한행정사회 ★

1. 대한행정사회의 설립

(1) 행정사의 품위 향상과 직무의 개선·발전을 도모하기 위하여 대한행정사회(행정사회)를 둔다(법 제26조 제1항).

(2) 행정사회는 법인으로 하며, 정관을 정하여 행정안전부장관의 인가를 받아 설립등기를 함으로써 성립한다(법 제26조 제3항).

2. 행정사회의 정관

(1) **정관 기재사항**

행정사회의 정관에는 ① 목적·명칭과 사무소의 소재지, ② 대표자와 그 밖의 임원에 관한 사항, ③ 회의에 관한 사항, ④ 행정사의 품위유지와 업무 및 교육에 관한 사항, ⑤ 회원의 가입·탈퇴 및 지도·감독에 관한 사항, ⑥ 회계 및 회비부담에 관한 사항, ⑦ 자산에 관한 사항, ⑧ 그 밖에 행정사회의 목적을 달성하기 위하여 필요한 사항이 포함되어야 한다.

(2) **정관의 변경**

행정안전부장관의 인가를 받아야 한다.

3. 행정사회의 가입 의무

행정사(법인구성원 및 소속행정사를 포함)로서 개업하려면 행정사회에 가입하여야 한다.

4. 행정사회의 공익활동 의무

행정사회는 취약계층의 지원 등 공익활동에 적극 참여하여야 한다.

5. 「민법」의 준용

행정사회에 관하여 「행정사법」에서 규정하지 아니한 사항에 대하여는 「민법」 중 사단법인에 관한 규정을 준용한다(법 제28조).

6. 행정사회에 대한 감독 등

(1) 감독기관

행정사회는 <u>행정안전부장관의 감독</u>을 받는다(법 제29조 제1항).

(2) 자료의 제출 명령 등

① 행정안전부장관은 감독의 필요성이 인정되면 행정사회에 대하여 그 <u>업무보고, 자료의 제출</u> 또는 그 밖에 필요한 명령을 할 수 있다.

② 소속 공무원으로 하여금 행정사회의 사무소에 출입하여 <u>업무상황과 그 밖의 서류 등을</u> <u>검사하게 할 수 있다.</u>

③ 출입·검사 등을 하는 공무원은 증표를 지니고 상대방에게 이를 보여주어야 한다.

(3) 과태료

행정안전부장관이 감독의 필요성을 인정하여 요구한 보고 또는 자료제출을 ① 정당한 사유 없이 거부, ② 거짓으로 보고·자료제출, ③ 출입·검사방해·거부 또는 기피한 경우에는 <u>500 만원 이하의 과태료</u>를 부과한다.

7. 권한의 위임 및 위탁

(1) 「행정사법」에 따른 행정안전부장관의 권한은 그 일부를 <u>시·도지사에게 위임</u>할 수 있고, 행 정안전부장관의 업무는 그 일부를 <u>행정사회에 위탁</u>할 수 있다(법 제34조 제1항·제2항).

(2) 행정안전부장관은 <u>실무교육에 관한 권한을 시·도지사에게 위임</u>한다(영 제25조).

Chapter

07 지도 · 감독

01 행정사에 대한 지도 · 감독

1. 서설

행정사는 업무상 행정안전부장장관 또는 사무소 소재지를 관할하는 시장 등의 감독을 받으며, 경우에 따라서는 감독상의 명령에 따라야 한다.

2. 감독상 명령 등 ★★

(1) 감독기관

행정사 또는 행정사법인은 행정안전부장관 또는 사무소의 소재지(행정사합동사무소 또는 행정사법인의 경우에는 주사무소)를 관할하는 시장 등의 감독을 받는다(법 제31조 제1항).

(2) 자료의 제출 명령 등(장부검사 등) ^{제3회 기출}

① 행정안전부장관 또는 관할 시장등은 행정사 또는 행정사법인에 대한 감독의 필요성이 인정되면 해당 행정사 또는 행정사법인에 대하여 <u>업무보고, 업무처리부 등의 자료의 제출</u> 또는 그 밖에 필요한 명령을 할 수 있다.

② 소속 공무원으로 하여금 그 사무소에 출입하여 **장부·서류 등을 검사하거나 질문하게** 할 수 있다.

③ 출입·검사 등을 하는 공무원은 증표를 지니고 상대방에게 이를 보여주어야 한다.

(3) 과태료

행정안전부장관 또는 관할 시장 등이 행정사 또는 행정사법인에 대한 감독의 필요성을 인정하여 요구한 보고 또는 자료제출을 ① 정당한 사유 없이 거부, ② 거짓으로 보고·자료제출, ③ 출입·검사방해·거부 또는 기피한 경우에는 <u>500만원 이하의 과태료</u>를 부과한다.

3. 행정제재처분효과의 승계 등 ★★ ^{제2회 기출}

(1) 지위승계

폐업신고를 한 후 업무를 재개신고를 한 행정사 또는 행정사법인은 <u>폐업신고 전 행정사의 지위를 승계</u>한다.

(2) 처분승계

폐업신고 전의 행정사 또는 행정사법인에 대하여 업무정지 사유로 한 행정처분의 효과는 그 처분일부터 1년간 업무를 다시 시작하는 신고를 한 행정사 또는 행정사법인에게 승계된다(법 제33조 제2항).

(3) 위반행위승계

① 폐업신고를 한 후 업무를 재개신고한 행정사 또는 행정사법인에 대하여 폐업신고 전 행정사 또는 행정사법인의 업무정지 사유로 행정처분을 할 수 있다. 다만, 폐업신고를 한 날부터 업무를 재개신고를 한 날까지의 기간이 1년을 넘은 경우는 그러하지 아니하다(법 제33조 제3항).

② 행정처분을 하는 경우에는 폐업한 기간과 폐업의 사유 등을 고려하여 업무정지의 기간을 정하여야 한다(법 제33조 제4항).

02 행정사의 자격취소와 업무정지

1. 자격의 취소 ★★★ 제3회·제11회 기출

(1) 청문

행정안전부장관은 행정사가 자격 취소사유에 해당하는 경우에는 그 자격을 취소하여야 하며, 자격을 취소하려는 경우에는 청문을 하여야 한다(법 제30조 제1항·제2항).

(2) 취소사유

① 거짓이나 그 밖의 부정한 방법으로 행정사 자격을 취득한 경우
② 신고확인증을 양도하거나 대여한 경우
③ 업무정지처분을 받고 그 업무정지 기간에 행정사 업무를 한 경우
④ 「행정사법」을 위반하여 징역형이 확정된 경우

2. 업무의 정지 ★★★ 제2회·제11회 기출

(1) 절차

행정사사무소(행정사합동사무소 또는 행정사법인의 경우에는 주사무소)의 소재지를 관할하는 시장 등은 행정사 또는 행정사법인이 업무정지사유에 해당하는 경우에는 6개월의 범위에서 기간을 정하여 업무의 정지를 명할 수 있다(법 제32조 제1항).

(2) **정지사유**(법 제32조 제2항)

① 행정사가 **두** 개 이상의 사무실을 설치한 경우

② 행정사합동사무소를 구성하는 행정사 또는 법인구성원이 **상**근하지 아니한 경우

③ 행정사 또는 행정사법인이 3개월이 넘도록 휴업하고자 하는 때에 **휴**업신고를 하지 아니한 경우

④ 행정사 또는 행정사법인이 위임인으로부터 보수 **외**에 금전 또는 재산상 이익이나 그 밖의 반대급부를 받은 경우

⑤ 행정사법인의 소속행정사 및 법인구성원이 **따**로 사무소를 둔 경우

⑥ 행정사 또는 행정사법인이 감독상 명령에 따른 **보**고 또는 업무처리부 자료 제출 등의 명령에 따르지 아니하거나 검사 또는 질문을 거부·방해 또는 기피한 경우

(3) **제척기간**

업무정지처분은 <u>그 사유가 발생한 날부터 3년이 지나면 할 수 없다</u>(법 제33조 제3항).

Chapter 08 벌칙

01 행정사법상 벌칙과 양벌규정 ★★★

1. 형벌대상자와 유형(법 제36조)

(1) 3년 이하의 징역 또는 3천만원 이하의 벌금

① 행정사가 **아닌** 사람이 행정사의 업무를 업으로 한 자
② 신고확인**증**을 다른 자에게 대여한 행정사, 행정사법인과 이를 대여받은 자 또는 대여를 알선한 자

(2) 1년 이하의 징역 또는 1천만원 이하의 벌금

① 행정사업무**신**고 또는 법인업무신고를 하지 아니하고 행정사 업무를 한 자
② **수**임제한 규정을 위반한 사람
③ 사적인 관계를 드러내며 영향력을 미칠 수 있는 것으로 **선**전한 자
④ 소비자를 오도하거나 오해를 불러일으킬 우려가 있는 내용의 **광**고행위를 한 자
⑤ 업무상 알게 된 사실을 다른 사람에게 **누**설한 자
⑥ 업**무**정지처분을 받고 그 업무정지 기간에 행정사 업무를 한 자

(3) 100만원 이하의 벌금

① 위임인으로부터 보수 **외**에 금전 또는 재산상 이익이나 그 밖의 반대급부를 받은 자
② 정당한 사유 없이 업무에 관한 위임을 **거**부한 자
③ 당사자 **양**쪽으로부터 같은 업무에 관한 위임을 받은 자
④ 타인의 소송이나 그 밖의 권리관계분쟁 또는 민원사무처리과정에 **개**입한 자
⑤ 행정사 업무의 알선을 업으로 하는 자를 이용하거나 그 밖의 부당한 방법으로 행정사 업무의 위임을 **유**치한 자
⑥ **겸**업금지 의무를 위반한 자

2. 양벌규정

(1) 행정사 또는 행정사법인의 사무직원이나 소속행정사가 행정사 또는 행정사법인의 업무와 관련하여 벌금 이상의 벌칙에 해당하는 위반행위를 하면 그 행위자를 벌하는 외에 그 행정사 또는 행정사법인에도 해당 조문의 벌금형을 과한다(법 제37조 본문).

(2) 다만, 행정사 또는 행정사법인이 그 위반행위를 방지하기 위하여 해당 업무에 관하여 상당한 주의와 감독을 게을리하지 아니한 경우에는 그러하지 아니하다(법 제37조 단서).

3. 자격의 취소

행정안전부장관은 행정사가 행정사법을 위반하여 징역형이 확정된 경우에는 그 자격을 취소하여야 한다(법 제30조 제1항 제4호, 제30조 제2항).

02 행정사법상 과태료 ★★ 제4회 기출

1. 과태료 부과 대상자와 유형(법 제38조)

(1) **500만원 이하의 과태료**
① 행정사가 아니면서 행정사 또는 이와 비슷한 명**칭**을 사용한 자
② 행정사사무소, 행정사합동사무소 또는 그 분사무소나 행정사법인 또는 그 분사무소가 아니면서 행정사사무소, 행정사합동사무소 또는 그 분사무소나 행정사법인 또는 그 분사무소와 비슷한 명**칭**을 사용한 자
③ 정당한 사유 없이 감독상 명령에 따른 보고 또는 자료제출을 하지 아니하거나, 거짓으로 보고·자료제출을 하거나, 출입·검사를 방해·거부 또는 기피한 자
④ 손해**배**상책임의 보장 등 필요한 조치를 취하지 아니한 행정사법인

(2) **100만원 이하의 과태료**
① 사무소 **이**전신고를 하지 아니한 자
② **연**수교육을 받지 아니하고 행정사 업무를 수행한 사람
③ 행정사사무소, 행정사합동사무소 또는 행정사법인이라는 글자를 사용하지 아니하거나 그 분사무소임을 **표**시하지 아니한 자
④ **업**무처리부를 작성하지 아니하거나 거짓으로 작성한 자

2. 과태료 부과 · 징수권자

과태료는 <u>행정안전부장관, 시·도지사 또는 시장등이 부과·징수한다</u>(법 제38조 제3항).

3. 규제의 재검토

행정안전부장관은 과태료 부과기준에 대하여 2015년 6월 1일을 기준으로 2년마다 폐지, 완화 또는 유지 등의 타당성을 검토하여야 한다(법 제35조의2).

행정사
조장형 행정사실무법

부록

기출문제 모범답안
관련 법령

행정사실무법 모범답안

| 문제 1 | 도시개발사업의 시행자인 A는 개발 구역 내 토지가격을 평가함에 있어 반드시 거쳐야 하는 절차인 토지평가협의회의 심의를 거치지 아니하고 토지가격을 평가하였고, 관할 행정청은 이에 근거하여 환지예정지 지정처분을 내렸다. 처분을 받은 甲은 절차상 하자를 이유로 처분의 취소를 구하는 행정심판을 청구하고자 한다. 그런데 이 처분의 기초가 된 가격평가의 내용은 적정하였을 뿐만 아니라 환지예정지 지정처분을 받은 이해관계인들 중 甲을 제외하고는 아무도 이에 불복하지 않고 있다. 또한 만약 이 처분이 취소될 경우 다른 이해관계인들에 대한 환지예정지 지정처분까지도 변경되어 사실관계가 매우 복잡해짐 으로써 사회적 혼란이 발생할 수 있게 된다. 甲의 청구가 **인용될 수 있는지**에 관하여 논하시오. (40점)

--- 모범답안

▮ 문제의 소재

행정심판청구가 적법하기 위해서는 ① 처분이나 부작위를 대상으로, ② 청구인 적격 있는 자가, ③ 협의의 청구이익이 있는 경우에, ④ 피청구인을 상대로, ⑤ 청구기간 내 청구할 것이 요구된다. 본 사안의 경우에는 甲이 환지예정지 지정처분을 대상으로 처분청인 관할 행정청을 상대로 처분의 취소를 구하는 행정심판을 제기한 점에서 대상적격, 청구인 적격, 협의의 청구이익, 피청구인 적격에는 문제가 없어 보인다. 다만 관할 행정청의 환지예정지 지정처분이 행정심판의 대상으로서의 처분인지에 대해서는 검토가 필요하고, 청구의 인용 여부와 관련하여 절차상 하자 있는 토지가격 평가를 근거로 한 환지예정지 지정처분의 위법성 및 해당 처분이 사정재결의 대상이 될 수 있는지가 문제된다.

▮ 환지예정지 지정처분이 처분인지 여부

1. 취소심판의 대상 적격

취소심판은 위법·부당한 처분이나 그 거부를 대상으로 한다.

2. 처분의 개념

취소심판의 대상이 되는 처분이란 행정청이 행하는 구체적 사실에 관한 법집행으로서 공권력 행사 또는 그 거부와 이에 준하는 행정작용을 말한다.

3. 사안의 경우

도시개발사업의 시행자 A의 절차상 하자 있는 토지가격평가를 근거로 관할 행정청의 환지예정지 지정처분이 행하여졌다면 해당 처분은 행정청이 행하는 구체적 사실에 관한 법집행으로서 공권력 행사로 행정심판의 대상으로서 처분에 해당한다. 설문에서 심판청구기간에 대해서는 별도의 언급이 없어 청구기간은 준수되었다는 전제하에 甲의 취소심판청구는 적법하다.

▮ 청구의 인용 여부

1. 문제점

사안의 처분이 토지평가협의회의 심의를 거치지 않은 절차상 하자에 따른 처분으로 위법한 것인지가 문제된다.

2. 절차상 하자가 독자적 위법사유인지 여부

학설은 ① 절차규정은 실체법적으로 적정한 행정결정을 위한 수단에 불과하다는 점에서 독자성을 부정하는 소극설, ② 행정의 법률적합성의 원칙에 따라 처분은 내용적 요건뿐만 아니라 절차요건도 갖추어야 한다는 점에서 독자성을 긍정하는 적극설, ③ 기속행위와 재량행위를 구별하여 재량의 경우에만 독자성을 긍정하는 절충설의 대립이 있다. 판례는 절차적 하자의 독자성을 인정하는 적극설의 입장이다.

3. 사안의 경우

관할 행정청의 환지예정지 지정처분은 도시개발사업지구 내의 토지 및 건물 소유자들의 권리·의무에 영향을 미친다. 토지구획정리사업의 시행자가 사업지구 안의 토지 등의 가격을 평가하고자 할 때 토지평가협의회의 심의는 필수 절차이다. 사안에서 도시개발사업시행자가 토지평가협의회의 심의를 거치지 아니하고 토지 등의 가격이 평가되었고 이에 터잡아 환지예정지 지정처분이 행해졌으므로 해당 처분은 절차상 하자에 따른 위법한 처분이 되어 취소되어야 한다.

Ⅳ 사정재결의 가능성

1. 문제점

사안의 처분은 토지평가협의회의 심의를 거치지 않은 절차상 하자에 따른 위법한 처분이다. 그렇다면 해당 처분의 위법하여 환지예정지 지정처분이 취소되는 경우에 다른 이해관계인에도 영향을 미친다는 점에서 예외적으로 사정판결의 대상이 될 수 있는지 여부가 문제된다.

2. 사정재결

(1) 의의

본안심리 결과 그 심판청구가 이유 있다고 인정하는 경우에도 이를 인용하는 것이 공공복리에 크게 위배된다고 인정할 때에는 그 심판청구를 기각하는 재결을 말한다.

(2) 적용범위

사정재결은 취소심판 및 의무이행심판에만 인정되고 무효등확인심판에는 인정되지 아니한다.

(3) 요건

① 실질적 요건

심판청구를 인용하는 것이 오히려 공익에 크게 위배된다고 인정되는 때에 한한다.

② 형식적 요건

행정심판위원회는 사정재결을 함에 있어 그 재결의 주문에 그 처분 또는 부작위가 위법하거나 부당함을 구체적으로 밝혀야 한다.

(4) 구제방법

행정심판위원회는 사정재결을 함에 있어서, 직접 청구인에 대하여 상당한 구제방법을 취하거나 피청구인에게 상당한 구제방법을 취할 것을 명할 수 있다.

3. 사안의 경우

판례에 따르면 환지예정지 지정처분을 함에 있어, 토지평가협의회의 심의를 거치지 아니하고 결정된 토지등의 가격평가에 터잡음으로써 그 절차에 하자가 있다는 사유만으로 위 처분을 취소하는 것이 현저히 공공복리에 적합하지 아니하다고 보이므로 사정판결을 할 사유가 있다고 판시한 바 있다.[1] 사안의 경우 해당 처분이 절차상 하자에 따른 위법한 처분일지라도 甲의 청구에 대한 인용의 개인적인 이익과 기각에 따른 공공의 이익을 비교하면 기각결정에 따른 공익이 크므로 사정재결의 필요성이 있다.

---

1 대법원 1992.2.14. 선고 90누9032 판결

V 소결

도시개발사업의 시행자 A의 토지가격평가에 따른 관할 행정청의 환지예정지 지정처분은 행정심판의 대상으로서 처분에 해당하나, 해당 처분은 토지평가협의회의 심의를 거치지 않은 점에서 절차상 하자 있는 위법한 처분이다. 따라서 해당처분은 취소되어야 할 것이다. 그러나 절차상 하자를 이유로 해당 처분이 취소될 경우 기존의 권리나 사실관계가 소급적으로 무효로 되어 공공복리에 중대한 영향을 미친다는 점을 고려하면 예외적으로 사정재결을 하는 것은 불가피해 보인다. 따라서 甲의 청구는 인용될 수는 없고 기각재결을 하는 것이 타당하다.

| 문제 2 | 행정심판위원회의 위원 등의 제척, 기피, 회피를 설명하시오. (20점)

■■■ 모범답안

1. 제도의 취지

제척·기피·회피란 심판의 공정성을 유지하기 위하여 심판관이 자기가 담당하는 구체적 사건과 특수한 관계가 있는 경우에 그 사건의 직무집행에서 배제되는 제도를 말한다.

2. 제척

(1) 의의

제척이란 <u>법정사유</u>가 있으면 법률상 당연히 그 사건에 대한 직무집행에서 배제되는 것을 말한다.

(2) 제척사유(법 제10조 제1항)

① 위원 또는 그 배우자나 배우자이었던 사람이 사건의 **당**사자이거나 사건에 관하여 공동 권리자 또는 의무자인 경우

② 위원이 사건의 당사자와 **친**족이거나 친족이었던 경우

③ 위원이 사건에 관하여 **증**언이나 감정(鑑定)을 한 경우

④ 위원이 당사자의 **대**리인으로서 사건에 관여하거나 관여하였던 경우

⑤ 위원이 사건의 대상이 된 처분 또는 부작위에 **관**여한 경우

(3) 절차

① 위원에 대한 제척신청은 그 사유를 소명한 문서로 하여야 한다.

② 제척 결정은 위원회의 <u>직권 또는 당사자의 신청</u>으로 위원장이 결정하고, 지체 없이 신청인에게 결정서 정본을 송달하여야 한다.

(4) 효과

① 제척결정이 있을 때까지 해당 심판청구사건의 심판절차는 정지되고, 제척결정이 있으면 그 위원은 해당 심판청구사건의 심리·의결에 참여하지 못한다.

② 제척에 대한 결정에 대해서는 불복신청을 하지 못한다.

3. 기피

(1) 의의

기피란 <u>제척사유 이외</u>에 심리·의결의 공정성을 <u>의심할 만한 사유</u>가 있는 경우에 당사자의 기피신청이 있는 경우 위원장의 결정으로 심리·의결에서 배제되는 것을 말한다.

(2) 사유

당사자는 위원에게 공정한 심리·의결을 <u>기대하기 어려운 사정</u>이 있는 경우에 위원장에게 기피신청을 할수 있다.

(3) 절차

① 위원에 대한 기피신청은 그 사유를 소명한 문서로 한다.

② 기피결정은 <u>당사자의 신청</u>으로 위원장이 결정하고, 지체 없이 신청인에게 결정서 정본을 송달하여야한다.

(4) 효과

① 기피결정이 있을 때까지 해당 심판청구사건의 심판절차는 정지되고, 기피결정이 있으면 그 위원은 해당 심판청구사건의 심리·의결에 참여하지 못한다.

② 기피에 대한 결정에 대해서는 불복신청을 하지 못한다.

부록

4. 회피

(1) 의의

회피란 위원이 <u>스스로 제척 또는 기피사유가 있다고 인정하여 자발적으로 심리·의결을 피하는 것</u>을 말한다.

(2) 절차

① 위원회의 회의에 참석하는 위원이 제척사유 또는 기피사유에 해당되는 것을 알게 되었을 때에는 스스로 그 사건의 심리·의결에서 회피할 수 있다. 이 경우 회피하고자 하는 위원은 위원장에게 <u>그 사유를 소명</u>하여야 한다(법 제10조 제7항).

② 회피는 제척·기피신청과 달리 위원장의 별도의 결정을 요하는 것은 아니다.

| 문제 3 | 비송사건의 심리방법에 관하여 설명하시오. (20점)

━━ 모범답안 ━━

1. 서설

심리란 재판에 필요한 사실관계 및 법률관계를 명확히 하기 위하여 법원이 사건을 조사하는 행위를 말한다.

2. 심리방법

(1) 임의적 심문

① 비송사건의 재판은 결정으로 하며, 그 심리는 변론을 요하지 않고 일반적으로 심문의 방법으로 한다.

② 비송사건에서의 심문은 임의적이 원칙이다.

(2) 비공개

① 비송사건의 심문은 공개하지 않는다.

② 법원은 심문을 공개함이 적정하다고 인정하는 자에게 방청을 허가할 수 있다. 다만, 재판상의 대위에 관한 사건은 공개한다.

(3) 조서작성의 간이화

법원사무관 등은 증인 또는 감정인의 심문에 관하여는 조서를 작성하고, 그 밖의 심문에 관하여는 필요하다고 인정되는 경우에만 조서를 작성한다.

3. 사실인정에 관한 원칙

(1) 절대적 진실발견주의

「비송사건절차법」은 사실인정에 대해 절대적 진실발견주의를 채택하여 법원은 자유로운 방법으로 사실조사를 할 수 있다.

(2) 직권주의(=당사자의 처분권 배제)

비송사건절차에 있어서 사실인정은 법원의 직권으로만 행해지므로 민사소송에서의 처분권주의는 인정되지 않는다.

(3) 직권탐지주의

① 법원은 직권으로 사실의 탐지와 필요하다고 인정하는 증거의 조사를 하여야 한다.

② 소송에서는 소송자료의 수집과 제출책임이 당사자에게 있지만, 비송사건의 심리에 있어 사실발견을 위한 자료 수집의 책임과 권능은 법원에 있다.

4. 사실인정의 방법

(1) 사실의 탐지

법원이 자료를 수집하고 사실을 인정하는 방법 중 증거조사를 제외한 것을 말한다.

(2) 증거조사

「비송사건절차법」은 **인증**(증인심문)과 **감**정만 「민사소송법」을 준용하여 증거조사의 방법으로 인정하고 있다.

(3) 사실의 탐지 및 증거조사의 촉탁

사실의 탐지 및 증거조사를 다른 지방법원 판사에게 촉탁할 수 있다.

부록

| 문제 4 | 재판상의 대위에 관한 사건을 설명하시오. (20점)

━━ 모범답안 ━━━━━━━━━━━━━━━━━━━━━━━━━━━━━━━━━━━━

1. 의의

채권자가 자기의 채권의 기한 전에 채무자의 권리를 행사하지 아니하면 그 채권을 보전할 수 없거나 보전하는 데에 곤란이 생길 우려가 있을 때에 법원에 재판상의 대위를 신청하는 사건을 말한다.

2. 관할법원

채무자의 보통재판적이 있는 곳의 지방법원의 관할로 한다.

3. 신청절차

(1) 신청인

채권자이다.

(2) 신청방식

일반원칙에 따라 서면 또는 구술로 한다.

4. 심리 및 재판

(1) 심리

① 일반적으로 심문의 방법에 의한다.

② 심문은 필요적이며 공개로 한다.

③ 검사는 의견을 진술하거나 심문에 참여할 수 없다.

④ 법원은 직권으로 사실의 탐지와 필요하다고 인정하는 증거의 조사를 하여야 한다.

(2) 재판

① 재판은 결정의 형식으로 한다.

② 법원은 대위의 신청을 이유 있다고 인정한 때에는 담보를 제공하게 하거나 제공하게 하지 아니하고 허가할 수 있다.

③ 허가한 재판은 직권으로 채무자에게 고지하여야 하며, 고지를 받은 채무자는 그 권리의 처분을 할 수 없다.

5. 불복

(1) 대위의 신청을 각하한 재판에 대하여는 신청인인 채권자가, 신청을 허가한 재판에 대하여는 채무자가 즉시항고를 할 수 있다.

(2) 항고기간은 채무자가 재판의 고지를 받은 날부터 기산한다(초일산입).

6. 항고비용의 부담

항고절차의 비용과 항고인이 부담하게 된 전심(前審)의 비용은 패소자가 부담한다.

행정사실무법 모범답안

| 문제 1 | 甲은 운전면허취소사유에 해당하는 혈중알콜농도 0.15%인 상태로 운전하다가 경찰관 乙에게 적발되었다. 乙은 운전면허취소권자인 관할 지방경찰청장에게 甲에 대한 운전면허취소의 행정처분을 의뢰하였다. 한편 乙과 함께 근무하는 순경의 전산입력 착오로 甲은 운전면허정지 대상자로 분류되어 관할 경찰서장은 2014. 7. 20. 운전면허정지처분을 하였고, 甲은 운전면허증을 반납하였다. 이후 乙의 의뢰를 받은 관할 지방경찰청장은 2014. 8. 27. 甲의 운전면허를 취소하는 처분을 하였다. 甲은 <u>운전면허취소처분의 취소를 구하는 행정심판</u>을 청구하면서 자신은 운전면허정지처분을 신뢰하였으며, 그 <u>신뢰는 보호되어야 한다</u>고 주장한다. <u>甲의 청구가 인용될 수 있는지</u>에 대하여 논하시오. (40점)

모범답안

Ⅰ 문제의 소재

행정심판청구가 적법하기 위해서는 ① 처분이나 부작위를 대상으로, ② 청구인 적격 있는 자가, ③ 협의의 청구이익이 있는 경우에, ④ 피청구인을 상대로, ⑤ 청구기간 내 청구할 것이 요구된다. 그런데 본 사안의 경우는 위와 같은 기본적인 행정심판 청구의 적법 여부와 별개로 <u>甲의 행정심판 청구이유와 관련하여 행정청이 운전면허정지처분을 한 후에 행한 운전면허취소처분이 신뢰보호 원칙에 위배되는지 여부</u>가 주된 쟁점으로 보인다.

Ⅱ 취소심판 청구의 적법 여부

1. 대상적격

취소심판은 위법·부당한 처분이나 그 거부를 대상으로 한다. 처분이란 <u>행정청이 행하는 구체적 사실에 관한 법집행으로서 공권력행사 또는 그 거부와 이에 준하는 행정작용</u>을 말한다. 사안의 경우 甲에 대한 운전면허취소처분은 甲의 권리의무에 영향을 미치므로 관할 지방경찰청장의 甲에 대한 운전면허취소처분은 취소심판의 대상이 된다.

2. 청구인 적격 및 협의의 청구이익

처분의 **취소** 또는 **변**경을 구할 법률상 이익이 있는 자이다(법 제13조 제1항). 법률상 이익의 의미에 관해 판례에 따르면 당해 처분의 근거법규 및 관련법규에 의하여 보호되는 <u>개별적·직접적·구체적 이익이 있는 경우</u>에 법률상 이익이 인정된다. 사안의 경우 甲은 불이익처분의 직접 상대방이므로 「도로교통법」상 면허취소처분의 취소를 구할 법률상 이익이 있고, 나아가 행정심판청구를 통해 회복할 이익을 구할 구체적·현실적 필요성이 있으므로 협의의 청구이익도 있다.

3. 피청구인 적격

피청구인 적격을 가지는 자는 처분 등을 행한 행정청(처분청)이 됨이 원칙이다. 이때 처분청이라 함은 국가 또는 공공단체의 의사를 결정하고 이를 외부에 표시할 수 있는 기관을 말한다. 사안의 경우 甲의 행정심판청구의 피청구인은 甲에 대하여 운전면허 취소처분을 행한 관할 지방경찰청장이 된다.

4. 사안의 경우

행정심판청구기간에 대해서는 별도의 언급이 없어 청구기간은 준수되었다는 전제하에 甲에 대한 운전면허취소처분은 甲에게는 불이익한 처분임은 분명하고 甲은 처분의 직접 상대방으로 해당 처분의 취소를 구할 법률상 이익과 협의의 청구이익을 가지고 있다는 점에서, 甲이 관할 지방경찰청장을 상대로 취소심판을 제기하였다면 甲의 청구는 적법하다.

Ⅲ 신뢰보호원칙 위반 여부

1. 문제점

甲은 선행처분인 관할 경찰서장의 운전면허정지처분을 귀책사유 없이 신뢰하였으나 후일 관할 지방경찰청장이 선행처분에 반하는 운전면허 취소처분을 하였다면 이는 甲의 신뢰에 반하는 위법한 처분인지가 문제된다.

2. 신뢰보호원칙의 의의 및 근거

행정청은 공익 또는 제3자의 이익을 현저히 해칠 우려가 있는 경우를 제외하고는 행정에 대한 국민의 정당하고 합리적인 신뢰를 보호하여야 한다는 원칙으로 이론적 근거는 법치국가원리의 한 요소인 법적 안정성에서 찾는 것이 일반적이다.

3. 요건

(1) 행정청이 개인에 대하여 신뢰의 대상이 되는 일정한 선행조치(**공**적인 견해표명)를 취했어야 한다.

(2) 행정청의 선행조치가 정당하다고 신뢰하는 것에 대해 그 개인에게 귀**책**사유가 없어야 한다.

(3) 그 개인이 그 선행조치를 신뢰하고 이에 어떠한 **행**위를 하였어야 한다.

(4) 행정청이 위 선행조치에 **반**하는 처분을 함으로써 그 선행조치를 신뢰한 개인의 이익이 침해되는 결과가 초래되어야 한다.

4. 한계

신뢰보호의 요건이 충족되었다 하더라도 신뢰보호의 원칙이 조건 없이 적용되는 것은 아니고 법치국가의 또 하나의 원리인 법률적합성의 원칙의 원리와 충돌되는 경우 사정변경, 공익상의 필요도 비교형량하여야 한다는 한계가 존재한다.

5. 사안의 경우

사안에서 ① 관할 경찰서장의 운전면허 정지처분은 선행조치에 해당하고, ② 甲이 부정한 방법으로 운전면허 정지처분을 신청한 것도 아니므로 선행처분을 신뢰하는 것에 그 어떠한 귀책사유는 없어 보이고, ③ 甲은 그 선행조치를 신뢰하고 운전면허증을 반납하였으나, ④ 관할 지방경찰청장은 선행처분에 반하는 운전면허 취소처분을 하였다는 점에서 신뢰보호 원칙의 제 요건은 모두 충족되었다고 보여진다. 또한 甲의 운전면허를 취소해야 할 특별한 공익상 사유도 존재하지 않으므로 甲의 신뢰에 반하는 관할 지방경찰청장이 행한 운전면허 취소처분은 위법하다.

Ⅳ 소결

처분의 직접 상대방인 甲이 관할 지방경찰청장을 상대로 한 운전면허 취소처분의 취소를 구하는 행정심판 청구는 적법하고, 甲의 운전면허 정지처분에 대한 정당한 신뢰에 반하는 관할 지방경찰청장의 운전면허 취소처분은 신뢰보호의 원칙에 반하여 위법하다. 따라서 甲의 청구는 인용되어야 한다.

| 문제 2 | 행정사법상 행정사의 업무정지사유와 업무정지처분효과의 승계에 대하여 설명하시오. (20점)

모범답안

1. 업무의 정지

(1) 절차

행정사사무소(행정사합동사무소 또는 행정사법인의 경우에는 주사무소)의 소재지를 관할하는 시장 등은 행정사 또는 행정사법인이 업무정지사유에 해당하는 경우에는 6개월의 범위에서 기간을 정하여 업무의 정지를 명할 수 있다.

(2) 정지사유

① 행정사가 둘 개 이상의 사무실을 설치한 경우

② 행정사합동사무소를 구성하는 행정사 또는 법인구성원이 상근하지 아니한 경우

③ 행정사 또는 행정사법인이 3개월이 넘도록 휴업하고자 하는 때에 휴업신고를 하지 아니한 경우

④ 행정사 또는 행정사법인이 위임인으로부터 보수 외에 금전 또는 재산상 이익이나 그 밖의 반대급부를 받은 경우

⑤ 행정사법인의 소속행정사 및 법인구성원이 따로 사무소를 둔 경우

⑥ 행정사 또는 행정사법인이 감독상 명령에 따른 보고 또는 업무처리부 자료 제출 등의 명령에 따르지 아니하거나 검사 또는 질문을 거부·방해 또는 기피한 경우

(3) 제척기간

업무정지처분은 그 사유가 발생한 날부터 3년이 지나면 할 수 없다.

2. 행정제재처분효과의 승계 등

(1) 지위승계

폐업신고를 한 후 업무를 재개신고를 한 행정사 또는 행정사법인은 폐업신고 전 행정사의 지위를 승계한다.

(2) 처분승계

폐업신고 전의 행정사 또는 행정사법인에 대하여 업무정지 사유로 한 행정처분의 효과는 그 처분일부터 1년간 업무를 다시 시작하는 신고를 한 행정사 또는 행정사법인에게 승계된다.

(3) 위반행위승계

① 폐업신고를 한 후 업무를 재개신고한 행정사 또는 행정사법인에 대하여 폐업신고 전 행정사 또는 행정사법인의 업무정지 사유로 행정처분을 할 수 있다. 다만, 폐업신고를 한 날부터 업무를 재개신고를 한 날까지의 기간이 1년을 넘은 경우는 그러하지 아니하다.

② 행정처분을 하는 경우에는 폐업한 기간과 폐업의 사유 등을 고려하여 업무정지의 기간을 정하여야 한다.

부록

| 문제 3 | 비송사건절차의 종료사유에 대하여 설명하시오. (20점)

■■■ 모범답안

1. 비송사건절차의 종료원인

비송사건 절차는 종국**재**판, 신청**취**하, 당사자 **사**망의 경우에 그 절차가 종료된다.

2. 종국재판

(1) 종료시점

① 즉시항고가 허용되는 사건은 재판이 고지된 날로부터 1주일의 불변기간(즉시항고기간)의 도과에 따른 재판의 확정으로 절차가 종료된다.

② 보통항고가 허용되는 사건은 그 재판의 고지와 동시에 심급의 절차가 종료된다.

(2) 종료방식

법원은 적당하다고 인정하는 방법으로 고지하여야 한다.

3. 신청취하

(1) 당사자의 신청에 의해서만 절차가 개시되는 신청사건의 경우에는 재판이 있을 때까지는 자유로이 취하할 수 있다. 다만, 법원의 직권으로만 절차가 개시되는 사건은 취하의 개념을 인정할 수 없다.

(2) 신청이 취하되면 사건은 처음부터 법원에 계속되지 않았던 것으로 된다.

(3) 절차비용은 신청인이 부담한다.

4. 당사자의 사망

(1) 신청사건의 신청인 또는 항고인이 사망한 경우 그 당사자가 당해 재판에서 추구하는 권리가 상속의 대상이라면 상속인이 그 절차를 승계하게 된다.

(2) 다만, 그 권리가 상속의 대상이 아니라면 절차는 종료된다.

| 문제 4 | 비송사건절차법상 과태료 재판에 대한 불복방법을 설명하시오. (20점)

모범답안

1. 서설

과태료란 법령을 위반한 국민에게 의무위반에 대한 제재로서 부과·징수되는 금전적 부담을 말한다. 과태료 재판에 대한 불복방법은 약식재판, 정식재판에 따라 그 절차와 효과가 다르다.

2. 과태료의 약식재판

(1) 의의

법원이 상당하다고 인정할 때에 당사자의 진술을 듣지 않고 과태료 재판을 하는 것을 말한다.

(2) 관할

과태료를 부과받을 자의 주소지의 지방법원(또는 지원)이 관할한다.

(3) 절차의 개시

과태료사건은 직권으로 개시된다. 관할 관청의 통고 또는 통지는 법원의 직권발동을 촉구하는 의미이다.

(4) 심리 및 재판

① 심리는 서면심리에 의한다.

② 법원은 직권으로 사실의 탐지와 필요하다고 인정하는 증거의 조사를 하여야 한다.

③ 재판은 이유를 붙인 결정으로 한다. 재판은 고지함으로써 효력이 생긴다.

(5) 불복 – 이의신청

① 당사자와 검사는 약식재판의 고지를 받은 날로부터 7일 내에 이의신청을 할 수 있다.

② 약식재판은 이의신청에 의하여 효력을 잃고, 법원은 심문을 거쳐 다시 재판하여야 한다.

③ 약식재판은 행정청이 부과한 과태료 처분의 당부를 심판하는 행정소송절차가 아니므로 불이익 변경금지의 원칙이 적용되지 않는다. 판례의 입장이기도 하다.[2]

3. 과태료의 정식재판

(1) 의의

법원이 과태료 재판을 하기 전에 심문기일을 열어 당사자의 진술을 듣고 검사의 의견을 구하는 절차를 거쳐 재판하는 것을 말한다.

(2) 관할

약식절차에 따라 과태료를 부과한 법원이 관할한다.

(3) 절차의 개시

당사자의 적법한 이의신청으로 개시된다.

(4) 심리

① 심문의 방법에 의한다. 심문은 필요적이며, 비공개로 한다.

② 당사자의 진술을 듣고 검사의 의견을 구하여야 한다.

③ 법원은 당사자의 진술을 청취하기 위한 심문기일을 정하고 당사자에게 그 기일을 통지한다.

④ 법원은 직권으로 사실의 탐지와 필요하다고 인정하는 증거의 조사를 하여야 한다.

(5) 재판

① 이유를 붙인 결정으로 한다.

② 재판은 고지함으로써 효력이 생긴다. 검사도 항고권이 있으므로 고지하여야 한다.

---

2 대결 1986.12.10. 86마1009, 당사자 또는 검사의 이의신청에 의하여 약식재판은 그 효력을 잃으므로 정식재판에서는 약식재판의 내용에 기속되지 아니한다.

(6) **불복**

① 당사자와 검사는 정식재판에 의한 과태료 재판에 대하여 즉시항고할 수 있고, 즉시항고에는 집행정지의 효력이 있다.

② 정식재판에 대한 즉시항고에는 불이익변경금지의 원칙이 적용된다.

행정사실무법 모범답안

| **문제 1** | A시는 2014. 5. 30. 구 도심지의 도시재상사업을 수행할 사업자를 공모하였다. 이 공모에는 甲, 乙, 丙 3개 업체가 지원하였다. 공모심사 결과 乙이 사업자로 선정되고 甲과 丙은 탈락하였다. 甲은 이 해당 사업을 수행할 능력이 부족하고 사업자 선정과정도 공정하지 못하였다고 주장하면서, A시장에게 ① 심사위원별 평가점수, ② 심사위원 인적 사항 및 ③ 乙업체의 재정상태와 사업실적의 정보공개를 청구하였다. 그런데 A시장은 2015. 5. 18. 위 청구 중 ③에 관한 정보를 보유하고 있지 않으며, ①과 ②에 관한 정보는 비공개대상이라는 사유로 공개를 거부하고, 같은 날 이를 甲에게 통지하였다. 甲은 A시장의 정보공개거부처분의 위법·부당함을 주장하면서 이의신청을 하였으나 2015. 6. 15. 기각결정서를 송달받았다. 이에 갑은 2015. 8. 31.에 A시장을 상대로 관할 행정심판위원회에 정보공개거부처분의 취소를 구하는 행정심판을 청구하였다. 위 행정심판 청구요건의 적법 여부 및 A시장의 정보공개거부처분의 적법 여부에 관하여 논하시오. (40점)

---- 모범답안

Ⅰ 문제의 소재

본 사안은 甲이 처분청인 A시장을 상대로 행정심판의 종류 중 의무이행심판을 청구할 수 있음에도 불구하고 거부처분취소심판을 제기한 것이 적법한지 여부, 그리고 그것이 가능하다는 전제하에 거부처분의 대상적격, 청구인 적격, 협의의 청구이익이 있는지 여부가 각각 문제된다. 그리고 A시장의 정보공개거부처분의 적법 여부에 대해서는 ① 심사위원별 평가점수, ② 심사위원 인적사항, ③ 乙업체의 재정상태와 사업실적이 비공개대상인지 여부가 검토되어야 한다.

Ⅱ 거부처분에 대한 행정심판청구의 형식

1. 취소심판, 무효확인심판, 의무이행심판

거부처분에 대하여는 취소심판, 무효확인심판 또는 의무이행심판 청구가 가능하다.

2. 사안의 경우

행정청의 거부처분도 「행정심판법」상 처분이므로 취소심판의 대상도 된다고 보는 것이 타당하다. 따라서 甲이 A시장의 비공개결정에 대해 거부처분취소심판을 제기한 것은 적법하다.

Ⅲ 거부처분 취소심판 청구요건의 적법 여부

1. 대상적격

거부처분이 취소심판의 대상이 되는 처분이 되기 위해서는 ① 신청한 행위가 **공권력**의 행사 또는 이에 준하는 행정작용이어야 하고 ② 그 거부행위가 신청인의 **법률관계**에 어떤 변동을 일으키는 것이어야 하며 ③ 신청인에게 행정행위를 요구할 수 있는 법규상 또는 조리상의 **신청권**이 있어야 한다.

사안의 경우 甲은 국민으로서 공공기관에 대해 정보공개청구를 할 수 있으므로 甲의 정보공개청구에 대한 A시장의 비공개결정은 거부처분취소심판의 대상이 된다.

2. 청구인 적격

「공공기관의 정보공개에 관한 법률」(이하 "정보공개법"이라 한다)상 모든 국민은 개인적인 이해관계와 관계 없이 정보의 공개를 청구할 권리가 있다. 정보공개청구권은 법률상 보호되는 구체적 이익에 해당되므로 이에 대한 비공개처분은 정보공개청구권자의 법률상 이익을 침해하는 것이 된다. 따라서 사안의 경우 甲은 A시장의 공개거부로 인해 그 권리를 침해받는 것이므로 공개거부를 다툴 청구인 적격이 있다. 다만, 해당정보가 공공 기관이 그 정보를 보유·관리하고 있지 아니한 경우에는 특별한 사정이 없는 한 비공개대상 정보에 해당되어 정보공개거부처분의 취소를 구할 법률상의 이익이 없다.[3]

사안에서 A시장의 비공개결정 중 "乙업체의 재정상태와 사업실적"에 관한 정보는 보유하고 있지 않는 관계로 이에 대한 甲의 정보공개청구는 협의의 청구이익이 없다.

3. 청구기간

심판청구는 처분이 있음을 알게 된 날부터 90일 이내, 처분이 있었던 날부터 180일 이내에 청구하여야 한다. 다만, 이의신청에 대한 결과를 통지받은 후 행정심판을 제기하려는 자는 그 결과를 통지받은 날로부터 90일 이내에 행정심판을 제기할 수 있다.

사안의 경우 甲은 2015. 6. 15. 이의신청 기각결정서를 송달받은 날로부터 90일 이내인 2015. 8. 31.에 관할 행정심판위원회에 정보공개거부처분의 취소를 구하는 행정심판을 청구하였으므로 甲의 심판청구는 적법하다.

Ⅳ A시장의 정보공개거부처분의 적법 여부

1. 비공개대상정보 해당 여부

「정보공개법」제9조는 비공개대상정보를 열거하고 있는 바, 그중 제5호는 의사결정 과정에 있는 사항으로서 공개될 경우 업무의 공정한 수행이나 연구·개발에 현저한 지장을 초래한다고 인정할 만한 상당한 이유가 있는 정보는 공개하지 아니할 수 있도록 하고 있는데, 사안의 심사위원별 평가점수가 이에 해당한다고 할 수 있다. 다만, 판례는 비공개정보에 해당하는 경우라도 시장 등의 대외적으로 공표행위가 있는 후에는 이를 의사결정 과정에 있는 사항이라고 할 수 없고 평가점수 관련 회의 관련 자료 및 회의록을 공개하더라도 업무의 공정한 수행에 지장을 초래할 염려가 없으므로 공개대상이 된다고 한다.[4]

2. 사안의 경우

① 심사위원별 평가점수는 판례의 견해에 따르면 乙이 사업자로 선정이 된 이후이므로 비공개대상 정보라고 할 수 없고, ② 심사위원의 인적사항은 개인정보에 해당되므로, A시장이 심사위원의 인적사항에 대한 비공개 결정은 적법하며, ③ 乙업체의 재정상태와 사업실적에 대한 정보는 A시가 보유하고 있지 않는 관계로 A시장의 공개거부는 적법하다.

Ⅴ 소결(=사안의 해결)

1. 취소심판 청구요건의 적법 여부

甲의 A시장의 공개거부처분에 대한 취소심판청구는 대상적격, 청구인 적격, 청구기간 등 취소심판의 청구요 건을 모두 충족하였다. 따라서 甲의 청구는 적법하다.

2. A시장의 정보공개거부처분의 적법 여부

① 심사위원별 평가점수는 공개대상에 해당하므로 이에 대한 A시장의 정보공개거부는 위법하나, ② 심사위 원의 인적사항과 업체의 재정상태와 사업실적은 비공개대상 정보 또는 보유하고 있지 아니한 정보에 해당되 므로 A시장의 정보공개거부는 적법하다.

---

3 대법원 2006.1.13. 선고 2003두9459 판결

4 대법원 2008.9.25. 2008두8680 판결

| 문제 2 | 비송사건절차에서 항고의 의의 및 종류에 관하여 설명하시오. (20점)

═══ 모범답안 ═══

1. 항고의 의의

비송사건의 항고란 상급법원에 하급 법원의 원재판의 취소·변경을 구하는 불복신청을 말한다. 비송사건의 재판에 대한 불복은 항고 이외의 방법은 인정되지 않는다.

2. 항고의 종류

(1) 보통항고(=통상항고)

① 기간의 제한이 없는 항고로서 별도의 법률 규정이 없어도 신청의 이익이 있는 한 어느 때나 제기할 수 있다.

② 원재판은 재판의 고지와 동시에 효력이 발생하며, 보통항고는 새로운 신청으로 본다.

③ 비송사건에서의 항고는 **보통항고가 원칙**이다.

④ 항고법원의 재판은 이유를 붙인 결정으로써 하여야 한다.

(2) 즉시항고

① 기간의 제한이 있는 항고로 재판의 고지일로부터 1주일 이내에 하여야 하며, 그 기간은 불변기간이다.

② 즉시항고는 법률에 즉시항고할 수 있다는 명문규정이 있어야만 제기할 수 있다.

③ 즉시항고를 하게 되면 원심재판은 확정이 차단되며, 즉시항고로써 불복을 할 수 있는 재판은 이를 취소하거나 변경할 수 없다.

④ 항고법원의 재판은 이유를 붙인 결정으로써 하여야 한다.

(3) 재항고

① 재항고는 항고법원의 결정 등에 대한 항고이다.

② 재항고는 재판에 영향을 미친 헌법·법률·명령 또는 규칙의 **위반**을 이유로 드는 때에만 대법원에 제기할 수 있다.

(4) 특별항고

① 불복할 수 없는 결정이나 명령에 대하여 재판에 영향을 미친 「헌법」 **위반**이 있거나, 재판의 전제가 된 명령·규칙·처분의 「헌법」 또는 법률의 위반 여부에 대한 판단이 **부당**하다는 것을 이유로 하는 때에만 대법원에 제기하는 항고이다.

② 특별항고는 재판이 고지된 날로부터 1주일 이내에 하여야 하며, 그 기간은 불변기간이다.

부록

| 문제 3 | 비송사건 관할에 관한 다음 물음에 답하시오. (20점)

물음 1) '토지관할'과 '우선관할 및 이송'에 관하여 설명하시오. (15점)

물음 2) 관할법원의 지정에 관하여 설명하시오. (5점)

모범답안

물음 1) (15점)

1. 토지관할

(1) 원칙

토지관할이란 소재지를 달리하는 동종 심급의 **법**원 간의 **사**건의 **분**담 관계를 정해 놓은 것으로, 「비송사건절차법」은 비송사건의 토지관할에 관한 일반적 규정을 두지 않고, 개별적으로 규정하고 있다.

(2) 특칙

① 대한민국에 주소가 없을 때 또는 대한민국 내의 주소를 알지 못할 때에는 거소지의 지방법원이 사건을 관할한다.

② 거소가 없을 때 또는 거소를 알지 못할 때에는 마지막 주소지의 지방법원이 관할한다.

③ 마지막 주소가 없을 때 또는 그 주소를 알지 못할 때에는 재산이 있는 곳 또는 대법원이 있는 곳을 관할하는 지방법원이 관할한다.

2. 우선관할

관할법원이 여러 개인 경우에는 **최**초로 사건을 **신**청받은 법원이 그 사건을 관할하게 되는데, 이렇게 정해지는 관할을 우선관할이라 한다..

3. 이송

(1) 의의

우선관할에 의하여 정해진 법원이 사건을 심리하는 것이 부적당한 경우 그 법원은 신청 또는 직권으로 적당하다고 인정하는 다른 법원에 이송할 수 있다. 신청에 의한 이송은 신청이송이고 직권에 의한 이송은 재량이송이라 한다.

(2) 이송(재판)의 효력

① 사건을 이송받은 법원은 이송결정에 따라야 하고, 사건을 다시 다른 법원에 이송하지 못한다.

② 이송결정이 확정되면 사건은 처음부터 이송받은 법원에 계속된 것으로 본다.

③ 이송결정이 확정되면 결정의 정본을 소송기록에 붙여 이송받을 법원 등에게 보내야 한다.

(3) 불복

이송재판으로 권리를 침해받은 자는 항고할 수 있다.

(4) 관할위반의 이송

「비송사건절차법」에는 이에 대한 명문의 규정은 없으나, 판례는 민사소송으로 소를 제기하여야 할 것을 비송사건으로 신청하였다면 부적합한 신청으로 각하한다는 입장이다.

물음 2) (5점)

1. 관할법원의 지정

여러 개의 법원의 토지관할에 관하여 의문이 있을 때 관계법원에 공통되는 바로 위 **상**급법원이 **신**청에 의하여 **결**정함으로써 관할을 지정한다.

2. 불복신청

이 결정에 불복신청을 할 수 없으나 관할법원의 지정 신청을 각하한 경우에는 항고할 수 있다.

| 문제 4 | 행정사법 제31조(감독명령 등)에 따른 '장부검사'와 제30조(자격취소)에 따른 '자격취소'에 관하여 설명하시오. (20점)

▓▓ 모범답안 ▓▓▓▓▓▓

1. 서설

행정사는 업무상 행정안전부장장관 또는 사무소 소재지를 관할하는 시장 등의 감독을 받으며, 경우에 따라서는 감독상의 명령에 따라야 한다.

2. 자격의 취소

(1) 취소사유

① 거짓이나 그 밖의 **부**정한 방법으로 행정사 자격을 취득한 경우

② 신고확인증을 **양**도하거나 대여한 경우

③ 업무정지처분을 받고 그 업무정지 기간에 행정사 업무를 한 경우

④ 「행정사법」을 위반하여 징**역**형이 확정된 경우

(2) 청문

행정안전부장관은 행정사가 자격 취소사유에 해당하는 경우에는 그 자격을 취소하여야 하며, 자격을 <u>취소하려는 경우에는 청문</u>을 하여야 한다.

3. 감독상 명령 등

(1) 감독기관

행정사 또는 행정사법인은 행정안전부장관 또는 사무소의 소재지(행정사합동사무소 또는 행정사법인의 경우에는 주사무소)를 관할하는 시장 등의 감독을 받는다.

(2) 자료의 제출 명령 등(장부검사 등)

① 행정안전부장관 또는 관할 시장 등은 행정사 또는 행정사법인에 대한 감독의 필요성이 인정되면 해당 행정사 또는 행정사법인에 대하여 <u>업무보고, 업무처리부 등의 자료의 제출</u> 또는 그 밖에 필요한 명령을 할 수 있다.

② 소속 공무원으로 하여금 그 사무소에 출입하여 **장부·서류 등을 검사하거나 질문**하게 할 수 있다.

③ 출입·검사 등을 하는 공무원은 증표를 지니고 상대방에게 이를 보여주어야 한다.

(3) 과태료

행정안전부장관 또는 관할 시장등이 행정사 또는 행정사법인에 대한 감독의 필요성을 인정하여 요구한 보고 또는 자료제출을 ① 정당한 사유없이 거부, ② 거짓으로 보고·자료제출, ③ 출입·검사방해·거부 또는 기피한 경우에는 <u>500만원 이하의 과태료</u>를 부과한다.

행정사실무법 모범답안

| **문제1** | 甲은 A행정청이 시행한 국가공무원 시험의 1차 객관식 시험에 응시하였으나 불합격(이하 '처분' 이라 함)하였다. 이 시험은 1차 객관식 시험, 2차 주관식 시험과 3차 면접시험으로 구성되고, 3차 면접시험에 합격한 경우에 최종 합격자가 된다. 또한 3차 면접시험에 응시하기 위해서는 2차 주관식 시험에, 2차 주관식시험에 응시하기 위해서는 1차 객관식 시험에 각각 합격하여야 한다. 甲은 위 처분에 대하여 행정심판을 청구하였으나, 관할 행정심판위원회가 2차 주관식 시험 시행 전까지 재결하지 않을 것에 대비하여 법적 수단을 강구하고자 한다. 甲이 재결 전이라도 2차 주관식 시험에 응시하기 위하여 취할 수 있는 행정심판법상 구제수단에는 어떠한 것이 있는지 논하시오. (40점)

모범답안

I 문제의 소재

본 사안의 쟁점은 행정심판에서 본안재결이 확정되기 전에 잠정적으로 권리구제를 도모하기 위한 구제수단의 필요성의 문제이다. 甲이 국가공무원 시험 1차 객관식 시험 불합격처분에 불복하여 행정심판을 청구하면서, 재결 전에 2차 주관식 시험에 응시하기 위한 「행정심판법」상의 구제수단으로 집행정지와 임시처분을 고려해 볼 수 있다.

II 집행정지

1. 의의

집행정지는 처분의 집행 등으로 인하여 중대한 손해가 생길 경우에, 처분의 효력이나 그 집행 또는 절차의 속행의 전부 또는 일부를 잠정적으로 정지하는 제도이다. 본 사안의 경우는 취소심판에 대한 집행정지의 인용 여부가 문제된다.

2. 집행정지의 요건

(1) 적극적 요건
① 본안심판이 **계**속되어 있어야 하고, ② 집행정지대상인 **처**분이 존재하고, ③ **중**대한 손해가 생길 우려가 있고, ④ 예방할 필요성이 긴**급**한 경우이어야 한다.

(2) 소극적 요건
① **공**공복리에 중대한 영향을 미칠 우려가 없어야 하며, ② 본안청구의 인**용**가능성이 있어야 한다.

3. 사안의 경우

A행정청의 甲에 대한 1차 객관식 시험 불합격 처분은 거부처분에 해당한다. 거부처분에 대한 집행정지 가능 여부에 대해 학설은 대립하고 있다. 판례는 거부처분에 대한 집행정지는 거부처분이 없었던 것과 같은 상태, 즉 거부처분이 있기 전의 신청시의 상태로 되돌아가는 데에 불과하다는 점에서 신청인에게 집행정지를 구할 실익이 없다고 하여 부정설의 입장이다.

판례의 입장에 따라 A행정청의 甲에 대한 1차 객관식 시험 불합격처분(＝거부처분)에 집행정지를 허용하더라도 신청인 甲에게는 불합격 처분 이전의 상태가 되는 것에 불과하여 甲의 입장에서는 집행정지를 구할 실익은 없게 된다. 또한 「행정심판법」에는 임시처분이라는 집행정지의 보충적 제도가 존재하므로 거부처분은 집행정지의 대상이 아니라고 보는 점에 비추어 보더라도 거부처분은 집행정지의 대상이 아니다.

Ⅲ 임시처분

1. 의의

임시처분은 행정청의 **처**분 또는 **부**작위가 위법·부당하다고 **상**당히 **의심되는** 경우로서 처분 또는 부작위로 당사자가 받을 우려가 있는 **중**대한 **불**이익이나 당사자에게 생길 **급**박한 **위**험을 막기 위하여 **임**시지위를 정할 필요가 있는 경우 행정심판위원회의 결정으로 행하는 가구제(假救濟) 수단을 말한다.

2. 임시처분의 요건

(1) 적극적 요건

① 본안심판이 **계**속되어 있어야 하고, ② 처분 또는 부작위가 위법·부당하다고 **상**당히 의심되는 경우이어야 하고, ③ 당사자에게 **중**대한 불이익 또는 급박한 위험이 생길 우려가 있어야 한다.

(2) 소극적 요건

공공복리에 중대한 영향을 미칠 우려가 없어야 한다.

3. 임시처분의 보충성

집행정지로 목적을 달성할 수 있을 때는 허용되지 않는다(제31조 제3항). 임시처분은 집행정지로 손해의 발생을 막을 수 없는 경우에만 <u>보충적으로 허용되므로 집행정지가 가능한 경우에는 허용되지 않는다</u>. 따라서 집행정지로 구제될 수 없는 거부처분과 부작위에 대해서만 임시처분이 허용된다.

4. 사안의 경우

甲은 행정심판을 제기하였고, 2차 시험에 응시하지 못하는 중대한 불이익이 예상되며, 2차 시험 시행 전까지 재결 가능성도 적어 급박한 위험도 존재한다. 다만, 처분 또는 부작위가 위법·부당하다는 상당한 의심이 존재하여야 하나 사안의 경우는 분명하지 않다. 따라서 A행정청의 甲에 대한 1차 객관식 시험 불합격처분(=거부처분)이 위법하다는 상당한 의심이 있다면 행정심판위원회는 甲에게 2차 주관식 시험에 응시할 수 있도록 임시처분을 결정할 수 있을 것이다.

Ⅳ 소결(=사안의 해결)

본 사안의 처분은 거부처분에 해당하므로 집행정지의 대상은 아니다. 따라서 甲이 재결 전에 2차 주관식 시험에 응시하려면 임시처분을 신청하여야 할 것이다.

부록

| 문제 2 | 비송사건절차법상 재판의 방식과 고지에 대하여 설명하시오. (20점)

--- 모범답안 ---

1. 비송사건

비송사건이란 법원의 관할에 속하는 민사사건 중 소송절차로 처리하지 않고 사권관계의 형성·변경·소멸에 법원이 후견적 입장에서 관여하는 사건을 말한다.

2. 재판의 방식(형식)

(1) 결정
비송사건의 재판은 결정으로 한다.

(2) 이유기재의 생략
재판서에는 재판의 취지를 명기하여야 하나, 결정이유는 법률에 특별한 규정이 없는 한 반드시 기재할 필요는 없다.

(3) 재판의 원본
① 재판의 원본에는 판사가 서명·날인하여야 한다.
② 신청서 또는 조서에 재판에 관한 사항을 기재하고 판사가 이에 서명·날인함으로써 원본에 갈음할 수 있다.

(4) 재판의 정본과 등본
재판의 정본과 등본에는 법원사무관 등이 기명날인하고, 정본에는 법원인을 찍어야 한다.

3. 재판의 고지

(1) 고지방법
① 재판의 고지는 재판의 효력발생요건이다.
② 법원은 적당하다고 인정하는 방법에 의하여 재판을 고지하면 족하다. 다만, 고지받을 자의 주소 또는 거소가 불분명하여 공시송달을 하는 경우에는 「민사소송법」 규정에 의한다. 기일지정은 송달방식으로 한다.

(2) 고지의 상대방
고지의 상대방은 재판을 받는 자이며, 재판의 결과로 법률관계에 직접 영향을 받는 자로 신청인과는 별개이다.

| 문제 3 | B시의 X지구토지구획정리조합의 조합원인 甲 외 255명은 조합장의 배임행위를 이유로 임시총회 소집을 요구하였으나 조합장이 이에 응하지 않으므로 조합정관의 규정에 따라 법원에 비송사건인 임시총회 소집허가신청을 하였다. 이 절차에서 甲이 영업 중인 행정사 乙에게 소송행위를 대리하게 하였다. 이에 乙이 甲의 대리인으로서 진술하려고 하였으나 법원이 대리행위를 금지하고 퇴정을 명하였다. 법원의 명령이 적법한지 여부와 그 이유를 설명하시오. (20점)

▨▨▨ 모범답안

Ⅰ 문제의 소재

개업 행정사가 비송사건의 비송대리인이 될 수 있는지 여부가 문제된다. 사안의 경우는 비송대리인의 자격과 범위, 비송대리가 허용되지 않는 경우에 법원의 명령은 어떠한 것이 있는지가 검토의 대상이 된다.

Ⅱ 비송대리인

1. 의의

당사자를 대리하여 비송행위를 하는 자를 말한다.

2. 자격

비송대리인의 자격에 관하여는 변호사로 자격을 제한하는 「민사소송법」과 달리 「비송사건절차법」에는 별도의 규정이 없으므로 비송사건의 관계인은 소송행위능력자에게 비송행위를 대리시킬 수 있다(법 제6조 제1항 본문).

3. 대리권의 범위

대리권의 범위는 위임계약에 의해 정해진다. 다만, 신청의 취하, 항고의 제기 및 그 취하에 대해서는 특별수권이 필요하다.

4. 대리권의 증명

대리권의 존재와 범위는 서면으로 증명하여야 하며, 서면이 사문서일 때에는 법원은 공증인 또는 공증사무를 행하는 자의 인증을 받을 것을 그 비송대리인에게 명할 수 있다.

Ⅲ 비송대리가 허용되지 않는 경우

1. 본인출석명령

법원은 직접 본인의 진술을 들어야 할 필요가 있는 때에는 당사자 본인을 출석하도록 명령할 수 있다. 이때에는 대리가 허용되지 아니하고 본인이 직접 출석하여 진술하여야 한다(법 제6조 제1항 단서).

2. 퇴정명령

법원은 변호사가 아닌 자로서 대리를 영업으로 하는 자의 대리를 금하고 퇴정을 명할 수 있다. 법원의 퇴정명령에 대하여는 불복신청을 할 수 없다(법 제6조 제2항).

Ⅳ 사안의 해결

비송대리인의 자격에 대한 제한 규정이 없으므로 행정사 乙은 甲의 위임으로 비송사건의 대리인이 될 수는 있다. 그러나 「비송사건절차법」은 변호사 외의 자에 대한 대리영업을 금지하고 있으므로 乙은 甲의 대리인으로 법원에서 진술을 할 수는 없다. 따라서 법원의 乙에 대한 대리행위 금지 및 퇴정명령은 적법하다.

| 문제 4 | 행정사법상 과태료 부과대상자의 유형 및 내용에 대하여 설명하시오. (20점)

━━ 모범답안 ━━━━━━━━━━━━━━━━━━━━━━━━━━━━━

1. 과태료 부과 대상자의 유형 및 내용(법 제38조)

   (1) 500만원 이하의 과태료

   ① 행정사가 아니면서 행정사 또는 이와 비슷한 명칭을 사용한 자

   ② 행정사사무소, 행정사합동사무소 또는 그 분사무소나 행정사법인 또는 그 분사무소가 아니면서 행정사사무소, 행정사합동사무소 또는 그 분사무소나 행정사법인 또는 그 분사무소와 비슷한 명칭을 사용한 자

   ③ 정당한 사유 없이 감독상 명령에 따른 보고 또는 자료제출을 하지 아니하거나, 거짓으로 보고·자료제출을 하거나, 출입·검사를 방해·거부 또는 기피한 자

   ④ 손해배상책임의 보장 등 필요한 조치를 취하지 아니한 행정사법인

   (2) 100만원 이하의 과태료

   ① 사무소 이전신고를 하지 아니한 자

   ② 연수교육을 받지 아니하고 행정사 업무를 수행한 사람

   ③ 행정사사무소, 행정사합동사무소 또는 행정사법인이라는 글자를 사용하지 아니하거나 그 분사무소임을 표시하지 아니한 자

   ④ 업무처리부를 작성하지 아니하거나 거짓으로 작성한 자

2. 과태료 부과·징수

   과태료는 행정안전부장관, 시·도지사 또는 시장 등이 부과·징수한다.

행정사실무법 모범답안

| 문제 1 | 행정사 甲은 "행정사와 그 사무직원은 업무에 관하여 법률이 정한 보수 외에 어떠한 명목으로도 위임인으로부터 금전 또는 재산상의 이익이나 그 밖의 반대급부(反對給付)를 받지 못한다."라는 행정사법의 규정에 위반하는 행위를 하였다는 이유로 관할 행정청인 A시장으로부터 1개월 업무정지처분을 한다는 내용의 처분서를 2017. 5. 1. 송달받았다. 그에 따라 甲은 1개월간 업무를 하지 못한 채, 그 업무정지기간은 만료되었다. 甲은 A시장으로부터 위 처분에 대한 행정심판 고지를 받지 못했다. 甲은 2017. 9. 8. 위 처분에 불복하여 행정심판위원회에 A시장의 업무정지처분의 취소를 구하는 행정심판을 제기하였다. 행정사법 시행규칙 [별표] 업무정지처분 기준에서는 제재처분의 횟수에 따라 제재가 가중되는 것으로 규정하고 있다. 다음 물음에 답하시오. (40점)

물음 1) 甲이 제기한 행정심판은 청구요건을 충족하는가? (30점)

물음 2) 행정심판의 청구요건이 충족되었다고 가정할 경우, A시장은 행정심판과정에서 처분시 제시하지 않았던 '甲이 2개의 행정사사무소를 설치·운영하였음'이라는 처분사유를 추가할 수 있는가? (10점)

--- 모범답안

물음 1) (30점)

Ⅰ 문제의 소재

본 사안의 경우는 甲이 업무정지처분을 대상으로 처분청인 A시장을 상대로 행정심판위원회에 업무정지처분의 취소를 구하는 행정심판을 제기한 점에서 대상적격, 피청구인 적격에는 문제가 없어 보인다. 그리고 甲은 불이익처분의 직접 상대방이므로 청구인 적격도 인정된다. 다만, 甲이 2017. 9. 8.에 취소심판을 제기한 것이 청구기간을 준수하였는지 여부 및 A시장의 甲에 대한 행정심판의 불고지효과와 1개월간의 업무정지처분의 효력이 소멸한 후에 취소심판을 제기한 것이 협의의 청구이익에 포섭될 수 있는지 여부가 문제된다.

Ⅱ 청구기간 준수 여부

1. 취소심판의 청구기간

　(1) 개념

　　행정심판의 청구기간이란 청구인이 심판청구를 할 수 있는 소정의 법정기간을 말한다.

　(2) 원칙적 심판청구기간

　　심판청구는 처분이 있음을 알게 된 날로부터 90일 이내, 처분이 있었던 날로부터 180일 이내에 청구하여야 한다.

　(3) 예외적 심판청구기간

　　① 90일에 대한 예외

　　　청구인이 천재지변, 전쟁, 사변, 그 밖의 불가항력으로 인하여 처분이 있음을 알게 된 날부터 90일 이내에 심판청구를 할 수 없었을 때에는 그 사유가 소멸한 날부터 14일(국외에서는 30일) 이내에 행정심판을 청구할 수 있다. 이 기간은 불변기간(不變期間)이다.

　　② 180일에 대한 예외

　　　처분이 있었던 날부터 180일이 경과하더라도 그 기간 내에 심판청구를 제기하지 못한 정당한 사유가 있는 경우에는 예외적으로 심판청구를 할 수 있다.

⑷ **청구기간 불고지의 효과**

행정청이 처분을 하는 경우에는 상대방에게 심판청구기간 등 일정한 사항을 알려야 한다. 행정청이 고지의무에도 불구하고 심판청구기간을 알리지 아니한 경우에는 처분이 있었던 날부터 180일 이내에 심판청구를 할 수 있다.

2. **사안의 경우**(甲의 청구기간 준수 여부)

甲이 처분이 있음을 알게 된 날은 업무정지처분서를 甲이 송달받은 2017. 5. 1.이다. 그런데 甲은 송달일인 2017. 5. 1.로부터 90일이 경과한 2017. 9. 8.에 취소심판을 청구하였으므로 <u>원칙적인 청구기간은 준수하지 못하였다고 보아야 한다.</u> 다만, 甲은 A시장으로부터 위 처분에 대한 행정심판 가능 여부, 제기하는 경우의 행정심판위원회, 청구기간 등 고지를 받지 못하였으므로 그 불고지의 효과에 의해 처분이 있었던 날부터 180일 이내에 행정심판을 청구할 수 있게 되었다. 따라서 결과적으로 甲은 예외적인 청구기간을 준수하여 행정심판 청구를 한 것이다.

Ⅲ 협의의 청구이익

1. **개념**

협의의 청구의 이익이란 구체적 사안에 있어 심판을 통해 해결할 만한 **구체적 · 현**실적 **필**요성이 있는 것을 말한다.

2. **「행정심판법」 제13조 제1항 단서**

처분의 효과가 기간의 경과, 처분의 집행, 그 밖의 사유로 소멸된 뒤에도 그 처분의 취소로 인하여 회복되는 법률상 이익이 있는 경우에 청구이익을 인정하고 있다.

3. **협의의 청구이익이 부정되는 경우**

처분의 효력이 소멸한 경우, 원상회복이 불가능한 경우, 처분 후의 사정변경이 있는 경우는 원칙적으로 청구이익이 부정된다.

4. **협의의 청구이익이 인정되는 경우**

⑴ **원상회복이 가능한 경우**

판례는 처분의 집행완료, 권리존속 기간 또는 허가기간의 만료, 다툼의 전제가 된 지위의 상실 등의 경우일지라도 원상회복이 가능한 경우라면 처분의 취소를 법률상 이익이 있다고 판시하고 있다.

⑵ **원상회복이 불가능해도 회복되는 부수적 이익이 있는 경우**

처분이 취소되어도 원상회복이 불가능한 경우에는 취소를 구할 청구이익이 없다. 다만, 판결이나 재결의 소급효에 따라 해당 처분이 소급적으로 취소되어 회복되는 부수적인 이익이 있는 경우에는 청구의 이익이 있다.

⑶ **당해 처분의 존재가 장래의 가중적 처분의 요건으로 규정되어 있는 경우**

사안의 경우처럼 당해 처분의 존재가 장래의 가중적 제재처분의 요건으로 되어 있는 경우에는 예외적으로 청구의 이익이 있다고 본다.

Ⅳ 사안의 해결

甲은 청구기간 내에 행정심판을 제기하였고, 1개월간의 업무정지기간이 만료되었다 하더라도 업무정지처분이 취소되면 <u>甲으로서는 장차 행정사법을 위반하더라도 제재처분의 횟수에 따른 가중적 제재처분을 받지 않을 실익이 있으므로</u> 협의의 청구이익을 인정할 수 있어 甲이 제기한 행정심판은 청구요건을 모두 충족하였다.

물음 2) (10점)

Ⅰ 문제의 소재

A시장이 행정심판 계속 중에 처분 당시에 근거로 삼은 처분사유 외의 다른 사유를 추가적으로 주장할 수 있는지의 문제이다.

Ⅱ 처분사유의 추가

1. 의의

처분사유의 추가란 행정청(처분청)이 행정심판의 <u>심리 중</u>에 처분 당시에 근거로 삼았던 처분사유 외의 다른 사유를 추가하는 것을 말한다.

2. 인정 여부

(1) 행정청이 심판청구 또는 소송의 계속 중 당해 처분의 적법성을 유지하기 위하여 처분 당시에 제시된 처분사유 이외의 다른 사유를 어느 범위까지 추가할 수 있는지가 문제가 된다.

(2) 학설은 대립하고 있으나, 판례는 처분시에 존재하였던 사유이고, 당초에 처분의 근거로 삼은 것과 <u>기본적 사실관계의 동</u>일성이 인정되는 범위 내에서 처분사유의 추가를 제한적으로 인정하고 있다.

3. 인정요건

(1) 처분의 기본적 사실관계의 동일성이 유지되어야 한다.

(2) 처분 당시에 이미 존재하였던 사유여야 한다.

(3) 처분사유의 추가·변경은 재결시까지 하여야 한다.

Ⅲ 사안의 해결

A시장이 당초 처분의 사유로 삼았던 '행정사와 그 사무직원은 업무에 관하여 법률이 정한 보수 외에 어떠한 명목으로도 위임인으로부터 금전 또는 재산상의 이익이나 그 밖의 반대급부를 받지 못한다는 사유'와 A시장이 심판계속 도중 추가한 '甲이 행정사가 2개 이상의 사무소를 운영했다'는 사유는 <u>그 기초가 되는 사회적 사실관계가 상이하므로</u> 기본적 사실관계의 동일성이 부정된다. 따라서 A시장은 이를 처분사유로 추가할 수 없다.

| 문제 2 | 행정사법상 업무신고와 그 수리거부에 관해 설명하시오. (20점)

▬▬ 모범답안 ▬▬▬▬▬▬▬▬▬▬▬▬▬▬▬▬▬▬▬▬▬▬▬▬▬▬▬▬▬▬▬▬▬

1. 행정사의 업무신고

(1) 행정사 자격이 있는 사람이 행정사로서 업무를 하려면 주된 사무소의 소재지를 관할하는 <u>시장 등</u>에게 행정사 업무신고기준을 갖추어 신고하여야 한다. 신고한 사항을 변경할 때도 또한 같다.

(2) 행정사 업무 신고를 하려는 사람은 행정안전부령으로 정하는 신고서에 ① 행정사 **자격증** 사본, ② 실무교육 수료증 사본, ③ 행정사회 **회원증**을 첨부하여 <u>주된 사무소의 소재지를 관할하는 시장 등에게 제출</u>해야 한다. 합동사무소나 분사무소를 설치하려는 경우 또는 설치한 경우에도 동일하다.

(3) 신고한 사항을 변경하려는 행정사는 신고서에 ① 행정사 **자격증** 사본, ② 행정사업무신고**확**인증을 첨부하여 시장 등에게 제출해야 한다.

2. 업무신고의 수리거부

(1) **수리거부 사유**

① 시장 등은 행정사 업무신고를 하려는 사람이 <u>행정사 업무신고 기준을 갖추지 아니한 경우</u>에는 그 행정사업무신고의 수리를 거부할 수 있다.

② 이 경우 지체 없이 행정사 업무신고의 수리 거부 사실 및 그 사유를 당사자에게 알려야 한다.

(2) **수리간주**

시장 등이 업무신고를 받은 날부터 <u>3개월이 지날 때까지</u> ① 행정사업무신고확인증을 발급하지 아니하거나 ② 행정사 업무신고의 수리거부 통지를 하지 아니하면 <u>3개월이 되는 날의 다음 날</u>에 행정사 업무신고가 수리된 것으로 본다.

(3) **이의신청**

① 업무신고의 수리가 거부된 사람은 그 통지를 받은 날부터 3개월 이내에 행정사 업무신고의 수리거부에 대한 불복의 이유를 밝혀 시장 등에게 이의신청을 할 수 있다.

② 시장 등은 이의신청이 이유 있다고 인정하면 신고확인증을 발급하여야 한다.

| 문제 3 | 법원은 정당한 사유 없이 재판에 증인으로 출석하지 않은 甲에게 약식재판으로 과태료 500만원을 부과하고, 甲에게 과태료 결정의 고지를 하였다. 甲은 이 고지를 받은 날부터 1주 이내에 즉시항고를 하였다. 이에 법원이 즉시항고에 따른 과태료 재판을 하면서 甲에게 진술기회를 주지 않았다면 그 재판은 적법한지를 설명하시오. (20점)

▧▧▧ 모범답안

Ⅰ 문제의 소재

사안의 경우는 과태료 사건에서 약식재판의 불복의 방법과 약식재판의 불복의 방법으로 이의신청이 아닌 즉시항고로 불복한 경우에 법원의 처리방법이 문제된다.

Ⅱ 과태료의 약식재판

1. 약식재판의 개념

과태료의 약식재판이란 법원이 상당하다고 인정할 때에 당사자의 진술을 듣지 않고 과태료 재판을 하는 것을 말한다.

2. 심리 및 재판

심리는 서면심리에 의한다, 재판은 이유를 붙인 결정으로 하며, 고지함으로써 효력이 생긴다.

3. 약식재판에 대한 불복

당사자의 진술을 받지 않고 과태료 재판을 한 경우에는 당사자와 검사는 재판의 고지를 받은 날로부터 7일 내에 이의신청을 할 수 있다. 이의신청으로 약식재판은 효력을 잃고, 법원은 과태료의 정식재판절차에 따라 당사자의 심문을 거쳐 다시 재판하여야 한다.

Ⅲ 과태료의 정식재판

1. 정식재판의 개념

법원이 과태료 재판을 하기 전에 심문기일을 열어 당사자의 진술을 듣고 검사의 의견을 구하는 절차를 거쳐 재판하는 것을 말한다.

2. 심리 및 재판

심리는 심문의 방법으로 하되, 심문은 필요적이며 비공개로 한다. 재판은 이유를 붙인 결정으로 하며, 고지함으로써 효력이 생긴다.

3. 정식재판에 대한 불복

당사자와 검사는 즉시항고할 수 있고, 즉시항고에는 집행정지의 효력이 있다.

Ⅳ 사안의 해결

판례에 따르면 법원이 불출석 증인인 甲에 대하여 진술의 기회를 주지 않은 채 과태료 재판을 한 것은 약식재판을 전제로 한 것이므로, 甲이 그 재판에 불복하면서 제출한 '즉시항고장'은 그 제목에 불구하고 이의신청으로 보아 처리되어야 한다고 보고 있다.

사안의 경우 甲이 약식재판에 대한 불복으로 이의신청서 대신 즉시항고장을 제출하였다 하더라도 이는 이의신청을 제기한 것으로 간주되어 甲은 적법한 불복수단으로서 1주일 내에 이의신청을 제기한 것으로 된다. 따라서 법원은 甲의 이의신청으로 정식재판 절차에서 甲의 진술을 듣고 다시 재판을 하여야 한다. 그러나 사안의 경우처럼 법원이 이의신청에 따른 과태료의 정식재판을 하면서 甲에게 진술의 기회를 주지 않았다면 그 재판은 위법하게 된다.

| 문제 4 | 비송사건의 재판의 취소, 변경을 설명하시오. (20점)

■■ 모범답안

1. 서설

(1) 재판의 취소·변경이란 비송사건에 관하여 재판을 한 후에 그 재판이 위법 또는 부당하다고 인정할 때에나 객관적 사정이 변경되어 합당했던 재판이 부당하게 되는 경우에 법원이 그 재판을 취소하거나 변경하는 것을 말한다.

(2) 비송사건재판의 취소·변경에는 ① 항고에 의한 취소변경 ② 법 제19조 제1항에 의한 취소·변경, ③ 사정변경에 의한 취소변경이 있다.

2. 항고에 의한 취소·변경

재판으로 인하여 권리를 침해당한 자는 그 재판에 대하여 항고할 수 있으며(법 제20조 제1항), 항고법원은 심리 후 원심법원의 이유를 붙인 결정으로 원심법원의 원결정을 취소·변경할 수 있다.

3. 「비송사건절차법」 제19조 제1항에 의한 취소·변경

(1) 재판의 취소·변경자유

법원은 재판을 한 후에 그 재판이 위법·부당하다고 인정할 때에는 이를 취소·변경할 수 있다.

(2) 취소·변경의 요건

① 재판이 위법 또는 부당하다고 인정한 경우이다.

② 취소·변경할 수 있는 법원은 원재판을 한 제1심법원에 한한다.

③ 취소·변경에는 신청을 요하지 않고 법원의 직권에 의한다.

(3) 취소·변경의 시기

항고법원의 재판이 있을 때까지 가능하다.

(4) 취소·변경의 효과

재판이 취소·변경된 경우 재판의 소급효 여부에 대해 학설의 대립은 있으나, 판례는 특별한 사정이 없는 한 소급효를 부정하고 있다.

(5) 취소·변경 자유의 원칙에 대한 제한

① 신청에 의하여만 재판을 하여야 하는 경우에 신청을 각하한 재판은 신청인의 신청에 의하지 아니하고는 원재판을 취소하거나 변경할 수 없다.

② 즉시항고로써 불복할 수 있는 재판은 취소하거나 변경할 수 없다.

4. 사정변경에 의한 취소·변경

(1) 의의

비송사건의 재판이 원래는 적법·타당한 것이었다 하더라도 후에 사정변경이 있어 원래의 재판을 유지하는 것이 부당하게 되어 법원이 이를 취소하거나 변경하는 것을 말한다.

(2) 인정 여부

학설의 대립이 있으나, 판례는 사정변경을 별개의 재판의 취소·변경에 대한 별개의 사유로 긍정하고 있다.[5]

(3) 요건

① 비송사건의 재판이 있은 후에 사정변경에 의하여 원래 재판을 유지하는 것이 부당하게 된 경우이어야 한다.

② 「비송사건절차법」 제19조의 재판의 취소·변경이 원시적으로 재판에 위법·부당한 흠이 있는 것을 요건으로 한다는 점에서 사정변경에 의한 재판의 취소·변경과 차이가 있다.

---

5 대법원 1992.7.3. 91마730. 결정

행정사실무법 모범답안

|문제1| A시는 영농상 편의를 위해 甲의 토지와 인근 토지에 걸쳐서 이미 형성되어 사용되고 있던 자연발생적 토사구거를 철거하고, 콘크리트U형 수로관으로 된 구거를 설치하는 공사를 완료하였다. 甲은 A시의 공사가 자신의 토지 약 75m²를 침해하였다는 사실을 발견하게 되었다. 이에 甲은 A시에 자신의 토지 약 75m²에 설치되어 있는 구거를 철거하고 자신의 토지 외의 지역에 새로 구거를 설치해달라는 <u>민원을 제기</u>하였다. 다음 물음에 답하시오. (40점)

물음 1) 甲이 제기한 민원에 대해 A시는 甲이 실제로 해당 구거에 의하여 상당한 영농상의 이득을 향유하고 있으며 구거를 새로 설치하려면 많은 예산이 소요된다는 이유로 甲의 <u>청구를 거부하는 처분</u>을 하였다. 만약 甲이 A시의 <u>거부처분에 대한 취소심판</u>을 제기하여 인용재결을 받았다면, A시는 <u>전혀 다른 사유를 들어 甲의 청구에 대하여 다시 거부처분</u>을 할 수 있는지를 논하시오. (20점)

물음 2) 甲이 <u>민원제기와는 별도로</u> A시에 대하여 해당 토지에 설치되어 있는 구거의 철거와 새로운 구거의 설치를 요구하는 <u>의무이행심판</u>을 제기하였다면, 甲이 제기한 행정심판의 <u>대상적격</u>과 청구인 적격의 **적법** 여부에 관하여 논하시오. (20점)

모범답안

물음 1) (20점)

Ⅰ 문제의 소재

甲이 A시의 거부처분에 대한 취소심판에서 인용재결 후 행정청인 A시가 전혀 다른 사유로 다시 거부처분을 할 경우 인용재결의 기속력에 반하는지의 문제이다.

Ⅱ 취소재결의 기속력

1. 의의
기속력이란 <u>피청구인인 행정청과 그 밖의 관계 행정청이 재결의 취지에 따르도록 구속하는 효력</u>을 말한다.

2. 기속력의 범위

(1) **주관적 범위**
기속력은 피청구인인 행정청과 그 밖의 모든 관계 행정청에 미친다.

(2) **객관적 범위**
① 기속력은 재결의 주문 및 그 전제가 된 요건 사실의 인정과 판단에만 미친다. 따라서 종전 처분이 재결에 의하여 취소되었다 하더라도 <u>종전 처분 시와 기본적인 사실관계와 동일하지 아니한 별개의</u> **다른 사유를 들어 처분을 하는 것은 기속력에 저촉되지 않는다.**
② 판례에 따르면 **기본적 사실관계의 동일성** 인정 여부는 구체적인 사실관계가 동일한지 여부에 따라 결정된다.

(3) **시간적 범위**
기속력은 처분 당시를 기준으로 그 당시까지 존재하였던 처분 사유에만 미치고 그 이후에 생긴 사유에는 미치지 않는다.

3. 기속력의 내용

(1) **반복금지의무**(소극적 의무)

동일한 사정하에서 동일한 처분을 반복할 수는 없다.

(2) **재처분의무**(적극적 의무)

행정청은 지체 없이 그 재결의 취지에 따른 처분을 하여야 한다.

(3) **결과제거의무**(원상회복의무)

위법 또는 부당한 처분에 의해 초래된 상태를 제거해야 할 의무를 진다.

4. 기속력 위반의 효과

재결의 기속력을 위반하여 동일한 처분을 한 경우 그 처분은 <u>중대하고 명백한 흠이 있는 행위로 무효</u>이다.

Ⅲ 사안의 해결

(1) 기속력의 객관적 범위와 관련해서 당초의 거부처분 사유와 이후의 재거부처분 사유의 기본적 사실관계 동일성 인정 여부에 따라 재거부처분의 기속력 위반 여부가 결정된다.

(2) 사안의 경우처럼 A시가 인용재결 후에 당초의 거부처분사유와 전혀 다른 사유를 들어 재거부처분을 하였다면 당초 거부처분의 사유와 재거부처분의 사유는 기본적 사실관계의 동일성은 없어 <u>A시의 재거부처분은 재결의 기속력에 반하지 않아 적법한 처분</u>이 된다. 또한 기속력은 처분 당시를 기준으로 발생하므로 최초의 거부처분 이후에 사정변경이 있으면 그 사정을 이유로 다시 거부처분을 하더라도 기속력에 반하지 않는다. 따라서 <u>A시는 전혀 다른 사유를 들어 甲의 청구에 대하여 다시 거부처분을 할 수 있다.</u>

물음 2) (20점)

Ⅰ 문제의 소재

설문은 甲이 제기한 의무이행심판의 대상적격과 청구인 적격의 적법 여부이다.

Ⅱ 대상적격

1. 의의

의무이행심판은 당사자의 신청에 대한 행정청의 <u>위법 또는 부당한 거부처분</u>이나 <u>부작위</u>를 대상으로 한다.

2. 거부처분

(1) 소극적 행정행위로서 상대방의 신청을 명시적으로 거부하거나 또는 일정한 부작위가 거부처분으로 간주되는 경우에 의무이행심판을 청구할 수 있다.

(2) 판례에 따르면 행정청의 거부행위가 거부처분이 되기 위해서는 ① 신청한 행위가 **공**권력의 행사 또는 이에 준하는 행정작용이어야 하고, ② 그 거부행위가 신청인의 **법**률관계에 어떤 변동을 일으키는 것이어야 하며, ③ 신청인에게 행정행위를 요구할 수 있는 법규상 또는 조리상의 **신**청권이 있어야만 한다.

3. 부작위

행정청이 당사자의 **신**청에 대하여 **상**당한 기간 내에 일정한 처분을 하여야 할 **법**률상 의무가 있음에도 이를 하지 아니하는 경우(＝처분의 **부**존재)에 의무이행심판을 청구할 수 있다.

Ⅲ 청구인 적격

1. 의무이행심판의 청구인 적격

의무이행심판은 행정청의 거부처분이나 부작위에 대하여 일정한 처분을 구할 법률상 이익이 있는 자가 청구인 적격을 갖는다.

2. 법률상 이익의 의미

법률상 이익에 대하여는 학설대립이 있으나 판례는 법률상 보호되는 이익을 "당해 <u>처분의 근거 법규 및 관련 법규에 의하여 보호되는 개별적 · 직접적 · 구체적 이익이 있는 경우를 말한다.</u>"라고 판시하여 법률상 보호이 익설의 입장을 취하고 있다.

Ⅳ 사안의 해결

(1) 의무이행심판은 처분의 근거법규 및 관련법규에 의하여 보호되는 법률상 이익 있는 당사자의 신청에 대한 행정청의 위법 또는 부당한 거부처분이나 부작위를 대상으로 하는 것으로 <u>필요적으로 당사자의 신청을 전제로</u> 한다.

(2) (대상적격 여부) 그런데 사안의 경우는 甲이 민원제기와는 별도로 A시에 대해 의무이행심판을 제기한 것으로 설문에 따르면 甲의 민원신청에 대하여 A시의 어떠한 거부처분 또는 부작위는 현재까지 없는 상태로 보인다. 즉, <u>본 사안의 경우는 의무이행심판의 대상적격을 충족하지 못해 부적법하다.</u>

(3) (청구인 적격 여부) 다만, 甲의 신청권의 존부를 관계 법규의 해석에 의하여 일반 국민에게 그러한 신청권을 인정하고 있는가를 살펴 추상적으로 결정되는 것으로 보아야 한다는 판례의 입장에서 판단하면 <u>甲에서 의무 이행심판의 청구인 적격은 인정될 수 있다.</u>

| **문제 2** | 행정사법상 행정사와 그 사무직원의 금지행위와 이를 위반할 경우의 벌칙에 관하여 설명하시오.
(20점)

━━ 모범답안 ━━

1. 행정사의 행위간주

사무직원의 직무상 행위는 그를 고용한 행정사의 행위로 본다.

2. 금지행위

행정사와 그 사무직원은 다음 행위를 하여서는 아니 된다.

① 정당한 사유 없이 업무에 관한 위임을 거부하는 행위

② 당사자 양쪽으로부터 같은 업무에 관한 위임받는 행위(다만, 당사자 양쪽이 동의한 경우는 제외한다.)

③ 행정사의 업무 범위를 벗어나서 타인의 소송이나 그 밖의 권리관계분쟁 또는 민원사무처리과정에 개입하는 행위

④ 업무수임 또는 수행 과정에서 관련 공무원과의 연고 등 사적인 관계를 드러내며 영향력을 미칠 수 있는 것으로 선전하는 행위

⑤ 행정사의 업무에 관하여 거짓된 내용을 표시하거나 객관적 사실을 과장 또는 누락하여 소비자를 오도하거나 오해를 불러일으킬 우려가 있는 내용의 광고행위

⑥ 행정사 업무의 알선을 업으로 하는 자를 이용하거나 그 밖의 부당한 방법으로 행정사 업무의 위임을 유치하는 행위

3. 금지행위를 위반한 경우의 벌칙

(1) 1년 이하의 징역 또는 1천만원 이하의 벌금

위 금지행위 중 ④~⑤에 해당하는 금지행위를 한 경우에 해당된다.

(2) 100만원 이하의 벌금

위 금지행위 중 ④~⑤에 해당하는 금지행위 외 나머지 금지행위를 한 경우에 해당된다.

4. 양벌규정

행정사 등의 사무직원 등이 업무와 관련하여 벌칙에 해당하는 위반행위를 하면 그 행위자를 벌하는 외에 그 행정사 등에도 해당 조문의 벌금형을 과한다. [6]

---

6 다만, 행정사 등이 그 위반행위를 방지하기 위하여 해당 업무에 관하여 상당한 주의와 감독을 게을리하지 아니한 경우에는 그러하지 아니하다.

| 문제 3 | 비송사건의 재판에 형성력, 형식적 확정력, 기판력, 집행력이 있는지를 설명하시오. (20점)

■■■ 모범답안

1. 형성력

(1) 의의

형성력이란 확정판결의 내용에 따라 법률관계의 발생·변경·소멸의 효과를 발생시키는 효력을 말한다.[7]

(2) 비송사건의 경우

재판의 고지와 동시에 그 효력이 발생하며, 재판의 목적이 된 사권관계는 그 재판의 취지에 따라 변동된다. 재판의 형성력은 재판을 받은 자는 물론이고 제3자에게도 미친다.

2. 형식적 확정력(=불가쟁력)

(1) 의의

당사자가 더 이상 재판에 대하여 다툴 수 없게 되는 효력(=당사자에 의한 취소불가능성)을 말한다.

(2) 비송사건의 경우

① 비송사건에서의 재판은 법원이 일단 재판을 한 후라도 그 재판이 위법 또는 부당하다고 인정할 때에는 이를 취소·변경할 수 있으므로, 원칙적으로 형식적 확정력은 없다.

② 다만, 예외적으로 즉시항고에 의해 불복신청이 허용되는 재판에 대하여 불복신청이 없거나 즉시항고 기간(1주일)의 도과 또는 항고권의 포기 등이 있을 때에는 법원은 그 재판을 취소·변경할 수 없게 되어 형식적 확정력이 생긴다.

3. 기판력(=실질적 확정력)

(1) 의의

기판력이라 함은 법적 안정성을 위해 확정된 종국판결의 내용이 당사자와 후소법원을 구속하는 힘(소송법상의 효력)을 말한다.

(2) 비송사건의 경우

비송사건절차에 있어서의 재판은 원칙적으로 기판력이 없다(다수설). 따라서 법원은 당사자가 같은 내용의 신청을 다시 하는 것을 허용하며, 후소법원도 본래의 결정과 다른 결정을 할 수 있다.

4. 집행력

(1) 의의

집행력이란 판결주문에서 채무자에게 명해진 이행의무을 국가의 집행기관을 통해 강제적으로 실현할 수 있는 효력을 말한다.

(2) 비송사건의 경우

비송사건의 재판은 그 집행을 요하지 않으므로 재판의 집행력이 문제되지 않는다. 그러나 절차비용을 명하는 재판, 과태료 재판의 경우에는 집행력을 가진다.

---

7 이는 형성의 소를 인용한 형성판결에만 인정되고 이행판결이나 확인판결에는 인정되지 않는다.

| 문제 4 | 비송사건절차법상 '절차비용의 부담자'와 '비용에 관한 재판'에 관하여 설명하시오. (20점)

___ 모범답안 ___

1. 서설

비송사건의 절차비용이란 비송사건의 개시부터 종료시까지 쓰여진 모든 비용으로 재판 전의 절차비용과 재판의 고지비용을 말한다.

2. 절차비용의 부담자

(1) 원칙

① 당사자의 신청으로 절차가 개시된 비송사건의 재판 전의 절차와 재판의 고지비용은 그 부담할 자를 법률에 특별히 정한 경우를 제외하고는 신청인의 부담으로 한다.

② 검사의 청구 내지 법원이 직권으로 절차가 개시된 비송사건의 경우에는 국고부담으로 한다.

(2) 예외

① 법원은 특별한 사유가 있을 때에는 「비송사건절차법」에 의하여 비용을 부담할 자가 아닌 관계인에게 비용의 전부 또는 일부의 부담을 명할 수 있다.

② 비용을 부담할 자가 수인인 경우 그 부담액은 균등하게 부담한다.

(3) 법률에 특별한 규정이 있는 경우

① 재판상**대**위사건에서 항고절차비용과 항고인이 부담하게 된 전심의 비용 - 패소자(채권자 또는 채무자) 부담

② 공탁소의 지정 및 공탁물**보**관인 선임허가사건 - 채권자 부담

③ 변제목적물의 **경**매허가사건(=경매대가의 공탁허가) - 채권자 부담

④ **질**물에 의한 변제충당의 허가사건 - 질권설정자 부담

⑤ **환**매권대위행사시의 감정인 선임사건 - 매수인 부담

⑥ 회사**해**산명령사건에서의 관리인 선임 및 재산보전처분 - 회사 부담

⑦ **외**국회사 영업소의 폐쇄명령사건에서의 관리인 선임 및 재산보전처분 - 회사 부담

⑧ 회사**청**산의 경우 감정인 선임 - 회사 부담

⑨ **과**태료사건 - 과태료를 선고받은 자 또는 국고 부담

3. 비용액의 재판

(1) 의의

비용에 관하여 재판을 할 필요가 있다고 인정할 때에는 그 비용액을 확정하여 사건에 대한 재판과 함께 동시에 비용결정을 하는 것을 말한다.

(2) 필요한 경우

절치비용의 예납자, 지출자, 부담자가 서로 다른 경우에는 비용의 상환을 위하여 재판이 필요하다.

(3) 비용재판에 대한 불복신청

① 비용재판에 대한 불복신청은 그 절차비용의 부담명령을 받은 자만이 할 수 있다.

② 비용재판에 대해서는 독립하여 불복신청을 할 수는 없고 본안사건의 재판에 대한 항고와 동시에 하여야 한다.

행정사실무법 모범답안

|문제1| 서울특별시 A구에 거주하는 甲은, 乙의 건축물(음식점 영업과 주거를 함께 하는 건물)이 甲 소유의 주택과 도보에 연접하고 있는데 乙이 건축관계법령을 위반하여 증개축공사를 하였고, 그로 인하여 甲의 집 앞 도로의 통행에 심각한 불편을 초래한다고 주장하면서 A구청장을 상대로 지속적으로 <u>민원을 제기</u>하였다. 자신의 민원이 받아들여지지 않자 甲은 자신의 주장의 정당성과 乙이 행한 건축행위의 위법성을 입증하기 위하여 <u>A구청장을 상대로 乙소유 건축물의 설계도면과 준공검사내역 등의 문서를 공개해 달라며 정보공개를 청구</u>하였다. 그러나 A구청장은 해당정보가 乙의 사생활 및 영업상 비밀보호와 관련된 것임을 이유로 <u>비공개결정</u>하였다. 乙 또한 정보공개를 강력하게 반대하고 있다. 그러나 <u>甲은 이에 불복하여 행정심판을 청구</u>하려고 한다. 다음 물음에 답하시오. (40점)

물음 1) 甲이 청구하는 행정심판은 <u>어느 행정심판위원회의 관할</u>에 속하는가? 또한 이 행정심판에서 <u>乙은 어떠한 지위에서 자신의 권익을 주장</u>할 수 있는가? (20점)

물음 2) 행정심판의 인용재결에도 불구하고 A구청장이 해당 정보를 공개하지 않는 경우 행정심판위원회가 <u>재결의 구속력을 확보하기 위해 취할 수 있는 방법</u>은 무엇인가? (20점)

━━ **모범답안** ━━━

물음 1) (20점)

Ⅰ 문제의 소재

사안의 甲의 정보공개청구에 대한 서울특별시 A구청장의 비공개결정은 거부처분에 해당한다. 설문은 거부처분에 대한 불복으로 甲이 행정심판을 제기할 경우에 관할 행정심판위원회는 무엇이고, 특히 乙은 어떠한 지위에서 甲이 제기한 행정심판에 참가할 수 있는지에 대한 물음이다. 다만, 설문에서는 甲이 청구한 행정심판의 종류에 대해서는 별다른 언급은 없으나 이 부분도 같이 살펴보고자 한다.

Ⅱ 거부처분에 대한 행정심판의 종류

1. 의무이행심판

의무이행심판은 당사자의 **신청**에 대한 행정청의 위법 또는 **부당**한 거부처분이나 부작위에 대하여 일정한 **처분**을 하도록 하는 행정심판이므로(제5조 제3호), 거부처분은 의무이행심판의 대상이 된다.

2. 취소심판

취소심판은 행정청의 위법 또는 부당한 처분의 **취소** 또는 **변경**을 구하는 행정심판을 말한다(제5조 제1호). 종래 거부처분에 대한 취소심판의 허용 여부에 대해 학설대립은 있었으나 현행 「행정심판법」은 거부처분에 대한 취소심판의 재결의 기속력을 부여하고, 간접강제를 도입하여 거부처분에 대한 취소심판을 명문으로 인정하여 논란은 <u>입법적으로 해결</u>되었다.

3. 무효확인심판

무효확인심판이란 행정청의 처분의 **효력** 유무 또는 **존재** 여부에 대해 확인을 구하는 심판을 말한다.

Ⅲ 관할

1. 행정심판위원회의 종류

해당 행정청 소속 행정심판위원회, 중앙행정심판위원회, 시·도지사 소속 행정심판위원회, 직근 상급기관 소속 행정심판위원회, 개별법상의 특별행정심판기관 등이 있다.

2. 사안의 적용

甲은 서울특별시 A구청장의 비공개결정을 대상으로 행정심판을 청구하는 것이므로 관할 행정심판위원회는 서울특별시 행정심판위원회가 된다.

Ⅳ 제3자의 심판참가

1. 의의

행정심판의 결과에 이해관계가 있는 제3자 또는 행정청은 자신의 법률상 이익을 위해 행정심판위원회나 소위원회의 의결이 있기 전까지 참가신청 또는 행정심판위원회의 직권에 의한 요청으로 심판절차에 참가할 수 있다.

2. 참가인

참가인은 타인 간의 행정심판 결과에 따라 직접 자신의 권리관계가 영향을 받게 되는 자로서 그 심판절차에 참가한 자를 말한다. 참가인은 행정심판절차에서 당사자가 할 수 있는 심판절차상의 행위를 할 수 있다.

3. 사안의 경우

乙은 심판청구에 대한 재결에 의하여 자기의 법률상 이익을 침해받는 이해관계인에 해당하므로 참가인의 지위에서 심판 절차에 참가하여 자신의 권익을 주장할 수 있다.

물음 2) (20점)

Ⅰ 문제의 소재

설문을 전제로 인용재결의 결과 기속력은 발생하고, A구청장은 인용재결의 취지에 따라 재처분(정보공개처분)의 의무를 진다. 다만, A구청장이 인용재결에도 불구하고 정보를 공개하지 않는 경우, 재결의 실효성 확보 수단의 검토가 필요하다.

Ⅱ 의무이행심판에서 인용재결이 있는 경우

1. 직접처분

의무이행심판으로 처분명령재결이 있는 경우 피청구인은 재결의 기속력에 의해 재결의 취지에 따른 처분을 해야 한다. 즉 재결로써 당해 행정청에 재처분의무가 발생한다. 만일 행정청이 재처분의무를 이행하지 않을 경우 행정심판위원회는 당사자가 신청하면 일정한 기간을 정하여 서면으로 시정을 명하고 그 기간에 이행하지 아니하면 직접 처분을 할 수 있다. 다만, 처분의 성질이나 그 밖의 불가피한 사유로 행정심판위원회가 직접 처분을 할 수 없는 경우에는 직접처분의 대상에서 제외한다.

2. 간접강제

행정심판의 인용재결에 따른 행정청의 재처분의무에도 불구하고 행정청이 이에 따른 처분을 하지 아니하면 행정심판위원회는 청구인의 신청에 의하여 결정으로 상당한 기간을 정하고 피청구인이 그 기간 내에 이행하지 아니하는 경우에는 그 지연기간에 따라 일정한 배상을 하도록 명하거나 즉시배상을 할 것을 명할 수 있다.

3. 사안의 적용

정보공개거부처분에 대한 의무이행심판에서 인용재결이 있다 하더라도 행정심판위원회는 정보를 직접 보유하고 있지 아니한 관계로 행정심판위원회는 성질상 직접처분을 행할 수는 없고, 청구인의 신청으로 A구청장에게 간접강제로써 배상을 명할 수 있다.

Ⅲ 취소심판에서 인용재결이 있는 경우

甲이 거부처분취소심판을 청구한 경우에 A구청장이 인용재결에 따른 재처분(정보공개처분)을 하지 아니하면 행정심판위원회는 甲의 신청으로 A구청장에게 간접강제로써 배상을 명할 수 있다.

Ⅳ 사안의 해결

(1) 의무이행심판에서는 직접처분제도가 있으나 정보비공개결정의 경우에는 성질상 직접처분은 적합하지 아니하므로 甲은 간접강제를 신청할 수 있다.

(2) 취소심판에서는 甲은 간접강제를 신청할 수 있다.

(3) 결국 행정심판위원회는 甲이 제기한 행정심판의 종류에 관계없이 甲의 간접강제 신청을 받아 A구청장에게 간접강제로써 배상을 명할 수 있다.

| 문제 2 | 행정사법상 제4장에서는 행정사의 권리와 의무 및 책임에 관하여 각각 규정하고 아울러 금지행위를 열거하고 있다. 이 가운데 위 '금지행위'를 제외하고, 제21조의 '행정사의 의무와 책임'을 포함하여 행정사법 제4장에서 규정하는 행정사의 업무와 관련된 의무와 책임을 기술하시오. (20점)

▬▬ 모범답안 ▬▬

1. 서설

행정사법의 목적은 행정사 제도를 확립하여 행정과 관련한 국민의 편익을 도모하고 행정제도의 건전한 발전에 이바지함에 있다.

2. 행정사의 의무와 책임

(1) 사무직원 지도 · 감도책임

행정사는 사무직원을 둘 수 있으며, 소속 사무직원을 지도 · 감독할 책임이 있다.

(2) 추가 반대급부 수령금지의무

① 행정사 등은 보수외 어떠한 명목으로도 위임인으로부터 추가로 금전등 반대급부를 받지 못한다.

② 위반시 업무정지 및 100만원 이하의 벌금에 처한다.

(3) 성실수행의무

① 행정사는 품위를 유지하고 신의와 성실로써 공정하게 직무를 수행하여야 한다.

② 행정사가 위임받은 업무를 수행하면서 고의 또는 과실로 위임인에게 재산상의 손해를 입힌 경우에는 그 손해를 배상할 책임이 있다.

(4) 수임제한의무

① 공무원직에 있다가 퇴직한 행정사는 퇴직 전 1년부터 퇴직할 때까지 근무한 행정기관에 대한 행정사의 업무(인가 · 허가 등 대리)를 퇴직한 날부터 1년 동안 수임할 수 없다.

② 수임제한 규정을 위반한 사람은 1년 이하의 징역 또는 1천만원 이하의 벌금에 처한다.

(5) 비밀엄수의무

① 행정사 또는 행정사이었던 사람(행정사의 사무직원 또는 사무직원이었던 사람을 포함)은 정당한 사유 없이 직무상 알게 된 사실을 다른 사람에게 누설하여서는 아니 된다.

② 업무상 알게 된 사실을 다른 사람에게 누설한 자는 1년 이하의 징역 또는 1천만원 이하의 벌금에 처한다.

(6) 업무처리부 작성 · 보관의무

① 행정사는 업무를 위임받으면 업무처리부를 작성하여 1년간 보관하여야 한다.

② 업무처리부를 작성하지 아니하거나 거짓으로 작성한 자는 100만원 이하의 과태료에 처한다.

(7) 교육의무

① 실무교육

행정사 자격이 있는 사람이 행정사 업무를 시작하려면 업무신고를 하기 전에 실무교육을 받아야 한다. 위반시 행정사업무신고의 수리를 거부할 수 있다.

② 연수교육

행정사는 업무신고 이후 매 2년마다 16시간의 연수교육을 받아야 한다. 연수교육을 받지 아니하고 행정사 업무를 수행한 자는 100만원 이하의 과태료에 처한다.

| 문제 3 | 비송사건절차의 특징을 설명하시오. (20점)

═══ 모범답안 ═══

1. 비송사건

비송사건이란 법원의 관할에 속하는 민사사건 중 <u>소송절차로 처리하지 않고 사권관계의 형성·변경·소멸에</u> <u>법원이 후견적 입장에서 관여하는</u> 사건을 말한다.

2. 비송사건의 특징

(1) **직권주의**(처분권주의의 배제)

절차의 개시, 심판의 대상과 범위, 절차의 종결에 대하여 당사자가 아닌 법원이 주도권을 가지는 것을 말한다. 이는 민사소송에서의 처분권주의[8]와는 구별되는 특징이다.

(2) **직권탐지주의**(변론주의의 배제)

재판자료의 수집·제출의 책임을 당사자가 아닌 법원이 지게 되어 있는 원칙을 말한다.

(3) **비공개주의**

민사소송의 재판은 판결로 하며 공개주의 원칙이나, 비송사건의 재판은 결정으로 하며 비공개주의를 원칙으로 한다.

(4) **기판력의 결여**

민사소송의 재판은 기판력이 인정되나 비송사건에 대한 재판은 국가가 후견인적 입장에서 실체적 진실주의에 입각하여 사건을 처리하는 절차이므로 기판력을 부정하는 것이 통설이다.

(5) **기속력의 제한**

① 민사소송의 재판은 기속력이 인정되나, 비송사건에 대한 재판은 원칙적으로 기속력이 배제되고 예외적으로 기속력을 인정하고 있다.

② 「비송사건절차법」 제19조 제1항에서 "법원은 재판을 한 후에 그 재판이 위법 또는 부당하다고 인정한 때에는 이를 취소 또는 변경할 수 있다"라고 규정하여 비송사건절차에서는 원칙적으로 기속력이 배제됨을 명문화하고 있다.[9]

(6) **간이주의**

비송사건절차의 가장 현저한 특색으로, 절차를 가능한 한 간이·신속히 행하고 시간·노력 및 비용의 절약을 도모하기 위한 주의이다. 제도적 구현형태로 ① 심문의 비공개, ② 조서작성의 간이화, ③ 이유를 붙이지 아니한 결정, ④ 적당하다고 인정하는 방법에 의한 재판의 고지 등이 있다.

---

8 "처분권주의"라 함은 절차의 개시, 심판의 대상, 그리고 절차의 종결에 대하여 당사자에게 주도권을 주어 그 처분에 맡기는 원칙을 말한다. 흔히 처분권주의를 변론주의와 혼동하는 경우가 있지만, <u>처분권주의는 당사자의 '소송물'에 대한 처분자유를 뜻하는 것임에 대하여, 변론주의는 당사자의 '소송자료'에 대한 수집책임을 뜻하는 것</u>이므로 양자는 구별되는 개념이다. 처분권주의와 변론주의를 포괄하여 "당사자주의"라는 개념도 쓰이며, 이 개념이 직권주의에 대응되는 것이다.

9 다만, 신청에 의하여서만 재판을 하여야 하는 경우에 신청을 각하한 재판에 대하여 신청에 의하지 않고는 이를 취소·변경할 수 없으며(법 제19조 제2항), 즉시항고로써 불복을 할 수 있는 재판에 대해서는 이를 취소·변경할 수 없도록 하여(법 제19조 제3항) 예외적으로 기속력을 인정하고 있다.

부록

| 문제 4 | 비송사건에서의 증거조사에 관하여 설명하시오. (20점)

___ 모범답안 ___

1. 서설

심리는 재판에 필요한 사실관계 및 법률관계를 명확히 하기 위하여 법원이 사건을 조사하는 행위를 말한다. 증거조사란 이러한 심리에 필요한 사실관계의 인정을 위한 방법 중의 하나이다.

2. 사실의 탐지와 증거조사

「비송사건절차법」은 사실(관계)인정의 방법으로 사실의 탐지와 증거조사 2가지 방법을 규정하고 있다.

(1) 사실의 탐지

① 사실의 탐지는 법원이 자료를 수집하고 사실을 인정하는 방법 중 증거조사를 제외한 것으로 특정한 방식도 없고 강제력도 없다.

② 법원은 당사자가 주장하지 않은 사실도 직권으로 수집하여 판결의 기초로 삼아야 한다. 소송에서는 소송자료의 수집과 제출책임이 당사자에게 있지만(＝변론주의), 비송사건의 심리에 있어 사실발견을 위한 자료 수집의 책임과 권능은 법원에 있다. 이는 사실인정에 있어 법원의 직권탐지주의가 작동되는 이유이다.

(2) 증거조사

① 「민사소송법」은 증거조사로 증인, 검증, 감정, 서증과 당사자본인심문 등 5가지 방법을 규정하고 있으나, 「비송사건절차법」은 이 중에서 인증(증인심문)과 감정에 관해서만 「민사소송법」 규정을 준용하여 증거조사의 방법으로 인정하고 있다.

② 비송사건의 증거조사 방법의 인정범위와 관련해 견해의 대립이 있으나 증인심문과 감정만 증거조사의 방법으로 인정되고 나머지는 모두 사실탐지에 속한다는 의견이 일반적인 견해이다.

(3) 사실의 탐지 및 증거조사의 촉탁

사실의 탐지 및 증거조사를 다른 지방법원 판사에게 촉탁할 수 있다.

행정사실무법 모범답안

| 문제 1 | 甲은 관할 행정청인 A시장에게 노래연습장업의 등록을 하고, 그 영업을 영위해 오고 있다. 甲은 2020. 3. 5. 23:30경 영업장소에 청소년을 출입시켜 주류를 판매·제공하였다는 이유로 단속에 적발되었다. A시장은 사전통지 절차를 거친 후 2020. 4. 8. 甲에 대한 3개월의 영업정지처분의 통지서를 송달하였고, 甲은 <u>다음날 처분 통지서를 수령하였다.</u> 통지서에는 "처분이 있음을 안 날부터 120일 이내에 B행정심판위원회에 행정심판을 제기할 수 있다"고 <u>청구기간이 잘못 기재되어</u> 있었다. 甲은 해당 처분이 자신의 위반행위에 비하여 <u>과중한 제재처분이라고</u> 주장하면서 A시장을 피청구인으로 하여 B행정심판위원회에 <u>2020. 8. 3. 취소심판을 제기하였다.</u> 다음 물음에 답하시오 (40점)

물음 1) 甲이 제기한 행정심판은 <u>청구기간을 준수하였는지</u> 논하시오. (20점)

물음 2) B행정심판위원회가 A시장의 영업정지처분이 비례원칙에 위반하여 <u>위법하다고 판단하는 경우,</u> 어떤 종류의 재결을 할 수 있는지 논하시오. (20점)

모범답안

물음 1) (20점)

Ⅰ 문제의 소재

행정심판청구가 적법하기 위해서는 ① 처분이나 부작위를 대상으로, ② 청구인 적격 있는 자가, ③ 협의의 청구이익이 있는 경우에, ④ 피청구인을 상대로, ⑤ 청구기간 내 청구할 것이 요구된다. 본 사안은 甲의 행정심판청구기간의 준수 여부와 A시장의 甲에 대한 처분통지서상의 오고지의 효과가 문제된다.

Ⅱ 청구기간

1. 원칙

심판청구는 <u>처분이 있음을 알게 된 날로부터 90일 이내,</u> <u>처분이 있었던 날로부터 180일 이내에</u> 청구하여야 한다.[10]

2. 예외

(1) **90일에 대한 예외**

청구인이 천재지변, 전쟁, 사변, 그 밖의 불가항력으로 인하여 처분이 있음을 알게 된 날부터 90일 이내에 심판청구를 할 수 없었을 때에는 그 사유가 소멸한 날부터 14일(국외에서는 30일) 이내에 행정심판을 청구할 수 있다. 이 기간은 불변기간(不變期間)이다.

(2) **180일에 대한 예외**

처분이 있었던 날부터 180일이 경과하더라도 그 기간 내에 심판청구를 제기하지 못한 <u>정당한 사유가</u> 있는 경우에는 예외적으로 심판청구를 할 수 있다.

(3) **오고지의 경우**

행정청이 처분을 하는 경우에는 상대방에게 심판청구기간 등 일정한 사항을 알려야 한다. 행정청이 심판청구기간을 규정된 기간보다 <u>긴 기간으로 잘못 알린 경우</u> 그 잘못 알린 기간에 심판청구가 있으면 그 행정심판은 법정의 기간에 청구된 것으로 본다.

---

10 전자는 불변기간이고 후자는 불변기간이 아니다. 이 두 기간 중 어느 하나라도 도과하면 그 심판청구는 부적법하게 된다.

Ⅲ 사안의 경우(甲의 청구기간 준수 여부)

甲이 처분이 있음을 알게 된 날은 영업정지처분의 통지서를 수령 받은 2020. 4. 9.이다. 그런데 甲은 수령일인 2020. 4. 9.로부터 90일이 경과한 2020. 8. 3.에 취소심판을 청구하였으므로 원칙적인 청구기간을 준수하지 못하였다. 다만, A시장은 甲에게 청구기간을 오고지하였고 甲은 오고지 내용대로 처분이 있음을 안 날부터 120일 이내에 행정심판을 청구하였다. 따라서 甲이 제기한 행정심판은 청구기간을 준수한 적법한 청구이다.

물음 2) (20점)

Ⅰ 문제의 소재

본 사안은 A시장의 영업정지처분은 비례원칙에 위반하여 위법하다는 행정심판위원회판단을 전제로 위원회는 어떤 종류의 재결을 할 수 있는지의 문제이다.

Ⅱ 비례의 원칙

행정목적과 이를 실현하는 수단 사이에는 합리적인 비례관계가 있어야 한다는 것으로 내용으로는 **적**합성의 원칙, **필**요성의 원칙, **상**당성의 원칙이 순차적·단계적으로 검토되어야 한다. 비례의 원칙에 위반된 행정처분은 위법하여 행정쟁송의 대상이 된다.

Ⅲ 재결의 종류

1. 각하재결

심판청구의 요건심리의 결과 그 제기요건이 결여되어 부적법한 청구라는 이유로 본안심리를 거절하는 재결을 말한다.

2. 기각재결

본안심리를 한 후 청구인이 신청한 내용이 이유 없음을 이유로 <u>행정청이 했던 원처분을 그대로 유지</u>하는 재결을 말한다.

3. 사정재결

본안심리 결과 그 심판청구가 이유 있다고 인정하는 경우에도 이를 인용하는 것이 공공복리에 크게 위배된다고 인정할 때에는 그 심판청구를 기각하는 재결이다. 사정재결은 기각재결의 일종이다.

4. 인용재결

(1) 의의

본안심리 결과 심판청구가 이유 있다고 판단하여 <u>청구인의 청구 취지를 받아들이는 내용의 재결</u>을 말한다.

(2) 취소재결·변경재결 및 변경명령재결

① 취소심판에서의 인용재결이다.

② 행정심판위원회는 취소심판의 청구가 이유 있다고 인정하면 그 처분을 취소하는 재결(<u>취소재결</u>-형성재결)을 하거나, 다른 처분으로 변경하는 재결(<u>변경재결</u>-형성재결)을 하거나, 처분청에 대하여 해당처분을 다른 처분으로 변경을 명하는 재결(<u>변경명령재결</u>-이행재결)을 한다.

Ⅳ 사안의 경우

본 사안의 경우 甲이 A시장의 영업정지처분에 대해 취소심판 제기 후 <u>행정심판위원회</u>는 A시장의 영업정지처분은 비례원칙에 위반하여 위법하다고 판단하였으므로 <u>甲의 취소심판청구에 대한 인용재결은 가능</u>하다. 다만, 영업정지처분의 위법사유가 비례의 원칙에 반하는 것이므로 행정심판위원회는 인용재결을 함에 있어 사안의 사실관계에 따라 <u>전부취소재결</u> 또는 <u>일부취소재결</u>을 할 수 있다.

| 문제 2 | 행정사법상 업무신고의 기준과 행정사업무신고확인증에 관하여 설명하시오. (20점)

모범답안

1. 행정사 업무신고 기준

(1) 업무신고

행정사 자격이 있는 사람이 행정사로서 업무를 하려면 주된 사무소의 소재지를 관할하는 시장 등에게 업무신고하여야 한다. 신고한 사항을 변경할 때도 또한 같다.

(2) 업무신고 기준

업무신고를 하기 위해서는 ① **결**격사유에 해당하지 않을 것, ② **실**무교육을 이수했을 것, ③ 행정사 **자**격증이 있을 것, ④ 행정사회에 **가**입했을 것이 요구된다.

2. 행정사 업무신고확인증

(1) 신고확인증의 발급

시장 등은 행정사업무신고를 받은 때에는 그 내용을 확인한 후 <u>신고확인증을 행정사에게 발급</u>하여야 한다. [11]

(2) 신고확인증의 대여 등의 금지

행정사는 다른 사람에게 신고확인증을 대여하여서는 아니 된다. [12]

3. 자격의 취소

행정안전부장관은 행정사가 신고확인증을 양도하거나 대여한 경우 그 자격을 취소하여야 한다. 자격을 취소하려는 경우에는 청문을 하여야 한다.

4. 벌칙과 양벌규정

(1) 벌칙

신고확인증을 다른 자에게 대여한 행정사, 행정사법인과 이를 대여받은 자 또는 대여를 알선한 자는 <u>3년 이하의 징역 또는 3천만원 이하의 벌금</u>에 처한다.

(2) 양벌규정

행정사 또는 행정사법인의 사무직원이나 소속행정사가 행정사 또는 행정사법인의 업무와 관련하여 벌금 이상의 벌칙에 해당하는 위반행위를 하면 그 행위자를 벌하는 외에 그 행정사 또는 행정사법인에도 해당 조문의 벌금형을 과한다. [13]

---

11 신고확인증을 발급받은 사람은 신고확인증을 잃어버리거나 못쓰게 된 경우에는 시장등에게 재발급을 신청할 수 있다.

12 누구든지 다른 사람의 신고확인증을 대여받아 사용하여서는 아니 되며, 신고확인증의 대여를 알선하여서는 아니 된다.

13 다만, 행정사 또는 행정사법인이 그 위반행위를 방지하기 위하여 해당 업무에 관하여 상당한 주의와 감독을 게을리하지 아니한 경우에는 그러하지 아니하다.

부록

| 문제 3 | 비송사건의 제1심법원 재판에 불복하여 항고하는 경우, 항고기간과 항고제기의 효과에 관하여 설명하시오. (20점)

▬▬ 모범답안 ▬▬▬▬▬▬▬▬▬▬▬▬▬▬▬▬▬▬▬▬▬▬▬▬▬▬▬▬▬▬▬▬▬

1. 항고의 의의

비송사건의 항고란 상급법원에 하급법원의 원재판의 취소·변경을 구하는 불복신청을 말한다.

2. 항고권자

재판으로 권리를 침해당한 자이다. 다만, 신청에 의하여서만 재판을 하여야 할 경우에 신청을 각하한 재판에 대하여는 <u>신청인만이 항고할 수 있다.</u>

3. 항고의 제기

(1) 항고방식

법정 기재사항을 기재한 항고장을 원심법원에 제출하여야 한다.

(2) 항고기간

① 보통항고

항고기간의 정함이 없다. 불복의 실익이 있으면 언제든지 제기할 수 있다.

② 즉시항고

㉠ 즉시항고는 <u>재판이 고지된 날로부터 1주일 이내</u>에 하여야 한다. 이 기간은 불변기간으로 한다.

㉡ 기간의 계산은 「민법」의 규정에 따라 초일을 산입하지 아니한다. 그러나 「비송사건절차법」에 특별 규정으로 초일을 산입하는 경우가 있다. [14]

㉢ 즉시항고는 항고기간의 만료로 원심재판은 확정되고 더 이상 불복신청을 할 수 없다.

4. 항고제기의 효과

(1) **확정차단의 효력**

① 보통항고는 항고기간의 제한이 없으므로 재판의 확정차단이라는 문제가 발생하지 않는다. 즉, 원심재 판은 확정된다.

② 즉시항고가 허용되는 재판은 즉시항고로 <u>원심재판의 확정이 차단되는 효력</u>이 발생한다.

(2) **이심(移審)의 효력**

원심법원에 항고의 제기가 있으면 원심재판의 대상인 사건은 항고심에 이심된다.

(3) **집행정지의 효력**

비송사건에서의 <u>항고는 특별한 규정이 있는 경우를 제외하고는 원칙적으로 집행정지의 효력은 없다.</u>

---

14 예를 들어 재판상 대위사건(법 제50조 제3항의 채무자)과 직무대행자상무외 행위허가 신청사건(법 제85조 제2항의 직무대행자)과 같이 특별한 규정이 있는 경우에는 <u>초일을 산입</u>한다.

| 문제 4 | 비송사건의 대리에 관한 다음 물음에 답하시오. (20점)

물음 1) 대리인의 자격 및 대리가 허용되지 않는 경우에 관하여 설명하시오. (10점)

물음 2) 대리권의 증명 및 대리행위의 효력에 관하여 설명하시오. (10점)

모범답안

물음 1) (10점)

1. 비송대리인의 자격

비송대리인의 자격에 관하여는 변호사로 자격을 제한하는 「민사소송법」과 달리 「비송사건절차법」에는 별도의 규정이 없으므로 비송사건의 관계인은 소송능력자에게 비송행위를 대리시킬 수 있다(법 제6조 제1항 본문).

2. 비송대리가 허용되지 않는 경우

(1) 본인출석명령

법원은 직접 본인의 진술을 들어야 할 필요가 있는 때에는 당사자 본인을 출석하도록 명령할 수 있다. 이때에는 대리가 허용되지 아니하고 본인이 직접 출석하여 진술하여야 한다(법 제6조 제1항 단서). 이 경우에는 대리가 허용되지 않는다.

(2) 퇴정명령

법원은 변호사가 아닌 자로서 대리를 영업으로 하는 자의 대리를 금하고 퇴정을 명할 수 있다. 법원의 퇴정명령에 대하여는 불복신청을 할 수 없다(법 제6조 제2항). 이 경우에는 대리가 허용되지 않는다.

물음 2) (10점)

1. 대리권의 증명

(1) 원칙

비송대리인의 수권방식은 자유이나, 대리권의 존재와 범위는 서면으로 증명해야 한다.

(2) 증명방식

① 대리권의 증명서면이 사문서일 때에는 법원은 공증인 또는 공증사무를 행하는 자의 인증을 받을 것을 그 비송대리인에게 명할 수 있다.

② 사문서에 관계공무원 또는 공증인의 인증을 받을 뜻의 명령에 대하여는 불복의 신청을 할 수 없다.

2. 대리행위의 효력

(1) 대리권이 있는 경우

비송대리인이 그 대리권의 범위 내에서 행한 비송행위는 직접 본인에게 효력이 생긴다.

(2) 대리권이 없는 경우

비송대리인으로서 비송행위를 한 자가 무권대리인인 경우에는 그 비송행위는 무효가 되므로 법원은 부적법 각하한다.

행정사실무법 모범답안

| 문제 1 | 甲은 1988. 9. 1. A제철주식회사에 입사하여 발전시설에서 근무하다가 터빈 및 보일러 작동 소음에 장기간 노출되어 우측 청력에 중대한 장애가 발생하였다는 이유로 전보를 요청하였고, 2004. 3. 2. 시약생산과로 전보되어 근무하다가 2009. 2. 6. 퇴사하였다. 甲은 2009. 3. 6. 근로복지공단에 '우측 감각 신경성 난청'에 대한 장해보상청구를 하였는데, 근로복지공단은 2009. 5. 9. 보험급여 청구를 3년간 행사 하지 않아 장해보상청구권이 소멸하였다는 점을 사유로 장해급여 부지급 결정을 甲에게 통보하였다. 甲은 이에 불복하여 근로복지공단에 대한 **심사청구**를 거쳐 산업재해보상보험재심사위원회에 **재심사청구**를 하 였다. 이에 근로복지공단은 甲의 상병이 업무상 재해인 소음성 난청으로 보기 어렵다는 **처분사유를 추가** 하였다. 다음 물음에 답하시오. (40점)

※ 당시 산업재해보상보험법령에 따르면 장해보상청구권은 치유일부터 3년 이내에 행사하여야 하며, 그 <u>치유시기는 해당</u> <u>근로자가 더 이상 직업성 난청이 유발될 수 있는 장소에서 업무를 하지 않게 되었을 때</u>로 한다고 규정하고 있었다.

물음 1) 근로복지공단이 행정심판의 <u>피청구인이 될 수 있는지</u>를 검토하고, 근로복지공단의 <u>심사청구</u> 및 산업재해보상보험재심사위원회의 <u>재심사청구의 법적성질</u>에 관하여 논하시오. (20점)

물음 2) 근로복지공단에 의한 <u>처분사유의 추가가 허용될 수 있는지</u>를 검토하시오. (20점)

모범답안

물음 1) (20점)

Ⅰ 문제의 소재

설문은 근로복지공단의 행정심판청구에서의 피청구인 적격 여부와 「산업재해보상보험법」상의 보험급여 결정에 관한 불복절차인 <u>심사청구</u>와 <u>재심사청구</u>의 법적성질에 대한 논의이다.

Ⅱ 근로복지공단의 피청구인 적격

1. 피청구인 적격

피청구인은 청구인으로부터 행정심판청구를 제기받은 상대방인 당사자를 말한다. 행정심판의 피청구인은 심 판청구의 대상인 처분 또는 부작위를 한 행정청이 된다.

행정청이란 행정에 관한 의사를 결정하고 외부에 표시할 수 있는 권한을 가지는 행정기관을 말한다. 권한의 위임 또는 위탁이 있을 시에는 수임청 또는 수탁청이 행정청이 되며 권한이 다른 행정청에 승계된 때에는 그 권한을 승계한 행정청이 처분청 또는 부작위청이 된다.

2. 근로복지공단의 피청구인 적격 여부

(1) 「산업재해보상보험법」상의 보험급여 결정 등에 관한 불복절차는 <u>심사청구와 재심사청구의 2단계</u>로 이루 어져 있다.

(2) 근로복지공단의 보험급여 결정에 불복하는 자는 1차적으로 근로복지공단에 심사청구를 할 수 있고 근로 복지공단의 결정에 불복하는 자는 2차적으로 산업재해보상보험재심사위원회에 재심사 청구를 할 수 있다.

(3) 사안의 경우에서 <u>근로복지공단은</u> 관련 법령에 따라 <u>고용노동부장관으로부터 권한을 위임</u>받은 수임청으 로서 산업재해보상보험상의 보험급여 결정 등을 하고 그 결정에 대한 불복으로서의 행정심판청구의 상대 방인 피청구인(행정청)이 될 수 있다.

Ⅲ 심사청구와 재심사청구의 법적 성질

1. 「산업재해보상보험법」의 규정

「산업재해보상보험법」은 "심사 및 재심사의 청구에 관하여 같은 법에서 정하고 있지 아니한 사항에 대하여는 「행정심판법」에 따르도록 하고 있고, 재심사의 청구에 대한 재결은 「행정소송법」 제18조를 적용할 때 행정심판에 대한 재결로 본다"라는 규정을 두고 있다. [15]

2. 법적성질

「산업재해보상보험법」상 심사청구는 근로복지공단 내부의 시정절차인 이의신청에 해당하나(판례), 재심사청구의 재결은 「산업재해보상보험법」규정에 따라 행정심판에 대한 재결이 된다. 즉 재심사청구의 법적 성격은 개별법인 「산업재해보상보험법」에 규정된 특별한 행정불복절차로서 특별행정심판에 해당한다.

물음 2) (20점)

Ⅰ 문제의 소재

근로복지공단이 행정심판 계속 중에 처분 당시에 밝힌 처분사유 외의 다른 사유를 추가적으로 주장할 수 있는지의 문제이다.

Ⅱ 처분사유의 추가

1. 의의

처분사유의 추가란 행정청(처분청)이 행정심판의 심리 중에 처분 당시에 밝힌 처분사유 외의 다른 사유를 추가적으로 주장하는 것을 말한다.

2. 인정 여부

(1) 행정청이 심판청구 또는 소송의 계속 중 당해 처분의 적법성을 유지하기 위하여 처분 당시에 제시된 처분사유 이외의 다른 사유를 어느 범위까지 추가할 수 있는지가 문제가 된다.

(2) 학설은 ① 일회적 분쟁해결이라는 소송경제적 측면을 강조하는 긍정설, ② 실질적 법치주의와 상대방의 신뢰보호를 강조하는 부정설, ③ 당초의 처분사유와 기본적 사실관계의 동일성이 인정되는 범위 내에서 제한적으로 인정된다는 제한적 긍정설이 대립된다.

(3) 판례는 처분 시에 존재하였던 사유이고, 당초에 처분의 근거로 삼은 것과 기본적 사실관계의 동일성이 인정되는 범위 내에서 처분사유의 추가를 제한적으로 인정하고 있다.

3. 인정요건

(1) **처분의 기본적 사실관계의 동일성이 유지되어야 한다**
　① 기본적 사실관계의 동일성 유무는 처분사유를 법률적으로 평가하기 이전의 구체적인 사실에 착안하여 그 기초가 되는 기본적 사실관계가 동일한지 여부에 따라 결정된다.
　② 구체적 판단은 시간적·장소적 근접성, 행위의 태양, 결과 등의 제반사정을 종합적으로 고려해야 한다. [16]

(2) **처분 당시에 이미 존재하였던 사유여야 한다**
　추가·변경되는 사유는 처분 당시에 이미 객관적으로 존재하고 있었던 것이어야 하며, 처분 후에 새로 생긴 사실관계나 법률관계는 제외된다. [17]

---

15 「산업재해보상보험법」 제111조 제2항·제3항

16 판례는 당초처분의 근거로 삼은 사유와 기본적 사실관계가 동일성이 있다고 인정되는 한도 내에서만 처분 사유의 추가·변경이 허용된다고 한다.

17 위법성의 판단은 처분시를 기준으로 판단해야 하기 때문이다.

(3) **처분사유의 추가 · 변경은 재결 시까지 하여야 한다**

행정청은 <u>기본적 사실관계의 동일성이 있다고 인정되는</u> 한도 내에서만 다른 처분사유를 추가 변경할 수 있다고 할 것이며 이는 행정심판위원회의 재결까지만 허용된다.

Ⅲ 사안의 해결

(1) 심사청구는 내부의 시정절차인 관계로 <u>기본적 사실관계의 동일성이 인정되지 않는다</u> 하더라도 처분의 적법성과 합목적성을 뒷받침하는 처분사유를 추가할 수 있다. 그러나 본 사안의 경우는 근로복지공단이 심사청구가 아닌 재심사청구(행정심판 단계)의 단계에서 비로소 새로운 처분사유를 추가하였으므로 추가사유와 당초처분의 사유 간의 기본적 사실관계의 동일성 여부는 살펴볼 필요가 있는 것이다.

(2) 사안의 경우 근로복지공단이 심사청구 당시에 처분사유로 주장했던 장해보상청구권의 소멸시효 완성과 재심사청구 당시에 비로소 주장한 甲의 상병이 업무상 재해로 보기 어렵다는 주장은 그 사유가 전혀 다른 별개의 사정으로서 기본적 사실관계의 동일성이 없는 것이다. 따라서 근로복지공단의 처분사유 추가는 허용될 수 없다.

|문제 2| 행정사법령상 행정사법인의 설립과 설립인가의 취소에 관하여 설명하시오. (20점)

모범답안

1. 서설

행정사는 조직적이고 전문적으로 업무를 수행하기 위하여 <u>3명 이상의 행정사를 구성원</u>으로 하는 행정사법인을 설립할 수 있다.

2. 설립절차

행정사법인을 설립하려면 행정사법인의 구성원이 될 행정사가 정관을 작성하여 행정안전부장관의 설립인가를 받아야 하며, 정관상의 주사무소의 소재지에서 설립등기를 함으로써 성립한다.

3. 행정사법인의 설립인가 신청

행정사법인의 설립인가를 받으려는 행정사법인의 구성원이 될 행정사는 행정사법인 <u>설립인가신청서</u>를 행정안전부장관에게 제출하고, 행정안전부장관은 행정사법인의 설립을 인가하는 경우 신청인에게 <u>설립인가증을 발급</u>해야 한다.

4. 행정사법인의 설립등기

행정사법인의 설립등기신청은 법인구성원 전원이 공동으로 신청하되 <u>설립인가증을 받은 날부터 14일 이내에 주사무소 소재지의 관할 등기소</u>에서 해야 한다.

5. 설립인가의 취소

(1) **내용**

행정안전부장관은 행정사법인이 설립인가의 취소사유에 해당하는 경우에는 설립인가를 <u>취소할 수 있다</u>.

(2) **취소사유**

① 거짓이나 그 밖의 **부**정한 방법으로 설립인가를 받은 경우
② 법인구성원에 관한 요건을 6개월 이내에 **보충**하지 아니한 경우
③ 업무정지처분을 받고 그 **업무**정지 기간 중에 업무를 수행한 경우
④ 법령을 **위**반하여 업무를 수행한 경우

(3) **필요적 설립인가 취소**

거짓이나 그 밖의 부정한 방법으로 설립인가를 받은 경우에는 행정안전부장관은 설립인가를 필요적으로 <u>취소하여야 한다</u>.

| 문제 3 | 비송사건절차의 개시유형에 관하여 설명하시오. (20점)

■■■ 모범답안 ■■■

1. 서설

비송사건절차는 당사자의 신청으로 개시되는 <u>신청사건</u>, 검사의 청구로 개시되는 <u>검사청구사건</u>, 법원의 직권으로도 개시되는 <u>직권사건</u>이 있다.

2. 절차개시의 유형

(1) 신청사건

① 신청사건은 당사자의 신청에 의해서만 절차가 개시되는 사건으로 비송사건의 대부분은 신청에 의하여 개시된다.

② 신청사건은 절차의 대상도 신청에 의하여 정해지고, 신청의 취하에 의하여 절차가 종료된다.

(2) 검사청구사건

① 검사의 청구로 절차가 개시되는 사건을 말한다.[18]

② 검사청구사건은 공익에 미치는 영향이 크기 때문에 검사가 공익의 대표자로서 관여하는 것으로 **재**단법인의 정관보충사건, **임**시이사 및 **특**별대리인 선임사건, 청산인의 선임 및 해임사건, 회사의 **해**산명령사건, 외국회사의 **영**업소 폐쇄명령사건 등이 있다.

③ 법원, 공무원 등은 그 직무상 검사의 청구에 의하여 재판을 하여야 할 경우가 발생한 것을 알았을 때에는 이를 관할법원에 대응한 검찰청 검사에게 통지하여야 한다.

(3) 직권사건

과태료 사건과 같이 당사자의 신청이 없더라도 법원이 일정한 처분을 하거나 또는 절차를 개시할 수 있는 사건을 직권사건이라고 한다. 법원의 직권에 의해 개시되는 사건으로는 ① 회사 등 법인에 관한 **청**산인의 선임 또는 해임사건, ② 회사의 **해**산명령사건, ③ **과**태료사건 등이 있다.

---

18 다만, 검사청구사건의 경우 청구권자로 검사만 규정하고 있는 경우는 없고 이해관계인의 청구나 법원의 직권을 절차개시요건으로 함께 규정하고 있다.

| 문제 4 | 비송사건과 민사소송사건의 구별기준 및 차이점에 관하여 설명하시오. (20점)

■■■ 모범답안

1. 구별기준

비송사건이란 소송절차로 처리하지 않고 사권관계의 형성·변경·소멸을 법원이 후견적으로 개입하는 사건이다. 반면, 민사소송사건은 당사자 간의 법적분쟁을 법원이 강제적으로 해결하는 사건이다. 비송사건은 민사소송사건에 비해 법규적용 또는 강제적인 요소를 결여한 재판절차라는 점에서 구별된다.

2. 차이점

(1) 민사소송사건

민사소송은 「민법」·「상법」 등 사법(私法)에 의하여 규율되는 대등한 주체 사이의 신분상 또는 경제상 생활관계에 관한 사건에 관한 소송으로 다음과 같은 특징이 있다.
① 대립하는 이해당사자를 전제로 하는 소의 제기를 통한 분쟁절차
② 공개주의·처분권주의·변론주의원칙과 필요적 변론, 엄격한 증명의 방식
③ 재판의 형식은 판결로 하고, 판결에는 기판력, 기속력 인정
④ 불복방법은 항소와 상고라는 상소
⑤ 변호사만이 소송대리

(2) 비송사건

비송사건은 법원이 후견적으로 개입하여 분쟁을 신속히 해결한다는 점에서 민사소송절차와는 다른 다음의 특징이 있다.
① 이해당사자의 대립구조가 아닌 편면적 구조로 분쟁의 쟁송성이 없는 경우의 존재 가능
② 비공개주의·처분권주의 배제(직권주의)·변론주의 배제(직권탐지주의)의 원칙과 임의적 변론, 자유증명의 방식
③ 재판의 형식은 결정에 의하고 기판력 결여, 기속력이 제한되어 사정변경에 의한 취소나 변경이 가능
④ 불복방법은 항고와 재항고
⑤ 변호사가 아니더라도 비송사건 대리 가능
⑥ 법원이 합목적적 재량을 통해 간이한 절차로 신속하게 탄력적인 결정 가능

행정사실무법 모범답안

| 문제 1 | 甲은 '사실상의 도로'로서 인근 주민들의 통행로로 이용되고 있는 토지(이하 '이 사건 토지'라 한다)를 매수한 다음 관할 구청장 乙에게 그 지상에 주택을 신축하겠다는 내용의 건축허가를 신청하였으나, 乙은 '위 토지가 건축법상 도로에 해당하여 건축을 허용할 수 없다'는 사유로 건축허가를 거부하였다. 이에 甲은 위 거부행위에 대해 취소심판청구 및 집행정지신청을 하였다. 다음 물음에 답하시오. (40점)

물음 1) 乙은 '甲의 건축허가 신청을 거부한 행위는 취소심판의 대상이 되는 거부처분이 아니고, 또 건축허가 거부행위에 대해서는 집행정지가 허용되지 않는다.'고 주장한다. 乙의 주장은 타당한가? (20점)

물음 2) 이 사건 토지는 건축법상 도로에 해당하지 않는다는 이유로 행정심판위원회가 甲의 취소심판청구를 인용하는 재결을 하자 乙은 '이 사건 토지는 인근 주민들의 통행에 제공된 사실상의 도로인데 그 지상에 주택을 건축하여 주민들의 통행을 막는 것은 사회공동체와 인근 주민들의 이익에 반하므로, 甲이 신청한 주택 건축을 허용할 수 없다'는 이유로 다시 건축허가를 거부하였다. 위 재결에도 불구하고 乙이 다시 건축허가를 거부한 것은 적법한가? (20점)

[참고법령] 발췌

※ 「건축법」 제11조【건축허가】 ① 건축물을 건축하거나 대수선하려는 자는 특별자치시장·특별자치도지사 또는 시장·군수·구청장의 허가를 받아야 한다. (단서 생략)

③ 제1항에 따라 허가를 받으려는 자는 허가신청서에 국토교통부령으로 정하는 설계도서 … (생략) … 를 첨부하여 허가권자에게 제출하여야 한다. (단서 생략)

== 모범답안

물음 1) (20점)

Ⅰ 문제의 소재

본 사안의 쟁점은 민원인(甲)의 건축허가 신청을 거부한 행정청(乙)의 행위가 행정심판의 대상이 되는 거부처분에 해당되는지(대상적격) 여부와 그 거부행위에 집행정지가 허용될 수 있는지의 문제이다.

Ⅱ 대상적격 - 거부처분

1. 의의

행정심판은 처분과 부작위를 대상으로 한다. 처분이란 행정청이 행하는 구체적 사실에 관한 법집행으로서의 공권력의 행사 또는 그 거부, 그 밖에 이에 준하는 행정작용을 의미한다.

2. 거부행위의 처분성 인정 여부

(1) 거부처분은 행정청이 사인의 신청행위에 대한 처분을 하지 않겠다는 행정청의 소극적인 의사표시를 말한다.

(2) 판례에 의하면 거부행위가 처분성을 갖기 위해서는 ① 신청한 행위가 공권력의 행사 또는 이에 준하는 작용이어야 하고, ② 거부행위로 인하여 신청인의 법률관계에 어떤 변동을 일으키는 것이어야 하고, ③ 신청인에게 행정행위를 요구할 수 있는 법규상·조리상의 신청권이 있어야만 한다.

3. 사안의 경우

甲의 건축허가 신청행위는 「건축법」에 따른 공권력 행사의 신청이고, 乙의 허가 거부는 甲의 권익(토지이용)에 직접적으로 영향을 주었고, 甲에게는 법규상 건축허가 신청권이 있다는 점에서 본 사안에서의 <u>乙의 거부행위는 거부처분에 해당</u>한다.

Ⅲ 집행정지 허용 여부

1. 의의

집행정지는 처분의 집행 등으로 인하여 중대한 손해가 생길 경우에, 처분의 효력이나 그 집행 또는 절차의 속행의 전부 또는 일부를 잠정적으로 정지하는 제도이다. 본 사안의 경우와 같은 거부처분에 대한 집행정지가 가능한지 문제된다.

2. 거부처분에 대한 집행정지

학설은 긍정설, 부정설, 제한적 긍정설의 대립은 있으나, 판례는 거부처분에 대한 집행정지는 행정청에게 처분을 명하는 결과가 되고, 신청에 대한 거부처분의 효력을 정지하더라도 거부처분이 없었던 것과 같은 상태, 즉 <u>거부처분이 있기 전의 신청시의 상태로 되돌아가는 데에 불과</u>한 것이고 행정청에 대하여 어떠한 처분을 명하는 등 적극적인 상태를 만들어 내는 경우를 포함하지 아니하는 것이므로, 신청인에게 집행정지를 구할 실익이 없다고 하여 부정설의 입장이다.

3. 사안의 경우

판례의 입장에 따라 乙의 건축허가 거부처분에 집행정지를 허용하더라도 신청인 甲에게는 허가신청 이전의 상태가 되는 것에 불과하여 甲의 입장에서는 집행정지를 구할 실익은 없게 된다. 또한 「행정심판법」에는 <u>임시처분이라는 집행정지의 보충적 제도가 존재하므로</u> 거부처분은 집행정지의 대상이 아니라고 보는 점에 비추어 보더라도 거부처분은 집행정지의 대상이 아니다.

Ⅳ 소결

건축허가 신청을 거부한 행위는 행정심판의 대상에 해당하는 거부처분에 해당하므로 乙의 주장 중에서 건축허가 신청을 거부한 행위는 취소심판의 대상이 되는 거부처분이 아니라는 주장은 부당하다. 반면에 거부처분에는 집행정지가 허용되지 않는다는 乙의 주장은 타당하다.

물음 2) (20점)

Ⅰ 문제의 소재

거부처분에 대한 취소심판에서 인용재결이 있었음에도 불구하고 행정청이 인용재결의 취지에 따르지 않는 처분을 하였다면 이는 기속력 위반 여부의 문제가 발생되므로 이에 대한 검토가 필요하다.

Ⅱ 기속력

1. 의의

기속력이란 <u>피청구인인 행정청과 그 밖의 관계 행정청이 재결의 취지에 따르도록 구속하는 효력</u>을 말한다. 재결의 기속력은 인용재결에만 인정되며, 기각 또는 각하재결에는 인정되지 않는다.

2. 기속력의 범위

(1) 주관적 범위

기속력은 피청구인인 행정청과 그 밖의 모든 관계 행정청에 미친다.

(2) **객관적 범위**

① 기속력은 재결의 주문 및 그 전제가 된 요건 사실의 인정과 판단에만 미친다. 따라서 종전 처분이 재결에 의하여 취소되었다 하더라도 종전 처분시와 기본적인 사실관계와 동일하지 아니한 별개의 **다른 사유를** 들어 처분을 하는 것은 **기속력에 저촉되지 않는다**.

② 판례에 따르면 기본적 사실관계의 동일성 인정 여부는 구체적인 사실관계가 동일한지 여부에 따라 결정된다. 구체적 판단은 시간적·장소적 근접성, 행위의 태양, 결과 등의 제반사정을 종합적으로 고려해야 한다.

(3) **시간적 범위**

기속력은 처분 당시를 기준으로 그 당시까지 존재하였던 처분 사유에만 미치고 그 이후에 생긴 사유에는 미치지 않는다.

3. **기속력의 내용**

(1) **반복금지의무**(소극적 의무)

동일한 사정하에서 동일한 처분을 반복할 수는 없다.

(2) **재처분의무**(적극적 의무)

행정청은 지체 없이 그 재결의 취지에 따른 처분을 하여야 한다.

(3) **결과제거의무**(원상회복의무)

위법 또는 부당한 처분에 의해 초래된 상태를 제거해야 할 의무를 진다.

4. **기속력 위반의 효과**

재결의 기속력을 위반하여 동일한 처분을 한 경우 그 처분은 중대하고 명백한 흠이 있는 행위로 무효이다.

Ⅲ **사안의 해결**

기속력의 객관적 범위와 관련해서 당초의 거부처분 사유와 이후의 재거부처분 사유의 기본적 사실관계 동일성 인정 여부에 따라 재거부처분의 기속력 위반 여부가 결정된다.

사안의 경우에 乙이 거부처분 사유로 삼았던 당초의 '건축법상 도로에 해당'한다는 사실과 인용재결 후 재거부처분의 사유인 '사실상 도로에 해당'한다는 사실은 도로의 법적 성질에 관한 평가를 달리 하는 것일 뿐 양자 모두 토지의 이용현황이 도로라는 이유로 주택의 건축을 허용할 수 없다는 기본적 사실관계에서는 양자가 동일하다. 따라서 乙이 다시 甲의 건축허가신청을 거부하여 내린 재거부처분은 동일 당사자에 대하여 동일한 내용의 처분을 하는 것에 해당하므로 인용재결의 기속력에 반하여 위법하다.

|문제 2| 행정사법상 행정사법인의 업무신고 및 그 수리의 거부와 행정사법인의 업무수행방법에 관하여 설명하시오. (단, 행정사법인의 업무신고 기준 및 절차에 관한 것은 제외함) (20점)

■■■ 모범답안

1. 행정사법인의 설립

행정사는 조직적이고 전문적으로 업무를 수행하기 위하여 <u>3명 이상의 행정사를 구성원</u>으로 하는 행정사법인을 설립할 수 있다.

2. 행정사법인업무신고 및 수리거부

(1) 행정사법인이 행정사 업무를 하려면 주사무소의 소재지를 관할하는 시장 등[19]에게 행정사법인 업무신고(법인업무신고) 기준을 갖추어 신고하여야 한다. 신고한 사항을 변경할 때에도 또한 같다.

(2) 시장 등은 법인업무신고를 받은 때에는 그 내용을 확인한 후 <u>법인업무신고확인증을 행정사법인에 발급</u>하여야 한다.

(3) 시장 등은 법인업무신고를 하려는 자가 법인업무신고 기준을 갖추지 아니한 경우에는 그 법인업무신고의 수리를 거부할 수 있다.

(4) 시장 등이 업무신고를 받은 날부터 3개월이 지날 때까지 ① 법인업무신고확인증을 발급하지 아니하거나 ② 법인업무신고의 수리거부 통지를 하지 아니하면 3개월이 되는 날의 다음 날에 법인업무신고가 수리된 것으로 본다.

3. 이의신청

(1) 법인업무신고의 수리가 거부된 자는 그 통지를 받은 날부터 3개월 이내에 법인업무신고의 수리거부에 대한 불복의 이유를 밝혀 시장 등에게 이의신청을 할 수 있다.

(2) 시장 등은 이의신청이 이유 있다고 인정하면 법인업무신고확인증을 발급하여야 한다.

4. 행정사법인의 업무수행방법

(1) 행정사법인은 법인의 명의로 업무를 수행하여야 하며, <u>수임한 업무마다 그 업무를 담당할 법인구성원 또는 소속행정사를</u> 지정하여야 한다.

(2) 소속행정사를 담당행정사로 지정할 경우에는 <u>법인구성원과 공동으로 지정하여야 한다.</u> 담당행정사를 지정하지 아니한 경우에는 <u>법인구성원 모두를 담당행정사로 지정한 것</u>으로 본다.

(3) 담당행정사는 지정된 업무에 관하여 <u>그 법인을 대표</u>한다.

(4) 행정사법인이 그 업무에 관하여 작성하는 서면에는 <u>행정사법인의 명의를 표시하고 담당행정사가 기명날인</u>하여야 한다.

---

19 특별자치시장, 특별자치도지사, 시장, 군수 또는 자치구의 구청장을 말한다.

| 문제 3 | 비송사건절차법상 기일에 관하여 설명하시오. (20점)

모범답안

1. 비송사건

비송사건이란 법원의 관할에 속하는 민사사건 중 소송절차로 처리하지 않고 사권관계의 형성·변경·소멸에 법원이 후견적 입장에서 관여하는 사건을 말한다.

2. 기일

(1) 의의

기일이란 비송사건절차에 관하여 법원, 당사자, 그 밖의 관계인이 일정한 장소에 모여 비송행위를 하는 시간을 말한다. 비송사건의 기일에는 심문기일과 증거조사기일이 있다.

(2) 기일의 지정 및 기일의 변경·연기·속행

① 기일의 지정은 직권으로 또는 당사자의 신청에 따라 재판장이 한다.

② 기일의 변경·연기·속행은 모두 법원이 직권으로 행한다.

(3) 기일의 통지

기일은 기일통지서의 송달에 의하여 통지하되, 그 사건으로 출석한 사람에게는 기일을 직접 고지하면 족하다.

(4) 검사에 대한 심문기일의 통지

법원은 심문기일을 검사에게 통지하여 검사가 심문에 참여할 수 있도록 하여야 한다.

| 문제 4 | 비송사건의 재량이송과 그 이송재판의 효력에 관하여 설명하시오. (20점)

모범답안

1. 서설

토지관할이란 소재지를 달리하는 동종 심급의 **법원** 간의 **사건**의 **분**담 관계를 정해 놓은 것이고, 우선관할은 관할법원이 여러 개인 경우에 **최**초로 사건을 **신**청받은 법원이 그 사건을 관할하는 것을 말한다.

2. 재량이송

우선관할에 의하여 정해진 법원이 사건을 심리하는 것이 부적당한 경우 그 법원은 신청 또는 직권으로 적당하다고 인정하는 다른 법원에 이송할 수 있다. 신청에 의한 이송은 <u>신청이송</u>이고 직권에 의한 이송을 <u>재량이송</u>이라 한다.

3. 이송재판의 효력

(1) 사건을 이송받은 법원은 이송결정에 따라야 하고, 사건을 다시 다른 법원에 이송하지 못한다.

(2) 이송결정이 확정되면 사건은 처음부터 이송받은 법원에 계속된 것으로 본다.

(3) 이송결정이 확정되면 결정의 정본을 소송기록에 붙여 이송받을 법원 등에게 보내야 한다.

(4) 이송재판으로 권리를 침해받은 자는 항고할 수 있다.

4. 기타

(1) **관할위반의 이송**

「비송사건절차법」에는 이에 대한 명문의 규정은 없으나, 판례는 민사소송으로 소를 제기하여야 할 것을 비송사건으로 신청하였다면 부적합한 신청으로 각하하여 이송을 부정하는 입장이다.

(2) **적용범위**

「비송사건절차법」 총칙편의 규정은 법원의 관할에 속하는 비송사건 중 이 법 또는 그 밖의 다른 법령에 특별한 규정이 있는 경우를 제외한 모든 사건에 적용된다.

부록

행정사실무법 모범답안

| **문제1** | A시의 공공주택난을 해소하기 위한 청년대상 공공아파트 1개동을 건설하기 위하여 甲은 시장 乙에게 주택건설사업계획승인신청을 하였다. 이 신청에 대하여 乙은 관계법령에 따라 아파트 건설이 가능하다고 구술로 답을 하였다. 그러나 乙의 임기 만료 후에 새로 취임한 시장 丙은 공공아파트 신축예정 지역 인근에 시 지정 공원이 있어 아파트 건설로 A시의 환경, 미관 등이 손상될 우려가 있다는 이유로, 주택건설사업계획 승인신청을 반려하는 처분(이하 '이 사건 반려처분'이라 한다)을 하였다. 甲은 이에 불복하여 이 사건 반려처분의 취소를 구하는 행정심판청구 및 집행정지신청(이하 '이 사건 취소심판'이라 한다)을 하였다. 다음 물음에 답하시오. (40점)

물음 1) 이 사건 취소심판에서 집행정지의 인용 여부를 검토하시오. (20점)

물음 2) 丙은 이 사건 취소심판에 대한 인용재결이 있었음에도 불구하고 이 사건 반려처분에 대하여 아무런 조치를 취하지 않았다. 이때 甲이 취할 수 있는 행정심판법상 구제수단에 관하여 설명하시오. (20점)

모범답안

물음 1) (20점)

I 문제의 소재

본 사안의 쟁점은 민원인(甲)의 주택건설사업계획승인신청을 거부한 시장 丙의 반려처분이 거부처분에 해당되는지 여부와 그 반려처분에 대한 집행정지 인용 여부의 문제이다.

II 시장 丙의 주택건설사업계획 승인신청 반려처분이 거부처분에 해당되는지 여부

1. 반려처분의 의미

반려처분은 민원인의 신청행위에 대한 처분을 하지 않겠다는 행정청의 소극적인 의사표시로서 거부행위이다. 반려처분은 거부처분에 해당되어 행정심판이나 항고소송의 대상이 된다.

2. 거부행위(반려처분)의 처분성 인정 여부

판례에 의하면 거부행위(반려처분)가 처분성을 갖기 위해서는 ① 신청한 행위가 **공권력**의 행사 또는 이에 준하는 작용이어야 하고, ② 거부행위로 인하여 신청인의 **법률관계**에 어떤 변동을 일으키는 것이어야 하며, ③ 신청인에게 행정행위를 요구할 수 있는 법규상·조리상의 **신청권**이 있어야만 한다.

3. 사안의 경우

丙의 반려처분은 처분에 해당되고, 丙의 반려처분으로 甲의 법률관계에 변동이 초래되었고, 甲에게는 관계법령에 따라 주택건설사업계획승인신청권이 있다는 점에서 시장 丙의 거부행위(반려처분)는 거부처분에 해당한다.

III 집행정지 허용 여부

1. 의의

집행정지는 **처분**의 **집행** 등으로 인하여 **중대한 손해**가 생길 경우에, 처분의 효력이나 그 집행 또는 절차의 속행의 전부 또는 일부를 잠정적으로 정지하는 제도이다. 본 사안의 경우에 거부처분(반려처분)에 대한 집행정지가 가능한지 문제된다.

2. 집행정지의 요건

(1) 적극적 요건(법 제30조 제2항)

① 본안심판이 **계**속되어 있어야 하고, ② 집행정지대상인 **처**분이 존재하고, ③ **중**대한 손해가 생길 우려가 있고, ④ 예방할 필요성이 긴**급**한 경우이어야 한다.

(2) 소극적 요건(법 제30조 제3항)

① **공**공복리에 중대한 영향을 미칠 우려가 없어야 하며, ② 본안청구의 인**용**가능성이 있어야 한다.

3. 거부처분에 대한 집행정지

학설은 긍정설,[20] 부정설,[21] 제한적 긍정설[22]이 대립하고 있으나, 판례는 거부처분에 대한 집행정지는 행정청에게 처분을 명하는 결과가 되고, 신청에 대한 거부처분의 효력을 정지하더라도 거부처분이 없었던 것과 같은 상태, 즉 거부처분이 있기 전의 신청시의 상태로 되돌아가는 데에 불과한 것이고 행정청에 대하여 어떠한 처분을 명하는 등 적극적인 상태를 만들어 내는 경우를 포함하지 아니하는 것이므로, 신청인에게 집행정지를 구할 실익이 없다고 하여 부정설의 입장이다.

4. 사안의 경우

판례의 입장에 따라 丙의 반려처분에 집행정지를 허용하더라도 신청인 甲에게는 승인신청 이전의 상태가 되는 것에 불과하여 甲의 입장에서는 집행정지를 구할 실익은 없게 된다. 또한 「행정심판법」에는 임시처분이라는 집행정지의 보충적 제도가 존재하므로 거부처분은 집행정지의 대상이 아니라고 보는 점에 비추어 보더라도 거부처분은 집행정지의 대상이 아니다.

Ⅳ 소결

丙의 주택건설사업계획 승인신청에 대한 반려처분은 행정심판의 대상에 해당하는 거부처분에는 해당하나, 丙의 이 사건 반려처분에는 집행정지가 허용되지 않는다. 따라서 이 사건 취소심판에서 집행정지는 인용되지 않는다.

물음 2) (20점)

Ⅰ 문제의 소재

처분에 대한 취소심판에서 인용재결이 있었음에도 불구하고 행정청이 인용재결의 취지에 따른 아무런 후속조치가 없는 경우, 재결의 실효성 확보수단이 무엇이고 특히 간접강제신청을 할 수 있는지 여부가 문제된다.

Ⅱ 취소심판에서 인용재결이 있는 경우

취소심판에서 거부처분의 취소재결이 있는 경우 「행정심판법」 개정 전에는 재처분의무 인정 여부에 대해 견해 대립이 있었고 긍정설(판례 포함)에 의하더라도 간접강제가 인정되지 않아 권리구제의 한계가 있었다. 또한 의무이행심판에서 인정되는 직접처분도 취소심판에서는 인정되지 않아서 행정청의 계속되는 미조치에 대해서 청구인이 취할 수 있는 권리구제수단은 없었다. 그러나 개정 「행정심판법」에서는 재처분의무와 간접강제를 명문으로 인정하고 있다.[23]

---

[20] 집행정지가 허용되면 행정청에게 사실상의 구속력을 갖게 된다.

[21] 집행정지를 인정한다 하여도 신청인의 지위는 거부처분이 없는 상태로 돌아가는 것에 불과하다.

[22] 원칙적으로 부정이나 사안에 따라서는 거부처분이 행하여지지 아니한 상태로 복귀됨에 따라 신청인에게 어떠한 법적 이익이 있다고 인정되는 경우에 한해 인정

[23] 甲의 심판청구을 인용하는 취소재결이 있는 경우 종전 「행정심판법」은 취소소송에서 취소판결이 있는 경우와는 달리 행정청의 재처분의무 및 재처분의무의 불이행시 간접강제제도를 명문으로 규정하고 있지 않아 재처분의무의 인정 여부에 대해서는 견해가 대립했으며 판례는 긍정설의 입장이었다. 그러나 재처분의무를 인정하더라도 간접강제가 인정되지 않아서 권리구제에 한계가 있었다. 2017년 개정 「행정심판법」은 재처분의무와 간접강제를 명문으로 인정하여 이러한 문제가 입법적으로 해결되었다.

Ⅲ 간접강제

행정심판의 인용재결에 따른 행정청의 **재**처분의무에도 불구하고 행정청이 이에 따른 처분을 하지 아니하면 행정심판위원회는 청구인의 신청에 의하여 결정으로 상당한 기간을 정하고 피청구인이 그 기간 내에 이행하지 아니하는 경우에 그 지연기간에 따라 일정한 배상을 하도록 명하거나 즉시배상을 할 것을 명할 수 있다. 간접강제는 인용의 실효성을 확보하기 위한 행정심판 작용이며 동시에 직접처분의 한계를 보완한다.

Ⅳ 간접강제의 요건 및 절차

1. 요건

(1) 인용재결(거부처분에 대한 취소재결, 무효등 확인심판 인용재결, 의무이행심판의 처분명령재결, 절차상 위법·부당을 이유로 하는 취소재결)이 있을 것

(2) 행정청이 **재**처분의무를 불이행할 것

(3) 청구인이 행정심판위원회에 간접강제를 **신**청할 것

(4) 행정심판위원회가 결정으로 **상**당한 기간을 정할 것

(5) 행정청이 그 **기**간 내에 이행하지 아니할 것

2. 절차

(1) 청구인의 간접강제의 신청이 있어야 한다.

(2) 행정심판위원회는 간접강제결정을 하기 전에 신청 상대방의 의견을 들어야 한다.

(3) 행정심판위원회는 간접강제 신청에 대한 심리·결정을 하면 지체 없이 당사자에게 결정서 정본을 송달하여야 한다.

Ⅴ 사안의 해결

丙의 반려처분을 취소하는 인용재결이 있으면 피청구인 丙에게 인용재결의 취지에 따라 이전의 신청에 대한 처분을 하여야 하는 재처분의무가 발생한다. 본 사안의 경우에서 丙이 인용재결에 따른 재처분의무에도 불구하고 반려처분에 대하여 아무런 조치를 취하지 않고 있으므로 甲은 행정심판위원회에 간접강제신청을 할 수 있다.

|문제 2| 행정사법상 행정사의 자격취소와 업무정지에 관하여 설명하시오. (20점)

모범답안

1. 자격의 취소

(1) 취소사유

① 거짓이나 그 밖의 **부**정한 방법으로 행정사 자격을 취득한 경우

② 신고확인증을 **양**도하거나 대여한 경우

③ 업**무**정지처분을 받고 그 업무정지 기간에 행정사 업무를 한 경우

④ 「행정사법」을 위반하여 징**역**형이 확정된 경우

(2) 청문

행정안전부장관은 행정사가 자격 취소사유에 해당하는 경우에는 그 자격을 취소하여야 하며, 자격을 <u>취소하려는 경우에는 청문</u>을 하여야 한다.

2. 업무의 정지

(1) 절차

행정사사무소(행정사합동사무소 또는 행정사법인의 경우에는 주사무소)의 소재지를 관할하는 시장등은 행정사 또는 행정사법인이 <u>업무정지사유에 해당하는</u> 경우에는 <u>6개월의 범위에서</u> 기간을 정하여 <u>업무의 정지</u>를 명할 수 있다.

(2) 정지사유

① 행정사가 **두** 개 이상의 사무실을 설치한 경우

② 행정사합동사무소를 구성하는 행정사 또는 법인구성원이 **상**근하지 아니한 경우

③ 행정사 또는 행정사법인이 3개월이 넘도록 휴업하고자 하는 때에 **휴**업신고를 하지 아니한 경우

④ 행정사 또는 행정사법인이 위임인으로부터 보수 **외**에 금전 또는 재산상 이익이나 그 밖의 반대급부를 받은 경우

⑤ 행정사법인의 소속행정사 및 법인구성원이 **따**로 사무소를 둔 경우

⑥ 행정사 또는 행정사법인이 <u>감독상 명령에 따른 보고</u> 또는 업무처리부 자료 제출 등의 명령에 따르지 아니하거나 검사 또는 질문을 거부·방해 또는 기피한 경우

(3) 제척기간

업무정지처분은 <u>그 사유가 발생한 날부터 3년이 지나면 할 수 없다.</u>

부록

| 문제 3 | 비송사건의 토지관할과 이송에 관하여 설명하시오. (20점)

모범답안

1. 토지관할

(1) 의의

토지관할이란 소재지를 달리하는 동종 심급의 **법원** 간의 **사건**의 **분담** 관계를 정해 놓은 것으로, 전국에 설치되어 있는 같은 심급의 법원 상호간의 지역에 따른 사건의 관할 문제를 말한다.

(2) 원칙

「비송사건절차법」은 비송사건의 토지관할에 관한 일반적 규정을 두지 않고, 개별적으로 토지관할을 규정하고 있다.

(3) 특칙

① 대한민국에 주소가 없을 때 또는 대한민국 내의 주소를 알지 못할 때에는 거소지의 지방법원이 사건을 관할한다.

② 거소가 없을 때 또는 거소를 알지 못할 때에는 마지막 주소지의 지방법원이 관할한다.

③ 마지막 주소가 없을 때 또는 그 주소를 알지 못할 때에는 재산이 있는 곳 또는 대법원이 있는 곳을 관할하는 지방법원이 관할한다.

2. 이송

(1) 의의

우선관할에 의하여 정해진 법원이 사건을 심리하는 것이 부적당한 경우 그 법원은 신청 또는 직권으로 적당하다고 인정하는 다른 법원에 이송할 수 있다. 신청에 의한 이송은 <u>신청이송</u>이고 직권에 의한 이송은 <u>재량이송</u>이라 한다.

(2) 이송(재판)의 효력

① 사건을 이송받은 법원은 이송결정에 따라야 하고, 사건을 다시 다른 법원에 이송하지 못한다.

② 이송결정이 확정되면 사건은 처음부터 이송받은 법원에 계속된 것으로 본다.

③ 이송결정이 확정되면 결정의 정본을 소송기록에 붙여 이송받을 법원 등에게 보내야 한다.

(3) 불복

이송재판으로 권리를 침해받은 자는 항고할 수 있다.

(4) 관할위반의 이송

「비송사건절차법」에는 이에 대한 명문의 규정은 없으나, 판례는 민사소송으로 소를 제기하여야 할 것을 비송사건으로 신청하였다면 부적합한 신청으로 각하한다는 입장이다.

|문제 4| 비송사건 재판에 대한 항고의 종류와 효과를 설명하시오. (20점)

■■■ 모범답안 ■■■

1. 항고의 의의

비송사건의 항고란 상급법원에 하급 법원의 원재판의 취소·변경을 구하는 불복신청을 말한다. 비송사건의 재판에 대한 불복은 항고 이외의 방법은 인정되지 않는다.

2. 항고의 종류

(1) **보통항고(=통상항고)**

① 기간의 제한이 없는 항고로서 별도의 법률 규정이 없어도 신청의 이익이 있는 한 어느 때나 제기할 수 있다.

② 비송사건에서의 항고는 **보통항고가 원칙**이다.

③ 항고법원의 재판은 이유를 붙인 결정으로써 하여야 한다.

(2) **즉시항고**

① 기간의 제한이 있는 항고로 재판의 고지일로부터 1주일 이내에 하여야 하며, 그 기간은 불변기간이다.

② 즉시항고는 법률에 즉시항고할 수 있다는 명문규정이 있어야만 제기할 수 있다.

③ 즉시항고를 하게 되면 원심재판은 확정이 차단되며, 즉시항고로써 불복을 할 수 있는 재판은 이를 취소하거나 변경할 수 없다.

④ 항고법원의 재판은 이유를 붙인 결정으로써 하여야 한다.

(3) **재항고**

재항고는 항고법원의 결정 등에 대한 항고이다. 재항고는 재판에 영향을 미친 헌법·법률·명령 또는 규칙의 **위반**을 이유로 드는 때에만 대법원에 제기할 수 있다.

(4) **특별항고**

불복할 수 없는 결정이나 명령에 대하여 재판에 영향을 미친 「헌법」 위반이 있거나, 재판의 전제가 된 명령·규칙·처분의 「헌법」 또는 법률의 위반 여부에 대한 판단이 **부당**하다는 것을 이유로 하는 때에만 대법원에 제기하는 항고이다.

3. 항고의 효과

(1) **확정차단의 효력**

① 보통항고

보통항고는 항고기간의 제한이 없으므로 재판의 확정차단이라는 문제도 생기지 않는다. 즉 원심재판은 확정된다.

② 즉시항고

즉시항고를 허용하는 재판에 있어서는 즉시항고로 원심재판의 확정은 차단된다.

(2) **이심의 효력**

원심법원에 항고의 제기가 있으면 원심재판의 대상인 사건은 항고심에 이심된다.

(3) **집행정지의 효력**

비송사건에서의 항고는 특별한 규정이 있는 경우를 제외하고는 원칙적으로 집행정지의 효력은 없다.

행정사실무법 모범답안

| 문제 1 | 甲은 자신이 소유한 토지에 주택을 건축하기 위하여 관할 행정청인 구청장 乙에게 토지형질변경허가를 신청하였으나 乙은 이 토지가 그 지형조건 등에 비추어 주택을 건축하기에 매우 부적법하다는 점을 이유로 허가를 거부하였다. 다음 물음에 답하시오. (40점)

물음 1) 乙의 거부행위가 행정심판의 대상이 되는지 그 요건을 검토하고, 乙의 거부행위에 대한 불복방법으로서 적합한 행정심판의 유형에 관하여 설명하시오. (20점)

물음 2) 甲은 위 거부행위에 대하여 관할 행정심판위원회에 행정심판을 제기하였고 그 결과 인용재결이 내려졌다. 그런데 乙은 이 토지는 도시계획변경을 추진 중이므로 공공목적상 원형유지의 필요가 있는 지역으로서 법령에서 정하고 있는 다른 불허가 사유에 해당한다는 이유로 불허가 처분을 하였다. 乙의 거부행위가 법적으로 정당한지를 설명하시오. (20점)

━━ **모범답안** ━━━

물음 1) (20점)

I 문제의 소재

본 사안은 甲의 토지형질변경허가신청에 대한 구청장 乙의 거부행위가 행정심판의 대상이 되는 거부처분에 해당되는지 여부, 거부처분에 해당한다면 甲이 청구할 수 있는 행정심판의 적합한 유형에 대한 문제이다.

II 대상적격

1. 행정심판 대상

행정심판은 처분과 부작위를 대상으로 한다. 처분이란 행정청이 행하는 구체적 사실에 관한 법집행으로서의 공권력의 행사 또는 그 거부, 그 밖에 이에 준하는 행정작용을 의미한다.

2. 乙의 거부행위가 행정심판의 대상인 거부처분이 되기 위한 요건

거부행위가 행정심판의 대상이 되는 처분이 되기 위해서는 ① 신청한 행위가 **공권력**의 행사 또는 이에 준하는 행정작용이어야 하고 ② 그 거부행위가 신청인의 **법률관계**에 어떤 변동을 일으키는 것이어야 하며 ③ 신청인에게 행정행위를 요구할 수 있는 법규상 또는 조리상의 **신청권**이 있을 것이 요구된다.

3. 사안의 경우

乙의 거부행위는 토지형질변경을 전제로 하는 주택신축이 불가능하다는 점에서 법률관계에 변동을 일으키는 공권력의 행사에 해당된다. 또한 甲에게는 관련법률에 의하여 신청권을 인정할 수 있다는 점에서 乙의 거부행위는 거부처분으로 행정심판의 대상이 된다.

III 거부처분에 대한 행정심판의 종류

1. 거부처분취소심판

취소심판은 행정청의 위법 또는 부당한 처분의 **취소** 또는 **변경**을 구하는 행정심판을 말한다. 거부처분도 「행정심판법」상 처분에 해당하며, 거부처분을 취소하는 재결이 있는 경우 재처분의무가 인정되므로 취소심판의

대상이 된다. <u>甲은 거분처분취소심판을 청구할 수 있다.</u> [24]

2. 무효확인심판

무효확인심판은 행정청의 처분의 효력 또는 존재 여부에 대해 확인을 구하는 행정심판을 말한다. 형질변경허가신청 거부행위에 중대명백한 하자가 있다면 그 거부처분에 대해서 무효확인심판을 청구할 수도 있다.

3. 의무이행심판

의무이행심판은 당사자의 **신**청에 대한 행정청의 위법 또는 부당한 거**부**처분이나 부작위에 대하여 일정한 **처**분을 하도록 하는 행정심판이므로, 거부처분은 의무이행심판의 대상이 된다.

Ⅳ 사안의 경우

甲은 거부행위에 대한 불복방법으로 의무이행심판과 위법성의 정도에 따라 취소심판 또는 무효확인심판을 모두 청구할 수 있다. 거부처분에 대해 재결의 모순·저촉을 방지하기 위해 취소심판과 의무이행심판을 함께 청구할 경우 필요적으로 병합하여 심리·재결을 하여야 한다.

물음2) (20점)

Ⅰ 문제의 소재

토지형질변경허가거부처분의 취소재결이 확정되면 기속력이 발생하여 乙은 인용재결의 취지에 따른 재처분의무를 진다. 그런데 乙은 해당 토지는 도시계획변경을 추진 중이므로 공공목적상 원형유지의 필요가 있는 지역으로서 법령에서 정하고 있는 다른 불허가 사유에 해당한다는 이유로 재차 불허가처분을 하였는 바, <u>이는 기속력에 반하는지 여부</u>의 문제이다.

Ⅱ 취소재결의 기속력과 재처분의무

1. 기속력의 의의

취소재결의 기속력이란 <u>피청구인인 행정청과 그 밖의 관계 행정청이 재결의 취지에 따르도록 구속하는 효력</u>을 말한다. 재결의 기속력은 인용재결에만 인정되며, 기각 또는 각하재결에는 인정되지 않는다.

2. 기속력의 범위(한계)

(1) 주관적 범위

기속력은 피청구인인 행정청과 그 밖의 모든 관계 행정청에 미친다.

(2) 객관적 범위

① 기속력은 재결의 주문 및 그 전제가 된 요건 사실의 인정과 판단에만 미친다. 따라서 종전 처분이 재결에 의하여 취소되었다 하더라도 종전 처분시와 기본적인 사실관계와 동일하지 아니한 별개의 **다른 사유**를 들어 처분을 하는 것은 **기속력에 저촉되지 않는다.**

② 판례에 따르면 **기본적 사실관계의 동일성** 인정 여부는 구체적인 사실관계가 동일한지 여부에 따라 결정된다.

(3) 시간적 범위

기속력은 처분 당시를 기준으로 그 당시까지 존재하였던 처분 사유에만 미치고 그 이후에 생긴 사유에는 미치지 않는다.

---

[24] 甲의 심판청구를 인용하는 취소재결이 있는 경우 종전 「행정심판법」은 취소소송에서의 취소판결이 있는 경우와는 달리 <u>행정청의 재처분의무 및 재처분의무의 불이행시 간접강제제도를 명문으로 규정하고 있지 않아</u> 재처분의무의 인정 여부에 대해서는 견해가 대립했으며 판례는 긍정설의 입장이었다. 그러나 재처분의무를 인정하더라도 간접강제가 인정되지 않아서 권리구제에 한계가 있었다. <u>2017년 개정 「행정심판법」은 재처분의무와 간접강제를 명문으로 인정하여</u> 이러한 문제가 입법적으로 해결되었다.

3. 기속력의 내용

소극적 효력으로서 반복금지효가 있으며, 적극적 효력으로 재처분의무와 결과제거의무가 있다. 재처분의무는 거부처분 취소재결이 있는 경우의 재처분의무(행정심판법 제49조 제2항), 처분명령재결에 따른 재처분의무(행정심판법 제49조 제3항), 신청에 따른 처분이 절차의 위법을 이유로 취소되는 경우의 재처분의무(행정심판법 제49조 제4항)가 있다.

Ⅲ 사안의 해결

거분처분취소재결이 확정되어 기속력이 발생하더라도 기본적 사실관계의 동일성이 없는 별개의 다른 사유를 들어 동일한 내용의 처분을 하는 것은 기속력에 반하지 않는다. 구청장 乙이 토지형질변경허가신청을 거부하면서 해당 토지가 지형조건 등에 비추어 주택을 건축하기에 매우 부적합하다는 당초 제시한 거부사유와 도시계획변경을 추진 중이므로 공공목적상 원형유지의 필요가 있는 지역이라는 제거부사유는 기본적 사실관계의 동일성이 인정되지 않는 별개의 다른 사실이다. 따라서 구청장 乙이 주장하는 법령에서 정하고 있는 다른 불허가 사유가 타당하다면 乙의 재거부처분은 정당한 처분에 해당된다.

| 문제 2 | 행정사법령상 일반행정사가 다른 사람의 위임을 받아 수행하는 업무에 관하여 설명하시오.
(20점)

■■ 모범답안 ■■■■■■■■■■■■■■■■■■■■■■■■■■■■■■■■■■

1. 서설

「행정사법」은 행정사 제도를 확립하여 행정과 관련한 국민의 편익을 도모하고 행정제도의 건전한 발전에 이바지함을 목적으로 한다.

2. 행정사의 업무범위

행정사는 다른 사람의 위임을 받아 다음의 업무를 수행한다. 다만, 다른 법률에 따라 제한된 업무는 할 수 없다.

(1) 행정기관에 제출하는 **서류**의 작성
  ① 진정·건의·질의·청원 및 이의신청에 관한 서류
  ② 출생·혼인·사망 등 가족관계의 발생 및 변동 사항에 관한 신고 등의 각종 서류

(2) 권리·의무나 사실증명에 관한 서류의 **작성**
  ① 각종 계약·협약·확약 및 청구 등 거래에 관한 서류
  ② 그 밖에 권리관계에 관한 각종 서류 또는 일정한 사실관계가 존재함을 증명하는 각종 서류

(3) 다른 사람의 위임에 따라 작성한 서류의 **제**출대행

(4) 인가·허가 및 면허 등을 받기 위하여 행정기관에 하는 <u>신청·청구 및 신고 등의 **대**리</u>(代理)

(5) 행정 관계 법령 및 행정에 대한 **상**담 또는 자문에 대한 응답

(6) 법령에 따라 위탁받은 사무의 **사**실조사 및 확인

3. 행정사가 아닌 사람에 대한 금지사항

(1) 행정사가 아닌 사람은 다른 법률에 따라 허용되는 경우를 제외하고는 행정사의 업무를 업으로 하지 못한다.

(2) 행정사가 아닌 사람은 행정사 또는 이와 비슷한 명칭을 사용하지 못한다.

(3) 다른 법률에 따라 허용되는 경우를 제외하고 행정사가 아닌 사람이 행정사의 업무를 업으로 한 자는 3년 이하의 징역 또는 3천만원 이하의 벌금에 처한다.

부록

| 문제 3 | 비송사건절차에서의 사실인정의 원칙과 방법에 관하여 설명하시오. (20점)

▒▒▒ 모범답안 ▒▒▒

1. 사실인정에 관한 원칙

(1) 절대적 진실발견주의
「비송사건절차법」은 사실인정에 대해 절대적 진실발견주의를 채택하여 법원은 자유로운 방법으로 사실조사를 하여 객관적 · 실체적 진실발견을 할 수 있다.

(2) 당사자의 처분권배제
비송사건절차에 있어서 사실인정은 법원의 직권으로만 행해지므로 민사소송에서의 처분권주의는 인정되지 않는다. 따라서 청구의 포기 · 인낙은 부정되고 당사자의 자백에 법원은 구속되지 않는다.

(3) 직권탐지주의
① 법원은 직권으로 <u>사실의 탐지</u>와 필요하다고 인정하는 <u>증거의 조사</u>를 하여야 한다.
② 소송에서는 소송자료의 수집과 제출책임이 당사자에게 있지만(＝변론주의), 비송사건의 심리에 있어 사실발견을 위한 자료 수집의 책임과 권능은 법원에 있다.

2. 사실인정의 방법

(1) 특징
사실인정의 방법으로 사실의 탐지와 증거조사 2가지 방법이 있다.

(2) 사실의 탐지
① 사실의 탐지는 <u>법원이 자료를 수집하고 사실을 인정하는 방법 중 증거조사를 제외한 것</u>을 말한다.
② 법원은 당사자가 주장하지 않은 사실도 직권으로 수집하여 판결의 기초로 삼아야 한다. 그러나 이러한 <u>수집의무는 무제한적인 것이 아니라 기록에 나타난 사실에 한한다는 것</u>이 판례의 태도이다.

(3) 증거조사
① 「민사소송법」은 증거조사로 **증**인, **검**증, **감**정, **서**증과 **당**사자본인심문 등 5가지 방법을 규정하고 있으나, 「비송사건절차법」은 이 중에서 **인증**(증인심문)과 **감정**에 관해서만 「민사소송법」 규정을 준용하고 있다.
② 따라서 비송사건의 증거조사 방법으로는 인증(증인심문)과 감정이 있다. 증인과 감정인을 심문하는 때에는 비공개로 진행되며, 필요적으로 조서를 작성하여야 한다.

(4) 촉탁
사실의 탐지 및 증거조사를 다른 지방법원 판사에게 촉탁할 수 있다.

(5) 사실인정을 위한 심증의 정도
비송사건에서의 사실인정은 원칙적으로 자유로운 방식의 증명은 필요하나 특별히 소명만을 요구하는 경우도 있다. 소명이 부족한 경우에는 법원은 신청을 배척한다.

| 문제 4 | 비송사건절차의 종료 원인에 관하여 설명하시오. (20점)

■■■ 모범답안 ■■

1. 비송사건

비송사건이란 법원의 관할에 속하는 민사사건 중 소송절차로 처리하지 않고 사권관계의 형성·변경·소멸에 법원이 후견적 입장에서 관여하는 사건을 말한다.

2. 비송사건절차의 종료원인

(1) 종국재판
  ① 비송사건절차는 법원의 종국재판에 의하여 종료된다.
  ② 즉시항고가 허용되는 사건은 재판이 고지된 날로부터 1주일의 불변기간(즉시항고기간) 도과에 따른 그 재판의 확정에 의해 절차가 종료되며, 보통항고가 허용되는 사건의 경우에는 그 재판의 고지와 동시에 절차가 종료된다.

(2) 신청취하
  ① 당사자의 신청에 의해서만 절차가 개시되는 신청사건의 경우에는 재판이 있을 때까지는 자유로이 취하할 수 있다.
  ② 당사자의 신청 또는 법원의 직권으로 개시되는 사건의 경우에는 재판의 공익성에 비추어 신청의 취하가 인정되지 않는다.
  ③ 신청이 취하되면 사건은 처음부터 법원에 계속되지 않았던 것으로 된다.
  ④ 절차비용은 신청인이 부담한다.

(3) 신청포기
  ① 비송사건은 권리확인의 쟁송이 아니기 때문에 신청의 포기는 인정되지 않아 신청포기로는 절차가 종료될 수는 없다.
  ② 다만 항고인의 법원에 대한 항고권의 포기는 인정되어 항고를 포기하면 비송절차는 종료된다.

(4) 당사자의 사망
  ① 신청사건의 신청인 또는 항고인이 사망한 경우 그 당사자가 당해 재판에서 추구하는 권리가 상속의 대상이라면 상속인이 그 절차를 승계하게 된다.
  ② 다만, 그 권리가 상속의 대상이 아니라면 절차는 종료된다.

부록

행정사법

[시행 2022. 11. 15.]
[법률 제19034호, 2022. 11. 15., 일부개정]

제1장 총칙

제1조【목적】 이 법은 행정사(行政士) 제도를 확립하여 행정과 관련한 국민의 편익을 도모(圖謀)하고 행정제도의 건전한 발전에 이바지함을 목적으로 한다.

제2조【업무】 ① 행정사는 다른 사람의 위임을 받아 다음 각 호의 업무를 수행한다. 다만, 다른 법률에 따라 제한된 업무는 할 수 없다.

1. 행정기관에 제출하는 서류의 작성
2. 권리·의무나 사실증명에 관한 서류의 작성
3. 행정기관의 업무에 관련된 서류의 번역
4. 제1호부터 제3호까지의 규정에 따라 작성된 서류의 제출 대행(代行)
5. 인가·허가 및 면허 등을 받기 위하여 행정기관에 하는 신청·청구 및 신고 등의 대리(代理)
6. 행정 관계 법령 및 행정에 대한 상담 또는 자문에 대한 응답
7. 법령에 따라 위탁받은 사무의 사실 조사 및 확인

② 제1항에 따른 업무의 내용과 범위는 대통령령으로 정한다.

제3조【행정사가 아닌 사람에 대한 금지 사항】 ① 행정사가 아닌 사람은 다른 법률에 따라 허용되는 경우를 제외하고는 제2조에 따른 업무를 업(業)으로 하지 못한다.

② 행정사가 아닌 사람은 행정사 또는 이와 비슷한 명칭을 사용하지 못한다.

제4조【행정사의 종류】 행정사는 소관 업무에 따라 일반행정사, 해사행정사 및 외국어번역행정사로 구분하고, 종류별 업무의 범위와 내용은 대통령령으로 정한다. <개정 2020. 6. 9.>

제2장 행정사의 자격과 시험

제5조【행정사의 자격】 행정사 자격시험에 합격한 사람은 행정사 자격이 있다.

제6조【결격사유】 다음 각 호의 어느 하나에 해당하는 사람은 행정사가 될 수 없다. <개정 2016. 1. 27.>

1. 피성년후견인 또는 피한정후견인
2. 파산선고를 받고 복권(復權)되지 아니한 사람
3. 금고 이상의 실형을 선고받고 그 집행이 끝나거나 (집행이 끝난 것으로 보는 경우를 포함한다) 집행이 면제된 날부터 3년이 지나지 아니한 사람
4. 금고 이상의 형의 집행유예를 선고받고 그 유예기간이 끝난 날부터 2년이 지나지 아니한 사람
5. 금고 이상의 형의 선고유예를 받고 그 유예기간에 있는 사람
6. 공무원으로서 징계처분에 따라 파면되거나 해임된 후 3년이 지나지 아니한 사람
7. 제30조에 따라 행정사 자격이 취소된 후 3년이 지나지 아니한 사람

제7조【행정사자격심의위원회】 ① 행정사 자격의 취득과 관련된 다음 각 호의 사항을 심의하기 위하여 행정안전부에 행정사자격심의위원회를 둘 수 있다. <개정 2013. 3. 23., 2014. 11. 19., 2017. 7. 26.>

1. 행정사 자격시험 과목 등 시험에 관한 사항
2. 행정사 자격시험 선발 인원의 결정에 관한 사항
3. 행정사 자격시험의 일부면제 대상자의 요건에 관한 사항
4. 그 밖에 행정사 자격의 취득과 관련한 중요 사항

② 행정사자격심의위원회의 구성 및 운영에 필요한 사항은 대통령령으로 정한다.

제8조【행정사 자격시험】 ① 행정사 자격시험은 행정안전부장관이 실시한다. <개정 2013. 3. 23., 2014. 11. 19., 2017. 7. 26.>

② 행정사 자격시험은 제1차시험과 제2차시험으로 구분하여 실시한다.

③ 행정안전부장관은 행정사 자격시험의 관리에 관한 업무를 「한국산업인력공단법」에 따른 한국산업인력공단에 위탁할 수 있다. <개정 2013. 3. 23., 2014. 11. 19., 2017. 7. 26.>

④ 행정사 자격시험의 시험과목, 시험방법, 그 밖에

시험에 관하여 필요한 사항은 대통령령으로 정한다.

제9조【시험의 일부 면제】 ① 다음 각 호의 어느 하나에 해당하는 사람은 제1차시험을 면제한다. <개정 2016. 12. 2., 2020. 6. 9.>

1. 공무원으로 재직한 사람 중 다음 각 목의 어느 하나에 해당하는 사람
   가. 경력직공무원(특정직공무원 중 대통령령으로 정하는 공무원은 제외한다. 이하 같다)으로 10년 이상 근무한 사람 중 7급(이에 상당하는 계급을 포함한다) 이상의 직에 5년 이상 근무한 사람
   나. 대통령령으로 정하는 특수경력직공무원으로 10년 이상 근무한 사람 중 7급 이상에 상당하는 직에 5년 이상 근무한 사람
2. 「고등교육법」에 따른 대학에서 외국어 전공 학사학위를 받은 후 그 외국어 번역 업무에 5년 이상 종사한 경력이 있는 사람
3. 「고등교육법」에 따른 대학원에서 외국어 전공 석사학위 또는 박사학위를 받은 후 그 외국어 번역 업무에 3년 이상 종사한 경력이 있는 사람
4. 행정사 자격이 있는 사람으로서 다른 종류의 행정사 자격시험에 응시하는 사람

② 다음 각 호의 어느 하나에 해당하는 사람은 제1차시험의 전과목과 제2차시험의 과목 중 2분의 1을 넘지 아니하는 범위에서 대통령령으로 정하는 과목을 면제한다. <개정 2020. 6. 9.>

1. 경력직공무원으로서 다음 각 목의 어느 하나에 해당하는 사람
   가. 15년 이상 근무한 사람 중 6급(이에 상당하는 계급을 포함한다) 이상의 직에 8년 이상 근무한 사람
   나. 10년 이상 근무한 사람 중 5급(이에 상당하는 계급을 포함한다) 이상의 직에 5년 이상 근무한 사람
2. 대통령령으로 정하는 특수경력직공무원으로서 다음 각 목의 어느 하나에 해당하는 사람
   가. 15년 이상 근무한 사람 중 6급 이상에 상당하는 직에 8년 이상 근무한 사람
   나. 10년 이상 근무한 사람 중 5급 이상에 상당하는 직에 5년 이상 근무한 사람
3. 「고등교육법」에 따른 대학에서 외국어 전공 학사학위를 받은 후 그 외국어 번역 업무에 7년 이상 종사한 경력이 있는 사람
4. 「고등교육법」에 따른 대학원에서 외국어 전공 석사학위 또는 박사학위를 받은 후 그 외국어 번역 업무에 5년 이상 종사한 경력이 있는 사람

③ 다음 각 호의 어느 하나에 해당하는 사람에게는 제1항 및 제2항을 적용하지 아니한다. <신설 2015. 5. 18.>

1. 공무원으로 근무 중 탄핵된 사람 또는 징계처분에 따라 그 직에서 파면되거나 해임된 사람
2. 공무원으로 근무 중 금전, 물품, 부동산, 향응 또는 그 밖에 대통령령으로 정하는 재산상 이익을 취득하거나 제공한 사유로 강등 또는 정직에 해당하는 징계처분을 받은 사람
3. 공무원으로 근무 중 다음 각 목에 해당하는 것을 횡령(橫領), 배임(背任), 절도, 사기 또는 유용(流用)한 사유로 강등 또는 정직에 해당하는 징계처분을 받은 사람
   가. 「국가재정법」에 따른 예산 및 기금
   나. 「지방재정법」에 따른 예산 및 「지방자치단체 기금관리기본법」에 따른 기금
   다. 「국고금 관리법」 제2조 제1호에 따른 국고금
   라. 「보조금 관리에 관한 법률」 제2조 제1호에 따른 보조금
   마. 「국유재산법」 제2조 제1호에 따른 국유재산 및 「물품관리법」 제2조 제1항에 따른 물품
   바. 「공유재산 및 물품 관리법」 제2조 제1호 및 제2호에 따른 공유재산 및 물품
   사. 그 밖에 가목부터 바목까지에 준하는 것으로서 대통령령으로 정하는 것

④ 제1항 및 제2항에 따른 외국어 번역 업무에 종사한 경력 등 자격인정에 필요한 사항은 대통령령으로 정한다. <개정 2015. 5. 18.>

⑤ 제1차시험에 합격한 사람에 대하여는 다음 회의 시험에서만 제1차시험을 면제한다. <개정 2015. 5. 18.>

[제목개정 2020. 6. 9.]

제9조의2【시험부정행위자에 대한 조치】 ① 행정안전부장관은 제8조에 따른 행정사 자격시험에서 부정

행정사 조장형 행정사실무법

행위를 한 사람에 대하여는 그 시험을 정지시키거나 무효로 처리한다. <개정 2017. 7. 26.>

② 제1항에 따라 시험이 정지되거나 무효로 처리된 사람은 그 처분이 있은 날부터 5년간 행정사 자격시험에 응시하지 못한다.

[본조신설 2016. 1. 27.]

제3장 업무신고

제10조【행정사의 업무신고】 ① 행정사 자격이 있는 사람이 행정사로서 업무를 하려면 대통령령으로 정하는 바에 따라 주된 사무소의 소재지를 관할하는 특별자치시장·특별자치도지사·시장·군수 또는 자치구의 구청장(이하 "시장등"이라 한다)에게 대통령령으로 정하는 행정사 업무신고 기준을 갖추어 신고(이하 "행정사업무신고"라 한다)하여야 한다. 신고한 사항을 변경할 때도 또한 같다. <개정 2020. 6. 9.>

② 행정사업무신고의 기준 및 절차 등에 관하여 필요한 사항은 대통령령으로 정한다. <개정 2020. 6. 9.>

[제목개정 2020. 6. 9.]

제11조【업무신고의 수리 거부】 ① 시장등은 행정사 업무신고를 하려는 사람이 행정사업무신고 기준을 갖추지 아니한 경우에는 그 행정사업무신고의 수리를 거부할 수 있다. 이 경우 지체 없이 행정사업무신고의 수리 거부 사실 및 그 사유를 당사자에게 알려야 한다. <개정 2020. 6. 9.>

② 시장등이 업무신고를 받은 날부터 3개월이 지날 때까지 제12조에 따른 행정사업무신고확인증(이하 "신고확인증"이라 한다)을 발급하지 아니하거나 행정사업무신고의 수리 거부 통지를 하지 아니하면 3개월이 되는 날의 다음 날에 행정사업무신고가 수리된 것으로 본다. <개정 2020. 6. 9.>

③ 제1항에 따라 행정사업무신고의 수리가 거부된 사람은 그 통지를 받은 날부터 3개월 이내에 행정사업무신고의 수리 거부에 대한 불복(不服)의 이유를 밝혀 시장등에게 이의신청을 할 수 있다. <개정 2020. 6. 9.>

④ 시장등은 제3항에 따른 이의신청이 이유 있다고 인정하면 신고확인증을 발급하여야 한다.

⑤ 제3항에 따른 이의신청에 필요한 사항은 행정안전부령으로 정한다. <개정 2013. 3. 23., 2014. 11. 19., 2017. 7. 26.>

제12조【신고확인증의 발급】 ① 시장등은 행정사업무신고를 받은 때에는 그 내용을 확인한 후 행정안전부령으로 정하는 바에 따라 신고확인증을 행정사에게 발급하여야 한다. <개정 2013. 3. 23., 2014. 11. 19., 2017. 7. 26., 2020. 6. 9.>

② 제1항에 따라 신고확인증을 발급받은 사람은 신고확인증을 잃어버리거나 못쓰게 된 경우에는 행정안전부령으로 정하는 바에 따라 시장등에게 재발급을 신청할 수 있다. <개정 2013. 3. 23., 2014. 11. 19., 2017. 7. 26.>

제13조【신고확인증의 대여 등의 금지】 ① 행정사는 다른 사람에게 신고확인증을 대여하여서는 아니 된다. <개정 2020. 6. 9.>

② 누구든지 다른 사람의 신고확인증을 대여받아 사용하여서는 아니 된다. <개정 2020. 6. 9.>

③ 누구든지 제1항 및 제2항에 따른 신고확인증의 대여를 알선하여서는 아니 된다. <신설 2020. 6. 9.>

제14조【사무소의 설치 등】 ① 행정사는 제2조에 따른 업무를 하기 위한 사무소를 하나만 설치할 수 있다. <개정 2020. 6. 9.>

② 행정사는 그 업무를 효율적으로 수행하고 공신력(公信力)을 높이기 위하여 2명 이상의 행정사로 구성된 합동사무소를 설치할 수 있으며, 행정사합동사무소를 구성하는 행정사의 수를 넘지 아니하는 범위에서 주사무소와 분사무소(分事務所)를 설치할 수 있다. 이 경우 주사무소와 분사무소에는 행정사합동사무소를 구성하는 행정사가 각각 1명 이상 상근하여야 한다. <개정 2020. 6. 9., 2022. 11. 15.>

③ 행정사가 사무소를 이전한 때에는 10일 이내에 이전 후의 사무소 소재지를 관할하는 시장등에게 신고하여야 한다. <개정 2020. 6. 9.>

④ 제3항에 따라 이전신고를 받은 시장등은 이전신고한 행정사에게 신고확인증을 발급하여야 하며, 종전의 사무소 소재지를 관할하는 시장등에게 사무소의 이전 사실을 통지하여야 한다. <개정 2020. 6. 9.>

⑤ 제3항에 따른 신고 전에 발생한 사유로 인한 행정사에 대한 행정처분은 제3항에 따라 신고를 받은

시장등이 행한다. <개정 2020. 6. 9.>

⑥ 사무소의 설치·운영 및 신고와 그 밖에 필요한 사항은 행정안전부령으로 정한다. <개정 2013. 3. 23., 2014. 11. 19., 2017. 7. 26.>

[제목개정 2020. 6. 9.]

제15조【사무소의 명칭 등】① 행정사는 그 사무소의 종류별로 사무소의 명칭 중에 행정사사무소 또는 행정사합동사무소라는 글자를 사용하고, 행정사합동사무소의 분사무소에는 그 분사무소임을 표시하여야 한다.

② 행정사가 아닌 사람은 행정사사무소 또는 이와 비슷한 명칭을 사용하지 못하며, 행정사합동사무소나 그 분사무소가 아니면 행정사합동사무소나 그 분사무소 또는 이와 비슷한 명칭을 사용하지 못한다.

제16조【폐업신고】① 행정사가 폐업한 경우에는 본인이, 사망한 경우에는 가족이나 동거인 또는 그 사무직원이 지체 없이 그 사실을 시장등에게 신고하여야 한다. 폐업한 행정사가 업무를 다시 시작할 때에도 또한 같다.

② 제1항에 따른 신고에 필요한 사항은 행정안전부령으로 정한다. <개정 2013. 3. 23., 2014. 11. 19., 2017. 7. 26.>

제17조【휴업신고】① 행정사가 3개월이 넘도록 휴업(업무신고를 하고 업무를 시작하지 아니하는 경우를 포함한다. 이하 같다)하거나 휴업한 행정사가 업무를 다시 시작하려면 시장등에게 신고하여야 한다.

② 시장등은 제1항에 따른 업무재개신고를 받은 날부터 15일 이내에 신고수리 여부를 신고인에게 통지하여야 한다. <신설 2020. 6. 9.>

③ 시장등은 제2항에서 정한 기간 내에 신고수리 여부 또는 민원 처리 관련 법령에 따른 처리기간의 연장을 신고인에게 통지하지 아니하면 그 기간(민원 처리 관련 법령에 따라 처리기간이 연장 또는 재연장된 경우에는 해당 처리기간을 말한다)이 끝난 날의 다음 날에 신고를 수리한 것으로 본다. <신설 2020. 6. 9.>

④ 제1항에 따라 휴업한 행정사가 2년이 지나도 업무를 다시 시작하지 아니하는 경우에는 폐업한 것으로 본다. <개정 2020. 6. 9.>

⑤ 제1항에 따른 휴업신고 및 업무재개신고에 필요한 사항은 행정안전부령으로 정한다. <개정 2013. 3. 23.,

2014. 11. 19., 2017. 7. 26., 2020. 6. 9.>

제4장 행정사의 권리·의무

제18조【사무직원】① 행정사는 사무직원을 둘 수 있으며, 소속 사무직원을 지도·감독할 책임이 있다.

② 사무직원의 직무상 행위는 그를 고용한 행정사의 행위로 본다.

③ 삭제 <2015. 5. 18.>

제19조【보수】① 행정사는 업무를 위임한 자로부터 보수를 받는다.

② 행정사와 그 사무직원은 업무에 관하여 제1항에 따른 보수 외에 어떠한 명목으로도 위임인으로부터 금전 또는 재산상의 이익이나 그 밖의 반대급부(反對給付)를 받지 못한다.

제20조【증명서의 발급】① 행정사는 업무에 관련된 사실의 확인증명서를 발급할 수 있다.

② 외국어번역행정사는 그가 번역한 번역문에 대하여 번역확인증명서를 발급할 수 있다.

③ 제1항과 제2항에 따른 증명서 발급의 범위는 대통령령으로 정한다.

제21조【행정사의 의무와 책임】① 행정사는 품위를 유지하고 신의와 성실로써 공정하게 직무를 수행하여야 한다. <개정 2020. 6. 9.>

② 행정사가 위임받은 업무를 수행하면서 고의 또는 과실로 위임인에게 재산상의 손해를 입힌 경우에는 그 손해를 배상할 책임이 있다. <개정 2020. 6. 9.>

제21조의2【수임제한】① 공무원직에 있다가 퇴직한 행정사는 퇴직 전 1년부터 퇴직할 때까지 근무한 행정기관에 대한 제2조 제1항 제5호에 따른 업무를 퇴직한 날부터 1년 동안 수임할 수 없다.

② 제1항의 수임제한은 제25조의7에 따른 법인구성원 또는 소속행정사로 지정되는 경우를 포함한다.

③ 제1항에 따른 행정기관의 범위는 대통령령으로 정한다.

[본조신설 2020. 6. 9.]

제22조【금지행위】행정사와 그 사무직원은 다음 각 호의 행위를 하여서는 아니 된다. <개정 2020. 6. 9.>

1. 정당한 사유 없이 업무에 관한 위임을 거부하는 행위

2. 당사자 중 어느 한 쪽의 위임을 받아 취급하는 업무에 관하여 이해관계를 달리하는 상대방으로부터 같은 업무를 위임받는 행위. 다만, 당사자 양쪽이 동의한 경우는 제외한다.

3. 행정사의 업무 범위를 벗어나서 타인의 소송이나 그 밖의 권리관계분쟁 또는 민원사무처리과정에 개입하는 행위

4. 업무수임 또는 수행 과정에서 관련 공무원과의 연고(緣故) 등 사적인 관계를 드러내며 영향력을 미칠 수 있는 것으로 선전하는 행위

5. 행정사의 업무에 관하여 거짓된 내용을 표시하거나 객관적 사실을 과장 또는 누락하여 소비자를 오도(誤導)하거나 오해를 불러일으킬 우려가 있는 내용의 광고행위

6. 행정사 업무의 알선을 업으로 하는 자를 이용하거나 그 밖의 부당한 방법으로 행정사 업무의 위임을 유치(誘致)하는 행위

제23조【비밀엄수】 행정사 또는 행정사이었던 사람(행정사의 사무직원 또는 사무직원이었던 사람을 포함한다)은 정당한 사유 없이 직무상 알게 된 사실을 다른 사람에게 누설하여서는 아니 된다.

제24조【업무처리부 작성】 ① 행정사는 업무를 위임받으면 대통령령으로 정하는 바에 따라 업무처리부(業務處理簿)를 작성하여 보관하여야 한다.
② 제1항에 따른 업무처리부에는 다음 각 호의 사항을 적어야 한다.
1. 일련번호
2. 위임받은 연월일
3. 위임받은 업무의 개요
4. 보수액
5. 위임인의 주소와 성명
6. 그 밖에 위임받은 업무의 처리에 필요한 사항

제25조【행정사의 교육】 ① 행정사 자격이 있는 사람이 행정사 업무를 시작하려면 대통령령으로 정하는 바에 따라 행정안전부장관이 시행하는 실무교육을 받아야 한다. <개정 2020. 6. 9.>
② 행정사의 사무소(행정사합동사무소 또는 행정사법인의 경우에는 주사무소를 말한다)의 소재지를 관할하는 특별시장·광역시장·특별자치시장·도지사·특별자치도지사(이하 "시·도지사"라 한다)는

행정사의 자질과 업무수행능력 향상을 위하여 직접 또는 대통령령으로 정하는 기관·단체 등에 위탁하여 행정사에 대한 연수교육을 실시하여야 한다. <개정 2013. 3. 23., 2014. 11. 19., 2017. 7. 26., 2020. 6. 9.>
③ 행정사는 제2항에 따른 연수교육을 받아야 한다. <개정 2020. 6. 9.>
④ 제1항에 따른 실무교육 및 제2항에 따른 연수교육의 과목·시기·기간 및 이수방법 등에 관하여 필요한 사항은 대통령령으로 정한다. <개정 2020. 6. 9.>

제4장의2 행정사법인

〈신설 2020. 6. 9.〉

제25조의2【행정사법인의 설립】 행정사는 제2조에 따른 업무를 조직적이고 전문적으로 수행하기 위하여 3명 이상의 행정사를 구성원으로 하는 행정사법인을 설립할 수 있다.
[본조신설 2020. 6. 9.]

제25조의3【설립 절차】 ① 행정사법인을 설립하려면 행정사법인의 구성원이 될 행정사가 정관(定款)을 작성하여 대통령령으로 정하는 바에 따라 행정안전부장관의 인가(이하 "설립인가"라 한다)를 받아야 한다. 정관을 변경할 때에도 또한 같다.
② 행정사법인의 정관에는 다음 각 호의 사항을 적어야 한다.
1. 목적, 명칭, 주사무소 및 분사무소의 소재지
2. 행정사법인을 구성하는 행정사(이하 "법인구성원"이라 한다)의 성명과 주소
3. 법인구성원의 출자에 관한 사항
4. 법인구성원 회의에 관한 사항
5. 자산 및 회계에 관한 사항
6. 행정사법인의 대표에 관한 사항
7. 존립시기, 해산사유를 정한 경우에는 그 시기 또는 사유
8. 그 밖에 대통령령으로 정하는 사항
③ 행정사법인은 대통령령으로 정하는 바에 따라 등기하여야 한다.
④ 행정사법인은 그 주사무소의 소재지에서 설립등기를 함으로써 성립한다.
[본조신설 2020. 6. 9.]

제25조의4【행정사법인의 업무신고 등】 ① 행정사법인이 제2조에 따른 업무를 하려면 대통령령으로 정하는 바에 따라 주사무소의 소재지를 관할하는 시장등에게 대통령령으로 정하는 행정사법인 업무신고 기준을 갖추어 신고(이하 "법인업무신고"라 한다)하여야 한다. 신고한 사항을 변경할 때에도 또한 같다.

② 시장등은 법인업무신고를 하려는 자가 법인업무신고 기준을 갖추지 아니한 경우에는 그 법인업무신고의 수리를 거부할 수 있다. 이 경우 지체 없이 법인업무신고의 수리 거부 사실 및 그 사유를 당사자에게 알려야 한다.

③ 시장등은 법인업무신고를 받은 때에는 그 내용을 확인한 후 행정안전부령으로 정하는 바에 따라 법인업무신고확인증을 행정사법인에 발급하여야 한다.

④ 법인업무신고의 기준 및 절차 등에 관하여 필요한 사항은 대통령령으로 정한다.
[본조신설 2020. 6. 9.]

제25조의5【행정사법인의 사무소 등】 ① 행정사법인은 법인구성원의 수를 넘지 아니하는 범위에서 주사무소와 분사무소를 설치할 수 있다. 이 경우 주사무소와 분사무소에는 각각 1명 이상의 법인구성원이 상근하여야 한다.

② 행정사법인은 사무소의 명칭 중에 행정사법인이라는 글자를 사용하여야 하고, 행정사법인의 분사무소에는 그 분사무소임을 표시하여야 한다.

③ 행정사법인이 아닌 자는 행정사법인 또는 이와 비슷한 명칭을 사용하지 못하며, 행정사법인의 사무소나 그 분사무소가 아니면 행정사법인이나 그 분사무소 또는 이와 비슷한 명칭을 사용하지 못한다.
[본조신설 2020. 6. 9.]

제25조의6【행정사법인의 소속행정사 등】 ① 행정사법인은 행정사를 고용할 수 있다.

② 행정사법인은 제1항에 따라 행정사를 고용한 경우에는 주사무소 소재지의 시장등에게 행정안전부령으로 정하는 바에 따라 신고하여야 하며, 그 변경이 있는 경우에도 또한 같다.

③ 제1항에 따라 고용된 행정사(이하 "소속행정사"라 한다) 및 법인구성원은 업무정지 중이거나 휴업 중인 사람이 아니어야 한다.

④ 소속행정사 및 법인구성원은 그 행정사법인의 사무소 외에 따로 사무소를 둘 수 없다.

⑤ 법인업무신고를 한 행정사법인은 제25조 제1항에 따른 실무교육을 받지 아니한 사람을 소속행정사로 고용하거나 법인구성원으로 할 수 없다.

⑥ 행정사법인이 제25조의2 또는 그 밖의 이 법에 따른 법인구성원에 관한 요건을 갖추지 못하게 된 경우에는 6개월 이내에 이를 보충하여야 한다.
[본조신설 2020. 6. 9.]

제25조의7【업무수행 방법】 ① 행정사법인은 법인의 명의로 업무를 수행하여야 하며, 수임한 업무마다 그 업무를 담당할 법인구성원 또는 소속행정사(이하 "담당행정사"라 한다)를 지정하여야 한다. 다만, 소속행정사를 담당행정사로 지정할 경우에는 법인구성원과 공동으로 지정하여야 한다.

② 행정사법인이 수임한 업무에 대하여 담당행정사를 지정하지 아니한 경우에는 법인구성원 모두를 담당행정사로 지정한 것으로 본다.

③ 담당행정사는 지정된 업무에 관하여 그 법인을 대표한다.

④ 행정사법인이 그 업무에 관하여 작성하는 서면(書面)에는 행정사법인의 명의를 표시하고 담당행정사가 기명날인하여야 한다.
[본조신설 2020. 6. 9.]

제25조의8【해산】 ① 행정사법인은 다음 각 호의 사유로 해산한다.
1. 정관에서 정하는 해산 사유의 발생
2. 법인구성원 전원의 동의
3. 합병 또는 파산
4. 설립인가의 취소

② 행정사법인이 해산하면 청산인은 지체 없이 그 사유를 대통령령으로 정하는 바에 따라 행정안전부장관에게 신고하여야 한다.
[본조신설 2020. 6. 9.]

제25조의9【합병】 ① 행정사법인은 법인구성원 전원의 동의가 있으면 다른 행정사법인과 합병할 수 있다.

② 제1항의 경우에는 제25조의3을 준용한다.
[본조신설 2020. 6. 9.]

제25조의10【설립인가의 취소】 행정안전부장관은 행정사법인이 다음 각 호의 어느 하나에 해당하는

경우에는 대통령령으로 정하는 바에 따라 설립인가를 취소할 수 있다. 다만, 제1호의 경우에는 설립인가를 취소하여야 한다.

1. 거짓이나 그 밖의 부정한 방법으로 설립인가를 받은 경우
2. 제25조의6 제6항을 위반하여 법인구성원에 관한 요건을 6개월 이내에 보충하지 아니한 경우
3. 제32조에 따른 업무정지처분을 받고 그 업무정지 기간 중에 업무를 수행한 경우
4. 법령을 위반하여 업무를 수행한 경우

[본조신설 2020. 6. 9.]

제25조의11【경업의 금지】 ① 법인구성원 또는 소속행정사는 자기 또는 제3자를 위하여 그 행정사법인의 업무범위에 속하는 업무를 수행하거나 다른 행정사법인의 법인구성원 또는 소속행정사가 되어서는 아니 된다.

② 행정사법인의 법인구성원 또는 소속행정사이었던 사람은 그 행정사법인에 소속한 기간 중에 그 행정사법인의 담당행정사로서 수행하고 있었거나 수행을 승낙한 업무에 관하여는 퇴직 후 행정사의 업무를 수행할 수 없다. 다만, 그 행정사법인의 동의가 있는 경우에는 그러하지 아니하다.

[본조신설 2020. 6. 9.]

제25조의12【손해배상책임의 보장】 행정사법인은 그 직무를 수행하면서 고의나 과실로 의뢰인에게 손해를 입힌 경우 그 손해에 대한 배상책임을 보장하기 위하여 대통령령으로 정하는 바에 따라 손해배상준비금 적립이나 보험가입 등 필요한 조치를 하여야 한다.

[본조신설 2020. 6. 9.]

제25조의13【준용규정】 ① 행정사법인에 관하여는 그 성질에 반하지 아니하는 범위에서 제11조 제2항부터 제5항까지, 제12조 제2항, 제13조, 제14조 제3항부터 제6항까지, 제16조부터 제21조까지 및 제22조부터 제24조까지의 규정을 준용한다.

② 행정사법인에 관하여 이 법에서 정한 것 외에는 「상법」 중 합명회사(合名會社)에 관한 규정을 준용한다.

[본조신설 2020. 6. 9.]

제5장 대한행정사회
〈개정 2020. 6. 9.〉

제26조【대한행정사회의 설립 등】 ① 행정사의 품위 향상과 직무의 개선·발전을 도모하기 위하여 대한행정사회(이하 "행정사회"라 한다)를 둔다. <개정 2020. 6. 9.>

② 행정사회는 법인으로 한다. <개정 2020. 6. 9.>

③ 행정사회는 정관을 정하여 행정안전부장관의 인가를 받아 설립등기를 함으로써 성립한다. <개정 2020. 6. 9.>

④ 행정사회의 설립·운영 및 설립인가 신청 등에 필요한 사항은 대통령령으로 정한다. <개정 2020. 6. 9.>

[제목개정 2020. 6. 9.]

제26조의2【행정사회의 가입 의무】 행정사(법인구성원 및 소속행정사를 포함한다)로서 개업하려면 행정사회에 가입하여야 한다.

[본조신설 2020. 6. 9.]

제26조의3【행정사회의 공익활동 의무】 행정사회는 취약계층의 지원 등 공익활동에 적극 참여하여야 한다.

[본조신설 2020. 6. 9.]

제27조【행정사회의 정관】 ① 행정사회의 정관에는 다음 각 호의 사항이 포함되어야 한다. <개정 2020. 6. 9.>

1. 목적·명칭과 사무소의 소재지
2. 대표자와 그 밖의 임원에 관한 사항
3. 회의에 관한 사항
4. 행정사의 품위유지와 업무 및 교육에 관한 사항
5. 회원의 가입·탈퇴 및 지도·감독에 관한 사항
6. 회계 및 회비부담에 관한 사항
7. 자산에 관한 사항
8. 그 밖에 행정사회의 목적을 달성하기 위하여 필요한 사항

② 정관을 변경하려면 행정안전부장관의 인가를 받아야 한다. <개정 2013. 3. 23., 2014. 11. 19., 2017. 7. 26.>

[제목개정 2020. 6. 9.]

제28조【「민법」의 준용】 행정사회에 관하여 이 법에서 규정하지 아니한 사항에 대하여는 「민법」 중 사단

법인에 관한 규정을 준용한다. <개정 2020. 6. 9.>

제29조【행정사회에 대한 감독 등】 ① 행정사회는 행정안전부장관의 감독을 받는다. <개정 2013. 3. 23., 2014. 11. 19., 2017. 7. 26., 2020. 6. 9.>

② 행정안전부장관은 감독을 위하여 필요하다고 인정하면 행정사회에 대하여 그 업무에 관한 사항을 보고하게 하거나 자료의 제출 또는 그 밖에 필요한 명령을 할 수 있으며, 소속 공무원으로 하여금 행정사회의 사무소에 출입하여 업무상황과 그 밖의 서류 등을 검사하게 할 수 있다. <개정 2013. 3. 23., 2014. 11. 19., 2017. 7. 26., 2020. 6. 9.>

③ 제2항에 따라 출입·검사 등을 하는 공무원은 행정안전부령으로 정하는 증표를 지니고 상대방에게 이를 보여주어야 한다. <개정 2013. 3. 23., 2014. 11. 19., 2017. 7. 26.>

[제목개정 2020. 6. 9.]

제6장 지도·감독

제30조【자격의 취소】 ① 행정안전부장관은 행정사가 다음 각 호의 어느 하나에 해당하는 경우에는 그 자격을 취소하여야 한다. <개정 2013. 3. 23., 2014. 11. 19., 2017. 7. 26.>

1. 거짓이나 그 밖의 부정한 방법으로 행정사 자격을 취득한 경우
2. 제13조 제1항을 위반하여 신고확인증을 양도하거나 대여한 경우
3. 제32조에 따른 업무정지처분을 받고 그 업무정지 기간에 행정사 업무를 한 경우
4. 이 법을 위반하여 징역형이 확정된 경우

② 행정안전부장관은 제1항에 따라 행정사 자격을 취소하려는 경우에는 청문을 하여야 한다. <개정 2013. 3. 23., 2014. 11. 19., 2017. 7. 26.>

제31조【감독상 명령 등】 ① 행정안전부장관 또는 행정사의 사무소(행정사합동사무소 또는 행정사법인의 경우에는 주사무소를 말한다)의 소재지를 관할하는 시장등은 행정사 또는 행정사법인에 대한 감독을 위하여 필요하다고 인정하면 해당 행정사 또는 행정사법인에 대하여 업무에 관한 사항을 보고하게 하거나 업무처리부 등 자료의 제출 또는 그 밖에 필요한 명령을 할 수 있으며, 소속 공무원으로 하여금

그 사무소에 출입하여 장부·서류 등을 검사하거나 질문하게 할 수 있다. <개정 2020. 6. 9.>

② 제1항에 따라 출입·검사 등을 하는 공무원은 행정안전부령으로 정하는 증표를 지니고 상대방에게 이를 보여주어야 한다. <개정 2013. 3. 23., 2014. 11. 19., 2017. 7. 26.>

제32조【업무의 정지】 ① 행정사 사무소(행정사합동사무소 또는 행정사법인의 경우에는 주사무소를 말한다)의 소재지를 관할하는 시장등은 행정사 또는 행정사법인이 다음 각 호의 어느 하나에 해당하는 경우에는 6개월의 범위에서 기간을 정하여 업무의 정지를 명할 수 있다. <개정 2020. 6. 9.>

1. 제14조 제1항을 위반하여 두 개 이상의 사무실을 설치한 경우
2. 제14조 제2항 후단 또는 제25조의5 제1항 후단을 위반하여 행정사합동사무소를 구성하는 행정사 또는 법인구성원이 상근하지 아니한 경우
3. 제17조 제1항(제25조의13 제1항에서 준용하는 경우를 포함한다)에 따른 휴업신고를 하지 아니한 경우
4. 제19조 제2항(제25조의13 제1항에서 준용하는 경우를 포함한다)을 위반하여 위임인으로부터 보수 외에 금전 또는 재산상 이익이나 그 밖의 반대급부를 받은 경우
5. 제25조의6 제4항을 위반하여 따로 사무소를 둔 경우
6. 제31조 제1항에 따른 보고 또는 업무처리부 자료 제출 등의 명령에 따르지 아니하거나 검사 또는 질문을 거부·방해 또는 기피한 경우

② 제1항에 따른 업무정지에 관한 기준은 행정안전부령으로 정한다. <개정 2013. 3. 23., 2014. 11. 19., 2017. 7. 26.>

③ 제1항에 따른 업무정지처분은 그 사유가 발생한 날부터 3년이 지나면 할 수 없다.

제33조【행정제재처분효과의 승계 등】 ① 제16조(제25조의13 제1항에서 준용하는 경우를 포함한다)에 따라 폐업신고를 한 후 업무를 다시 시작하는 신고를 한 행정사(행정사법인을 포함한다. 이하 이 조에서 같다)는 폐업신고 전 행정사의 지위를 승계한다. <개정 2020. 6. 9.>

② 제1항의 경우 폐업신고 전의 행정사에 대하여 제32조 제1항 각 호의 위반행위를 사유로 한 행정처분의 효과는 그 처분일부터 1년간 업무를 다시 시작하는 신고를 한 행정사에게 승계된다.

③ 제1항의 경우 업무를 다시 시작하는 신고를 한 행정사에 대하여 폐업신고 전 행정사의 제32조 제1항 각 호의 위반행위를 사유로 행정처분을 할 수 있다. 다만, 폐업신고를 한 날부터 업무를 다시 시작하는 신고를 한 날까지의 기간이 1년을 넘은 경우는 그러하지 아니하다.

④ 제3항에 따라 행정처분을 하는 경우에는 폐업한 기간과 폐업의 사유 등을 고려하여 업무정지의 기간을 정하여야 한다.

제7장 보칙

제34조【위임 및 위탁】 ① 이 법에 따른 행정안전부장관의 권한은 그 일부를 대통령령으로 정하는 바에 따라 시·도지사에게 위임할 수 있다. <개정 2013. 3. 23., 2014. 11. 19., 2017. 7. 26.>

② 이 법에 따른 행정안전부장관의 업무는 그 일부를 대통령령으로 정하는 바에 따라 행정사회에 위탁할 수 있다. <개정 2013. 3. 23., 2014. 11. 19., 2017. 7. 26., 2020. 6. 9.>

제35조【응시 수수료】 제8조에 따른 행정사 자격시험에 응시하려는 사람은 행정안전부령으로 정하는 바에 따라 수수료를 내야 한다. <개정 2013. 3. 23., 2014. 11. 19., 2017. 7. 26.>

제35조의2【규제의 재검토】 행정안전부장관은 제38조에 따른 과태료 부과기준에 대하여 2015년 6월 1일을 기준으로 2년마다(매 2년이 되는 해의 기준일과 같은 날 전까지를 말한다) 폐지, 완화 또는 유지 등의 타당성을 검토하여야 한다. <개정 2017. 7. 26.>
[본조신설 2015. 5. 18.]

제8장 벌칙

제36조【벌칙】 ① 다음 각 호의 어느 하나에 해당하는 자는 3년 이하의 징역 또는 3천만원 이하의 벌금에 처한다. <개정 2016. 1. 27., 2020. 6. 9.>

1. 제3조 제1항을 위반하여 제2조 제1항 각 호의 업무를 업으로 한 자

2. 제13조(제25조의13 제1항에서 준용하는 경우를 포함한다)를 위반하여 신고확인증을 다른 자에게 대여한 행정사, 행정사법인과 이를 대여받은 자 또는 대여를 알선한 자

② 다음 각 호의 어느 하나에 해당하는 자는 1년 이하의 징역 또는 1천만원 이하의 벌금에 처한다. <개정 2016. 1. 27., 2020. 6. 9.>

1. 행정사업무신고 또는 법인업무신고를 하지 아니하고 행정사 업무를 한 자

2. 제21조의2에 따른 수임제한 규정을 위반한 사람

3. 제22조 제4호(제25조의13 제1항에서 준용하는 경우를 포함한다)를 위반하여 사적인 관계를 드러내며 영향력을 미칠 수 있는 것으로 선전한 자

4. 제22조 제5호(제25조의13 제1항에서 준용하는 경우를 포함한다)를 위반하여 소비자를 오도하거나 오해를 불러일으킬 우려가 있는 내용의 광고행위를 한 자

5. 제23조(제25조의13 제1항에서 준용하는 경우를 포함한다)를 위반하여 업무상 알게 된 사실을 다른 사람에게 누설한 자

6. 제32조에 따른 업무정지처분을 받고 그 업무정지 기간에 행정사 업무를 한 자

③ 다음 각 호의 어느 하나에 해당하는 자는 100만원 이하의 벌금에 처한다. <개정 2020. 6. 9.>

1. 제19조 제2항(제25조의13 제1항에서 준용하는 경우를 포함한다)을 위반하여 위임인으로부터 보수 외에 금전 또는 재산상 이익이나 그 밖의 반대급부를 받은 자

2. 제22조 제1호(제25조의13 제1항에서 준용하는 경우를 포함한다)를 위반하여 정당한 사유 없이 업무에 관한 위임을 거부한 자

3. 제22조 제2호(제25조의13 제1항에서 준용하는 경우를 포함한다)를 위반하여 당사자 양쪽으로부터 같은 업무에 관한 위임을 받은 자

4. 제22조 제3호(제25조의13 제1항에서 준용하는 경우를 포함한다)를 위반하여 타인의 소송이나 그 밖의 권리관계분쟁 또는 민원사무처리과정에 개입한 자

5. 제22조 제6호(제25조의13 제1항에서 준용하는 경

우를 포함한다)를 위반하여 알선을 업으로 하는 자를 이용하거나 그 밖의 부당한 방법으로 행정사 업무의 위임을 유치한 자

6. 제25조의11을 위반하여 경업(競業)을 한 자

제37조【양벌규정】 행정사 또는 행정사법인의 사무직원이나 소속행정사가 행정사 또는 행정사법인의 업무와 관련하여 제36조를 위반하면 그 행위자를 벌하는 외에 그 행정사 또는 행정사법인에도 해당 조문의 벌금형을 과(科)한다. 다만, 행정사 또는 행정사법인이 그 위반행위를 방지하기 위하여 해당 업무에 관하여 상당한 주의와 감독을 게을리하지 아니한 경우에는 그러하지 아니하다. <개정 2020. 6. 9.>

제38조【과태료】 ① 다음 각 호의 어느 하나에 해당하는 자에게는 500만원 이하의 과태료를 부과한다. <개정 2020. 6. 9.>

1. 제3조 제2항을 위반하여 행정사 또는 이와 비슷한 명칭을 사용한 자

2. 제15조 제2항 또는 제25조의5 제3항을 위반하여 행정사사무소, 행정사합동사무소 또는 그 분사무소나 행정사법인 또는 그 분사무소와 비슷한 명칭을 사용한 자

2의2. 제25조의12에 따른 조치를 취하지 아니한 행정사법인

3. 정당한 사유 없이 제29조 제2항 및 제31조 제1항에 따른 보고 또는 자료제출을 하지 아니하거나, 거짓으로 보고·자료제출을 하거나, 출입·검사를 방해·거부 또는 기피한 자

② 다음 각 호의 어느 하나에 해당하는 자에게는 100만원 이하의 과태료를 부과한다. <개정 2020. 6. 9.>

1. 제14조 제3항(제25조의13 제1항에서 준용하는 경우를 포함한다)에 따른 사무소 이전신고를 하지 아니한 자

2. 제15조 제1항 또는 제25조의5 제2항을 위반하여 행정사사무소, 행정사합동사무소 또는 행정사법인이라는 글자를 사용하지 아니하거나 그 분사무소임을 표시하지 아니한 자

3. 제24조(제25조의13 제1항에서 준용하는 경우를 포함한다)를 위반하여 업무처리부를 작성하지 아니하거나 거짓으로 작성한 자

4. 제25조 제3항을 위반하여 연수교육을 받지 아니하고 행정사 업무를 수행한 사람

③ 제1항 및 제2항에 따른 과태료는 대통령령으로 정하는 바에 따라 행정안전부장관, 시·도지사 또는 시장등이 부과·징수한다. <개정 2013. 3. 23., 2014. 11. 19., 2017. 7. 26.>

행정심판법

[시행 2023. 3. 21.]
[법률 제19269호, 2023. 3. 21., 일부개정]

제1장 총칙

제1조【목적】 이 법은 행정심판 절차를 통하여 행정청의 위법 또는 부당한 처분(處分)이나 부작위(不作爲)로 침해된 국민의 권리 또는 이익을 구제하고, 아울러 행정의 적정한 운영을 꾀함을 목적으로 한다.

제2조【정의】 이 법에서 사용하는 용어의 뜻은 다음과 같다.

1. "처분"이란 행정청이 행하는 구체적 사실에 관한 법집행으로서의 공권력의 행사 또는 그 거부, 그 밖에 이에 준하는 행정작용을 말한다.
2. "부작위"란 행정청이 당사자의 신청에 대하여 상당한 기간 내에 일정한 처분을 하여야 할 법률상 의무가 있는데도 처분을 하지 아니하는 것을 말한다.
3. "재결(裁決)"이란 행정심판의 청구에 대하여 제6조에 따른 행정심판위원회가 행하는 판단을 말한다.
4. "행정청"이란 행정에 관한 의사를 결정하여 표시하는 국가 또는 지방자치단체의 기관, 그 밖에 법령 또는 자치법규에 따라 행정권한을 가지고 있거나 위탁을 받은 공공단체나 그 기관 또는 사인(私人)을 말한다.

제3조【행정심판의 대상】 ① 행정청의 처분 또는 부작위에 대하여는 다른 법률에 특별한 규정이 있는 경우 외에는 이 법에 따라 행정심판을 청구할 수 있다.
② 대통령의 처분 또는 부작위에 대하여는 다른 법률에서 행정심판을 청구할 수 있도록 정한 경우 외에는 행정심판을 청구할 수 없다.

제4조【특별행정심판 등】 ① 사안(事案)의 전문성과 특수성을 살리기 위하여 특히 필요한 경우 외에는 이 법에 따른 행정심판을 갈음하는 특별한 행정불복 절차(이하 "특별행정심판"이라 한다)나 이 법에 따른 행정심판 절차에 대한 특례를 다른 법률로 정할 수 없다.
② 다른 법률에서 특별행정심판이나 이 법에 따른 행정심판 절차에 대한 특례를 정한 경우에도 그 법률에서 규정하지 아니한 사항에 관하여는 이 법에서 정하는 바에 따른다.
③ 관계 행정기관의 장이 특별행정심판 또는 이 법에 따른 행정심판 절차에 대한 특례를 신설하거나 변경하는 법령을 제정·개정할 때에는 미리 중앙행정심판위원회와 협의하여야 한다.

제5조【행정심판의 종류】 행정심판의 종류는 다음 각 호와 같다.

1. 취소심판: 행정청의 위법 또는 부당한 처분을 취소하거나 변경하는 행정심판
2. 무효등확인심판: 행정청의 처분의 효력 유무 또는 존재 여부를 확인하는 행정심판
3. 의무이행심판: 당사자의 신청에 대한 행정청의 위법 또는 부당한 거부처분이나 부작위에 대하여 일정한 처분을 하도록 하는 행정심판

제2장 심판기관

제6조【행정심판위원회의 설치】 ① 다음 각 호의 행정청 또는 그 소속 행정청(행정기관의 계층구조와 관계없이 그 감독을 받거나 위탁을 받은 모든 행정청을 말하되, 위탁을 받은 행정청은 그 위탁받은 사무에 관하여는 위탁한 행정청의 소속 행정청으로 본다. 이하 같다)의 처분 또는 부작위에 대한 행정심판의 청구(이하 "심판청구"라 한다)에 대하여는 다음 각 호의 행정청에 두는 행정심판위원회에서 심리·재결한다. <개정 2016. 3. 29.>

1. 감사원, 국가정보원장, 그 밖에 대통령령으로 정하는 대통령 소속기관의 장
2. 국회사무총장·법원행정처장·헌법재판소사무처장 및 중앙선거관리위원회사무총장
3. 국가인권위원회, 그 밖에 지위·성격의 독립성과 특수성 등이 인정되어 대통령령으로 정하는 행정청

② 다음 각 호의 행정청의 처분 또는 부작위에 대한 심판청구에 대하여는 「부패방지 및 국민권익위원회의 설치와 운영에 관한 법률」에 따른 국민권익위원회(이하 "국민권익위원회"라 한다)에 두는 중앙행정심판위원회에서 심리·재결한다. <개정 2012. 2. 17.>

1. 제1항에 따른 행정청 외의 국가행정기관의 장 또는 그 소속 행정청

2. 특별시장·광역시장·특별자치시장·도지사·특별자치도지사(특별시·광역시·특별자치시·도 또는 특별자치도의 교육감을 포함한다. 이하 "시·도지사"라 한다) 또는 특별시·광역시·특별자치시·도·특별자치도(이하 "시·도"라 한다)의 의회(의장, 위원회의 위원장, 사무처장 등 의회 소속 모든 행정청을 포함한다)

3. 「지방자치법」에 따른 지방자치단체조합 등 관계 법률에 따라 국가·지방자치단체·공공법인 등이 공동으로 설립한 행정청. 다만, 제3항 제3호에 해당하는 행정청은 제외한다.

③ 다음 각 호의 행정청의 처분 또는 부작위에 대한 심판청구에 대하여는 시·도지사 소속으로 두는 행정심판위원회에서 심리·재결한다.

1. 시·도 소속 행정청

2. 시·도의 관할구역에 있는 시·군·자치구의 장, 소속 행정청 또는 시·군·자치구의 의회(의장, 위원회의 위원장, 사무국장, 사무과장 등 의회 소속 모든 행정청을 포함한다)

3. 시·도의 관할구역에 있는 둘 이상의 지방자치단체(시·군·자치구를 말한다)·공공법인 등이 공동으로 설립한 행정청

④ 제2항 제1호에도 불구하고 대통령령으로 정하는 국가행정기관 소속 특별지방행정기관의 장의 처분 또는 부작위에 대한 심판청구에 대하여는 해당 행정청의 직근 상급행정기관에 두는 행정심판위원회에서 심리·재결한다.

제7조【행정심판위원회의 구성】 ① 행정심판위원회(중앙행정심판위원회는 제외한다. 이하 이 조에서 같다)는 위원장 1명을 포함하여 50명 이내의 위원으로 구성한다. <개정 2016. 3. 29.>

② 행정심판위원회의 위원장은 그 행정심판위원회가 소속된 행정청이 되며, 위원장이 없거나 부득이한 사유로 직무를 수행할 수 없거나 위원장이 필요하다고 인정하는 경우에는 다음 각 호의 순서에 따라 위원이 위원장의 직무를 대행한다.

1. 위원장이 사전에 지명한 위원

2. 제4항에 따라 지명된 공무원인 위원(2명 이상인 경우에는 직급 또는 고위공무원단에 속하는 공무원의 직무등급이 높은 위원 순서로, 직급 또는 직무등급도 같은 경우에는 위원 재직기간이 긴 위원 순서로, 재직기간도 같은 경우에는 연장자 순서로 한다)

③ 제2항에도 불구하고 제6조 제3항에 따라 시·도지사 소속으로 두는 행정심판위원회의 경우에는 해당 지방자치단체의 조례로 정하는 바에 따라 공무원이 아닌 위원을 위원장으로 정할 수 있다. 이 경우 위원장은 비상임으로 한다.

④ 행정심판위원회의 위원은 해당 행정심판위원회가 소속된 행정청이 다음 각 호의 어느 하나에 해당하는 사람 중에서 성별을 고려하여 위촉하거나 그 소속 공무원 중에서 지명한다. <개정 2016. 3. 29.>

1. 변호사 자격을 취득한 후 5년 이상의 실무 경험이 있는 사람

2. 「고등교육법」 제2조 제1호부터 제6호까지의 규정에 따른 학교에서 조교수 이상으로 재직하거나 재직하였던 사람

3. 행정기관의 4급 이상 공무원이었거나 고위공무원단에 속하는 공무원이었던 사람

4. 박사학위를 취득한 후 해당 분야에서 5년 이상 근무한 경험이 있는 사람

5. 그 밖에 행정심판과 관련된 분야의 지식과 경험이 풍부한 사람

⑤ 행정심판위원회의 회의는 위원장과 위원장이 회의마다 지정하는 8명의 위원(그중 제4항에 따른 위촉위원은 6명 이상으로 하되, 제3항에 따라 위원장이 공무원이 아닌 경우에는 5명 이상으로 한다)으로 구성한다. 다만, 국회규칙, 대법원규칙, 헌법재판소규칙, 중앙선거관리위원회규칙 또는 대통령령(제6조 제3항에 따라 시·도지사 소속으로 두는 행정심판위원회의 경우에는 해당 지방자치단체의 조례)으로 정하는 바에 따라 위원장과 위원장이 회의마다 지정하는 6명의 위원(그중 제4항에 따른 위촉위원은 5명

이상으로 하되, 제3항에 따라 공무원이 아닌 위원이 위원장인 경우에는 4명 이상으로 한다)으로 구성할 수 있다.

⑥ 행정심판위원회는 제5항에 따른 구성원 과반수의 출석과 출석위원 과반수의 찬성으로 의결한다.

⑦ 행정심판위원회의 조직과 운영, 그 밖에 필요한 사항은 국회규칙, 대법원규칙, 헌법재판소규칙, 중앙선거관리위원회규칙 또는 대통령령으로 정한다.

제8조【중앙행정심판위원회의 구성】 ① 중앙행정심판위원회는 위원장 1명을 포함하여 70명 이내의 위원으로 구성하되, 위원 중 상임위원은 4명 이내로 한다. <개정 2016. 3. 29.>

② 중앙행정심판위원회의 위원장은 국민권익위원회의 부위원장 중 1명이 되며, 위원장이 없거나 부득이한 사유로 직무를 수행할 수 없거나 위원장이 필요하다고 인정하는 경우에는 상임위원(상임으로 재직한 기간이 긴 위원 순서로, 재직기간이 같은 경우에는 연장자 순서로 한다)이 위원장의 직무를 대행한다.

③ 중앙행정심판위원회의 상임위원은 일반직공무원으로서 「국가공무원법」 제26조의5에 따른 임기제공무원으로 임명하되, 3급 이상 공무원 또는 고위공무원단에 속하는 일반직공무원으로 3년 이상 근무한 사람이나 그 밖에 행정심판에 관한 지식과 경험이 풍부한 사람 중에서 중앙행정심판위원회 위원장의 제청으로 국무총리를 거쳐 대통령이 임명한다. <개정 2014. 5. 28.>

④ 중앙행정심판위원회의 비상임위원은 제7조 제4항 각 호의 어느 하나에 해당하는 사람 중에서 중앙행정심판위원회 위원장의 제청으로 국무총리가 성별을 고려하여 위촉한다. <개정 2016. 3. 29.>

⑤ 중앙행정심판위원회의 회의(제6항에 따른 소위원회 회의는 제외한다)는 위원장, 상임위원 및 위원장이 회의마다 지정하는 비상임위원을 포함하여 총 9명으로 구성한다.

⑥ 중앙행정심판위원회는 심판청구사건(이하 "사건"이라 한다) 중 「도로교통법」에 따른 자동차운전면허 행정처분에 관한 사건(소위원회가 중앙행정심판위원회에서 심리·의결하도록 결정한 사건은 제외한다)을 심리·의결하게 하기 위하여 4명의 위원으로 구성하는 소위원회를 둘 수 있다.

⑦ 중앙행정심판위원회 및 소위원회는 각각 제5항 및 제6항에 따른 구성원 과반수의 출석과 출석위원 과반수의 찬성으로 의결한다.

⑧ 중앙행정심판위원회는 위원장이 지정하는 사건을 미리 검토하도록 필요한 경우에는 전문위원회를 둘 수 있다.

⑨ 중앙행정심판위원회, 소위원회 및 전문위원회의 조직과 운영 등에 필요한 사항은 대통령령으로 정한다.

제9조【위원의 임기 및 신분보장 등】 ① 제7조 제4항에 따라 지명된 위원은 그 직에 재직하는 동안 재임한다.

② 제8조 제3항에 따라 임명된 중앙행정심판위원회 상임위원의 임기는 3년으로 하며, 1차에 한하여 연임할 수 있다.

③ 제7조 제4항 및 제8조 제4항에 따라 위촉된 위원의 임기는 2년으로 하되, 2차에 한하여 연임할 수 있다. 다만, 제6조 제1항 제2호에 규정된 기관에 두는 행정심판위원회의 위촉위원의 경우에는 각각 국회규칙, 대법원규칙, 헌법재판소규칙 또는 중앙선거관리위원회규칙으로 정하는 바에 따른다.

④ 다음 각 호의 어느 하나에 해당하는 사람은 제6조에 따른 행정심판위원회(이하 "위원회"라 한다)의 위원이 될 수 없으며, 위원이 이에 해당하게 된 때에는 당연히 퇴직한다.

1. 대한민국 국민이 아닌 사람
2. 「국가공무원법」 제33조 각 호의 어느 하나에 해당하는 사람

⑤ 제7조 제4항 및 제8조 제4항에 따라 위촉된 위원은 금고(禁錮) 이상의 형을 선고받거나 부득이한 사유로 장기간 직무를 수행할 수 없게 되는 경우 외에는 임기 중 그의 의사와 다르게 해촉(解囑)되지 아니한다.

제10조【위원의 제척·기피·회피】 ① 위원회의 위원은 다음 각 호의 어느 하나에 해당하는 경우에는 그 사건의 심리·의결에서 제척(除斥)된다. 이 경우 제척결정은 위원회의 위원장(이하 "위원장"이라 한다)이 직권으로 또는 당사자의 신청에 의하여 한다.

1. 위원 또는 그 배우자나 배우자이었던 사람이 사건의 당사자이거나 사건에 관하여 공동 권리자

또는 의무자인 경우

2. 위원이 사건의 당사자와 친족이거나 친족이었던 경우

3. 위원이 사건에 관하여 증언이나 감정(鑑定)을 한 경우

4. 위원이 당사자의 대리인으로서 사건에 관여하거나 관여하였던 경우

5. 위원이 사건의 대상이 된 처분 또는 부작위에 관여한 경우

② 당사자는 위원에게 공정한 심리·의결을 기대하기 어려운 사정이 있으면 위원장에게 기피신청을 할 수 있다.

③ 위원에 대한 제척신청이나 기피신청은 그 사유를 소명(疏明)한 문서로 하여야 한다. 다만, 불가피한 경우에는 신청한 날부터 3일 이내에 신청 사유를 소명할 수 있는 자료를 제출하여야 한다. <개정 2016. 3. 29.>

④ 제척신청이나 기피신청이 제3항을 위반하였을 때에는 위원장은 결정으로 이를 각하한다. <신설 2016. 3. 29.>

⑤ 위원장은 제척신청이나 기피신청의 대상이 된 위원에게서 그에 대한 의견을 받을 수 있다. <개정 2016. 3. 29.>

⑥ 위원장은 제척신청이나 기피신청을 받으면 제척 또는 기피 여부에 대한 결정을 하고, 지체 없이 신청인에게 결정서 정본(正本)을 송달하여야 한다. <개정 2016. 3. 29.>

⑦ 위원회의 회의에 참석하는 위원이 제척사유 또는 기피사유에 해당되는 것을 알게 되었을 때에는 스스로 그 사건의 심리·의결에서 회피할 수 있다. 이 경우 회피하고자 하는 위원은 위원장에게 그 사유를 소명하여야 한다. <개정 2016. 3. 29.>

⑧ 사건의 심리·의결에 관한 사무에 관여하는 위원 아닌 직원에게도 제1항부터 제7항까지의 규정을 준용한다. <개정 2016. 3. 29.>

제11조【벌칙 적용 시의 공무원 의제】 위원 중 공무원이 아닌 위원은 「형법」과 그 밖의 법률에 따른 벌칙을 적용할 때에는 공무원으로 본다.

제12조【위원회의 권한 승계】 ① 당사자의 심판청구 후 위원회가 법령의 개정·폐지 또는 제17조 제5항

에 따른 피청구인의 경정 결정에 따라 그 심판청구에 대하여 재결할 권한을 잃게 된 경우에는 해당 위원회는 심판청구서와 관계 서류, 그 밖의 자료를 새로 재결할 권한을 갖게 된 위원회에 보내야 한다.

② 제1항의 경우 송부를 받은 위원회는 지체 없이 그 사실을 다음 각 호의 자에게 알려야 한다.

1. 행정심판 청구인(이하 "청구인"이라 한다)

2. 행정심판 피청구인(이하 "피청구인"이라 한다)

3. 제20조 또는 제21조에 따라 심판참가를 하는 자 (이하 "참가인"이라 한다)

제3장 당사자와 관계인

제13조【청구인 적격】 ① 취소심판은 처분의 취소 또는 변경을 구할 법률상 이익이 있는 자가 청구할 수 있다. 처분의 효과가 기간의 경과, 처분의 집행, 그 밖의 사유로 소멸된 뒤에도 그 처분의 취소로 회복되는 법률상 이익이 있는 자의 경우에도 또한 같다.

② 무효등확인심판은 처분의 효력 유무 또는 존재 여부의 확인을 구할 법률상 이익이 있는 자가 청구할 수 있다.

③ 의무이행심판은 처분을 신청한 자로서 행정청의 거부처분 또는 부작위에 대하여 일정한 처분을 구할 법률상 이익이 있는 자가 청구할 수 있다.

제14조【법인이 아닌 사단 또는 재단의 청구인 능력】 법인이 아닌 사단 또는 재단으로서 대표자나 관리인이 정하여져 있는 경우에는 그 사단이나 재단의 이름으로 심판청구를 할 수 있다.

제15조【선정대표자】 ① 여러 명의 청구인이 공동으로 심판청구를 할 때에는 청구인들 중에서 3명 이하의 선정대표자를 선정할 수 있다.

② 청구인들이 제1항에 따라 선정대표자를 선정하지 아니한 경우에 위원회는 필요하다고 인정하면 청구인들에게 선정대표자를 선정할 것을 권고할 수 있다.

③ 선정대표자는 다른 청구인들을 위하여 그 사건에 관한 모든 행위를 할 수 있다. 다만, 심판청구를 취하하려면 다른 청구인들의 동의를 받아야 하며, 이 경우 동의받은 사실을 서면으로 소명하여야 한다.

④ 선정대표자가 선정되면 다른 청구인들은 그 선정대표자를 통해서만 그 사건에 관한 행위를 할 수 있다.

⑤ 선정대표자를 선정한 청구인들은 필요하다고 인정하면 선정대표자를 해임하거나 변경할 수 있다. 이 경우 청구인들은 그 사실을 지체 없이 위원회에 서면으로 알려야 한다.

제16조【청구인의 지위 승계】 ① 청구인이 사망한 경우에는 상속인이나 그 밖에 법령에 따라 심판청구의 대상에 관계되는 권리나 이익을 승계한 자가 청구인의 지위를 승계한다.

② 법인인 청구인이 합병(合倂)에 따라 소멸하였을 때에는 합병 후 존속하는 법인이나 합병에 따라 설립된 법인이 청구인의 지위를 승계한다.

③ 제1항과 제2항에 따라 청구인의 지위를 승계한 자는 위원회에 서면으로 그 사유를 신고하여야 한다. 이 경우 신고서에는 사망 등에 의한 권리·이익의 승계 또는 합병 사실을 증명하는 서면을 함께 제출하여야 한다.

④ 제1항 또는 제2항의 경우에 제3항에 따른 신고가 있을 때까지 사망자나 합병 전의 법인에 대하여 한 통지 또는 그 밖의 행위가 청구인의 지위를 승계한 자에게 도달하면 지위를 승계한 자에 대한 통지 또는 그 밖의 행위로서의 효력이 있다.

⑤ 심판청구의 대상과 관계되는 권리나 이익을 양수한 자는 위원회의 허가를 받아 청구인의 지위를 승계할 수 있다.

⑥ 위원회는 제5항의 지위 승계 신청을 받으면 기간을 정하여 당사자와 참가인에게 의견을 제출하도록 할 수 있으며, 당사자와 참가인이 그 기간에 의견을 제출하지 아니하면 의견이 없는 것으로 본다.

⑦ 위원회는 제5항의 지위 승계 신청에 대하여 허가 여부를 결정하고, 지체 없이 신청인에게는 결정서 정본을, 당사자와 참가인에게는 결정서 등본을 송달하여야 한다.

⑧ 신청인은 위원회가 제5항의 지위 승계를 허가하지 아니하면 결정서 정본을 받은 날부터 7일 이내에 위원회에 이의신청을 할 수 있다.

제17조【피청구인의 적격 및 경정】 ① 행정심판은 처분을 한 행정청(의무이행심판의 경우에는 청구인의 신청을 받은 행정청)을 피청구인으로 하여 청구하여야 한다. 다만, 심판청구의 대상과 관계되는 권한이 다른 행정청에 승계된 경우에는 권한을 승계한 행정청을 피청구인으로 하여야 한다.

② 청구인이 피청구인을 잘못 지정한 경우에는 위원회는 직권으로 또는 당사자의 신청에 의하여 결정으로써 피청구인을 경정(更正)할 수 있다.

③ 위원회는 제2항에 따라 피청구인을 경정하는 결정을 하면 결정서 정본을 당사자(종전의 피청구인과 새로운 피청구인을 포함한다. 이하 제6항에서 같다)에게 송달하여야 한다.

④ 제2항에 따른 결정이 있으면 종전의 피청구인에 대한 심판청구는 취하되고 종전의 피청구인에 대한 행정심판이 청구된 때에 새로운 피청구인에 대한 행정심판이 청구된 것으로 본다.

⑤ 위원회는 행정심판이 청구된 후에 제1항 단서의 사유가 발생하면 직권으로 또는 당사자의 신청에 의하여 결정으로써 피청구인을 경정한다. 이 경우에는 제3항과 제4항을 준용한다.

⑥ 당사자는 제2항 또는 제5항에 따른 위원회의 결정에 대하여 결정서 정본을 받은 날부터 7일 이내에 위원회에 이의신청을 할 수 있다.

제18조【대리인의 선임】 ① 청구인은 법정대리인 외에 다음 각 호의 어느 하나에 해당하는 자를 대리인으로 선임할 수 있다.

1. 청구인의 배우자, 청구인 또는 배우자의 사촌 이내의 혈족
2. 청구인이 법인이거나 제14조에 따른 청구인 능력이 있는 법인이 아닌 사단 또는 재단인 경우 그 소속 임직원
3. 변호사
4. 다른 법률에 따라 심판청구를 대리할 수 있는 자
5. 그 밖에 위원회의 허가를 받은 자

② 피청구인은 그 소속 직원 또는 제1항 제3호부터 제5호까지의 어느 하나에 해당하는 자를 대리인으로 선임할 수 있다.

③ 제1항과 제2항에 따른 대리인에 관하여는 제15조 제3항 및 제5항을 준용한다.

제18조의2【국선대리인】 ① 청구인이 경제적 능력으로 인해 대리인을 선임할 수 없는 경우에는 위원회에 국선대리인을 선임하여 줄 것을 신청할 수 있다.

② 위원회는 제1항의 신청에 따른 국선대리인 선정 여부에 대한 결정을 하고, 지체 없이 청구인에게 그

결과를 통지하여야 한다. 이 경우 위원회는 심판청구가 명백히 부적법하거나 이유 없는 경우 또는 권리의 남용이라고 인정되는 경우에는 국선대리인을 선정하지 아니할 수 있다.

③ 국선대리인 신청절차, 국선대리인 지원 요건, 국선대리인의 자격·보수 등 국선대리인 운영에 필요한 사항은 국회규칙, 대법원규칙, 헌법재판소규칙, 중앙선거관리위원회규칙 또는 대통령령으로 정한다. [본조신설 2017. 10. 31.]

제19조【대표자 등의 자격】 ① 대표자·관리인·선정대표자 또는 대리인의 자격은 서면으로 소명하여야 한다.

② 청구인이나 피청구인은 대표자·관리인·선정대표자 또는 대리인이 그 자격을 잃으면 그 사실을 서면으로 위원회에 신고하여야 한다. 이 경우 소명자료를 함께 제출하여야 한다.

제20조【심판참가】 ① 행정심판의 결과에 이해관계가 있는 제3자나 행정청은 해당 심판청구에 대한 제7조 제6항 또는 제8조 제7항에 따른 위원회나 소위원회의 의결이 있기 전까지 그 사건에 대하여 심판참가를 할 수 있다.

② 제1항에 따른 심판참가를 하려는 자는 참가의 취지와 이유를 적은 참가신청서를 위원회에 제출하여야 한다. 이 경우 당사자의 수만큼 참가신청서 부본을 함께 제출하여야 한다.

③ 위원회는 제2항에 따라 참가신청서를 받으면 참가신청서 부본을 당사자에게 송달하여야 한다.

④ 제3항의 경우 위원회는 기간을 정하여 당사자와 다른 참가인에게 제3자의 참가신청에 대한 의견을 제출하도록 할 수 있으며, 당사자와 다른 참가인이 그 기간에 의견을 제출하지 아니하면 의견이 없는 것으로 본다.

⑤ 위원회는 제2항에 따라 참가신청을 받으면 허가 여부를 결정하고, 지체 없이 신청인에게는 결정서 정본을, 당사자와 다른 참가인에게는 결정서 등본을 송달하여야 한다.

⑥ 신청인은 제5항에 따라 송달을 받은 날부터 7일 이내에 위원회에 이의신청을 할 수 있다.

제21조【심판참가의 요구】 ① 위원회는 필요하다고 인정하면 그 행정심판 결과에 이해관계가 있는 제3자나 행정청에 그 사건 심판에 참가할 것을 요구할 수 있다.

② 제1항의 요구를 받은 제3자나 행정청은 지체 없이 그 사건 심판에 참가할 것인지 여부를 위원회에 통지하여야 한다.

제22조【참가인의 지위】 ① 참가인은 행정심판 절차에서 당사자가 할 수 있는 심판절차상의 행위를 할 수 있다.

② 이 법에 따라 당사자가 위원회에 서류를 제출할 때에는 참가인의 수만큼 부본을 제출하여야 하고, 위원회가 당사자에게 통지를 하거나 서류를 송달할 때에는 참가인에게도 통지하거나 송달하여야 한다.

③ 참가인의 대리인 선임과 대표자 자격 및 서류 제출에 관하여는 제18조, 제19조 및 이 조 제2항을 준용한다.

제4장 행정심판 청구

제23조【심판청구서의 제출】 ① 행정심판을 청구하려는 자는 제28조에 따라 심판청구서를 작성하여 피청구인이나 위원회에 제출하여야 한다. 이 경우 피청구인의 수만큼 심판청구서 부본을 함께 제출하여야 한다.

② 행정청이 제58조에 따른 고지를 하지 아니하거나 잘못 고지하여 청구인이 심판청구서를 다른 행정기관에 제출한 경우에는 그 행정기관은 그 심판청구서를 지체 없이 정당한 권한이 있는 피청구인에게 보내야 한다.

③ 제2항에 따라 심판청구서를 보낸 행정기관은 지체 없이 그 사실을 청구인에게 알려야 한다.

④ 제27조에 따른 심판청구 기간을 계산할 때에는 제1항에 따른 피청구인이나 위원회 또는 제2항에 따른 행정기관에 심판청구서가 제출되었을 때에 행정심판이 청구된 것으로 본다.

제24조【피청구인의 심판청구서 등의 접수·처리】
① 피청구인이 제23조 제1항·제2항 또는 제26조 제1항에 따라 심판청구서를 접수하거나 송부받으면 10일 이내에 심판청구서(제23조 제1항·제2항의 경우만 해당된다)와 답변서를 위원회에 보내야 한다. 다만, 청구인이 심판청구를 취하한 경우에는 그러하지 아니하다.

② 제1항에도 불구하고 심판청구가 그 내용이 특정되지 아니하는 등 명백히 부적법하다고 판단되는 경우에 피청구인은 답변서를 위원회에 보내지 아니할 수 있다. 이 경우 심판청구서를 접수하거나 송부받은 날부터 10일 이내에 그 사유를 위원회에 문서로 통보하여야 한다. <신설 2023. 3. 21.>

③ 제2항에도 불구하고 위원장이 심판청구에 대하여 답변서 제출을 요구하면 피청구인은 위원장으로부터 답변서 제출을 요구받은 날부터 10일 이내에 위원회에 답변서를 제출하여야 한다. <신설 2023. 3. 21.>

④ 피청구인은 처분의 상대방이 아닌 제3자가 심판청구를 한 경우에는 지체 없이 처분의 상대방에게 그 사실을 알려야 한다. 이 경우 심판청구서 사본을 함께 송달하여야 한다. <개정 2023. 3. 21.>

⑤ 피청구인이 제1항 본문에 따라 심판청구서를 보낼 때에는 심판청구서에 위원회가 표시되지 아니하였거나 잘못 표시된 경우에도 정당한 권한이 있는 위원회에 보내야 한다. <개정 2023. 3. 21.>

⑥ 피청구인은 제1항 본문 또는 제3항에 따라 답변서를 보낼 때에는 청구인의 수만큼 답변서 부본을 함께 보내되, 답변서에는 다음 각 호의 사항을 명확하게 적어야 한다. <개정 2023. 3. 21.>

1. 처분이나 부작위의 근거와 이유
2. 심판청구의 취지와 이유에 대응하는 답변
3. 제4항에 해당하는 경우에는 처분의 상대방의 이름·주소·연락처와 제4항의 의무 이행 여부

⑦ 제4항과 제5항의 경우에 피청구인은 송부 사실을 지체 없이 청구인에게 알려야 한다. <개정 2023. 3. 21.>

⑧ 중앙행정심판위원회에서 심리·재결하는 사건인 경우 피청구인은 제1항 또는 제3항에 따라 위원회에 심판청구서 또는 답변서를 보낼 때에는 소관 중앙행정기관의 장에게도 그 심판청구·답변의 내용을 알려야 한다. <개정 2023. 3. 21.>

제25조【피청구인의 직권취소등】 ① 제23조 제1항·제2항 또는 제26조 제1항에 따라 심판청구서를 받은 피청구인은 그 심판청구가 이유 있다고 인정하면 심판청구의 취지에 따라 직권으로 처분을 취소·변경하거나 확인을 하거나 신청에 따른 처분(이하 이 조에서 "직권취소등"이라 한다)을 할 수 있다.

이 경우 서면으로 청구인에게 알려야 한다.

② 피청구인은 제1항에 따라 직권취소등을 하였을 때에는 청구인이 심판청구를 취하한 경우가 아니면 제24조 제1항 본문에 따라 심판청구서·답변서를 보내거나 같은 조 제3항에 따라 답변서를 보낼 때 직권취소등의 사실을 증명하는 서류를 위원회에 함께 제출하여야 한다. <개정 2023. 3. 21.>

제26조【위원회의 심판청구서 등의 접수·처리】

① 위원회는 제23조 제1항에 따라 심판청구서를 받으면 지체 없이 피청구인에게 심판청구서 부본을 보내야 한다.

② 위원회는 제24조 제1항 본문 또는 제3항에 따라 피청구인으로부터 답변서가 제출된 경우 답변서 부본을 청구인에게 송달하여야 한다. <개정 2023. 3. 21.>

제27조【심판청구의 기간】 ① 행정심판은 처분이 있음을 알게 된 날부터 90일 이내에 청구하여야 한다.

② 청구인이 천재지변, 전쟁, 사변(事變), 그 밖의 불가항력으로 인하여 제1항에서 정한 기간에 심판청구를 할 수 없었을 때에는 그 사유가 소멸한 날부터 14일 이내에 행정심판을 청구할 수 있다. 다만, 국외에서 행정심판을 청구하는 경우에는 그 기간을 30일로 한다.

③ 행정심판은 처분이 있었던 날부터 180일이 지나면 청구하지 못한다. 다만, 정당한 사유가 있는 경우에는 그러하지 아니하다.

④ 제1항과 제2항의 기간은 불변기간(不變期間)으로 한다.

⑤ 행정청이 심판청구 기간을 제1항에 규정된 기간보다 긴 기간으로 잘못 알린 경우 그 잘못 알린 기간에 심판청구가 있으면 그 행정심판은 제1항에 규정된 기간에 청구된 것으로 본다.

⑥ 행정청이 심판청구 기간을 알리지 아니한 경우에는 제3항에 규정된 기간에 심판청구를 할 수 있다.

⑦ 제1항부터 제6항까지의 규정은 무효등확인심판청구와 부작위에 대한 의무이행심판청구에는 적용하지 아니한다.

제28조【심판청구의 방식】 ① 심판청구는 서면으로 하여야 한다.

② 처분에 대한 심판청구의 경우에는 심판청구서에 다음 각 호의 사항이 포함되어야 한다.

1. 청구인의 이름과 주소 또는 사무소(주소 또는 사무소 외의 장소에서 송달받기를 원하면 송달장소를 추가로 적어야 한다)
2. 피청구인과 위원회
3. 심판청구의 대상이 되는 처분의 내용
4. 처분이 있음을 알게 된 날
5. 심판청구의 취지와 이유
6. 피청구인의 행정심판 고지 유무와 그 내용

③ 부작위에 대한 심판청구의 경우에는 제2항 제1호·제2호·제5호의 사항과 그 부작위의 전제가 되는 신청의 내용과 날짜를 적어야 한다.

④ 청구인이 법인이거나 제14조에 따른 청구인 능력이 있는 법인이 아닌 사단 또는 재단이거나 행정심판이 선정대표자나 대리인에 의하여 청구되는 것일 때에는 제2항 또는 제3항의 사항과 함께 그 대표자·관리인·선정대표자 또는 대리인의 이름과 주소를 적어야 한다.

⑤ 심판청구서에는 청구인·대표자·관리인·선정대표자 또는 대리인이 서명하거나 날인하여야 한다.

제29조 【청구의 변경】 ① 청구인은 청구의 기초에 변경이 없는 범위에서 청구의 취지나 이유를 변경할 수 있다.

② 행정심판이 청구된 후에 피청구인이 새로운 처분을 하거나 심판청구의 대상인 처분을 변경한 경우에는 청구인은 새로운 처분이나 변경된 처분에 맞추어 청구의 취지나 이유를 변경할 수 있다.

③ 제1항 또는 제2항에 따른 청구의 변경은 서면으로 신청하여야 한다. 이 경우 피청구인과 참가인의 수만큼 청구변경신청서 부본을 함께 제출하여야 한다.

④ 위원회는 제3항에 따른 청구변경신청서 부본을 피청구인과 참가인에게 송달하여야 한다.

⑤ 제4항의 경우 위원회는 기간을 정하여 피청구인과 참가인에게 청구변경 신청에 대한 의견을 제출하도록 할 수 있으며, 피청구인과 참가인이 그 기간에 의견을 제출하지 아니하면 의견이 없는 것으로 본다.

⑥ 위원회는 제1항 또는 제2항의 청구변경 신청에 대하여 허가할 것인지 여부를 결정하고, 지체 없이

신청인에게는 결정서 정본을, 당사자 및 참가인에게는 결정서 등본을 송달하여야 한다.

⑦ 신청인은 제6항에 따라 송달을 받은 날부터 7일 이내에 위원회에 이의신청을 할 수 있다.

⑧ 청구의 변경결정이 있으면 처음 행정심판이 청구되었을 때부터 변경된 청구의 취지나 이유로 행정심판이 청구된 것으로 본다.

제30조 【집행정지】 ① 심판청구는 처분의 효력이나 그 집행 또는 절차의 속행(續行)에 영향을 주지 아니한다.

② 위원회는 처분, 처분의 집행 또는 절차의 속행 때문에 중대한 손해가 생기는 것을 예방할 필요성이 긴급하다고 인정할 때에는 직권으로 또는 당사자의 신청에 의하여 처분의 효력, 처분의 집행 또는 절차의 속행의 전부 또는 일부의 정지(이하 "집행정지"라 한다)를 결정할 수 있다. 다만, 처분의 효력정지는 처분의 집행 또는 절차의 속행을 정지함으로써 그 목적을 달성할 수 있을 때에는 허용되지 아니한다.

③ 집행정지는 공공복리에 중대한 영향을 미칠 우려가 있을 때에는 허용되지 아니한다.

④ 위원회는 집행정지를 결정한 후에 집행정지가 공공복리에 중대한 영향을 미치거나 그 정지사유가 없어진 경우에는 직권으로 또는 당사자의 신청에 의하여 집행정지 결정을 취소할 수 있다.

⑤ 집행정지 신청은 심판청구와 동시에 또는 심판청구에 대한 제7조 제6항 또는 제8조 제7항에 따른 위원회나 소위원회의 의결이 있기 전까지, 집행정지 결정의 취소신청은 심판청구에 대한 제7조 제6항 또는 제8조 제7항에 따른 위원회나 소위원회의 의결이 있기 전까지 신청의 취지와 원인을 적은 서면을 위원회에 제출하여야 한다. 다만, 심판청구서를 피청구인에게 제출한 경우로서 심판청구와 동시에 집행정지 신청을 할 때에는 심판청구서 사본과 접수증명서를 함께 제출하여야 한다.

⑥ 제2항과 제4항에도 불구하고 위원회의 심리·결정을 기다릴 경우 중대한 손해가 생길 우려가 있다고 인정되면 위원장은 직권으로 위원회의 심리·결정을 갈음하는 결정을 할 수 있다. 이 경우 위원장은 지체 없이 위원회에 그 사실을 보고하고 추인(追認)을 받아야 하며, 위원회의 추인을 받지 못하면 위원장은

부록

집행정지 또는 집행정지 취소에 관한 결정을 취소하여야 한다.

⑦ 위원회는 집행정지 또는 집행정지의 취소에 관하여 심리·결정하면 지체 없이 당사자에게 결정서 정본을 송달하여야 한다.

제31조【임시처분】 ① 위원회는 처분 또는 부작위가 위법·부당하다고 상당히 의심되는 경우로서 처분 또는 부작위 때문에 당사자가 받을 우려가 있는 중대한 불이익이나 당사자에게 생길 급박한 위험을 막기 위하여 임시지위를 정하여야 할 필요가 있는 경우에는 직권으로 또는 당사자의 신청에 의하여 임시처분을 결정할 수 있다.

② 제1항에 따른 임시처분에 관하여는 제30조 제3항부터 제7항까지를 준용한다. 이 경우 같은 조 제6항 전단 중 "중대한 손해가 생길 우려"는 "중대한 불이익이나 급박한 위험이 생길 우려"로 본다.

③ 제1항에 따른 임시처분은 제30조 제2항에 따른 집행정지로 목적을 달성할 수 있는 경우에는 허용되지 아니한다.

제5장 심리

제32조【보정】 ① 위원회는 심판청구가 적법하지 아니하나 보정(補正)할 수 있다고 인정하면 기간을 정하여 청구인에게 보정할 것을 요구할 수 있다. 다만, 경미한 사항은 직권으로 보정할 수 있다.

② 청구인은 제1항의 요구를 받으면 서면으로 보정하여야 한다. 이 경우 다른 당사자의 수만큼 보정서 부본을 함께 제출하여야 한다.

③ 위원회는 제2항에 따라 제출된 보정서 부본을 지체 없이 다른 당사자에게 송달하여야 한다.

④ 제1항에 따른 보정을 한 경우에는 처음부터 적법하게 행정심판이 청구된 것으로 본다.

⑤ 제1항에 따른 보정기간은 제45조에 따른 재결기간에 산입하지 아니한다.

⑥ 위원회는 청구인이 제1항에 따른 보정기간 내에 그 흠을 보정하지 아니한 경우에는 그 심판청구를 각하할 수 있다. <신설 2023. 3. 21.>

제32조의2【보정할 수 없는 심판청구의 각하】 위원회는 심판청구서에 타인을 비방하거나 모욕하는 내용 등

이 기재되어 청구 내용을 특정할 수 없고 그 흠을 보정할 수 없다고 인정되는 경우에는 제32조 제1항에 따른 보정요구 없이 그 심판청구를 각하할 수 있다. [본조신설 2023. 3. 21.]

제33조【주장의 보충】 ① 당사자는 심판청구서·보정서·답변서·참가신청서 등에서 주장한 사실을 보충하고 다른 당사자의 주장을 다시 반박하기 위하여 필요하면 위원회에 보충서면을 제출할 수 있다. 이 경우 다른 당사자의 수만큼 보충서면 부본을 함께 제출하여야 한다.

② 위원회는 필요하다고 인정하면 보충서면의 제출 기한을 정할 수 있다.

③ 위원회는 제1항에 따라 보충서면을 받으면 지체 없이 다른 당사자에게 그 부본을 송달하여야 한다.

제34조【증거서류 등의 제출】 ① 당사자는 심판청구서·보정서·답변서·참가신청서·보충서면 등에 덧붙여 그 주장을 뒷받침하는 증거서류나 증거물을 제출할 수 있다.

② 제1항의 증거서류에는 다른 당사자의 수만큼 증거서류 부본을 함께 제출하여야 한다.

③ 위원회는 당사자가 제출한 증거서류의 부본을 지체 없이 다른 당사자에게 송달하여야 한다.

제35조【자료의 제출 요구 등】 ① 위원회는 사건 심리에 필요하면 관계 행정기관이 보관 중인 관련 문서, 장부, 그 밖에 필요한 자료를 제출할 것을 요구할 수 있다.

② 위원회는 필요하다고 인정하면 사건과 관련된 법령을 주관하는 행정기관이나 그 밖의 관계 행정기관의 장 또는 그 소속 공무원에게 위원회 회의에 참석하여 의견을 진술할 것을 요구하거나 의견서를 제출할 것을 요구할 수 있다.

③ 관계 행정기관의 장은 특별한 사정이 없으면 제1항과 제2항에 따른 위원회의 요구에 따라야 한다.

④ 중앙행정심판위원회에서 심리·재결하는 심판청구의 경우 소관 중앙행정기관의 장은 의견서를 제출하거나 위원회에 출석하여 의견을 진술할 수 있다.

제36조【증거조사】 ① 위원회는 사건을 심리하기 위하여 필요하면 직권으로 또는 당사자의 신청에 의하여 다음 각 호의 방법에 따라 증거조사를 할 수 있다.

1. 당사자나 관계인(관계 행정기관 소속 공무원을 포함한다. 이하 같다)을 위원회의 회의에 출석하게 하여 신문(訊問)하는 방법
2. 당사자나 관계인이 가지고 있는 문서·장부·물건 또는 그 밖의 증거자료의 제출을 요구하고 영치(領置)하는 방법
3. 특별한 학식과 경험을 가진 제3자에게 감정을 요구하는 방법
4. 당사자 또는 관계인의 주소·거소·사업장이나 그 밖의 필요한 장소에 출입하여 당사자 또는 관계인에게 질문하거나 서류·물건 등을 조사·검증하는 방법

② 위원회는 필요하면 위원회가 소속된 행정청의 직원이나 다른 행정기관에 촉탁하여 제1항의 증거조사를 하게 할 수 있다.

③ 제1항에 따른 증거조사를 수행하는 사람은 그 신분을 나타내는 증표를 지니고 이를 당사자나 관계인에게 내보여야 한다.

④ 제1항에 따른 당사자 등은 위원회의 조사나 요구 등에 성실하게 협조하여야 한다.

제37조【절차의 병합 또는 분리】 위원회는 필요하면 관련되는 심판청구를 병합하여 심리하거나 병합된 관련 청구를 분리하여 심리할 수 있다.

제38조【심리기일의 지정과 변경】 ① 심리기일은 위원회가 직권으로 지정한다.

② 심리기일의 변경은 직권으로 또는 당사자의 신청에 의하여 한다.

③ 위원회는 심리기일이 변경되면 지체 없이 그 사실과 사유를 당사자에게 알려야 한다.

④ 심리기일의 통지나 심리기일 변경의 통지는 서면으로 하거나 심판청구서에 적힌 전화, 휴대전화를 이용한 문자전송, 팩시밀리 또는 전자우편 등 간편한 통지 방법(이하 "간이통지방법"이라 한다)으로 할 수 있다.

제39조【직권심리】 위원회는 필요하면 당사자가 주장하지 아니한 사실에 대하여도 심리할 수 있다.

제40조【심리의 방식】 ① 행정심판의 심리는 구술심리나 서면심리로 한다. 다만, 당사자가 구술심리를 신청한 경우에는 서면심리만으로 결정할 수 있다고 인정되는 경우 외에는 구술심리를 하여야 한다.

② 위원회는 제1항 단서에 따라 구술심리 신청을 받으면 그 허가 여부를 결정하여 신청인에게 알려야 한다.

③ 제2항의 통지는 간이통지방법으로 할 수 있다.

제41조【발언 내용 등의 비공개】 위원회에서 위원이 발언한 내용이나 그 밖에 공개되면 위원회의 심리·재결의 공정성을 해칠 우려가 있는 사항으로서 대통령령으로 정하는 사항은 공개하지 아니한다.

제42조【심판청구 등의 취하】 ① 청구인은 심판청구에 대하여 제7조 제6항 또는 제8조 제7항에 따른 의결이 있을 때까지 서면으로 심판청구를 취하할 수 있다.

② 참가인은 심판청구에 대하여 제7조 제6항 또는 제8조 제7항에 따른 의결이 있을 때까지 서면으로 참가신청을 취하할 수 있다.

③ 제1항 또는 제2항에 따른 취하서에는 청구인이나 참가인이 서명하거나 날인하여야 한다.

④ 청구인 또는 참가인은 취하서를 피청구인 또는 위원회에 제출하여야 한다. 이 경우 제23조 제2항부터 제4항까지의 규정을 준용한다.

⑤ 피청구인 또는 위원회는 계속 중인 사건에 대하여 제1항 또는 제2항에 따른 취하서를 받으면 지체 없이 다른 관계 기관, 청구인, 참가인에게 취하 사실을 알려야 한다.

제6장 재결

제43조【재결의 구분】 ① 위원회는 심판청구가 적법하지 아니하면 그 심판청구를 각하(却下)한다.

② 위원회는 심판청구가 이유가 없다고 인정하면 그 심판청구를 기각(棄却)한다.

③ 위원회는 취소심판의 청구가 이유가 있다고 인정하면 처분을 취소 또는 다른 처분으로 변경하거나 처분을 다른 처분으로 변경할 것을 피청구인에게 명한다.

④ 위원회는 무효등확인심판의 청구가 이유가 있다고 인정하면 처분의 효력 유무 또는 처분의 존재 여부를 확인한다.

⑤ 위원회는 의무이행심판의 청구가 이유가 있다고 인정하면 지체 없이 신청에 따른 처분을 하거나 처분을 할 것을 피청구인에게 명한다.

제43조의2 【조정】 ① 위원회는 당사자의 권리 및 권한의 범위에서 당사자의 동의를 받아 심판청구의 신속하고 공정한 해결을 위하여 조정을 할 수 있다. 다만, 그 조정이 공공복리에 적합하지 아니하거나 해당 처분의 성질에 반하는 경우에는 그러하지 아니하다.

② 위원회는 제1항의 조정을 함에 있어서 심판청구된 사건의 법적·사실적 상태와 당사자 및 이해관계자의 이익 등 모든 사정을 참작하고, 조정의 이유와 취지를 설명하여야 한다.

③ 조정은 당사자가 합의한 사항을 조정서에 기재한 후 당사자가 서명 또는 날인하고 위원회가 이를 확인함으로써 성립한다.

④ 제3항에 따른 조정에 대하여는 제48조부터 제50조까지, 제50조의2, 제51조의 규정을 준용한다. [본조신설 2017. 10. 31.]

제44조 【사정재결】 ① 위원회는 심판청구가 이유가 있다고 인정하는 경우에도 이를 인용(認容)하는 것이 공공복리에 크게 위배된다고 인정하면 그 심판청구를 기각하는 재결을 할 수 있다. 이 경우 위원회는 재결의 주문(主文)에서 그 처분 또는 부작위가 위법하거나 부당하다는 것을 구체적으로 밝혀야 한다.

② 위원회는 제1항에 따른 재결을 할 때에는 청구인에 대하여 상당한 구제방법을 취하거나 상당한 구제방법을 취할 것을 피청구인에게 명할 수 있다.

③ 제1항과 제2항은 무효등확인심판에는 적용하지 아니한다.

제45조 【재결 기간】 ① 재결은 제23조에 따라 피청구인 또는 위원회가 심판청구서를 받은 날부터 60일 이내에 하여야 한다. 다만, 부득이한 사정이 있는 경우에는 위원장이 직권으로 30일을 연장할 수 있다.

② 위원장은 제1항 단서에 따라 재결 기간을 연장할 경우에는 재결 기간이 끝나기 7일 전까지 당사자에게 알려야 한다.

제46조 【재결의 방식】 ① 재결은 서면으로 한다.

② 제1항에 따른 재결서에는 다음 각 호의 사항이 포함되어야 한다.

1. 사건번호와 사건명
2. 당사자·대표자 또는 대리인의 이름과 주소
3. 주문
4. 청구의 취지
5. 이유
6. 재결한 날짜

③ 재결서에 적는 이유에는 주문 내용이 정당하다는 것을 인정할 수 있는 정도의 판단을 표시하여야 한다.

제47조 【재결의 범위】 ① 위원회는 심판청구의 대상이 되는 처분 또는 부작위 외의 사항에 대하여는 재결하지 못한다.

② 위원회는 심판청구의 대상이 되는 처분보다 청구인에게 불리한 재결을 하지 못한다.

제48조 【재결의 송달과 효력 발생】 ① 위원회는 지체 없이 당사자에게 재결서의 정본을 송달하여야 한다. 이 경우 중앙행정심판위원회는 재결 결과를 소관 중앙행정기관의 장에게도 알려야 한다.

② 재결은 청구인에게 제1항 전단에 따라 송달되었을 때에 그 효력이 생긴다.

③ 위원회는 재결서의 등본을 지체 없이 참가인에게 송달하여야 한다.

④ 처분의 상대방이 아닌 제3자가 심판청구를 한 경우 위원회는 재결서의 등본을 지체 없이 피청구인을 거쳐 처분의 상대방에게 송달하여야 한다.

제49조 【재결의 기속력 등】 ① 심판청구를 인용하는 재결은 피청구인과 그 밖의 관계 행정청을 기속(羈束)한다.

② 재결에 의하여 취소되거나 무효 또는 부존재로 확인되는 처분이 당사자의 신청을 거부하는 것을 내용으로 하는 경우에는 그 처분을 한 행정청은 재결의 취지에 따라 다시 이전의 신청에 대한 처분을 하여야 한다. <신설 2017. 4. 18.>

③ 당사자의 신청을 거부하거나 부작위로 방치한 처분의 이행을 명하는 재결이 있으면 행정청은 지체 없이 이전의 신청에 대하여 재결의 취지에 따라 처분을 하여야 한다. <개정 2017. 4. 18.>

④ 신청에 따른 처분이 절차의 위법 또는 부당을 이유로 재결로써 취소된 경우에는 제2항을 준용한다. <개정 2017. 4. 18.>

⑤ 법령의 규정에 따라 공고하거나 고시한 처분이 재결로써 취소되거나 변경되면 처분을 한 행정청은 지체 없이 그 처분이 취소 또는 변경되었다는 것을 공고하거나 고시하여야 한다. <개정 2017. 4. 18.>

⑥ 법령의 규정에 따라 처분의 상대방 외의 이해관계인에게 통지된 처분이 재결로써 취소되거나 변경되면 처분을 한 행정청은 지체 없이 그 이해관계인에게 그 처분이 취소 또는 변경되었다는 것을 알려야 한다. <개정 2017. 4. 18.>

제50조 【위원회의 직접 처분】 ① 위원회는 피청구인이 제49조 제3항에도 불구하고 처분을 하지 아니하는 경우에는 당사자가 신청하면 기간을 정하여 서면으로 시정을 명하고 그 기간에 이행하지 아니하면 직접 처분을 할 수 있다. 다만, 그 처분의 성질이나 그 밖의 불가피한 사유로 위원회가 직접 처분을 할 수 없는 경우에는 그러하지 아니하다. <개정 2017. 4. 18.>

② 위원회는 제1항 본문에 따라 직접 처분을 하였을 때에는 그 사실을 해당 행정청에 통보하여야 하며, 그 통보를 받은 행정청은 위원회가 한 처분을 자기가 한 처분으로 보아 관계 법령에 따라 관리·감독 등 필요한 조치를 하여야 한다.

제50조의2 【위원회의 간접강제】 ① 위원회는 피청구인이 제49조 제2항(제49조 제4항에서 준용하는 경우를 포함한다) 또는 제3항에 따른 처분을 하지 아니하면 청구인의 신청에 의하여 결정으로 상당한 기간을 정하고 피청구인이 그 기간 내에 이행하지 아니하는 경우에는 그 지연기간에 따라 일정한 배상을 하도록 명하거나 즉시 배상을 할 것을 명할 수 있다.

② 위원회는 사정의 변경이 있는 경우에는 당사자의 신청에 의하여 제1항에 따른 결정의 내용을 변경할 수 있다.

③ 위원회는 제1항 또는 제2항에 따른 결정을 하기 전에 신청 상대방의 의견을 들어야 한다.

④ 청구인은 제1항 또는 제2항에 따른 결정에 불복하는 경우 그 결정에 대하여 행정소송을 제기할 수 있다.

⑤ 제1항 또는 제2항에 따른 결정의 효력은 피청구인인 행정청이 소속된 국가·지방자치단체 또는 공공단체에 미치며, 결정서 정본은 제4항에 따른 소송제기와 관계없이 「민사집행법」에 따른 강제집행에 관하여는 집행권원과 같은 효력을 가진다. 이 경우 집행문은 위원장의 명에 따라 위원회가 소속된 행정청 소속 공무원이 부여한다.

⑥ 간접강제 결정에 기초한 강제집행에 관하여 이 법에 특별한 규정이 없는 사항에 대하여는 「민사집행법」의 규정을 준용한다. 다만, 「민사집행법」 제33조(집행문부여의 소), 제34조(집행문부여 등에 관한 이의신청), 제44조(청구에 관한 이의의 소) 및 제45조(집행문부여에 대한 이의의 소)에서 관할 법원은 피청구인의 소재지를 관할하는 행정법원으로 한다. [본조신설 2017. 4. 18.]

제51조 【행정심판 재청구의 금지】 심판청구에 대한 재결이 있으면 그 재결 및 같은 처분 또는 부작위에 대하여 다시 행정심판을 청구할 수 없다.

제7장 전자정보처리조직을 통한 행정심판 절차의 수행

제52조 【전자정보처리조직을 통한 심판청구 등】
① 이 법에 따른 행정심판 절차를 밟는 자는 심판청구서와 그 밖의 서류를 전자문서화하고 이를 정보통신망을 이용하여 위원회에서 지정·운영하는 전자정보처리조직(행정심판 절차에 필요한 전자문서를 작성·제출·송달할 수 있도록 하는 하드웨어, 소프트웨어, 데이터베이스, 네트워크, 보안요소 등을 결합하여 구축한 정보처리능력을 갖춘 전자적 장치를 말한다. 이하 같다)을 통하여 제출할 수 있다.

② 제1항에 따라 제출된 전자문서는 이 법에 따라 제출된 것으로 보며, 부본을 제출할 의무는 면제된다.

③ 제1항에 따라 제출된 전자문서는 그 문서를 제출한 사람이 정보통신망을 통하여 전자정보처리조직에서 제공하는 접수번호를 확인하였을 때에 전자정보처리조직에 기록된 내용으로 접수된 것으로 본다.

④ 전자정보처리조직을 통하여 접수된 심판청구의 경우 제27조에 따른 심판청구 기간을 계산할 때에는 제3항에 따른 접수가 되었을 때 행정심판이 청구된 것으로 본다.

⑤ 전자정보처리조직의 지정내용, 전자정보처리조직을 이용한 심판청구서 등의 접수와 처리 등에 관하여 필요한 사항은 국회규칙, 대법원규칙, 헌법재판소규칙, 중앙선거관리위원회규칙 또는 대통령령으로 정한다.

부록

제53조【전자서명등】 ① 위원회는 전자정보처리조직을 통하여 행정심판 절차를 밟으려는 자에게 본인(本人)임을 확인할 수 있는「전자서명법」제2조 제2호에 따른 전자서명(서명자의 실지명의를 확인할 수 있는 것을 말한다)이나 그 밖의 인증(이하 이 조에서 "전자서명등"이라 한다)을 요구할 수 있다. <개정 2020. 6. 9.>

② 제1항에 따라 전자서명등을 한 자는 이 법에 따른 서명 또는 날인을 한 것으로 본다.

③ 전자서명등에 필요한 사항은 국회규칙, 대법원규칙, 헌법재판소규칙, 중앙선거관리위원회규칙 또는 대통령령으로 정한다.

제54조【전자정보처리조직을 이용한 송달 등】 ① 피청구인 또는 위원회는 제52조 제1항에 따라 행정심판을 청구하거나 심판참가를 한 자에게 전자정보처리조직과 그와 연계된 정보통신망을 이용하여 재결서나 이 법에 따른 각종 서류를 송달할 수 있다. 다만, 청구인이나 참가인이 동의하지 아니하는 경우에는 그러하지 아니하다.

② 제1항 본문의 경우 위원회는 송달하여야 하는 재결서 등 서류를 전자정보처리조직에 입력하여 등재한 다음 그 등재 사실을 국회규칙, 대법원규칙, 헌법재판소규칙, 중앙선거관리위원회규칙 또는 대통령령으로 정하는 방법에 따라 전자우편 등으로 알려야 한다.

③ 제1항에 따른 전자정보처리조직을 이용한 서류 송달은 서면으로 한 것과 같은 효력을 가진다.

④ 제1항에 따른 서류의 송달은 청구인이 제2항에 따라 등재된 전자문서를 확인한 때에 전자정보처리조직에 기록된 내용으로 도달한 것으로 본다. 다만, 제2항에 따라 그 등재사실을 통지한 날부터 2주 이내(재결서 외의 서류는 7일 이내)에 확인하지 아니하였을 때에는 등재사실을 통지한 날부터 2주가 지난 날(재결서 외의 서류는 7일이 지난 날)에 도달한 것으로 본다.

⑤ 서면으로 심판청구 또는 심판참가를 한 자가 전자정보처리조직의 이용을 신청한 경우에는 제52조·제53조 및 이 조를 준용한다.

⑥ 위원회, 피청구인, 그 밖의 관계 행정기관 간의 서류의 송달 등에 관하여는 제52조·제53조 및 이 조를 준용한다.

⑦ 제1항 본문에 따른 송달의 방법이나 그 밖에 필요한 사항은 국회규칙, 대법원규칙, 헌법재판소규칙, 중앙선거관리위원회규칙 또는 대통령령으로 정한다.

제8장 보칙

제55조【증거서류 등의 반환】 위원회는 재결을 한 후 증거서류 등의 반환 신청을 받으면 신청인이 제출한 문서·장부·물건이나 그 밖의 증거자료의 원본(原本)을 지체 없이 제출자에게 반환하여야 한다.

제56조【주소 등 송달장소 변경의 신고의무】 당사자, 대리인, 참가인 등은 주소나 사무소 또는 송달장소를 바꾸면 그 사실을 바로 위원회에 서면으로 또는 전자정보처리조직을 통하여 신고하여야 한다. 제54조 제2항에 따른 전자우편주소 등을 바꾼 경우에도 또한 같다.

제57조【서류의 송달】 이 법에 따른 서류의 송달에 관하여는「민사소송법」중 송달에 관한 규정을 준용한다.

제58조【행정심판의 고지】 ① 행정청이 처분을 할 때에는 처분의 상대방에게 다음 각 호의 사항을 알려야 한다.

1. 해당 처분에 대하여 행정심판을 청구할 수 있는지

2. 행정심판을 청구하는 경우의 심판청구 절차 및 심판청구 기간

② 행정청은 이해관계인이 요구하면 다음 각 호의 사항을 지체 없이 알려 주어야 한다. 이 경우 서면으로 알려 줄 것을 요구받으면 서면으로 알려 주어야 한다.

1. 해당 처분이 행정심판의 대상이 되는 처분인지

2. 행정심판의 대상이 되는 경우 소관 위원회 및 심판청구 기간

제59조【불합리한 법령 등의 개선】 ① 중앙행정심판위원회는 심판청구를 심리·재결할 때에 처분 또는 부작위의 근거가 되는 명령 등(대통령령·총리령·부령·훈령·예규·고시·조례·규칙 등을 말한다. 이하 같다)이 법령에 근거가 없거나 상위 법령에 위배되거나 국민에게 과도한 부담을 주는 등 크게 불합리하면 관계 행정기관에 그 명령 등의 개정·폐지

등 적절한 시정조치를 요청할 수 있다. 이 경우 중앙행정심판위원회는 시정조치를 요청한 사실을 법제처장에게 통보하여야 한다. <개정 2016. 3. 29.>

② 제1항에 따른 요청을 받은 관계 행정기관은 정당한 사유가 없으면 이에 따라야 한다.

제60조【조사·지도 등】 ① 중앙행정심판위원회는 행정청에 대하여 다음 각 호의 사항 등을 조사하고, 필요한 지도를 할 수 있다.

1. 위원회 운영 실태
2. 재결 이행 상황
3. 행정심판의 운영 현황

② 행정청은 이 법에 따른 행정심판을 거쳐 「행정소송법」에 따른 항고소송이 제기된 사건에 대하여 그 내용이나 결과 등 대통령령으로 정하는 사항을 반기마다 그 다음 달 15일까지 해당 심판청구에 대한 재결을 한 중앙행정심판위원회 또는 제6조 제3항에 따라 시·도지사 소속으로 두는 행정심판위원회에 알려야 한다.

③ 제6조 제3항에 따라 시·도지사 소속으로 두는 행정심판위원회는 중앙행정심판위원회가 요청하면 제2항에 따라 수집한 자료를 제출하여야 한다.

제61조【권한의 위임】 이 법에 따른 위원회의 권한 중 일부를 국회규칙, 대법원규칙, 헌법재판소규칙, 중앙선거관리위원회규칙 또는 대통령령으로 정하는 바에 따라 위원장에게 위임할 수 있다.

비송사건절차법 총칙

[시행 2020. 8. 5.]
[법률 제16912호, 2020. 2. 4., 타법개정]

제1조【적용 범위】 이 편(編)의 규정은 법원의 관할에 속하는 비송사건(非訟事件, 이하 "사건"이라 한다) 중 이 법 또는 그 밖의 다른 법령에 특별한 규정이 있는 경우를 제외한 모든 사건에 적용한다.
[전문개정 2013. 5. 28.]

제2조【관할법원】 ① 법원의 토지 관할이 주소에 의하여 정하여질 경우 대한민국에 주소가 없을 때 또는 대한민국 내의 주소를 알지 못할 때에는 거소지(居所地)의 지방법원이 사건을 관할한다.

② 거소가 없을 때 또는 거소를 알지 못할 때에는 마지막 주소지의 지방법원이 사건을 관할한다.

③ 마지막 주소가 없을 때 또는 그 주소를 알지 못할 때에는 재산이 있는 곳 또는 대법원이 있는 곳을 관할하는 지방법원이 사건을 관할한다.
[전문개정 2013. 5. 28.]

제3조【우선관할 및 이송】 관할법원이 여러 개인 경우에는 최초로 사건을 신청받은 법원이 그 사건을 관할한다. 이 경우 해당 법원은 신청에 의하여 또는 직권으로 적당하다고 인정하는 다른 관할법원에 그 사건을 이송할 수 있다.
[전문개정 2013. 5. 28.]

제4조【관할법원의 지정】 ① 관할법원의 지정은 여러 개의 법원의 토지 관할에 관하여 의문이 있을 때에 한다.

② 관할법원의 지정은 관계 법원에 공통되는 바로 위 상급법원이 신청에 의하여 결정(決定)함으로써 한다. 이 결정에 대하여는 불복신청을 할 수 없다.
[전문개정 2013. 5. 28.]

제5조【법원 직원의 제척·기피】 사건에 관하여는 법원 직원의 제척(除斥) 또는 기피(忌避)에 관한 「민사소송법」의 규정을 준용한다.

[전문개정 2013. 5. 28.]

제6조【대리인】 ① 사건의 관계인은 소송능력자로 하여금 소송행위를 대리(代理)하게 할 수 있다. 다만, 본인이 출석하도록 명령을 받은 경우에는 그러하지 아니하다.

② 법원은 변호사가 아닌 자로서 대리를 영업으로 하는 자의 대리를 금하고 퇴정(退廷)을 명할 수 있다. 이 명령에 대하여는 불복신청을 할 수 없다.

[전문개정 2013. 5. 28.]

제7조【대리권의 증명】 ① 제6조에 따른 대리인에 관하여는 「민사소송법」 제89조를 준용한다.

② 대리인의 권한을 증명하는 사문서(私文書)에 관계 공무원 또는 공중인의 인증(認證)을 받아야 한다는 명령에 대하여는 불복신청을 할 수 없다.

[전문개정 2013. 5. 28.]

제8조【신청 및 진술의 방법】 신청 및 진술에 관하여는 「민사소송법」 제161조를 준용한다.

[전문개정 2013. 5. 28.]

제9조【신청서의 기재사항, 증거서류의 첨부】 ① 신청서에는 다음 각 호의 사항을 적고 신청인이나 그 대리인이 기명날인하거나 서명하여야 한다. <개정 2016. 1. 19.>

1. 신청인의 성명과 주소
2. 대리인에 의하여 신청할 때에는 대리인의 성명과 주소
3. 신청의 취지와 그 원인이 되는 사실
4. 신청 연월일
5. 법원의 표시

② 증거서류가 있을 때에는 그 원본 또는 등본(謄本)을 신청서에 첨부하여야 한다.

[전문개정 2013. 5. 28.]

제10조【「민사소송법」의 준용】 사건에 관하여는 기일(期日), 기간, 소명(疎明) 방법, 인증(人證)과 감정(鑑定)에 관한 「민사소송법」의 규정을 준용한다.

[전문개정 2013. 5. 28.]

제11조【직권에 의한 탐지 및 증거조사】 법원은 직권으로 사실의 탐지와 필요하다고 인정하는 증거의 조사를 하여야 한다.

[전문개정 2013. 5. 28.]

제12조【촉탁할 수 있는 사항】 사실 탐지, 소환, 고지(告知), 재판의 집행에 관한 행위는 촉탁할 수 있다.

[전문개정 2013. 5. 28.]

제13조【심문의 비공개】 심문(審問)은 공개하지 아니한다. 다만, 법원은 심문을 공개함이 적정하다고 인정하는 자에게는 방청을 허가할 수 있다.

[전문개정 2013. 5. 28.]

제14조【조서의 작성】 법원서기관, 법원사무관, 법원주사 또는 법원주사보(이하 "법원사무관등"이라 한다)는 증인 또는 감정인(鑑定人)의 심문에 관하여는 조서(調書)를 작성하고, 그 밖의 심문에 관하여는 필요하다고 인정하는 경우에만 조서를 작성한다.

[전문개정 2013. 5. 28.]

제15조【검사의 의견 진술 및 심문 참여】 ① 검사는 사건에 관하여 의견을 진술하고 심문에 참여할 수 있다.

② 사건 및 그에 관한 심문의 기일은 검사에게 통지하여야 한다.

[전문개정 2013. 5. 28.]

제16조【검사에 대한 통지】 법원, 그 밖의 관청, 검사와 공무원은 그 직무상 검사의 청구에 의하여 재판을 하여야 할 경우가 발생한 것을 알았을 때에는 그 사실을 관할법원에 대응한 검찰청 검사에게 통지하여야 한다.

[전문개정 2013. 5. 28.]

제17조【재판의 방식】 ① 재판은 결정으로써 한다.

② 재판의 원본에는 판사가 서명날인하여야 한다. 다만, 신청서 또는 조서에 재판에 관한 사항을 적고 판사가 이에 서명날인함으로써 원본을 갈음할 수 있다.

③ 재판의 정본(正本)과 등본에는 법원사무관등이 기명날인하고, 정본에는 법원인(法院印)을 찍어야 한다.

④ 제2항에 따른 서명날인은 기명날인으로 갈음할 수 있다.

[전문개정 2013. 5. 28.]

제18조【재판의 고지】 ① 재판은 이를 받은 자에게 고지함으로써 효력이 생긴다.

② 재판의 고지는 법원이 적당하다고 인정하는 방법으로 한다. 다만, 공시송달(公示送達)을 하는 경우

에는 「민사소송법」의 규정에 따라야 한다.

③ 법원사무관등은 재판의 원본에 고지의 방법, 장소, 연월일을 부기(附記)하고 도장을 찍어야 한다.

[전문개정 2013. 5. 28.]

제19조【재판의 취소·변경】 ① 법원은 재판을 한 후에 그 재판이 위법 또는 부당하다고 인정할 때에는 이를 취소하거나 변경할 수 있다.

② 신청에 의하여만 재판을 하여야 하는 경우에 신청을 각하(却下)한 재판은 신청에 의하지 아니하고는 취소하거나 변경할 수 없다.

③ 즉시항고(卽時抗告)로써 불복할 수 있는 재판은 취소하거나 변경할 수 없다.

[전문개정 2013. 5. 28.]

제20조【항고】 ① 재판으로 인하여 권리를 침해당한 자는 그 재판에 대하여 항고할 수 있다.

② 신청에 의하여만 재판을 하여야 하는 경우에 신청을 각하한 재판에 대하여는 신청인만 항고할 수 있다.

[전문개정 2013. 5. 28.]

제21조【항고의 효력】 항고는 특별한 규정이 있는 경우를 제외하고는 집행정지의 효력이 없다.

[전문개정 2013. 5. 28.]

제22조【항고법원의 재판】 항고법원의 재판에는 이유를 붙여야 한다.

[전문개정 2013. 5. 28.]

제23조【항고의 절차】 이 법에 따른 항고에 관하여는 특별한 규정이 있는 경우를 제외하고는 항고에 관한 「민사소송법」의 규정을 준용한다.

[전문개정 2013. 5. 28.]

제24조【비용의 부담】 재판 전의 절차와 재판의 고지 비용은 부담할 자를 특별히 정한 경우를 제외하고는 사건의 신청인이 부담한다. 다만, 검사가 신청한 경우에는 국고에서 부담한다.

[전문개정 2013. 5. 28.]

제25조【비용에 관한 재판】 법원은 제24조에 따른 비용에 관하여 재판을 할 필요가 있다고 인정할 때에는 그 금액을 확정하여 사건의 재판과 함께 하여야 한다.

[전문개정 2013. 5. 28.]

제26조【관계인에 대한 비용 부담 명령】 법원은 특별한 사유가 있을 때에는 이 법에 따라 비용을 부담할 자가 아닌 관계인에게 비용의 전부 또는 일부의 부담을 명할 수 있다.

[전문개정 2013. 5. 28.]

제27조【비용의 공동 부담】 비용을 부담할 자가 여럿인 경우에는 「민사소송법」 제102조를 준용한다.

[전문개정 2013. 5. 28.]

제28조【비용의 재판에 대한 불복신청】 비용의 재판에 대하여는 그 부담의 명령을 받은 자만 불복신청을 할 수 있다. 이 경우 독립하여 불복신청을 할 수 없다.

[전문개정 2013. 5. 28.]

제29조【비용 채권자의 강제집행】 ① 비용의 채권자는 비용의 재판에 의하여 강제집행을 할 수 있다.

② 제1항에 따른 강제집행의 경우에는 「민사집행법」의 규정을 준용한다. 다만, 집행을 하기 전에 재판서의 송달은 하지 아니한다.

③ 비용의 재판에 대한 항고가 있을 때에는 「민사소송법」 제448조 및 제500조를 준용한다.

[전문개정 2013. 5. 28.]

제30조【국고에 의한 비용의 체당】 직권으로 하는 탐지, 사실조사, 소환, 고지, 그 밖에 필요한 처분의 비용은 국고에서 체당(替當)하여야 한다.

[전문개정 2013. 5. 28.]

제31조【신청의 정의】 이 편에서 "신청"이란 신청과 신고를 말한다.

[전문개정 2013. 5. 28.]

2025 박문각 행정사 2차
조장형 행정사실무법 [기본서]

초판인쇄 | 2024. 11. 1. **초판발행** | 2024. 11. 5. **편저자** | 조장형

발행인 | 박 용 **발행처** | (주)박문각출판 **등록** | 2015년 4월 29일 제2019-000137호

주소 | 06654 서울시 서초구 효령로 283 서경 B/D 4층 **팩스** | (02)584-2927

전화 | 교재 문의 (02)6466-7202

저자와의
협의하에
인지생략

정가 26,000원

ISBN 979-11-7262-278-7